分布式光伏集群化网源协同控制关键技术研究及示范应用

主　编　汪进锋　刘　柱

副主编　李达义　郭国伟　杨嘉伟　唐爱红　周东国

参　编　舒　军　胡文山　韩　磊　黄智鹏　黄子桐
郑正威　龚德煌　李　果　郑楚韬　刘振国
沈开程　贾镕羽　罗　威　陈法文　周　晨
曹甜甜　马路路　徐箴箴

WUHAN UNIVERSITY PRESS
武汉大学出版社

图书在版编目(CIP)数据

分布式光伏集群化网源协同控制关键技术研究及示范应用 / 汪进锋,刘柱主编 ; 李达义等副主编 . -- 武汉 : 武汉大学出版社, 2025.9.
ISBN 978-7-307-25186-1

Ⅰ. TM615

中国国家版本馆 CIP 数据核字第 2025K3Z518 号

责任编辑:胡　艳　陈　军　　　责任校对:汪欣怡　　　整体设计:韩闻锦

出版发行:**武汉大学出版社**　(430072　武昌　珞珈山)
(电子邮箱:cbs22@ whu.edu.cn 网址:www.wdp.com.cn)
印刷:湖北金海印务有限公司
开本:787×1092　1/16　印张:19.75　字数:427 千字　插页:1
版次:2025 年 9 月第 1 版　2025 年 9 月第 1 次印刷
ISBN 978-7-307-25186-1　定价:99.00 元

前　　言

能源是人类社会发展的物质基础，能源结构的转型升级是实现“碳达峰”和“碳中和”战略目标的关键路径。近年来，以光伏发电为代表的新能源产业快速发展，分布式光伏因其清洁低碳、就近消纳等优势，在能源体系中的占比持续提升。然而，随着多点分散规模化光伏大规模接入配电网，传统电力系统“源随荷动”的运行模式面临根本性挑战，加之新能源固有的间歇性、波动性特性，以及电力电子设备高比例渗透引发的稳定性问题日益凸显。因此，如何实现分布式光伏集群化高效协同控制，提升电网消纳能力与运行灵活性，已成为当前新能源领域亟待解决的重要问题。

本书以国家能源战略需求为导向，聚焦分布式光伏集群化网源协同控制关键技术，系统阐述了项目团队近年来在该领域的理论研究成果与工程应用经验。

本书共包括 10 章，各章内容如下。

第 1 章为多点分散规模化光伏接入配网现状分析，主要介绍了多点分散规模化光伏接入配网的现状，并提出了高比例分布式电源接入配电网后需要解决的主要问题。

第 2 章为分布式光伏集群化虚拟同步协同技术，概述了分布式光伏集群特性及其评价指标；探讨了基于谱聚类的集群划分算法，并利用群搜索算法优化分布式光伏划分目标函数，从而获得集群划分结果。在此基础上，构建了配电网电压多级协调控制架构，采用成本优化、经济调度等模型实现分布式光伏的协调控制。此外，针对分布式光伏并网调节，阐述了虚拟同步发电机协调控制技术，实现光伏-储能协调控制技术。

第 3 章为分布式光伏接入配网等值建模，构建了配电网中常见的柱上开关、架空线路、环网柜、变压器、熔断器等主要元件的等价模型；分析了电气外特性的分布式光伏发电系统的等效动态模型，包括光伏电池阵列、电气连接及逆变器等；介绍了广义负荷建模及其参数求解方法；此外，对配电网其他主要元件也做了相应的概述，包括柔性变压器、四象限阻抗以及潮流控制器，使读者能够全面了解分布式光伏接入配电网的等值模型。

第 4 章为集群化虚拟同步技术，提出“虚拟集群”概念，通过分析主导节点选择方法、集群划分指标及社团理论，提出了适应调控目标变化的虚拟集群动态划分方法；研究了包含全局优化调度、集群趋优控制、本地消纳控制的有源配电网多级调控策略，为解决含柔性输电设备的光伏配电网协同控制难题提供了一种有效的解决方法。

第 5 章为光伏多机并网系统宽频带振荡失稳机理研究，系统揭示了新型电力系统中宽频振荡的独特性、产生机理及多机耦合效应。首先，对比分析宽频振荡与传统次同步振荡的本质差异：宽频振荡以电力电子设备为主体，涵盖次同步（<50Hz）、超同步（>50Hz）及高频（kHz 级）多模态振荡，具有频率漂移、多模态耦合及广域传播特性。其次，梳理了国内外相关研究现状，总结出控制参数优化（如锁相环（PLL）参数重设计、虚拟导纳引入）与阻抗抑制装置（如可控串联阻抗、静止无功补偿器）两类核心抑制路径。

第 6 章为多功能四象限阻抗器灵活调节技术，综述了电力系统谐波抑制现状，对比分析了无源滤波器、有源电力滤波器及混合型滤波器的优缺点，揭示了传统技术在动态补偿、谐振风险等方面的局限；深入分析了可调阻抗器的拓扑结构与工作原理，基于变压器双绕组模型推导其通过二次侧励磁控制实现一次侧等效阻抗动态调节的机制；提出了电流-电流、电流-电压等多控制策略，结合二端口网络模型演绎不同策略下的基波与谐波阻抗特性，并推导了系统稳定条件；通过仿真验证了可调阻抗器在弱电网环境下对宽频振荡的抑制效果，结果表明其可显著降低谐波畸变率，并在电网阻抗达到临界值时有效抑制发散性振荡，为提升分布式光伏集群并网稳定性提供了新的技术路径。

第 7 章为基于多功能四象限可调阻抗的光伏并网系统谐振抑制技术。针对传统谐波检测局限性，改进了 i_p-i_q 算法，通过修正变换矩阵实现指定次谐波精准检测，验证其在复杂电网下对 5、7 次谐波的检测误差均可控。设计了双级联优化型滑动平均滤波器（DCO-MAF），根据谐波频率关系混合使用优化型滑动平均滤波器（OMAF）与级联滑动平均滤波器（CMAF），解决了传统低通滤波器（LPF）动态响应与精度的矛盾问题，表明其动态响应优于单一滑动平均滤波器（MAF）及级联方案，且结构更简单、数据量更小，适用于工程场景；提出了改进型双二阶广义积分器锁相环（DSOGI-PLL），将 SOGI 正交环节改为带通滤波以抑制直流偏置，并引入 DCO-MAF 增强滤波性能；验证了其在电压不平衡、暂降、频率突变及谐波干扰下，具有超调量小、响应快、锁相精度高等优点；搭建了并网系统仿真模型，验证了可调阻抗器已发振荡的有效抑制，为光伏并网谐振抑制提供了集精准检测、高效滤波与快速锁相于一体的技术方案。

第 8 章为新型分布式潮流控制技术，概述了分布式潮流控制技术的发展历程，介绍了新型分布式潮流控制技术的工作原理，对新型分布式潮流控制器的潮流调控特性、电压调控特性以及阻抗调控特性进行了分析，并且给出了新型分布式潮流控制器的关键器件参数设计方法；进一步构建了新型分布式潮流控制器的数学模型，基于该模型研究了控制策略，并通过电磁暂态仿真软件对新型分布式潮流控制器的功能进行了验证，使读者能够全面了解分布式潮流控制器。

第 9 章为新型柔性配电变压器技术，概述了柔性配电变压器技术的发展历程及研究现状，介绍了新型柔性配电变压器的工作原理与运行特性，构建了其取能变流器、调控变流器以及主变压器的数学模型；对取能换流器及调控换流器控制系统进行了研究、设计，并在此基础上提出了实现新型柔性配电变压器针对电压调节、无功补偿及潮流调控功能的控制策略；最后搭建了新型柔性配电变压器的电磁暂态仿真模型，测试了新型柔性配电变压器的稳压、调压及潮流调控的功能，使读者能够全面了解新型柔性配电变压器技术。

第10章为示范应用，介绍了多功能四象限可调阻抗装置、新型分布式潮流控制器、新型柔性配电变压器的工程应用情况，综合阐述了前文中研制装置的原理架构、示范场景及示范效果。

本书主要面向电气工程及新能源领域的本科与研究生，也可为从事新能源分布式协调控制与应用方面的工程技术人员提供参考。书中提出的技术体系能够有效提升分布式光伏集群的协同控制能力，显著改善高比例光伏接入配电网的运行特性，为新型电力系统建设提供了可复制、可推广的技术方案。

南方电网网级重点科技项目“基于集群化虚拟同步源网协同控制的分布式光伏主动支撑技术研究”为本书的顺利撰写和高质量出版提供了大力支持和重要保障。同时，本书得到了许银亮、竺炜、陈小乔、彭杰、马建伟、邹巍、李国杰、曾江、章坚、刘健犇、肖小兵等专家学者的大力支持，他们为本书倾注了大量的时间与心血，在此一并表示感谢。

通过本书，我们希望呈现给读者深入浅出而又富有创意的内容，让读者在分布式光伏集群化协同控制这一新兴交叉学科领域找到需要的解决方案。但仓促之中难免会有遗漏，恳请读者批评指正。

作　者

2025年6月

目　　录

第1章
多点分散规模化光伏接入配网现状分析

1.1 多点分散规模化光伏接入配网背景分析

随着全球清洁能源需求的增长与环境保护意识的提升，太阳能作为可再生、无污染的能源，其开发利用受到广泛关注。在此背景下，多点分散规模化光伏接入配网逐渐兴起，成为能源领域的一个重要发展趋势。

当前，传统能源的有限性和环境问题促使各国纷纷制定可再生能源发展目标，推动太阳能等清洁能源的大规模应用。光伏发电技术的不断进步使得光伏组件的成本持续下降、发电效率逐步提升，为多点分散规模化光伏接入配网提供了技术和经济上的可行性。此外，随着分布式能源理念的普及，其强调能源的就近生产和消纳，以减少传输过程中的能量损耗，这一理念与多点分散的光伏接入模式相契合。

从现状来看，多点分散规模化光伏接入配网已经在我国许多地区得到了实践。在城市地区，大量的屋顶光伏项目如雨后春笋般涌现，工业厂房、商业建筑以及居民住宅的屋顶都被充分利用起来安装光伏板，光伏板将太阳能转化为电能供本地使用，多余的电量还可以反馈给电网。在农村地区，依托国家扶贫政策，分布式光伏电站为农户带来了额外的收入，同时也提升了农村的电气化水平。

然而，在这一发展过程中也存在着一些问题。一方面，由于光伏电源的间歇性和波动性，大量分散的光伏接入会对配电网的电压稳定性、电能质量等产生影响，如电压波动、谐波等问题，给电网的安全稳定运行带来挑战；另一方面，分布式光伏的接入使得配电网的潮流分布更加复杂，传统的配电网规划和运行管理模式难以适应这种新的变化，需要进行相应的优化和改进。此外，在光伏项目的建设和运营过程中，还存在着项目审批流程繁琐、补贴政策落实不到位、运维管理水平参差不齐等问题，一定程度上制约了多点分散规模化光伏接入配网的进一步发展。

总体而言，多点分散规模化光伏接入配网具有广阔的发展前景，但需要在技术创新、电网规划与管理、政策支持以及运营维护等多个方面共同努力，以克服现存的问题，实现太阳能资源的高效利用和配电网的可持续发展，从而为能源转型和环境保护作出更大的贡献。

1.2 等值模型和协同控制问题

近年来，分布式可再生能源得到了快速发展，大规模接入配电网已成为必然趋势。然而，大量具有间歇性、随机性的分布式电源(distributed generations，DGs)对电网的安全、可靠、经济运行产生了重大影响。分布式光伏是配电网中接入数量最多的分布式电源，其规模化、集群化接入，对配电网的影响日益明显。对含分布式光伏集群的配电网进行动态仿真，是分析研究光伏发电与电网之间交互影响的重要手段。

通常，光伏电站中的太阳辐照度可以近似为同一常数，并且当前光伏电站一般运行在最大功率跟踪(maximum power point tracking，MPPT)和单位功率因数模式。除了少数大型光伏电站中发电单元的参数可能不同外，光伏电站中发电单元的工况通常一致，因此每个光伏电站均可用单个等值发电单元建模。然而，与大型光伏电站不同，由于制造商和设计方案的差异，光伏集群中各光伏电站的动态参数可能有所不同。此外，不同电站在地理位置上的分布较为分散，若采用单机等值方法可能会带来较大误差。因此，多机等值方法受到广泛研究。该方法大多基于分群聚类的思想，将集群中的电站按照一定的指标进行分组，使得同一群组中的光伏电站特性相近，不同群组中的光伏电站特性不同，最终采用几个等值电站来代替整个光伏集群。

光伏集群聚类等值建模的核心是光伏分群指标的选取和合适的分群方法。分群指标的选取主要有基于控制器参数、输出外特性以及标志性的分界点几种方法。并网逆变器的控制参数对光伏电站的动态特性具有很大的影响，例如，以光伏逆变器 PI 控制参数为分群指标，计算控制器参数之间的特征距离后，就可采用聚类算法进行分群。此外，还可计入光伏逆变器的滤波电感系数，使逆变器的动态响应特性得到更充分的体现。基于控制器参数的分群指标在实际工程应用时存在参数难以获取的问题，因此基于光伏输出外特性的分群指标成为了另一个重要的研究方向。外特性更多地选取光伏的有功和无功功率作为分群指标(Han et al. 2018)。除了选取有功和无功功率外，还可考虑将光伏阵列和逆变器的输出电压和电流作为补充分群指标，以便更加准确地反映光伏的动态特性。基于外特性的分群指标需要对暂态特性曲线中的数据点进行采样。若按照一定时间间隔采样，会增加聚类样本的数据量。为此，可以在光伏扰动曲线上提取有功和无功功率的摆峰值，以及从动态过程开始到达第一摆峰点的响应特征点时间作为聚类指标，从而显著减少基于时间序列的样本数据量。分群指标选定后，需要采用合适的聚类方法对光伏电站进行分群。传统聚类算法有 K-means 聚类法、层次聚类法和 FCM 聚类法等，不同的聚类算法具有不同的优缺点。传统聚类算法一般都需要提前给定聚类数和聚类中心，不仅引入了较多的主观因素，而且 K-means 和 FCM 算法对初值较为敏感，容易陷入局部最优解。针对上述问题，可引入近邻传播聚类算法(affinity propagation，AP)，并与动态时间弯曲距离相结合，构建动态近邻传播(dynamic affinity propagation，DAP)聚类算法，从而有效克服传统方法的局限性。

然而，光伏集群内电站数量众多，导致系统模型阶数高，仿真计算耗时长；同时，系统动态过程多时间尺度特征明显，非线性程度增强，使得传统数值积分算法难以兼顾数值稳定性和计算效率。对于一个光伏电站集群而言，为了克服上述缺陷，建立集群当中的每个光伏电站详细模型，提出一种覆盖广且仿真用时少的光伏集群等值建模方法是本课题研究的关键所在。

在电网调控方面，随着配电网中分布式光伏装机规模的持续扩大，调控中心对发电集群实施集中控制时，对系统的通信带宽和计算能力提出了更高的要求。这种控制方式需采集所有节点的量测数据，通过实时数据分析生成并下发控制命令。由于分布式光伏各发电集群的可控性差且分布呈散点状，多位于中低压配电网监控盲区，传统集中调控方式难以实现对大规模分布式光伏电源的实时监控，进而造成电网的管控效率下降和通信负担加重。

近年来，为应对规模化光伏分布式电源接入带来的挑战，在以物联网为代表的信息通信技术不断发展的当下，国内外学者开始尝试在发电区域内将分布式光伏电源以集群的形式进行划分，使分布式光伏以集群的形式被调控。集群控制强调对外呈现的整体特性，以及提供快速响应的调控手段的功能，通过已知的先进通信量测技术和控制技术，将地理位置和功能特性相似或互补的发电单元进行聚合，以软件构架为基础，实现对集群内多个发电单元的协调优化运行。

因此，具备高适应性、高度标准化和智能化的集群调度控制管理模式将成为大规模分布式光伏发电集群调控技术的重点研究方向。与此相关的配电网系统架构设计、运行调度控制策略等领域已成为电网发展的主要方向。

1.3 多机并网系统谐振问题

在全球应对环境污染与能源转型的背景下，开发利用可再生能源、优化能源架构已成为国际共识。我国在这一进程中表现突出，近年来持续推进能源结构转型，新能源发展势头强劲。在众多新能源形式中，光伏发电占据重要地位。

随着光伏技术的不断进步，光伏装机容量呈现出快速增长的趋势。大量的光伏电站不断涌现并接入电网，形成了光伏多机并网系统。这种系统的出现一方面为能源供应的清洁化和多元化做出了积极贡献，但另一方面也带来了一系列新的技术挑战，其中宽频带振荡失稳问题尤为突出。从电力系统结构来看，新能源的大规模接入正推动系统从传统的以同步发电机为主导的结构，向高比例新能源、高比例电力电子设备的“双高”结构转变，其典型结构如图 1-1 所示。在光伏多机并网系统中，光伏电站通过电力电子换流器接口与电网相连。这些换流器在实现电能转换与控制的过程中，其控制系统与传统电磁装备之间存在非线性强耦合关系，多台换流器之间也存在交互耦合关系。这种复杂的耦合关系使得系统内部的动态特性发生了深刻变化。当系统受到扰动时，由于电力电子设备的大量存在，扰动呈现出幅-频时变性和宽频域特性，从而引发宽频振荡。与传统电力系统的振荡不同，光伏多机并网系统的宽频振荡具有独特性。其振荡频率范围广泛，从低频的次同步振荡到高频的谐波谐振均可能出现，涵盖了从数赫兹到数千赫兹的频带。例如，在一些实际的光伏并网案例中，振荡频率可低至 20～30 Hz，也可高达 1000 Hz 以上。这种宽频带的振荡模式使得问题的分析与解决变得极为复杂。

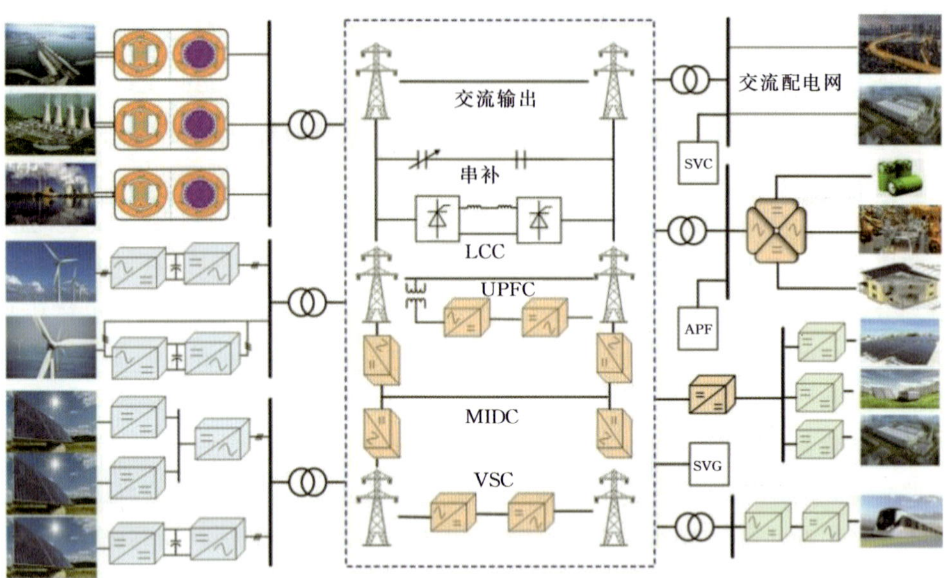

图 1-1　高比例电力电子化电力系统结构示意图

近年来，国内外多个地区的光伏并网系统陆续出现宽频振荡事故，这些事故产生了严重的后果，表 1-1 收集了全球范围内的宽频振荡事件。在振荡发生时，电力系统的稳定性受到极大威胁，可能导致大规模机组脱网、输电线路跳闸、电压和电流大幅波动等问题，严重影响电力系统的安全可靠运行。例如，在某地区的光伏电站中，变流器与输电线缆之间发生谐振，导致受端谐波电压与送端谐波电流升高，进而引发一系列连锁反应，最终影响整个区域电网的稳定供电。

表 1-1　新能源接入电网引发的宽频振荡事故

振荡事故时间	振荡发生场景	振荡频率/Hz	事故影响
2007	风电场连接串补线路引发振荡(美国明尼苏达州)	10～13	机组损坏

续表

振荡事故时间	振荡发生场景	振荡频率/Hz	事故影响
2008	风电场机组谐波含量超标(内蒙古)	1000,1050	风电机组频繁跳闸
2009	风电场输电线路跳闸引起系统振荡(美国得克萨斯州)	20～30	串联电容和风电机组损坏
2012—2013	风电场双馈风电机组余串补电网相互作用(河北沽源县)	3～12	严重情况下大面积风电机组脱网
2013	直驱风电场保护动作引发振荡(宁夏吴忠市)	95	大规模风电机组脱网
2013	光伏电站变流器与输电线缆之间发生谐振(青海)	1050～1350	受端谐波电压与送端谐波电流升高
2014	风电柔直输电出力增大引发次同步振荡(广东南澳县)	30	柔直输电系统停运
2014—2015	直驱风电场发生次/超同步振荡(新疆哈密市)	20～80	临近火电机组跳闸，电网频率下降
2015	光伏电站功率波动引发振荡(吉林)	1000	电流大范围波动
2015	光伏电站馈线投入并联电容引发振荡(加拿大安大略省)	20～80	机组保护动作、跳闸
2017	光伏电站接入弱电网引起振荡(美国加利福尼亚州)	7	保护动作，机组跳闸
2015—2019	地区弱电网与变流器作用引发振荡(澳大利亚西墨里地区)	7	电压振荡
2018—2019	风电机组与光伏机组交互发生振荡(加拿大安大略省)	3.5	保护动作，机组跳闸
2019	海上风电场减载脱机(英国)	9	系统解列，大规模停电
2021	光伏电站电压波动检测到次同步振荡(美国弗吉尼亚州)	22,38，82	电压振荡
2021	高比例风电投入出现振荡(英国苏格兰地区)	8	电压振荡

面对这一日益严峻的问题，国内外学者纷纷开展研究并提出了多种振荡抑制方案。从电力电子设备层面，主要通过优化控制参数和改进控制结构来重塑系统阻抗特性，从而抑制振荡。例如，对全功率变换风电场并网锁相环节重新设计参数，或在风机机组的网侧换流器中加入附加阻尼控制等方法。此外，也有从电网层级考虑，通过添加阻抗抑制装置如可控串联阻抗装置、静止无功补偿器等进行振荡抑制。然而，鉴于光伏多机并网系统宽频

振荡问题的复杂性，现有的抑制措施仍面临诸多挑战，需要进一步深入研究与完善，以保障光伏多机并网系统的稳定运行，推动新能源在电力系统中的可持续发展。

1.4　有源配电网潮流及电压波动问题

根据《"十四五"可再生能源发展规划》，到 2030 年，非化石能源消费占比将达到 25%左右，风电和太阳能发电总装机容量将达到 12 亿千瓦以上；到 2035 年，我国将基本实现社会主义现代化，碳排放将达到峰值后稳中有降。上述目标还将随经济社会发展进一步提高。可再生能源将逐步取代化石能源，推动新型电力系统取得实质性进展。随着产业竞争力持续提升，风电和太阳能发电将按照既定目标加快发展，最终实现建立清洁低碳、安全高效的能源体系目标。当前，我国电力结构已经开始向绿色低碳转型，可再生能源快速发展带动全球能源供应日趋多元。在此背景下，世界各国纷纷制定能源转型战略，加速可再生能源发展和经济绿色低碳转型。与此同时，全球能源技术创新进入新时期，新能源技术与现代信息技术、新材料技术及先进制造技术深度融合，正在深刻改变人类的生产生活方式。截至 2020 年底，我国可再生能源发电装机规模占总装机规模的比重已经超过 40%，可再生能源装机规模位列世界第一。根据我国"碳达峰、碳中和"战略部署，计划于 2030 年前实现碳达峰目标，届时碳排放年增长率将从历史平均 3.6%降至 0.5%。

为了满足用电需求，配电网通常从传统的集中式电源(如火电、核电)，向分布式能源系统转型。分布式电源(Distributed Generator，DG)作为当前应用广泛的能源技术，具有低碳环保、灵活性高、成本低等显著优势。有源配电系统(Active Distribution System，ADS)具有以下特点：

(1)具有能够控制潮流从配网到电网的双向流动；

(2)由于有源配电网内存在多个供电电源，因此大面积停电的风险就会减少，从供电多样性上提升了电网的稳定性和供电的整体可靠性；

(3)有源配电系统还可以通过一些可控设备来减少电压波动，大幅度减少因潮流及电压波动带给配网的电能质量下降问题，具有明显的改善电能质量的效果；

(4)有源配电系统的先进监测和控制系统为服务电网的精细化调度提供了更高的可控性和可观性；

(5)由于有源配电系统的高度能量耦合性，可以最大限度地减少能源损失，提升能源利用效率，从而起到降低能源消耗成本的目的。

然而，随着 DG 的普及和应用，系统复杂性显著增加，对配电网的稳定性和安全性提出了新的挑战。例如，DG 的大量接入可能导致电网负担过大，电网稳定性降低；一味地追求 DG 的高效利用可能影响到电网的电压稳定性。在增强系统的灵活性方面，分布式能源的生产和储存可以帮助减少系统对传统电力设施的依赖，提高系统的灵活性，并且通过分布式能源的参与，还可以提高系统的效率，减少电力资源的浪费；分布式能源的生产通常基于可再生能源，因此能够显著地减少二氧化碳排放量；分布式能源管理可以帮助改善用电质量，满足用户的需求，同时通过对分布式能源的管理，可以增强用电安全，降低系统发生故障的风险。

因此，如何应对高比例分布式电源接入配电网带来的影响，已成为当前的研究热点。该研究热点不仅有助于提高分布式能源所接入配电网系统的稳定性和可靠性，保障电力系统的安全和稳定运行，还可以提高 DG 的利用率，有效缓解碳减排压力。

第2章
分布式光伏集群化虚拟同步协同技术

本章主要研究分布式光伏集群动态划分方法，为后续集群控制策略提供基础。首先，概述分布式光伏集群的概念及实现形式；其次，依次研究区域主导节点选择方法、建立集群划分指标体系，并提出基于社团结构的集群划分方法；最后，结合配电网调控需求，为下一章节中集群可控能力的等值建模提供依据。

2.1 分布式光伏集群的概念和特性

分布式光伏出力受外界环境影响，具有间歇性、波动性和不确定性，其规模化接入对配电网的运行控制提出了更高的要求。集群技术是实现未来配电网安全稳定与经济运行的高效技术手段，深入研究分布式光伏集群的概念及特性，是当前和未来能源转型的重要支撑手段。分布式光伏集群凭借其分布式、多点布局、灵活性强以及智能化管理等优势，在可再生能源的推广与应用中发挥着关键作用，其兼具环保效益、经济性及高可靠性。随着技术的发展和政策推动，分布式光伏集群将进一步发展壮大，为实现碳中和目标及全球能源结构的可持续转型作出重要贡献。

针对规模化的分布式光伏接入低压配电网，本节基于现有成果，依次对集群划分的相关理论、概念及原则进行系统阐述，进而引出集群划分综合性能指标体系，按划分原则将其分为结构性原则和功能性原则两大类。其中，结构性指标提出的目的是保证群内耦合强度，即群内耦合紧密、群间耦合松散。典型的结构性指标如模块度等，用于强调集群的运行控制能力。功能性指标提出的目的是体现集群对外的整体综合性能，即注重群内节点间的协调互补匹配。典型的功能性指标(如功率平衡度)主要用于集群的规划调度。首先，本节系统梳理集群划分的相关概念，进而引出划分依据，并根据划分依据提出了综合考虑配电网运行控制和运行规划问题的综合电气距离指标；其次，提出改进型社团发现算法以保证划分结果的全局最优；最后，采用改进型 IEEE 33 节点作为算例，验证所提指标体系及算法的有效性。

2.1.1 集群的概念及划分依据

在对分布式光伏进行集群划分时，需要考虑光伏的地理分布特征、光伏与负荷间的功率互补特性等多重因素。为确保整个配电网的高效稳定运行，需要对集群划分的依据进行研究，包括概念、原则和依据三方面。

集群划分将规模化接入光伏的配电网中的各个节点划分成数个小区域，而这些小区域则可以被视为一个集群。基于集群内各节点联系紧密、集群间节点联系松散的特性，最终实现各集群的自治运行(避免相互干扰)，又保持集群间的协同能力(共同完成任务)。划分的集群应满足三个特性：内部各节点间电气耦合紧密、在节点发生电压越限时拥有一定的自我调控能力，以及负荷与光伏出力的时序互补高度匹配。

为保证各集群之间的相对独立性和整个配电网的完整性，在集群划分时应满足以下原则：

(1)逻辑原则：一个节点只能属于一个集群，不得出现同一节点隶属多个不同集群的情况，同时尽量保证一个集群包含多个节点存在，尽量不出现孤立节点。

(2)结构原则：保证集群内各节点联系紧密、集群间节点联系松散，以便不同集群间的分工以及集群内部的合作。

(3)功能原则：保证集群内各节点具有适当的互补匹配性，从而在面对设定目标时具有协调互补能力。

集群划分依据是后续划分指标体系构建的基础理论。在确定集群划分依据时，应根据分布式光伏配电网的实际运行特性科学制定划分标准。以下为常见的集群划分依据：

(1)空间特性。空间特性是配电网内各节点在空间位置联系的依据，在对配电网进行集群划分时主要考虑区域关系和地理特性等因素。在配电网集群划分的早期研究中，大多采用行政区域和地理距离等空间参数作为划分依据来确定相应指标，这种方法的优点是同一集群内各节点在地理位置上较集中，且通信便捷、易于管理。但其缺点也较突出，由于没有考虑各节点间电气耦合程度，集群内部节点难以相互协作完成同一任务目标，这就失去了集群划分的意义。因此，在规模化光伏并网的背景下，地理空间特性难以作为集群划分的核心指标。

(2)电气特性。电气特性反映了配电网内各节点的电气耦合程度，是集群划分的重要依据。随着规模化的光伏不断并网，对各节点间电气联系的要求不断上升，因此电气特性作为集群划分依据的重要性显著提升。为满足集群划分特性，需要构建以电气特性为依据的集群划分指标，用以衡量各节点间的电气耦合亲疏度。电气距离指标的提出就是为了方便量化节点间的电气耦合度，已成为近年来集群划分的重要指标。

(3)时间特性。分布式光伏电源与传统燃气轮机电源的最大区别在于，光伏电源受时序变化的影响显著。基于此，时间特性作为衡量配电网内各节点间运行互补匹配程度的关键因素，被用于集群划分。集群内各节点间的互补性越高，越有利于发挥集群自身的管理调控能力，从而最终实现“群内自治，群间协同”的运行目标。同时，集群内的高互补性也可以有效抑制三类典型问题：群内过电压、群间潮流倒送及光伏出力难以就地消纳，这三类问题是规模化光伏接入配电网的关键运行挑战。

2.1.2 分布式光伏集群构建

为应对光伏发电等间歇式新能源规模化接入配电网带来的挑战，集群控制的概念逐渐得到认可。分布式电源集群的概念由德国弗劳恩霍夫风能和能源系统技术研究所(Fraunhofer IWES)最先提出，并成功应用于大规模海上风电场集群(Offshore Wind Farm Cluster)的并网控制。然而，该技术尚未成功扩展到分布式光伏等其他分布式电源领域。本书研究的分布式光伏集群侧重为配电网调度控制需求服务，以多机出力特性相似、电气距离接近、控制运行方式一致、利于集中管理等为原则，对分布式光伏进行一体化整合，对外体现整体统一的调控身份，最终实现分布式光伏多机协调控制。

分布式光伏集群作为配电网调度主站与分布式光伏场站的中间层，一方面需接收配电网的优化调度参考指令，并将下层执行情况反馈至调度中心，另一方面需协调集群内各分布式光伏场站的出力。鉴于分布式光伏集群在不同时间尺度、空间分布及控制功能需求上的差异性，基于分层控制理论，将分布式光伏集群分为物理集群和虚拟集群两种不同实现形式，其层次结构如图 2-1 所示。

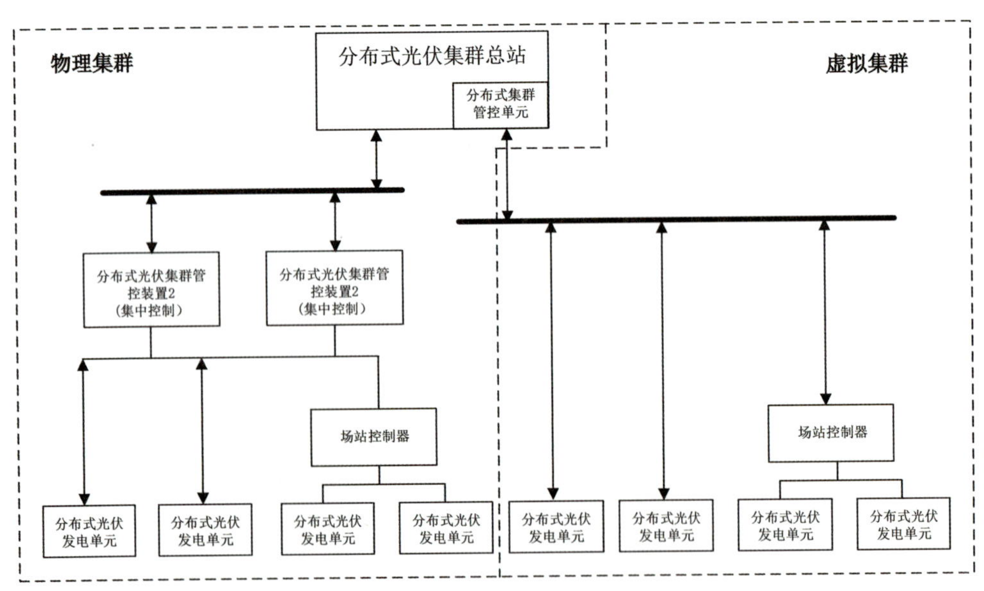

图 2-1 分布式光伏集群构建实现形式

物理集群系统采用三层控制结构，由配电网调度主站、集群管控装置和分布式光伏场站组成。主站生成的全局优化参考指令由各集群管控装置转发给分布式光伏场站；主站负责集群间的协调优化，并将集群指令下发至各集群管控装置，再由集群管控装置分配至集群内固定成员场站执行。

虚拟集群系统采用两层控制结构，由配电网调度主站和分布式光伏场站组成。该类实

现形式通过在配电网调度主站中集成具有集群管控功能的高级应用，实现对分布式光伏场站的虚拟管控。主站生成的全局优化参考指令直接分发至各分布式光伏场站；虚拟集群间的协调优化由主站内集成的高级应用完成，并按分配策略将虚拟集群指令分配至虚拟集群的实时成员场站执行。

集群管控装置所管理的分布式光伏场站是固定的，其通信可靠且易于工程实现，但当分布式光伏出力和负荷需求等频繁变化时，可能无法适应系统调控需求变化。与内部成员场站固定的物理集群不同，虚拟集群可结合分布式光伏场站当前运行状态和系统拓扑变化，综合分析电网的控制需求(如电压安全、经济运行等)，对集群内部成员场站进行动态调整。这种模式能够有效适应配电网调控元素复杂多样、网架结构灵活可变的特点，为含规模化分布式光伏的配电网运行控制提供新的思路。

分布式光伏规模化接入对配电网电压稳定性带来很大影响，为保证系统运行安全，需实时监测并控制系统的整体电压水平。然而，由于电力系统中分布式光伏接入点和负荷节点众多，对全部节点电压进行跟踪控制对通信和控制要求过高。基于二级电压控制中的区域划分与主导节点选择原理，可将集群动态划分为三个阶段：配电网分区、分区内主导节点选择以及获取集群动态划分结果，如图 2-2 所示。

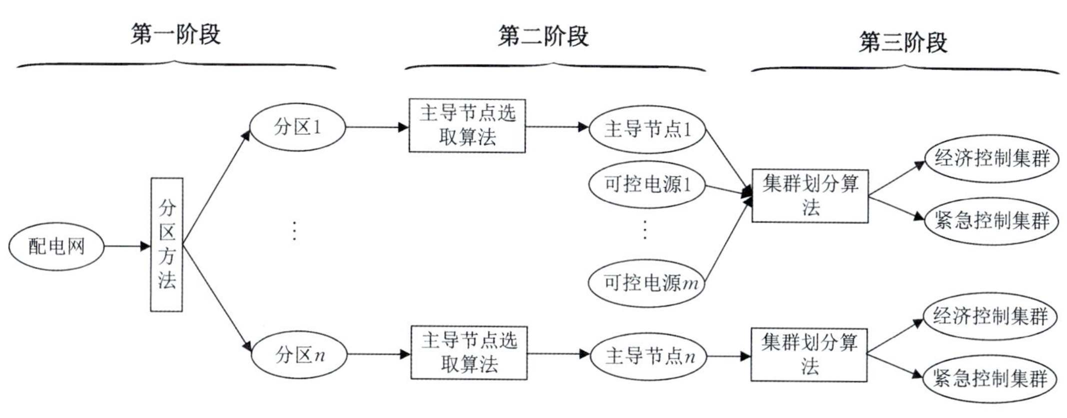

图 2-2 集群动态划分阶段示意图

将配电网划分为若干相互解耦的子区域，并在每个子区域内选取能够表征该区域电压水平的节点作为主导节点。通过对这些主导节点的监控，即可实现对全网电压水平的监测与控制。基于主导节点状态动态划分分布式光伏集群，通过控制主导节点电压水平保障全网电压安全。规则式分区方法充分考虑了电网的自然属性，根据地域如电网公司管辖范围、行政区域、馈线电压等级、变电站位置等进行划分。

2.1.3 集群指标及特性

在完成分布式光伏集群构建方法研究的基础上，进一步研究集群指标及其特性，重点从主导节点选择特性和集群划分指标两个方面展开分析。

2.1.3.1　主导节点选择特性

主导节点选择是二级电压控制的关键环节，其选择结果对组织协调区域的无功资源、维持区域电压水平具有重要影响。主导节点是指区域系统中的若干个关键性节点，这些节点与区域内其他节点的联系相对紧密且能代表区域电压水平，通过监测其电压状态即可掌握附近其他节点的电压。现有主导节点选择方法通常遵循以下原则：当系统受到扰动后，根据某些节点的电压偏差来调节区域内相关无功电源(发电机或分布式电源)的出力，使区域整体电压水平恢复程度最高(即区域内所有节点电压偏差的二次指标最小)，这些节点被选为此区域的主导节点。

所选取的主导节点需兼具可观性和可控性：一方面，主导节点电压能够反映其所在区域普遍的电压水平(可观性)；另一方面，当系统无功储备充足时，对主导节点的电压控制能有效改善区域整体电压水平而对邻近区域影响较小(可控性)。基于线性电力系统网络模型，本节采用不同的优化算法求解主导节点选择矩阵。该方法的主要思想是认为当主导节点的电压保持不变时，系统中任何无功负荷变化造成的所有负荷节点静态电压偏移最小，即通过消除主导节点的电压偏差，可使得全网负荷节点的电压偏差 ΔV_L 最小。

由于主导节点所参与的电压控制主要考虑系统的中期电压稳定，各系统变量的变化相对缓慢，故采用基于灵敏度矩阵的线性系统模型，将含规模化分布式光伏的配电网系统线性化后得到如下方程：

$$\begin{bmatrix} \boldsymbol{S}_{LL} & \boldsymbol{S}_{LG} \\ \boldsymbol{S}_{GL} & \boldsymbol{S}_{GG} \end{bmatrix} \begin{bmatrix} \Delta \boldsymbol{X}_L \\ \Delta \boldsymbol{Y}_G \end{bmatrix} = \begin{bmatrix} \Delta \boldsymbol{V}_L \\ \Delta \boldsymbol{V}_G \end{bmatrix} \tag{2-1}$$

式中，$\boldsymbol{S}_{LL}$，$\boldsymbol{S}_{LG}$，$\boldsymbol{S}_{GL}$，$\boldsymbol{S}_{GG}$ 均为灵敏度矩阵，反映系统中节点电压 V_i 对无功功率 Q_i 注入的灵敏度；$i=1,2,\cdots,L$，$j=1,2,\cdots,G$，其中 L 表示负荷节点个数，G 表示可控无功电源节点数。元素 $S_{ij}=\partial V_i/\partial Q_j$ 表示在节点 j 处无功功率注入变化一个单位时，节点 i 处的电压幅值变化量；$\Delta \boldsymbol{V}_L$ 和 $\Delta \boldsymbol{X}_L$ 分别为负荷节点的电压幅值和无功功率变化量；$\Delta \boldsymbol{V}_G$ 和 $\Delta \boldsymbol{Y}_G$ 分别为可控无功电源节点的电压幅值和无功功率变化量；X 表示扰动量；Y 表示控制量。假设区域内共有 N 个负荷节点，共从中选取 P 个主导节点。通过选取 $P\times N$ 阶主导节点选择矩阵 $\boldsymbol{C}=(c_{ij})^{P\times N}$，使得目标函数 $\boldsymbol{I}(\boldsymbol{C})$ 达到最小，$\boldsymbol{I}(\boldsymbol{C})$ 表达式为

$$\boldsymbol{I}(\boldsymbol{C})=\min(\Delta \boldsymbol{V}_L^{\mathrm{T}} \boldsymbol{Q}_x \Delta \boldsymbol{V}) \tag{2-2}$$

式中，$\boldsymbol{Q}_x$ 是一个对称的权矩阵，根据各负荷节点的相对重要性来确定其具体数值，值越大表明维持该节点处的电压幅值稳定重要程度越高；$\boldsymbol{C}$ 为 0-1 选择矩阵，当节点 j 为第 i 个主导节点时，c_{ij} 值为 1，否则为 0。

由式(2-1)推导可得电压偏差 $\Delta \boldsymbol{V}_L$ 与控制量 $\Delta \boldsymbol{Y}_G$、扰动量 $\Delta \boldsymbol{X}_L$ 三者间的关系

$$\Delta \boldsymbol{V}_L=\boldsymbol{S}_{LL}\Delta \boldsymbol{X}_L+\boldsymbol{S}_{LG}\Delta \boldsymbol{Y}_G \tag{2-3}$$

主导节点电压变化 $\Delta \boldsymbol{V}_P$ 可表示为

$$\Delta \boldsymbol{V}_P = \boldsymbol{C}\Delta \boldsymbol{V}_L = \boldsymbol{M}\Delta \boldsymbol{X}_L + \boldsymbol{B}\Delta \boldsymbol{Y}_G \tag{2-4}$$

其中，$\boldsymbol{M} = \boldsymbol{C}\boldsymbol{S}_{LL}$，$\boldsymbol{B} = \boldsymbol{C}\boldsymbol{S}_{LG}$。

利用控制变量 Y 消除主导节点的电压偏差，式(2-4)可变换为

$$\Delta \boldsymbol{V}_P = \boldsymbol{M}\Delta \boldsymbol{X}_L + \boldsymbol{B}\Delta \boldsymbol{Y}_G = 0 \tag{2-5}$$

由式(2-5)可得

$$\Delta \boldsymbol{Y}_G = -\boldsymbol{B}^{-1}\boldsymbol{M}\Delta \boldsymbol{X}_L \tag{2-6}$$

将式(2-6)代入式(2-3)可得

$$\Delta \boldsymbol{V}_L = (\boldsymbol{I} - \boldsymbol{S}_{LG}\boldsymbol{B}^{-1}\boldsymbol{C})\boldsymbol{S}_{LL}\Delta \boldsymbol{X}_L \tag{2-7}$$

将式(2-7)代入式(2-2)可得

$$\boldsymbol{I}(\boldsymbol{C}) = \min\{[(\boldsymbol{I} - \boldsymbol{S}_{LG}\boldsymbol{B}^{-1}\boldsymbol{C})\boldsymbol{S}_{LL}\Delta \boldsymbol{X}_L]^{\mathrm{T}}\boldsymbol{Q}_x[(\boldsymbol{I} - \boldsymbol{S}_{LG}\boldsymbol{B}^{-1}\boldsymbol{C})\boldsymbol{S}_{LL}\Delta \boldsymbol{X}_L]\} \tag{2-8}$$

式(2-8)是一个典型的组合优化问题，可采用多种算法来求解，常见的有贪婪算法、模拟退火算法、全局搜索算法等优化算法(表 2-1)。不同优化算法具有不同的特性，各有优缺点，需根据实际系统规模与优化性能要求等选用最合适的算法。

表 2-1　不同优化算法的特性对照表

优化算法	可观性	可控性	鲁棒性
贪婪算法	O	C	PR/I
模拟退火算法	O	NC	NR
本地搜索算法	O	C	NR
全局搜索算法	O	NC	PR/I
遗传算法	O	C	NR

注：O 表示具有可观性；C 表示具有可控性；NC 表示不具备可控性；NR 表示不具备鲁棒性；PR/I 表示具有较强的初值鲁棒性但扰动鲁棒性较弱。

2.1.3.2　集群划分指标

分布式光伏集群划分需要综合考虑分布式光伏的空间分布、调节能力、响应速度、控制方式和调节成本等特性。本节主要考虑以下几类划分指标：

1.无功调节范围 Q_a 和有功调节范围 P_a

集群成员选择的重要标准之一是集群内各分布式光伏场站需具备足够的无功调节容量。该标准目的是保证在区域发生故障等紧急情况时，集群可以为区域提供必要的无功支撑；同时当系统电压水平过高时，控制分布式光伏可以减少无功出力，甚至可以吸收区域内多余的无功，以保证系统具有良好的电压水平。当系统电压水平过高而无功调节能力有限时，通过削减可控分布式光伏的有功出力，以保证系统的运行电压安全。

分布式光伏场站的无功电压控制效果取决于其无功功率输出能力。假设每个光伏并网

逆变器的额定容量为 $S_{j,\max}$，每个光伏逆变器运行在最大功率跟踪模式下输出的有功功率为 $P_{j,\text{mppt}}$，则其发出(感性)无功功率的能力可表示为

$$-\sqrt{S_{j,\max}^2-P_{j,\text{mppt}}^2}\leqslant Q_j\leqslant\sqrt{S_{j,\max}^2-P_{j,\text{mppt}}^2} \tag{2-9}$$

将式(2-9)简写为

$$Q_{j,\min}\leqslant Q_j\leqslant Q_{j,\max} \tag{2-10}$$

式中，$Q_{j,\min}$和 $Q_{j,\max}$分别为第 j 个光伏并网逆变器容性和感性无功可调容量，其具体表达式为

$$\begin{cases}Q_{j,\min}=-\sqrt{S_{j,\max}^2-P_{j,\text{mppt}}^2}\\Q_{j,\max}=\sqrt{S_{j,\max}^2-P_{j,\text{mppt}}^2}\end{cases} \tag{2-11}$$

特别地，当有功功率输出为 $P_{j,\text{mppt}}$或 $P_{j,\text{mppt}}=S_{j,\max}$时，可分别有：

$$\begin{cases}Q_{j,\min}=-S_{j,\max}\\Q_{j,\max}=S_{j,\max}\end{cases} \tag{2-12}$$

$$Q_{j,\min}=Q_{j,\max}=0 \tag{2-13}$$

若光伏并网逆变器运行在恒功率因素($\cos\varphi=\lambda$)控制策略下，当功率因素 λ 在[$\lambda_{\min}$，$\lambda_{\max}$]内连续可调时，光伏并网逆变器的无功可调容量约束为

$$-S_{j,\max}\sqrt{1-\lambda_{\min}^2}\leqslant Q_j\leqslant S_{j,\max}\sqrt{1-\lambda_{\max}^2} \tag{2-14}$$

综合考虑式(2-9)与式(2-13)，对于采用恒功率因数控制的光伏逆变器，其无功可调容量需满足式(2-15)：

$$\max\left(-\sqrt{S_{j,\max}^2-P_{j,\text{mppt}}^2},\ -S_{j,\max}\sqrt{1-\lambda_{\min}^2}\right)\leqslant Q_j\leqslant\min\left(\sqrt{S_{j,\max}^2-P_{j,\text{mppt}}^2},\ S_{j,\max}\sqrt{1-\lambda_{\max}^2}\right) \tag{2-15}$$

即各光伏逆变器的无功可调容量为

$$\begin{cases}Q_{j,\min}=\max\left(-\sqrt{S_{j,\max}^2-P_{j,\text{mppt}}^2},\ -S_{j,\max}\sqrt{1-\lambda_{\min}^2}\right)\\Q_{j,\max}=\min\left(\sqrt{S_{j,\max}^2-P_{j,\text{mppt}}^2},\ S_{j,\max}\sqrt{1-\lambda_{\max}^2}\right)\end{cases} \tag{2-16}$$

对于由 n 个光伏逆变器组成的分布式光伏场站，其无功和有功总可调容量为

$$\begin{cases}Q_{j,\min}=\sum\limits_{j=1}^{n}Q_{j,\min}\\Q_{j,\max}=\sum\limits_{j=1}^{n}Q_{j,\max}\end{cases} \tag{2-17}$$

$$P_{\max}=\sum_{j=1}^{n}P_{j,\text{mppt}}$$

式中，$Q_{\min}$和 $Q_{\max}$分别为该分布式光伏场站的容性和感性无功可调容量；$P_{\max}$为该分布式光伏场站的有功可调容量。

据此，该分布式光伏场站的无功调节范围 Q_a 和有功调节范围 P_a 可表示为

$$\begin{cases} Q_a \in [Q_{\min}, Q_{\max}] \\ P_a \in [0,\ P_{\max}] \end{cases} \tag{2-18}$$

2.无功电压灵敏度 J_Q 和有功电压灵敏度 J_P

集群内各分布式光伏场站需满足另一个重要条件：该分布式光伏场站的功率变化能有效改变主导节点的电压幅值，具备改善本区域电压水平的能力。为了让各分布式光伏场站能快速有效地参与主导节点电压控制，需准确估算出分布式光伏输出功率变化所引起的相关节点电压变化，即输出功率和电压的灵敏度关系。灵敏度分析是一种常用的电力系统稳态运行分析方法，用于量化系统状态量对控制量的敏感程度。针对给定的控制量变化，通过灵敏度分析可量化各被控量的变化程度，从而反映系统对控制量变化的响应特性。

若节点电压采用极坐标形式表示，电力系统稳态运行的潮流方程为

$$\begin{cases} P_i = U_i \sum\limits_{j \in i} U_j (G_{ij}\cos\theta_{ij} + B_{ij}\sin\theta_{ij}) \\ Q_i = U_i \sum\limits_{j \in i} U_j (G_{ij}\sin\theta_{ij} - B_{ij}\cos\theta_{ij}) \end{cases} \tag{2-19}$$

采用牛顿-拉夫森法求解潮流方程。假设网络具有 N 个节点，令 $n=N-1$，以平衡节点为参考节点，$2n$ 个极坐标形式的牛顿-拉夫森法潮流修正方程如下式

$$\begin{vmatrix} \boldsymbol{H} & \boldsymbol{N} \\ \boldsymbol{J} & \boldsymbol{L} \end{vmatrix} \begin{bmatrix} \Delta\theta \\ \Delta\boldsymbol{V}/\boldsymbol{V} \end{bmatrix} = \begin{bmatrix} \Delta\boldsymbol{P} \\ \Delta\boldsymbol{Q} \end{bmatrix} \tag{2-20}$$

式中，$\begin{vmatrix} \boldsymbol{H} & \boldsymbol{N} \\ \boldsymbol{J} & \boldsymbol{L} \end{vmatrix}$ 为雅可比矩阵；$\Delta\theta$ 和 $\Delta\boldsymbol{V}$ 为节点电压的相角与幅值修正量。

$$\begin{vmatrix} \boldsymbol{H} & \boldsymbol{N} \\ \boldsymbol{J} & \boldsymbol{L} \end{vmatrix} = \begin{vmatrix} \boldsymbol{V} & \\ & \boldsymbol{V} \end{vmatrix} \left\{ \begin{bmatrix} \boldsymbol{B}\cos\theta & -\boldsymbol{G}\cos\theta \\ \boldsymbol{G}\cos\theta & \boldsymbol{B}\cos\theta \end{bmatrix} - \begin{bmatrix} \boldsymbol{G}\sin\theta & \boldsymbol{B}\sin\theta \\ -\boldsymbol{B}\sin\theta & \boldsymbol{G}\sin\theta \end{bmatrix} - \begin{bmatrix} -\boldsymbol{Q} & \boldsymbol{P} \\ \boldsymbol{P} & \boldsymbol{Q} \end{bmatrix} \right\} \begin{vmatrix} \boldsymbol{V} & \\ & \boldsymbol{V} \end{vmatrix} \tag{2-21}$$

式中，$\boldsymbol{V}$ 为 n 维节点电压幅值对角阵，即 $\boldsymbol{V}=\mathrm{diag}(v_1, v_2, \cdots, v_n)$。$\boldsymbol{B}$ 和 $\boldsymbol{G}$ 分别为节点导纳阵的实部和虚部，矩阵 $\boldsymbol{B}\cos\theta$ 的元素为 $\boldsymbol{B}$ 中对应元素 $\boldsymbol{B}_{ij}$ 与 $\cos\theta_{ij}$ 的乘积，其他项类似。另外，上述 $\boldsymbol{P}$ 和 $\boldsymbol{Q}$ 均为 n 阶对角矩阵，其对角元素分别为 $\boldsymbol{P}_i/\boldsymbol{V}_{2i}$ 和 $\boldsymbol{Q}_i/\boldsymbol{V}_{2i}$。正常情况下 θ_{ij} 非常小，故可令 $\cos\theta_{ij}=1$，$\sin\theta_{ij}=0$，则式(2-21)可简化为

$$\begin{bmatrix} \boldsymbol{B}+\boldsymbol{Q} & -\boldsymbol{G}-\boldsymbol{P} \\ \boldsymbol{G}-\boldsymbol{P} & \boldsymbol{B}-\boldsymbol{Q} \end{bmatrix} \begin{bmatrix} \boldsymbol{V}\Delta\theta \\ \Delta\boldsymbol{V} \end{bmatrix} = \begin{bmatrix} \Delta\boldsymbol{P}/\boldsymbol{V} \\ \Delta\boldsymbol{Q}/\boldsymbol{V} \end{bmatrix} \tag{2-22}$$

对上式进行高斯消去，可推导出以下关系：主导节点电压变化与节点注入功率的线性关系见式(2-23)，有功电压灵敏度见式(2-24)，无功电压灵敏度见式(2-25)。

$$\Delta\boldsymbol{V} = \boldsymbol{J}_P \Delta\boldsymbol{P} - \boldsymbol{J}_Q \Delta\boldsymbol{Q} \tag{2-23}$$

$$\boldsymbol{J}_P = ((\boldsymbol{B}+\boldsymbol{Q})(\boldsymbol{G}-\boldsymbol{P})^{-1}(\boldsymbol{B}-\boldsymbol{Q}) + (\boldsymbol{G}+\boldsymbol{P}))^{-1} \tag{2-24}$$

$$\boldsymbol{J}_Q = -((\boldsymbol{G}-\boldsymbol{P})(\boldsymbol{B}+\boldsymbol{Q})^{-1}(\boldsymbol{G}+\boldsymbol{P}) + (\boldsymbol{B}-\boldsymbol{Q}))^{-1} \tag{2-25}$$

3.模块度 σ_m

根据上述的灵敏度矩阵公式，可以进一步计算模块度。模块度起源于 Girvan-Newman

算法，是一种度量网络划分的重要参数，因此在一定程度上适合于分布式光伏电网网络的集群划分。模块度 σm 定义为

$$\sigma_m = \frac{1}{2m}\mathrm{Tr}\left[\boldsymbol{M}_{cr}{}^{\mathrm{T}}(\boldsymbol{B}_{ij} - \frac{k_i k_j}{2m})\boldsymbol{M}_{cr}\right] \tag{2-26}$$

$$m = \sum_{i,j\in c}\boldsymbol{B}_{ij}/2 \tag{2-27}$$

$$k_i = \sum_{j\in c}\boldsymbol{B}_{ij} \tag{2-28}$$

式中，$\boldsymbol{B}_{ij}$代表连接节点i 和节点j 之间边的权重；上标 T 表示转置；$\boldsymbol{M}_{cr}$代表所有节点划分后的分配矩阵，其中 $\boldsymbol{M}_{ir}=1$ 表示矩阵 $\boldsymbol{M}_{cr}$划分后的第 r 集群第 i 个节点；Tr(·)表示矩阵的迹；c 为网络系统的所有节点集合；m 为网络所有边的边权之和；k_i 为所有与节点 i 相连的边的权重之和，可以表示为矩阵 $\boldsymbol{B}$ 的第i 行元素之和。

为表征分布式光伏集群中每个节点的关联特性，采用基于无功电压灵敏度的电气距离来度量网络中两节点之间电气耦合的紧密程度，定义为

$$\boldsymbol{d}_{ij} = \sqrt{\sum_{k=1}^{n}(\boldsymbol{D}_{ik} - \boldsymbol{D}_{jk})^2} \tag{2-29}$$

$$\boldsymbol{D}_{ij} = \lg\frac{\boldsymbol{S}_{VQ,jj}}{\boldsymbol{S}_{VQ,ij}} \tag{2-30}$$

式中，$\boldsymbol{d}_{ij}$表示节点 i 和节点 j 之间的电气距离；$\boldsymbol{S}_{VQ,ij}$表示无功/电压灵敏度矩阵的第 i 行第j 列元素值，即 $\boldsymbol{S}_{VQ,ij}=(\partial \boldsymbol{Q}_i/\partial V_j)V_j$。式(2-30)采用常用对数 lg 是为了更好地度量节点 j 对节点 i 的电压影响程度；$\boldsymbol{D}_{ij}$越小表示节点 j 与节点 i 的电气联系越强，相应的电气距离也越近。

为了进一步度量节点之间电气距离 $\boldsymbol{d}_{ij}$和节点间边的权重 $\boldsymbol{B}_{ij}$之间的关系，将节点间边的权重定义为

$$\boldsymbol{B}_{ij} = 1 - \frac{\boldsymbol{d}_{ij}}{\max(\boldsymbol{d})} \tag{2-31}$$

式中，max($\boldsymbol{d}$)表示电气距离矩阵 $\boldsymbol{d}$ 中元素的最大值。

由于基于无功电压灵敏度的电气距离度量可以忽略功率 P 增量的影响，即 $\Delta \boldsymbol{P}=0$，故可采用牛顿-拉夫森法求解潮流方程。

4.控制方式 Ctrl 和通信方式 Tel

本节所划分的集群内各分布式光伏场站具有相同的控制方式和通信方式。根据德国电气工程师协会标准，光伏逆变器无功控制策略主要包括以下 4 种：恒无功功率 Q 控制策略、恒功率因数 $\cos\varphi$ 控制策略、基于光伏有功输出的 $\cos\varphi$ 控制策略以及基于并网点电压幅值的 $Q(U)$控制策略，其中后两种策略的下垂曲线如图 2-3 所示。分布式光伏接入中低压配电网的常用通信方式有双绞线/光纤有线通信和扩频无线局域网等，应注意采取信息安全防护措施。

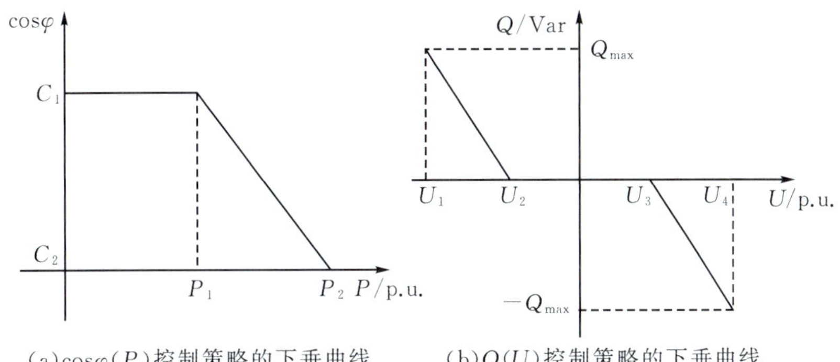

(a)$\cos\varphi(P)$控制策略的下垂曲线　　(b)$Q(U)$控制策略的下垂曲线

图 2-3　光伏并网逆变器控制策略下垂曲线

5.调节成本 Cost

为响应分布式光伏扶持政策，适应电力市场化改革需求，提升含规模化分布式光伏配电网的经济效益，需建立分布式光伏调节成本评估指标体系。分布式光伏调节成本包括无功支撑成本和有功弃光成本，计算公式如下：

$$\begin{aligned} \text{Cost\_}Q &= \text{FIT}_{\text{pv}} \cdot \Delta P_{\text{loss, pv}} \\ \text{Cost\_}P &= \text{FIT}_{\text{pv}} \cdot \Delta P_{\text{quit, pv}} \end{aligned} \tag{2-32}$$

$$\text{Cost} = \text{Cost\_}P + \text{Cost\_}Q \tag{2-33}$$

式中，FIT_{pv}为光伏上网价格；$\Delta P_{\text{loss, pv}}$为分布式光伏因调节无功出力而增加的网络损耗；$\Delta P_{\text{quit, pv}}$为分布式光伏弃电量。

6.有功平衡度指标 φ_P

为了提高电网对分布式光伏出力的消纳能力，实现集群内部各划分对象的净功率特性的互补，引入有功平衡度指标，其定义为

$$\varphi_P = \frac{1}{N}\sum_{c=1}^{N_c}\left[1 - \frac{1}{T}\sum_{t=t1}^{tn}\frac{P_c(t)}{\max(P_c(t))}\right] \tag{2-34}$$

$$P_c(t) = \sum_{i \in O_c} P_i(t)$$

式中，T 为时变场景的时间长度，即 $t_n - t_1$；N 表示划分的集群个数；N_c表示集群 c 的节点数量；$P_c(t)$表示集群 c 在 t 时刻下的净功率；$P_i(t)$表示集群内节点 i 在 t 时刻下的净负荷功率；O_c表示集群 c 内节点的集合。

2.1.4　集群可控能力等值

与传统的系统拓扑建模和分布式电源暂态建模方法不同，各分布式光伏在空间上较分散，且参与的电压协调控制时间尺度为分钟级。因此，本研究忽略分布式光伏详细、精确的暂态过程和动态特性，仅针对其参与配电网电压控制中所涉及的稳态特性进行可控能力等值。

集群可控能力的差异主要体现在电压-功率灵敏度、功率调节范围、光伏逆变器控制方

式、通信方式以及调节成本等方面，因此集群可控能力等值矩阵 **Cluster** 为

$$\textbf{Cluster}=[Q_a^C \quad P_a^C \quad J_Q^C \quad J_P^C \quad \text{Ctrl}^C \quad \text{Tel}^C \quad \text{Cost}^C] \tag{2-35}$$

式中，上标 C 表示集群参数。各变量具体表达式如下：

2.1.4.1　集群无功可调范围 Q_a^C 和有功可调范围 P_a^C

集群功率可调范围与群内各分布式光伏调节能力正相关，采用“最大限值和”的形式确定集群的功率调节范围，即集群功率可调范围，如下式所示：

$$\begin{cases} Q_a^C=\sum\limits_{j=1}^{n}Q_{j,a} \\ P_a^C=\sum\limits_{j=1}^{n}P_{j,a} \end{cases} \tag{2-36}$$

整理可得

$$\begin{cases} Q_a^C\in\left[\sum\limits_{j=1}^{n}Q_{j,\min},\sum\limits_{j=1}^{n}Q_{j,\max}\right] \\ P_a^C=\left[0,\ \sum\limits_{j=1}^{n}P_{j,\max}\right] \end{cases} \tag{2-37}$$

令 $Q_{\min}^C=\sum\limits_{j=1}^{n}Q_{j,\min}$，$Q_{\max}^C=\sum\limits_{j=1}^{n}Q_{j,\max}$ 和 $P_{\max}^C=\sum\limits_{j=1}^{n}P_{j,\max}$，则式(2-37)可简写为

$$\begin{cases} Q_a^C\in[Q_{\min}^C,Q_{\max}^C] \\ P_a^C=[0,\ P_{\max}^C] \end{cases} \tag{2-38}$$

式中，$Q_{j,a}$ 和 $P_{j,a}$ 分别为集群内分布式光伏场站 j 的无功和有功可调范围；$Q_{j,\min}$、$Q_{j,\max}$ 和 $P_{j,\max}$ 分别为分布式光伏场站 J 的容性、感性无功可调容量和有功可调容量；Q_a^C 和 P_a^C 分别为集群的无功和有功可调范围；$Q_{\min}^C$、$Q_{\max}^C$ 和 $P_{\max}^C$ 分别为集群的容性可调容量、感性无功可调容量和有功可调容量。

2.1.4.2　集群电压-无功灵敏度 J_Q^C 和电压-有功灵敏度 J_P^C

不考虑各分布式光伏对配电网影响的耦合性，采用线性叠加的方式分别计算群内各分布式光伏功率变化对主导节点电压的影响，则集群的电压-无功、电压-有功灵敏度等值公式为

$$\begin{cases} J_Q^C=\dfrac{\Delta V_Q^C}{Q_{\max}^C}=\dfrac{\sum\limits_{j=1}^{n}J_{j,Q}Q_{j,\max}}{\sum\limits_{j=1}^{n}Q_{j,\max}} \\ J_P^C=\dfrac{\Delta V_P^C}{P_{\max}^C}=\dfrac{\sum\limits_{j=1}^{n}J_{j,P}Q_{j,\max}}{\sum\limits_{j=1}^{n}P_{j,\max}} \end{cases} \tag{2-39}$$

式中，n 为集群中分布式光伏场站个数；J_Q^C 和 J_P^C 分别为集群及群内分布式光伏场站 j 的电压-无功灵敏度和电压-有功灵敏度；$Q_{\max}^C$ 和 $Q_{j,\max}$ 分别为集群和该集群内分布式光伏场站 j 的感性无功可调容量；$P_{\max}^C$ 和 $P_{j,\max}$ 分别为集群和该集群内分布式光伏场站 j 的有功可调容量。

2.1.4.3 分布式光伏逆变器控制方式 Ctrl^C 和通信方式 Tel^C

分布式光伏逆变器在不同的控制方式下，其接收的控制指令和自身调节能力所受约束不同。同时，分布式光伏场站接入的通信方式对调节指令的响应速度也有较大影响。为便于系统建模和分析，可采用不同状态标志表示不同的控制方式和通信方式。本节所划分的分布式光伏集群内各分布式光伏的控制方式一致，且采用同种通信方式。

2.1.4.4 调节成本 Cost^C

集群调节成本主要用于区分集群与其他调节设备(如静止无功发生器、有载调压变压器、并联电容器组等)之间的成本差异。基于此，本节认为不同集群的各分布式光伏间的调节成本具有一致性。

2.2 多点分散接入条件下的分布式光伏聚类整合技术和集群划分

分布式光伏出力受外界环境影响呈现间歇性、波动性和不确定性特征，其规模化接入对配电网的运行控制提出了更高的需求，集群技术是实现未来配电网安全稳定与经济运行的高效技术手段。本节内容主要以前文的分布式光伏集群动态划分方法为基础，首先，采用聚类方法对分布式光伏发电集群进行多机等值建模，重点研究光伏分群指标的选取和分群方法的选择；其次，提出基于社团结构的集群划分方法，从配电网调控需求的角度考虑和设计网络结构；最后，按照设计的优化目标进行集群动态划分，并根据设计的目标函数对所得集群的可控能力进行等值建模。

2.2.1 分布式光伏聚类等值整合研究

分布式光伏集群中一般含有数十甚至上百个中小型光伏电站，对每个光伏电站建立详细的模型会导致仿真维数高，计算效率低。本节采用聚类方法对分布式光伏发电集群进行多机等值建模，重点研究光伏分群指标的选取和分群方法的选择。

首先，基于光伏动态模型，选取能够反映光伏发电系统动态特性的聚类指标；其次，采用谱聚类算法对光伏集群进行聚类分群；最后，对聚类得到的等值光伏发电系统进行参数聚合和网络等值计算，最终建立光伏集群等值模型。

2.2.1.1　基于谱聚类算法的设计

1.光伏系统聚类指标选取

基于聚类方法的分布式光伏发电集群等值建模的效果很大程度上取决于分群指标的选取，该指标应能够很好地反映光伏发电系统受到扰动之后的动态特性。目前，光伏发电系统没有标准的分群指标，但大致分为三类：控制器动态参数、外输出特性和标志性的分界点。基于控制器动态参数的分群指标一般包括 PI 参数和储能元件的参数，这些指标能够精确地反映光伏发电系统的动态特性，但在实际工程应用中这些参数难以直接获取；基于外输出特性的分群指标一般包括光伏电站的输出有功和无功、电压和电流等物理量，这些指标在实际应用中能够通过测量直接获取得到，但该方法的精度较低；基于标志性分界点的分群指标是利用保护电路或卸荷电阻的投切状态来分群，分群结果准确，摆脱了对聚类算法的依赖。

对于先前章节建立的光伏的动态模型，其动态特性的主要影响因素包括控制环路的控制参数和储能元件的参数，前者包括 DC/DC 变换器中 MPPT 控制器的 PI 参数以及逆变器中双环控制器的 PI 参数，后者包括光伏阵列稳压电容、DC/DC 变换器中的储能元件以及滤波器等。因此，本节将采用上述动态参数作为光伏发电系统的聚类指标，记作动态参数聚类指标(dynamic parameters clustering index，DPCI)，即

$$\mathrm{DPCI}=\{C_{\mathrm{pv}},L_{\mathrm{dc}},C_{\mathrm{dc}},L_f,k_p,k_i,k_{op},k_{oi},k_{ip},k_{ii}\} \tag{2-40}$$

为了消除不同分群指标量纲和数量级不同造成的影响，对上述聚类指标进行归一化处理，归一化后的数据可由下式表示

$$x_{\mathrm{norm}}=\frac{x-x_{\mathrm{min}}}{x_{\mathrm{max}}-x_{\mathrm{min}}} \tag{2-41}$$

式中，x_{max}和x_{min}分别为所采样数据的最大值和最小值；x 和 x_{norm}分别为归一化前后的数据指标。

2.谱聚类算法基本原理

在获得光伏发电系统的分群指标后，需要根据该指标对光伏电站进行分群。目前最常用的分群技术是聚类算法。聚类是将大量数据划分为不同群组的过程，目的是使同一群组之间数据相似度高，不同群组之间数据相似度低。数据之间的相似度常用特征距离来描述，聚类算法中常用的距离公式主要有欧式距离、切比雪夫距离等。常用的聚类算法主要有 K-means 聚类法、FCM 聚类法和层次聚类法。本节将采用谱聚类算法对分布式光伏发电集群进行聚类。

谱聚类是广泛使用的聚类算法，相比于传统的聚类算法，比如 K-means 方法、谱聚类算法对数据分布的适应性更强，聚类效果更优，计算量也更小，并且容易编程实现。谱聚类是从图论中演化出来的算法，通过对样本数据的拉普拉斯矩阵的特征向量进行聚类，从而达到对样本数据聚类的效果，本质上是降维手段与其他聚类算法的结合。为了更好地介

绍谱聚类算法的原理和实现步骤，本节首先明确定义以下概念。

定义 1.1 无向权重图 G：对于一个图 G，用点的集合 V 和边的集合 E 来表示，记作 $G(V,E)$。其中，$V=(v_1,v_2,\cdots,v_n)$代表数据集里的所有点，任意两个点 v_i,v_j 之间可以有边连接，也可以没有连接。定义 w_{ij} 为数据点 v_i,v_j 之间的权重，当 G 为无向图时，有 $w_{ij}=w_{ji}$ 且 $w_{ii}=0$，$w_{ij}\geqslant 0$。图 2-4 所示为无向权重图示意图。

定义 1.2 度矩阵 $\boldsymbol{D}$

对于图中的任意一个点 v_i，定义它的度为与它相连的所有边的权重之和，即

$$d_i=\sum_{j=1}^{n}w_{ij} \tag{2-42}$$

由此可以得到度矩阵 $\boldsymbol{D}$，如下式所示。该矩阵为一对角矩阵。

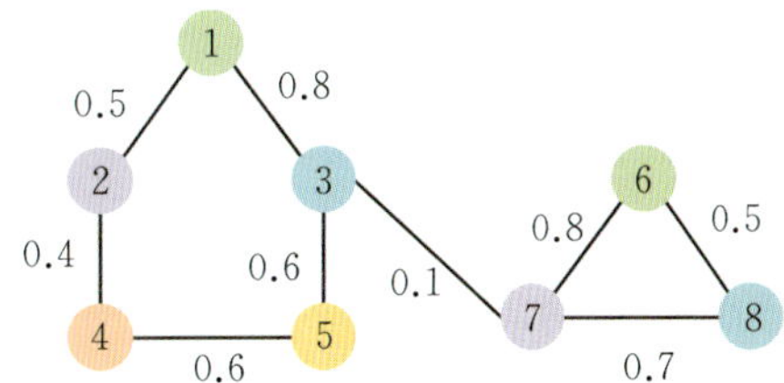

图 2-4 无向权重图示意图

$$\boldsymbol{D}=\begin{bmatrix} d_1 & & & \\ & d_2 & & \\ & & \ddots & \\ & & & d_n \end{bmatrix} \tag{2-43}$$

定义 1.3 邻接矩阵 $\boldsymbol{W}$：又称权重矩阵，即任意两点之间的权重值组成的矩阵。构建邻接矩阵的基本思想是距离较远的两个点之间的边权重值较低，而距离较近的两个点之间的边权重值较高。通常可以通过样本点距离度量的相似矩阵 $\boldsymbol{S}$ 来获得邻接矩阵 $\boldsymbol{W}$。构建邻接矩阵主要有 3 种方法：∈-近邻法、K 近邻法和全连接法。本节采用应用最普遍的全连接法，该方法使用不同的核函数定义边权重，常用的核函数包括多项式核函数、高斯核函数和 Sigmoid 核函数。本使用采用高斯核函数(式(2-44))，此时相似矩阵和邻接矩阵相同。

$$w_{ij}=s_{ij}=\exp\left(-\frac{\|\boldsymbol{x}_i-\boldsymbol{x}_j\|^2}{2\sigma^2}\right) \tag{2-44}$$

定义 1.4 拉普拉斯矩阵 $\boldsymbol{L}$：拉普拉斯矩阵 $\boldsymbol{L}=\boldsymbol{D}-\boldsymbol{W}$，谱聚类算法与该矩阵的性质息息相关。该矩阵的主要性质如下：

(1)拉普拉斯矩阵是对称矩阵，该性质可以由度矩阵 $\boldsymbol{D}$ 和邻接矩阵 $\boldsymbol{W}$ 都是对称矩阵而得。

(2)由于拉普拉斯矩阵是对称矩阵，则它的所有特征值都是实数。

(3)对于任意的向量 $\boldsymbol{f}$，有

$$f^{\mathrm{T}}Lf=\frac{1}{2}\sum_{i,j=1}^{n}w_{ij}\,(f_i-f_j)^2 \tag{2-45}$$

(4)拉普拉斯矩阵是半正定的，且对应的 n 个实数特征值都大于等于 0，即 $0=\lambda_1\leqslant\lambda_2\leqslant\cdots\leqslant\lambda_n$，且最小的特征值为 0。

定义 1.5 无向图切图：对于无向图 $\boldsymbol{G}$ 的切图，目标是将图 $\boldsymbol{G}$ 切成相互没有连接的 k

个子图，每个子图点的集合 $\boldsymbol{G}_1,\boldsymbol{G}_2,\cdots,\boldsymbol{G}_k$，满足 $\boldsymbol{G}_i \cap \boldsymbol{G}_j = \varnothing$ 且 $\boldsymbol{G}_1 \cup \boldsymbol{G}_2 \cup \cdots \cup \boldsymbol{G}_k = \boldsymbol{V}$。对于任意两个子图点的集合 A 和 B，定义二者之间的切图权重为

$$W(A, B) = \sum_{i \in A,\, j \in B} w_{ij}$$

对于 k 个子图的集合 $\{G_1,G_2,\cdots,G_k\}$，定义切图 Cut 为

$$\mathrm{Cut}(G_1,G_2,\cdots,G_k) = \frac{1}{2}\sum_{i=1}^{k} W(G_i,G'_i) \tag{2-46}$$

式中，G'_i 是 G_i 的补集。因此，切图的目标可以理解为让子图内的点权重和高，子图间的点权重和低。谱聚类中最优化的切图方法主要有最小割(minimum Cut)、比例割(Ratio Cut)和归一化割(Normalized Cut)3 种方式，其中 Normalized Cut 应用广泛。

3.基于谱聚类算法的光伏集群聚类步骤

谱聚类算法的核心是相似矩阵的生成方式、切图的方式和最后的聚类方法。本节采用高斯核函数生成相似矩阵，使用 Normalized Cut 进行切图，最终的聚类方法采用 K-means 方法。具体的聚类流程如下：

(1)输入光伏集群聚类指标数据集 $n \times p$ 维 $\mathrm{DPCI}=(\boldsymbol{v}_1,\boldsymbol{v}_2,\cdots,\boldsymbol{v}_n)$、降维后的维度 k_1，期望得到的聚类数 k_2，其中，n 为光伏电站的数目，p 为每个光伏电站聚类指标中的特征维度；

(2)利用高斯核函数生成相似矩阵 $\boldsymbol{S}_{n\times n}$，进而生成邻接矩阵 $\boldsymbol{W}_{n\times n}$ 和度矩阵 $\boldsymbol{D}_{n\times n}$；

(3)计算拉普拉斯矩阵 $\boldsymbol{L}_{n\times n}=\boldsymbol{D}_{n\times n}-\boldsymbol{W}_{n\times n}$；

(4)构建标准化的拉普拉斯矩阵 $\boldsymbol{L}'=\boldsymbol{D}_{n\times n}^{-0.5}\boldsymbol{L}\boldsymbol{D}_{n\times n}^{-0.5}$；

(5)计算标准化拉普拉斯矩阵 $\boldsymbol{L}'$ 的特征值 $\boldsymbol{\lambda}_1,\boldsymbol{\lambda}_2,\cdots,\boldsymbol{\lambda}_n$ 和对应的特征向量 $\boldsymbol{e}_1,\boldsymbol{e}_2,\cdots,\boldsymbol{e}_n$；

(6)获取最小的 k_1 个特征值所对应的特征向量 $\boldsymbol{m}_1,\boldsymbol{m}_2,\cdots,\boldsymbol{m}_{k1}$(列向量)，构建特征向量矩阵 $\boldsymbol{F}=[\boldsymbol{m}_1,\boldsymbol{m}_2,\cdots,\boldsymbol{m}_{k1}]$；

(7)对特征向量矩阵 $\boldsymbol{F}$ 按行进行标准化，生成待聚类的 $n\times k_1$ 维的特征矩阵 $\boldsymbol{Y}$；

(8)采用 K-means 聚类法对 $\boldsymbol{Y}$ 的行向量进行聚类，输出聚类簇 $C=(c_1,c_2,\cdots,c_{k2})$。

4.聚类有效性评价指标

本节引入 Davies-Bouldin 指标(Davies-Bouldin Index，DBI)评价聚类结果的好坏，从而确定最佳的聚类数目。Davies-Bouldin 指标定义如下：

$$\mathrm{DBI}(k) = \frac{\sum_{i=1}^{k} \max_{j,j\neq i}\left\{\dfrac{S_i+S_j}{d_{ij}}\right\}}{k} \tag{2-47}$$

式中，k 为最终的聚类数；$S_i=\dfrac{1}{n_i}\sum_{x\in c_i}\| x-z_i \|$ 代表簇 c_i 中各样本到其聚类中心 z_i 的平均距离，度量了簇 c_i 样本的紧密程度；$d_{ij}=\| z_i-z_j \|$ 表示簇 c_i 和 c_j 聚类中心的距离，度量了簇 c_i 和 c_j 样本的分散程度。DBI 的值越小，代表聚类效果越好。

针对以上研究，展开分布式光伏发电集群的等值参数计算过程，并采用聚类等值模型

进行仿真验证，以构建分布式光伏集群。

2.2.1.2 分布式光伏发电集群等值参数计算

图 2-5 展示了一般光伏集群的详细接线结构和等值后的接线结构。其中，PCC 点为光伏集群接入点，等值参数的计算包括光伏电站机组的等值参数、系统内负荷参数和集电线路的等值参数计算。

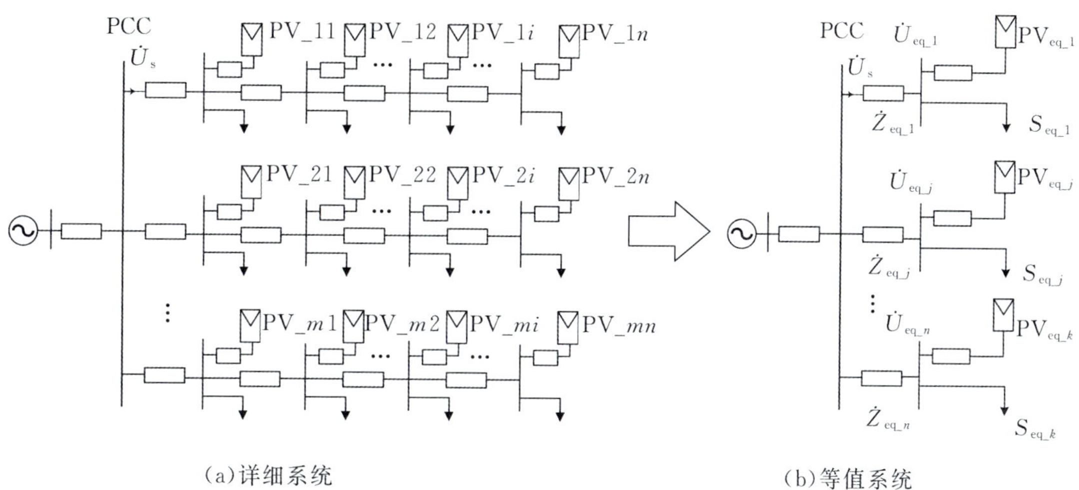

图 2-5 光伏集群的详细接线结构和等值后的接线结构

5.基于容量加权法的光伏电站参数聚合

完成光伏电站聚类分群后，需要对等值机组的参数进行聚合，其目标是使等值后 PCC 点的功率特性和电压特性与等值前的详细系统保持一致。光伏集群的等值建模采用一台等值机组来表征原来多台机组的运行特性，因此等值机组的结构仍然可以采用等值前机组的机理模型，仅需对具体参数进行等值计算。下面给出参数的计算步骤。

(1)光伏阵列参数等值

在聚合前后，阵列的总容量和输出电压应保持一致。因此，等值阵列中光伏组件的串联数和并联数应计算如下：

$$\begin{cases} N_{s,\mathrm{EQ}} = N_{s,\mathrm{CE}} \\ N_{p,\mathrm{EQ}} = \delta N_{p,\mathrm{CE}} \end{cases} \tag{2-48}$$

式中，N 表示串联或并联数；下标 s、p、EQ 和 CE 分别表示串联、并联、等值后的值和聚类中心电站值；δ 表示该组光伏电站总容量与聚类中心电站容量之比。

(2)变流器与滤波器参数等值

直流斩波器、逆变器和滤波器包含多个电容和电感元件，需确保等值元件与等值阵列容量匹配，同时保持等值前后的动态特性一致。聚合参数的计算如下：

$$\begin{cases} C_{\mathrm{pv,EQ}} = \delta C_{\mathrm{pv,CE}}, L_{\mathrm{dc,EQ}} = \dfrac{L_{\mathrm{dc,CE}}}{\delta} \\ C_{\mathrm{dc,EQ}} = \delta C_{\mathrm{dc,CE}}, L_{f,\mathrm{EQ}} = \dfrac{L_{f,\mathrm{CE}}}{\delta} \end{cases} \tag{2-49}$$

式中，C_{pv}和C_{dc}分别为阵列和斩波器的电容；L_{dc}和L_f分别为斩波器和滤波器的电感。

(3)变压器参数等值

每个光伏电站均通过一个变压器与电网相连，其容量和阻抗的聚合参数计算如下：

$$\begin{aligned} S_{t,\mathrm{EQ}} &= \delta S_{t,\mathrm{CE}} \\ Z_{t,\mathrm{EQ}} &= \frac{Z_{t,\mathrm{CE}}}{\delta} \end{aligned} \tag{2-50}$$

式中，S_t和Z_t分别表示变压器的额定容量和阻抗。

(4)控制器参数

每组等值光伏电站中，斩波器和逆变器的控制参数均与其聚类中心光伏电站的对应参数相同。

6.负荷和集电线路参数等值

由图2-5中的光伏集群等值系统可知，网络等值参数的待求量包括线路等值阻抗Z_{eq}、等值光伏电站接入点电压U_{eq}以及等值负荷S_{eq}。本章采用电压差不变的原则对线路阻抗参数进行等值，即等值后的PCC点与原PCC点的电压差保持不变。首先，计算稳态时各光伏电站接入点的电压与PCC点的电压差$\Delta U_i(i=1,2,\cdots,n)$，进而求得第$k$个群组中光伏电站与PCC点之间的加权平均电压差，如下式所示：

$$\Delta\overline{U}_k = \frac{\sum_{i\in k}\Delta U_i P_i}{\sum_{i\in k} P_i} \tag{2-51}$$

等值后，第k个等值机组接入点与PCC点的电压差为

$$\Delta\overline{U}_{\mathrm{eq}\_k} = \frac{Z_{\mathrm{eq}\_i}P_{\mathrm{eq}\_i}}{\sqrt{3}U_{\mathrm{PCC}}} \tag{2-52}$$

式中，$P_{\mathrm{eq}\_i} = \sum_{i\in k} P_i$。根据电压差不变的原则，可得线路等值阻抗计算式如下：

$$Z_{\mathrm{eq}\_k} = \frac{\sqrt{3}U_{\mathrm{PCC}}\sum_i \Delta U_i P_i}{\left(\sum_{i\in k} P_i\right)^2} \tag{2-53}$$

第k个群组的等值负荷为

$$S_{\mathrm{eq}\_k} = \sum_{i\in k} S_{\mathrm{Load}\_i}。$$

2.2.1.3 聚类等值模型仿真验证

1.算例介绍

仿真测试系统基于12.66 kV/60 Hz的IEEE 33节点配电网进行改造，在原有系统中接入20个分布式光伏电站，接入位置如图2-6所示。在该图中，各电站的装机容量配置如

下：PV1～PV11 均为 60kW，PV12～PV13 均为 180kW，PV14～PV17 均为 240kW，PV18～PV20 均为 300kW，总光伏装机容量为 2880kW，且各光伏电站的参数不完全相同。该网络的总负荷为(5084.26＋j2547.32)kVA，光伏渗透率达 56.6％。光伏发电系统均经过理想升压变压器 0.38kV/12.66kV 接入电网，负荷类型采用恒定阻抗模型，无穷大电网采用理想电压源来近似模拟。

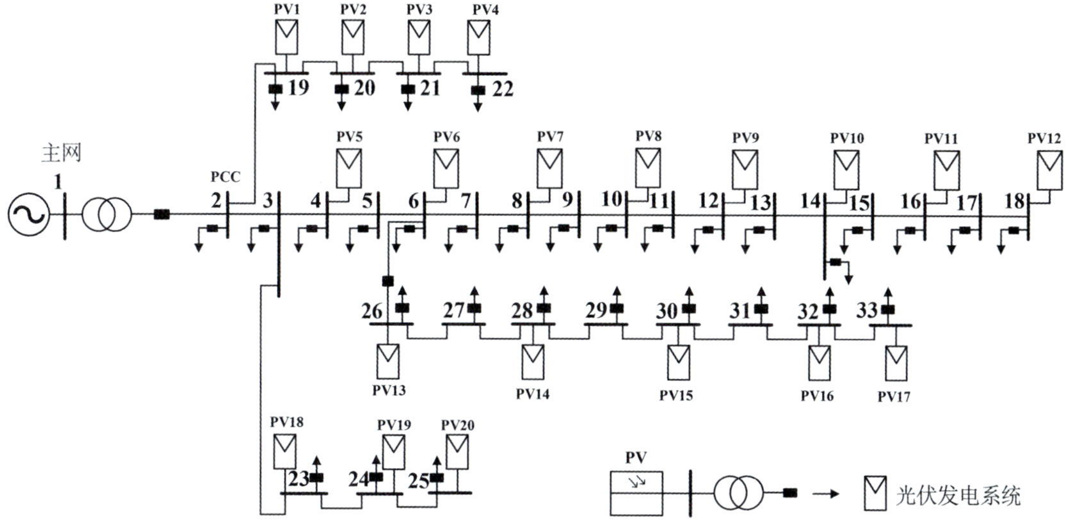

图 2-6 改进的 IEEE 33 配电系统

2.仿真结果及分析

1)聚类结果

谱聚类的效果与高斯核函数中的参数 σ 和聚类数 k 有关。本节通过多组参数组合的实验，得到了在不同聚类数和方差 σ^2 下的 DBI 的值，如图 2-7 所示。为了减少聚类过程的计

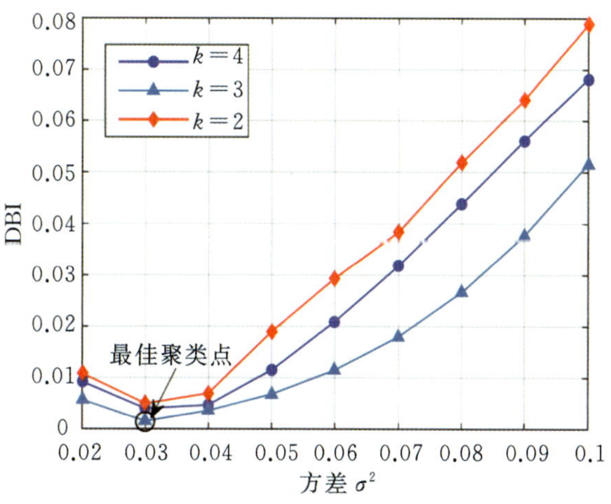

图 2-7 谱聚类不同参数组合下的 DBI 指标

算量，最大聚类数一般满足 $k \leqslant \sqrt{N}$。因此，本节中最大聚类数取 4。图 2-8 中仅给出了 σ^2 位于区间[0.02, 0.1]的结果，当 σ^2 继续增加时，DBI 呈上升趋势。由图可以确定最佳的参数组合为：$\sigma^2=0.03$，$k=3$。进一步地，由图 2-7 中的 DPCI 的标准化特征向量矩阵 $\boldsymbol{Y}$ 的色谱分布图可以验证由 DBI 指标得出相同的结论：当 $\sigma^2=0.03$，$k=3$ 时，$\boldsymbol{Y}$ 矩阵各行紧凑地分为 3 组聚类；而在其他参数组合下，$\boldsymbol{Y}$ 矩阵各行较分散，聚类效果不佳。综上所述，可以得出 20 个光伏电站的最终聚类结果如表 2-2 所示。

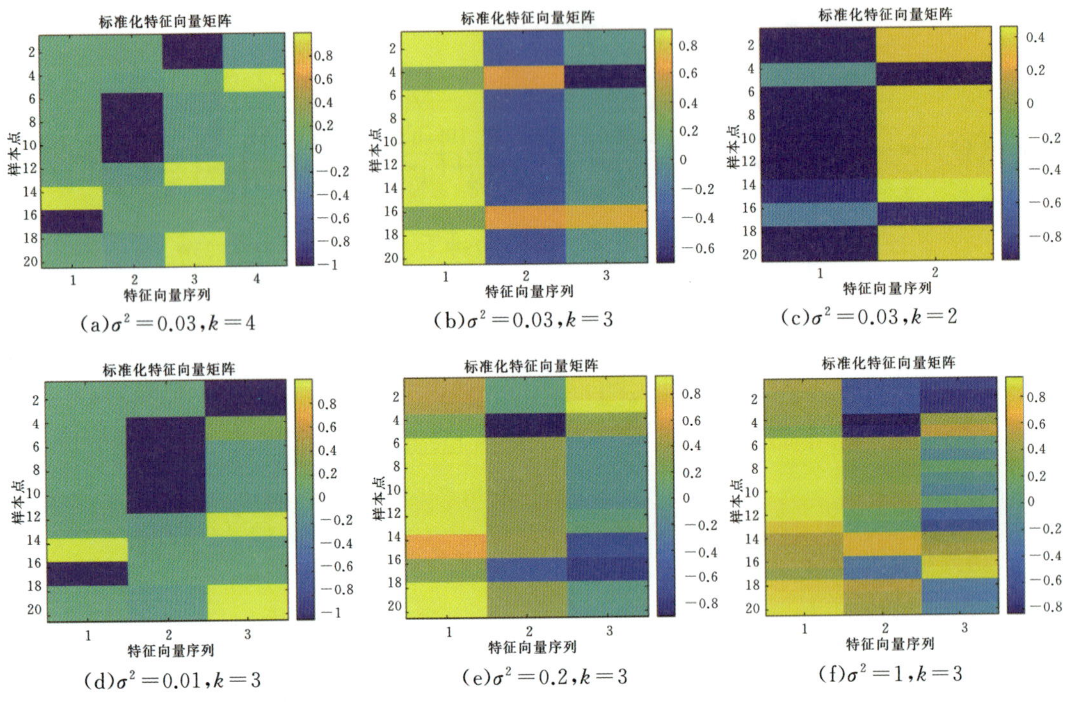

图 2-8　不同参数组合下样本数据特征向量矩阵 $\boldsymbol{Y}$ 色谱分布图

表 2-2　光伏电站聚类结果

分组编号	光伏电站编号
1	1,2,3, 6, 7, 8, 9,10,11,12,13,14,15,18,19, 20
2	4,5
3	16,17

2.2.2　集群划分中的网络构造

在集群划分中，需要分析分布式光伏集群网络的拓扑图设计算法的输入参数。为此，

设计了一种解的构造方式，通过生成解的搜索群体，实现分布式光伏集群最优划分。

2.2.2.1 构造解

针对集群划分问题，设计一种基于图的编码方式，定义为

$$d_i = \sum_{j=0}^{n} A_{ij} \times 2^j \tag{2-54}$$

式中，A_{ij}为集群网络节点i和节点j之间边的权重，$A_{ij}=1$表示节点i、j相连，$A_{ij}=0$表示节点i、j不相连。不难看出，d_i为第i行网络边的边权之和。

为便于描述，图2-9给出了基于图的编码方法。由于对称性，先将邻接矩阵转化为上三角矩阵形式，其次将上三角形的二进制数值(0/1)转化为十进制数，形成表示染色体的列向量。显然，不同的邻接矩阵形式可生成解空间，便于后续的更新和迭代。

为便于描述，图2-10给出解的初始化过程。随机搜索的两个整数值i和j，其中$i=[1,2,\cdots,n_{\text{node}}]$，$j=[1,2,\cdots,n_{\text{node}}]$，$n_{\text{node}}$表示网络最大节点数，当且仅当满足第$i$行第$j$列的索引值对应的邻接矩阵$A_{ij}$元素值为1时，通过将$A_{ij}$随机修改为0或1来分别表示断开或连接，以此形成邻接矩阵，生成解的空间。

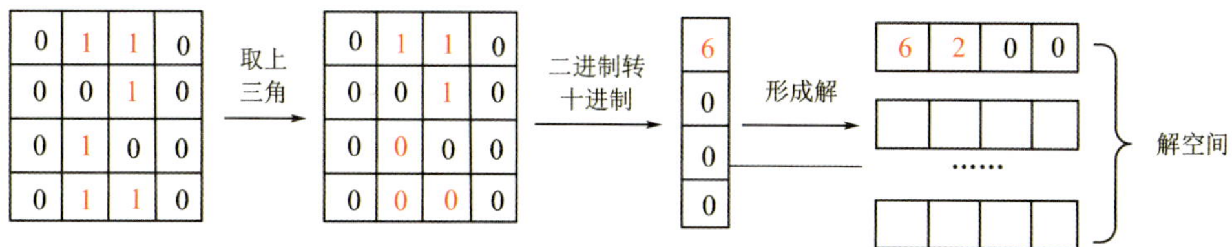

图2-9 基于图的编码过程

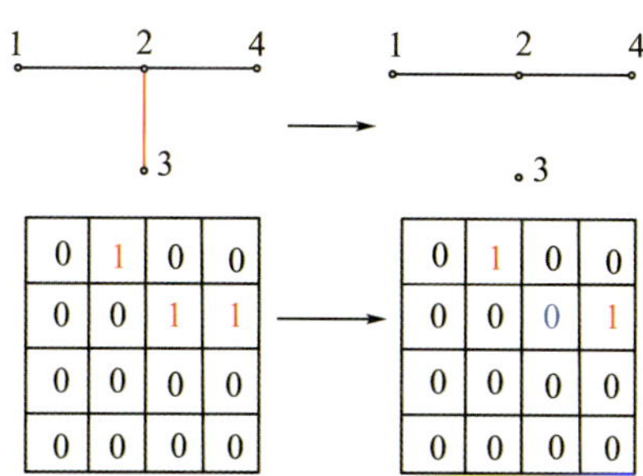

图2-10 解的初始化过程

2.2.2.2 更新解的空间

在每一次迭代完成后，原先的解空间所得到的目标函数值并非全局最优，因此需要对解的空间进行更新。为了不失一般性，采用随机生成[0,1]区间内的随机数对解空间中的两个位置耦合交叉，定义为

$$P_{c\_rand}=U(0,1) \tag{2-55}$$

$$P_{c\_rand}\leqslant P_c \tag{2-56}$$

式中，$U(0,1)$表示取 0～1 的随机数；P_{c_rand}表示随机取得的交叉概率；P_c表示随当前目标函数值的概率，定义为

$$P_c=\begin{cases}P_{c\_max}-\left(\dfrac{P_{c\_max}-P_{c\_min}}{I_{max}}\right)I_{ter}, & f_c\geqslant f_{avg}\\ P_{c\_max}, & f_c<f_{avg}\end{cases} \tag{2-57}$$

式中，P_{c_max}和P_{c_min}分别表示交叉概率最大值和最小值；I_{ter}和I_{max}分别表示迭代次数和最大迭代次数；f_c和f_{avg}分别表示耦合交叉中两个解的最大目标函数值，以及第I_{ter}次迭代下的所有解的目标函数值。

2.2.3　分布式光伏集群优化目标

基于上述集群指标及特性分析，结合光伏网络结构拓扑图的研究和聚类方法特性，在模块度指标与平衡度指标的基础上，进一步考虑电网划分过程中的集群划分数量设置及存在单个节点划分等情况，构建集群划分优化模型为

$$\begin{aligned}&\max F_1=\rho_m+\lambda_{\Omega_1}u\\&\max F_2=\varphi_P+\lambda_{\Omega_2}u\\&\text{s.t. } u\in(0,1)\end{aligned} \tag{2-58}$$

式中，ρ_m表示集群划分后的模块度值，其值范围为[0，1]；φ_P表示集群划分后的有功平衡度，其值范围为[0，1]；u表示集群划分隶属度，衡量在电网划分过程中集群划分数量的设置和存在单个节点划分等情况，定义为

$$u=\frac{\min\limits_i(|x_0-x_i(k)|)+0.5\max\limits_i(|x_0-x_i(k)|)}{|x_0-x_i(k)|+0.5\max\limits_i(|x_0-x_i(k)|)} \tag{2-59}$$

式中，i代表当前集群的划分数量；x_0表示前一迭代时刻计算得到的最小度量值，即在F_1中则表示模块度，在F_2中则表示有功平衡度；相应地，$x_i(k)$表示第i个集群中度量值；λ_{Ω_1}、λ_{Ω_2}代表权重值，本节默认设置为 1。

尽管已经获得了模块度指标和平衡度指标函数值，但是为了获取最大化的电气耦合程度和集群内部的自治协调能力，需要进行归一化处理，定义为

$$\begin{aligned}f_1&=\frac{\lg(F_1)}{\lg(\max F_1)}\\f_2&=\frac{\lg(F_2)}{\lg(\max F_2)}\end{aligned} \tag{2-60}$$

式中，f_1和f_2分别表示归一化后的模块度和有功平衡度。由此，可以简化计算，采用加权法组成集群划分优化模型的目标函数为

$$\max F = \lambda_1 f_1 + \lambda_2 f_2 \tag{2-61}$$

式中，λ_1 和 λ_2 分别为基于电气距离的模块度指标的权重值和有功功率平衡度指标的权重值。

2.2.4　分布式光伏集群动态划分算力

基于前文对分布式光伏集群概念及实现形式的分析，通过研究区域主导节点选择方法、建立集群划分指标体系、提出基于社团结构的集群划分方法，从配电网调控需求的角度考虑，对所得集群的可控能力进行等值建模，最终实现分布式光伏集群的动态划分。

2.2.4.1　分布式光伏集群网络搭建

IEEE 33 电网系统由 37 条支路、32 个 PQ 节点（负荷节点）和 1 个平衡节点共同组成，网络结构呈现出辐射网的状态。IEEE 33 节点系统的节点电压限制如表 2-3 所示。由仿真平台搭建三相 10kV（相角 0°、频率 50Hz）电压源作为输入，基于上述数据模拟仿真设计线路阻抗及各节点的额定负载。

表 2-3　IEEE 33 系统节点电压限制

节点类型	电压下限（p.u.）	电压上限（p.u.）	节点编号
平衡节点（1 个）	0.9	1.1	1
PQ 节点	0.9	1.1	2-33

1.光伏模型设计

光伏组件可以进行能源传输，而用电负荷涉及能源管理与电能消耗。在仿真平台中，可通过调节单个光伏板的温度和其上的光照强度来改变其单个输出功率，同时增设光伏板的串并联数量以及更改单个光伏板的出力参数，模拟出某点的光伏发电站输放电功能，实现光伏电站数据收集。以 18 节点为例，设计光伏阵列与该节点负载的连接方案，其仿真图如图 2-11 所示。

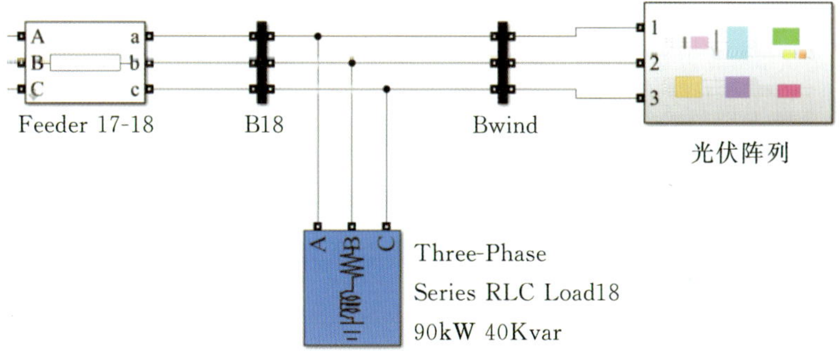

图 2-11　18 节点光伏仿真模块

通过设计多个光伏阵列与节点的连接方案，构建分布式光伏发电网络，实现电力能源的综合利用和共享。图 2-12 展示了分布式光伏发电网络的能量传输网络拓扑图，包括单个节点实现自发自用模式的实现方式。

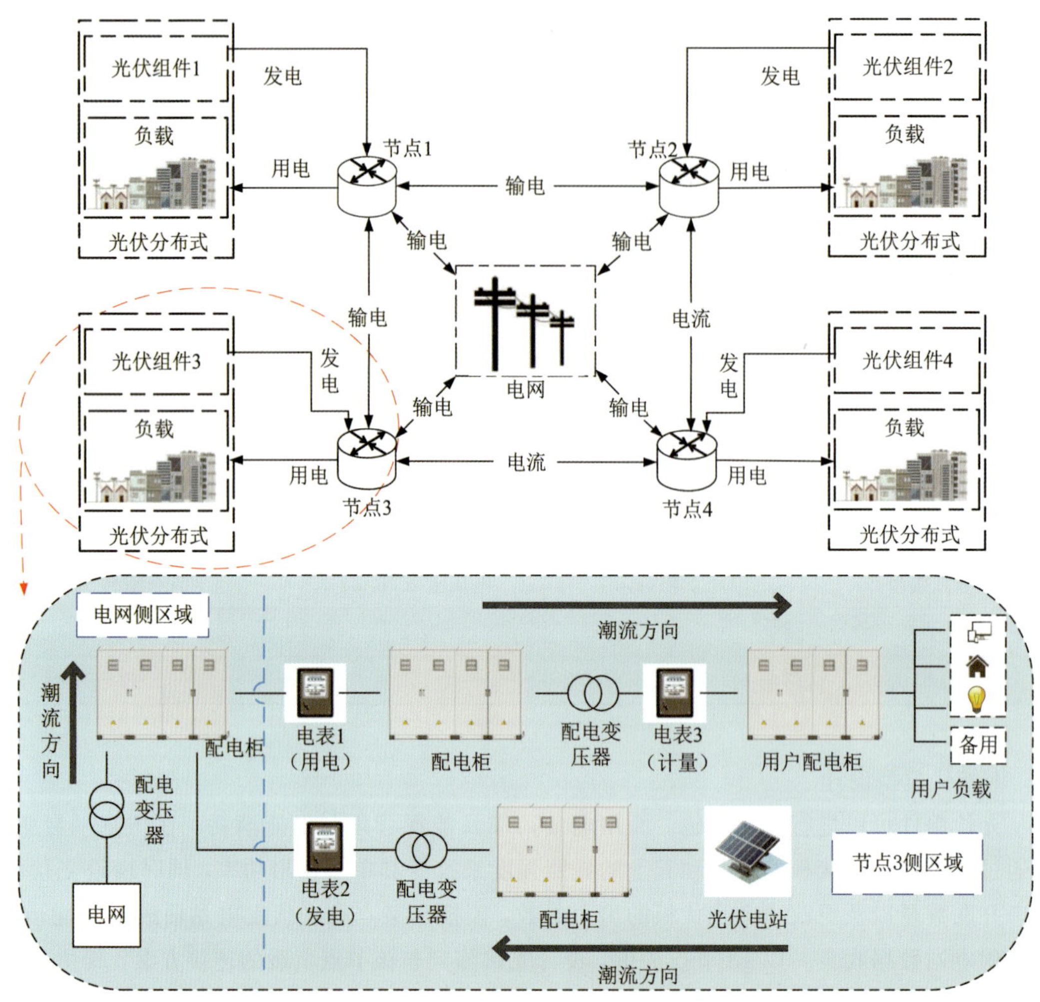

图 2-12　分布式光伏发电网络拓扑图

2.分布式光伏 33 节点配电网的应用

光伏阵列通过电流源、二极管、串联电阻和并联电阻来表征模块的辐照度和温度特性。以节点 18 光伏阵列为例，该阵列由 48 个平行串组成，每个串有 10 个串联的电池板模块。该模块阵列的 I-V 和 P-V 特性如图 2-13 所示，由图可知，随着光照强度越大，输出电能越高。在辐照度为 1kW/m^2 的条件下，阵列的开路电压为 375V、短路电流为 376A，最大输出功率可达 102.31kW。

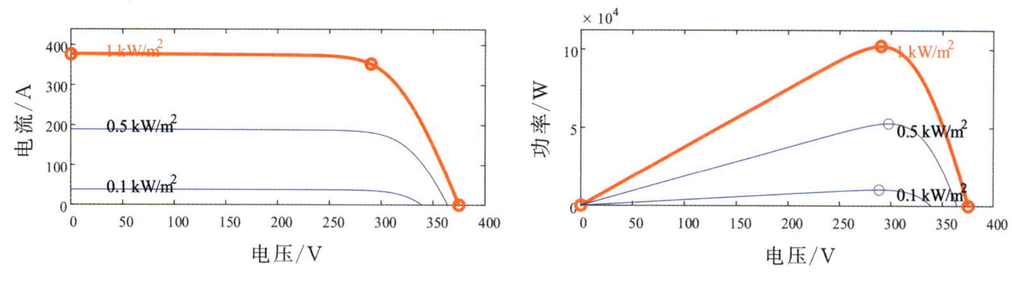

图 2-13 光伏模块阵列的特性曲线

在测试中，选择 $t=12$ 时间段的温度和光照强度作为该光伏模板的设计参数值，获得功率输出特性曲线如图 2-14 所示。有功和无功输出功率曲线在 0.8s 左右趋于平缓，实现 MPPT 控制策略在任意时刻光伏阵列的稳定输出。其中，节点 20 在 $t=12$ 时间段的场景下可再生能源出力渗透率最高，出力值为 108.27kW。

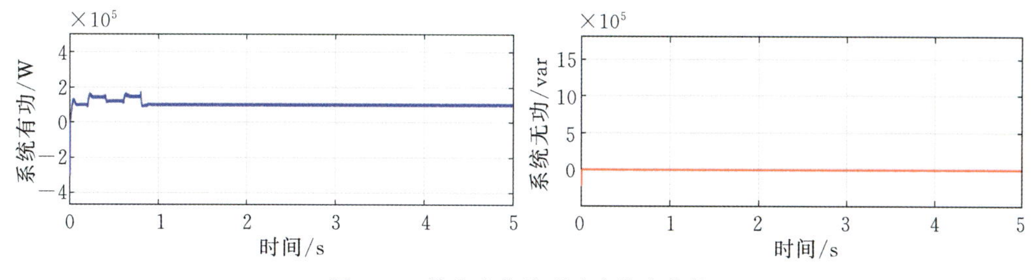

图 2-14 单个光伏阵列功率输出曲线

仿真平台光伏发电节点 11 个，其中节点 6、9、10、14、18、20、21、24、26、30 和 33 分别接入不同功率光伏，光伏总安装容量为 1.5MW，光伏节点安装后的出力数据如图 2-15 所示。

基于出力数据获得 IEEE 33 网络中负荷节点的典型日净功率曲线如图 2-16 所示。该系统共有 32 个负荷节点，其中节点 6、9、10、21、26 和 33 为负的净负荷功率。

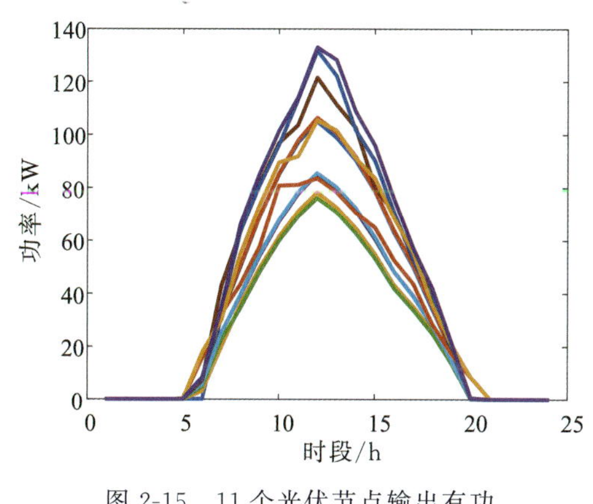

图 2-15 11 个光伏节点输出有功

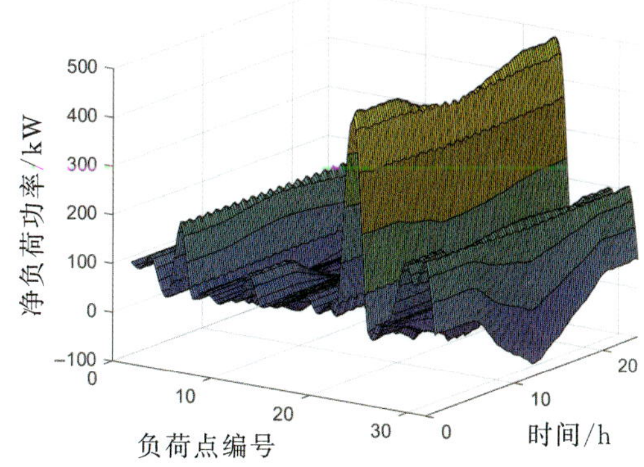

图 2-16 各负荷节点的初始净功率

2.2.4.2　集群划分结果

书中方法设定种群格数 $N=40$、最大迭代次数 $I_{max}=200$。考虑到适应度指标受模块度、有功平衡度和集群划分参数等指标的影响，且不同的权重占比会造成综合性能指标数值的变化，因此需要不断调整权重占比才能计算获得最优权重组合下的最大适应度值。图 2-17 对比了集群划分的权重变化下，书中方法得到的模块度指标和有功平衡度指标。

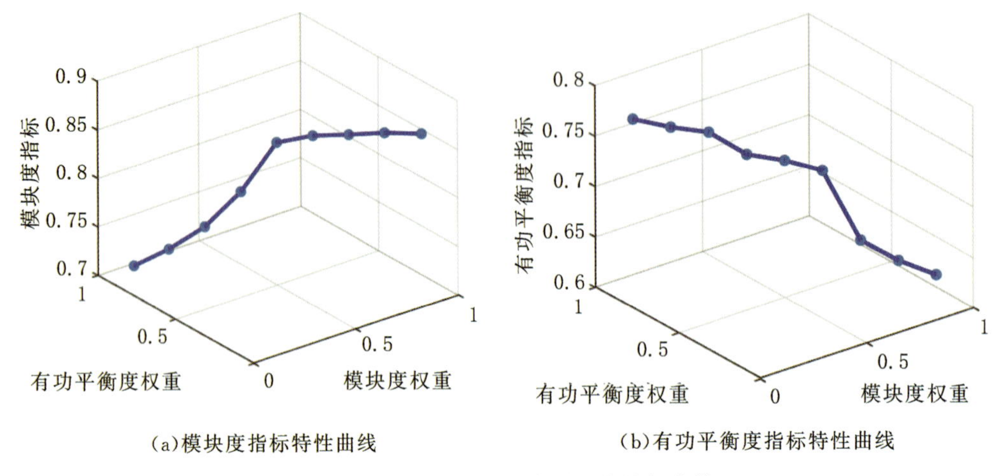

(a)模块度指标特性曲线　　(b)有功平衡度指标特性曲线

图 2-17　权重变化下的集群划分指标参数

从图 2-17 可以看出，权重变化会导致模块度指标和有功平衡度指标发生相应变化。由曲线变化趋势可知，当权重值处于 0.3～0.7 范围内时，模块度和有功平衡度指标的陡峭程度较明显。因此，书中对 0.3～0.7 区间的不同权重组合下的节点耦合程度指标、集群净功率平衡度指标和综合性能指标进行了对比分析，结果如表 2-4 所示。

表 2-4　不同权重对集群划分性能指标

序号	λ_1	λ_2	f_1	f_2	F
1	0.3	0.7	0.756	0.760	0.7588
2	0.4	0.6	0.794	0.740	0.7616
3	0.5	0.5	0.847	0.736	0.7915
4	0.6	0.4	0.856	0.728	0.8048
5	0.7	0.3	0.859	0.661	0.7996

从表 2-4 可以看出，当选择权重系数 $\lambda_1=0.6$、$\lambda_2=0.4$ 时，集群划分获得最优目标函数值。此时，整个光伏电网划被分为 3 个集群，具体划分情况如图 2-18 所示。

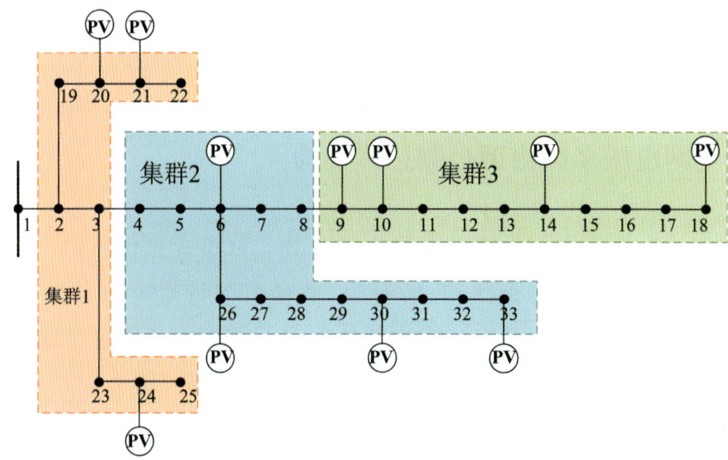

图 2-18　集群划分结果示意图

图 2-19 展示了最优适应度函数与对应集群划分数量的关系。随着迭代次数增加，其综合指标不断提升，代表集群划分结果越理想。针对 IEEE 33 节点系统，在第 74 次迭代时得到最优目标函数值，此时集群划分的群体类别数为 3。

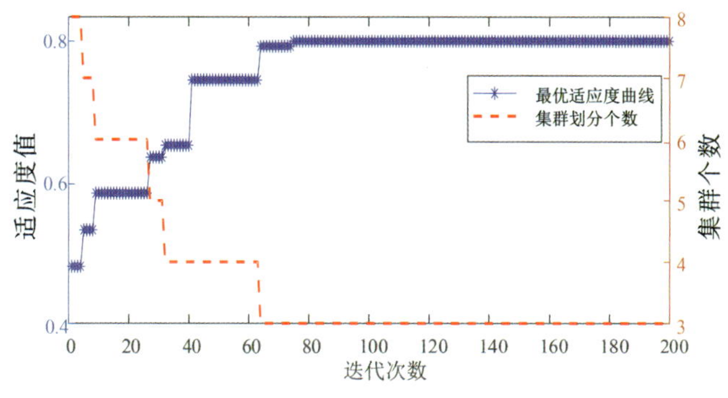

图 2-19　迭代次数适应度函数变化

2.3　分布式光伏集群的配电网电压多级协调控制策略

分布式光伏出力受外界环境影响具有间歇性、波动性和不确定性。其大规模接入配电网将产生双重影响：一方面会带来电压波动、电压越限等电能质量问题，影响配电网的安全运行与经济效益；另一方面也丰富了配电网的运行控制手段，增加了配电网电压控制的复杂程度，对现有的控制方式提出新的挑战。针对分布式光伏规模化接入配电网带来的电压控制问题，本节基于集群动态划分方法与可控能力等值，提出一种基于分布式光伏集群的配电网电压多级协调控制策略。具体而言，首先提出配电网电压多级协调控制策略的控制框架并分析其特征，然后分别建立全局优化调度级、集群趋优控制级和场站本地消纳级的控制模型并分析其实现方法。

2.3.1　配电网电压多级协调控制总体架构

与并入输电网或高压配电网的大型光伏电站相比，分布式光伏具有显著差异：由单个或少量光伏发电单元构成，以靠近负荷、容量小、数量多等特点灵活分散接入中低压配电网。基于分布式光伏并网逆变器具有快速连续的功率调节能力，可通过调节分布式光伏的有功、无功出力实现并网点电压控制。但单台分布式光伏的调节能力受逆变器容量、功率因数等条件限制，仅根据单个并网点（本地）状态对分布式光伏出力进行调节难以保证全网电压大范围的调节效果。因此，需采用集中优化方法协同调度各分布式光伏出力和传统无功设备，在保障节点运行电压安全的前提下，实现配电网全局优化运行，同时提升分布式光伏利用率并延长传统无功设备使用寿命。

随着分布式光伏接入点的不断增多，配电网的全局优化调度需协调的设备分布广、数量多，且具有广域通信延时和设备调节特性差异，导致对系统通信依赖性强、优化求解过程复杂、响应速度较慢。同时，考虑到各分布式光伏出力和负荷需求的频繁变化，采用集中优化的算法在通信可靠性和计算能力方面难以满足配电网的实时控制需求。为了弥补全局优化调度与本地控制在时间尺度和空间范围上的差异，本节提出通过动态划分分布式光伏集群（即控制区域），实现对各分布式光伏的集成化控制，从而兼顾配电网的复杂度和调控的实时性的要求。

针对分布式光伏规模化接入配电网引发的电压控制问题，本节借鉴国际上主动配电网的分层能量管理概念，提出基于分布式光伏集群的配电网电压多级协调控制策略，其系统架构如图 2-20 所示。

该电压多级协调控制策略的核心思想是通过对规模化接入的分布式光伏进行主动管理和协调控制，解决规模化分布式光伏的协调控制及有效消纳问题。基于电网各调控设备在时间尺度和空间分布上的差异性特征，结合分布式光伏集群动态划分方法，研究全局优化调度、集群协调控制与场站本地消纳，提出含规模化分布式光伏配电网的电压多级协调控制架构，最终实现兼顾网络复杂度与调控实时性的电压控制。具体作用如下：

（1）保证电网安全：促进分布式光伏就地消纳，快速调控电网电压。

（2）缩减调控成本：减少无功设备配置容量，延长无功设备使用寿命。

（3）降低网络损耗：减少无功大范围波动，节能提效。

（4）减少控制维数：避免集中控制导致的“维数灾难”问题，提高电网运行控制效率。

该配电网电压多级协调控制系统由 3 个控制级组成，包括全局优化调度级、集群趋优控制级和场站本地消纳级。各控制级特点总结见表 2-5。

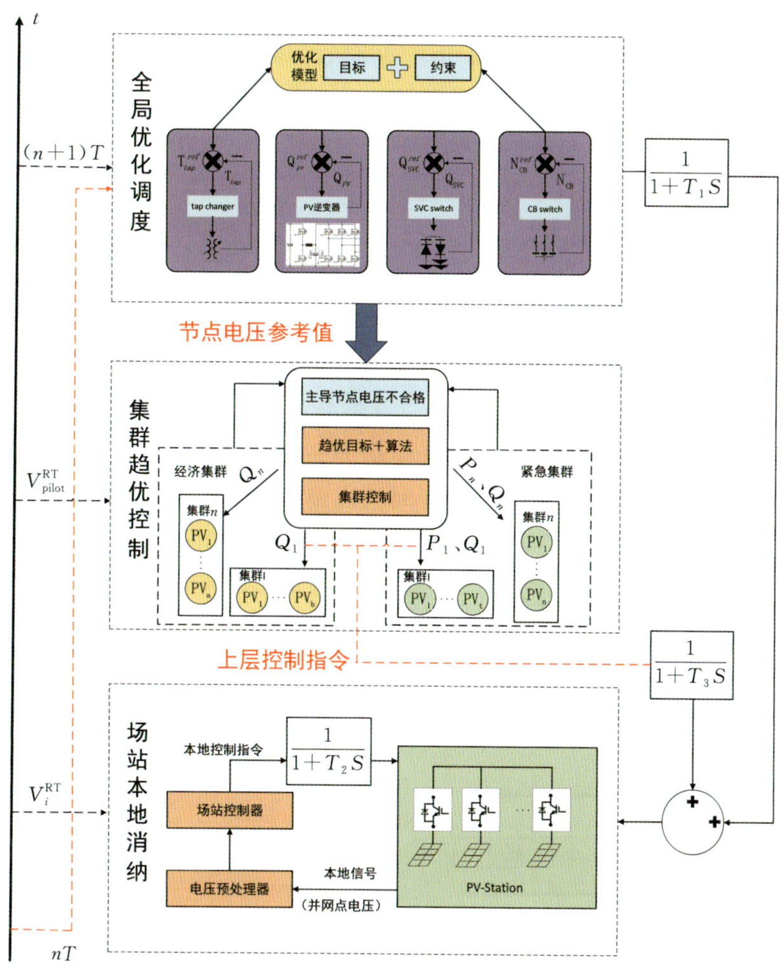

图 2-20　基于分布式光伏集群的配电网电压多级协调控制框架

表 2-5　基于分布式光伏集群的配电网电压多级控制策略特点

控制器	触发方式	调控对象	调控目标	调控特点
全局优化调度	定时	分布式光伏场站 OLTC、CB、SVC	全网经济性	长时间尺度 全局协调
集群趋优控制	事件	分布式光伏集群	经济性、安全性	面向调控需求
场站本地消纳	事件	分布式光伏场站	局部安全性	实时局部自治

(1)全局优化调度级：全局优化调度根据配电网调度周期 r 定时触发，是一种适用于长时间尺度下的全局协调控制。基于最优潮流(optimal power flow，OPF)算法，采用集中优化的方式处理配电网的拓扑结构、节点状态、分布式光伏场站出力以及其他无功调节设备(如 OLTC、CB、SVC)等信息。在满足安全约束的前提下，以配电网经济运行为目标，计算

各分布式光伏场站出力及其他无功调节设备最优参考值。

(2)集群趋优控制级：集群趋优控制由配电网的不同运行状态所触发。系统根据主导节点的电压水平，确定分布式光伏集群的趋优目标，并基于二次规划算法，实现针对不同调控需求的集群间协调优化；集群优化指令将按分配策略下发给群内场站执行，实现集群内各分布式光伏场站对集群趋优目标的快速协调响应。

(3)场站本地消纳级：场站本地消纳由分布式光伏并网点的电压越限事件触发。系统根据分布式光伏并网点的运行状态信息与电压安全标准，利用可控分布式光伏场站逆变器的功率调节能力，实现对局部电压越限的实时响应与调节。

基于先前所述的集群实现形式，本节研究的配电网电压多级协调控制策略采用虚拟集群架构，即由配电网调度主站进行全局优化，并将参考指令直接下发至各分布式光伏场站；同时，在配电网调度主站中集成具有集群管控功能的高级应用模块，对分布式光伏场站进行虚拟管控，从而实现分布式光伏虚拟集群间的协调优化，并将集群指令按分配原则分配至虚拟集群的实时成员场站执行。具体协调过程如图 2-21 所示。

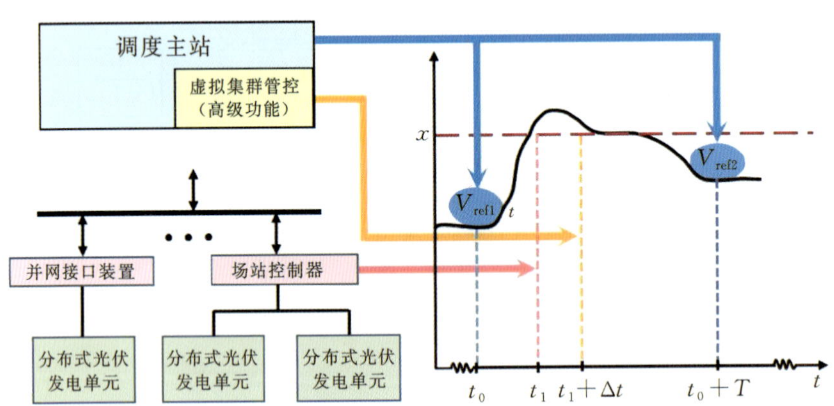

图 2-21　配电网电压多级协调控制过程示意图

全局优化的对象为区域内全部可控分布式光伏场站和传统电压调节设备，集群趋优控制的对象为分布式光伏集群，而本地控制只针对自身有调节能力的场站。配电网调度主站按照配电网调度周期 T(如 15 分钟)对区域进行全局优化，为各分布式光伏场站提供最优电压参考值；在每个调度周期内，当负荷波动或分布式光伏出力变化导致场站并网点电压越限时，场站控制器实时响应，在较短的时间 Δf 内(如 1 分钟)，仅根据场站并网点采集到的实时信息，利用场站自身的无功调节能力，对其输出功率进行本地调节；调节完成后，分布式光伏集群管控单元依据主导节点电压水平，对各分布式光伏集群按不同的集群趋优目标进行协调控制，以进一步改善区域电压水平。

配电网电压多级协调控制的主要任务是将节点电压维持在规定范围内，尽可能避免出现分布式光伏脱网情况。系统定义了节点电压运行区域及其判定方法，如图 2-22 所示。由全局优化调度得到各节点电压最优参考值 V_{ref}，并对其进行适当松弛(引入阈值 ε)形成节点

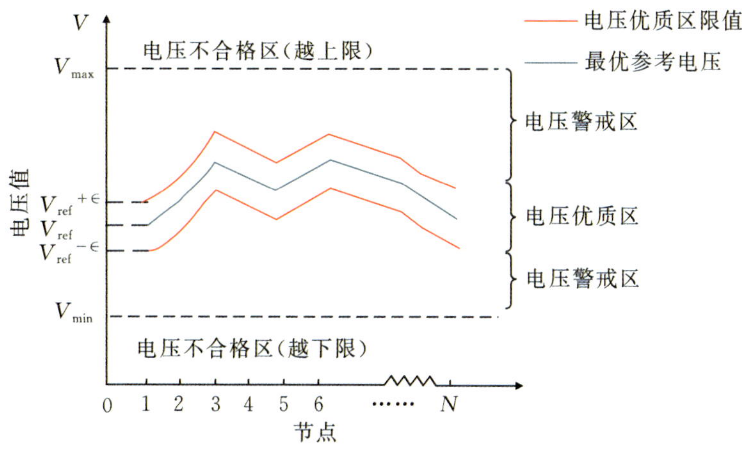

图 2-22　节点运行电压区域判定示意图

电压优质运行区。在该区域内，配电网同可时满足安全性和经济性要求运行；若节点电压超出电压优质区，但尚未越过电力系统安全运行规定的上下限值，则认为该节点处于电压警戒区，以提高配电网运行经济性为目标对分布式光伏无功出力进行调节；若节点电压越过电力系统安全运行规定的上、下限值(V_{max}、V_{min})，则认为节点处于电压不合格区。此时以保证配电网运行安全为目标，优先调节分布式光伏无功出力，若分布式光伏无功调节容量不足以将节点电压控制在安全运行上下限内，则进一步采取削减分布式光伏有功出力的措施，以快速消除节点电压越限事件，防止因触发保护装置而导致分布式光伏脱网。

2.3.2　配电网电压多级协调控制模型

2.3.2.1　双时间尺度全局优化调度

针对含规模化分布式光伏的配电网，考虑其辐射状结构及网络中包含的多种传统无功调节设备，其优化运行本质上是一个同时包含连续与离散决策变量的最优潮流问题，即典型的混合整数非凸非线性规划问题。为提高分布式光伏消纳能力并充分考虑用户利益，在全局优化调度阶段不考虑削减光伏有功出力，仅对分布式光伏的无功出力进行优化。同时，考虑配电网对离散型无功调节设备的动作次数限制以及分布式光伏出力的随机性和波动性，基于最优潮流理论，结合分布式光伏无功调节特性，本节设计一种包含日前计划与日内短期调度的双时间尺度全局优化模型。

1.模型框架

本节提出的双时间尺度全局优化调度模型结构，如图 2-23 所示。

(1)日前计划：以 1 小时为时间尺度，采用光伏、负荷日前预测数据群 $P_{PV(D)}^{ref}$、L_{D}^{ref} 以全天有功网损最小、OLTC 动作次数最少和 CB 调节次数最少为目标，优化 OLTC 档位 $T_{i,tap}^{t}$、

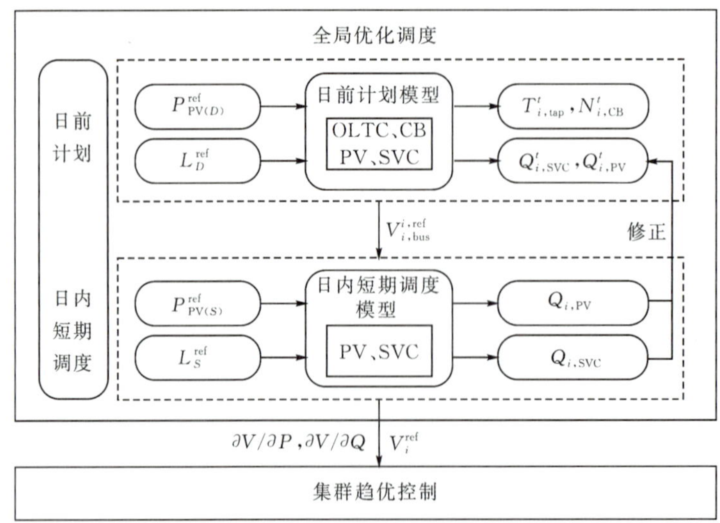

图 2-23　双时间尺度全局优化调度

CB 投切组数 $N_{i,CB}^t$、SVC 出力 $Q_{i,SVC}^t$ 及光伏无功出力 $Q_{i,PV}^t$，为日内短期调度提供各节点母线电压基准值 $V_{i,bus}^{t,ref}$。目标函数表达式为

$$\min f_1 = \min\sum_{i=1}^{24}\left[\alpha\sum_{i=1}^{n}\sum_{j\subset C(i)} r_{ij}\ (I_{ij}^t)^2\Delta T + \beta\sum_{i=1}^{n_{OLTC}}\ (T_{i,tap}^t - T_{i,tap}^{t-1})^2 + \gamma\sum_{i=1}^{n_{CB}}\ (T_{i,CB}^t - T_{i,CB}^{t-1})^2\right] \tag{2-62}$$

式中，n 为网络节点个数；$j\subset C(i)$表示与节点 i 相连的所有节点构成的集合；r_{ij} 为支路 ij 的电阻；$(I_{ij}^t)^2=((P_{ij}^2)^2+(Q_{ij}^2)^2)/(V_i^t)^2$ 为支路 ij 电流幅值的平方；ΔT 为调度周期时间间隔；n_{OLTC}、n_{CB}分别为网络中所配置的 OLTC 与 CB 的个数；α、β 和 γ 为不同优化目标的权重。

(2)日内短期调度：以 15 分钟为时间尺度，考虑到日前预测数据存在较大误差，采用光伏、负荷日内短期预测数据 $P_{PV(S)}^{ref}$、L_S^{ref}，以一个调度周期内有功网损和节点电压偏差最小为目标，得到各分布式光伏和 SVC 的无功出力参考值 $Q_{i,PV}$和 $Q_{i,SVC}$。同时，通过潮流计算得到集群趋优控制阶段各节点电压的最优参考值，以及网络的电压功率灵敏度信息$\partial V/\partial P$、$\partial V/\partial Q$。目标函数表达式为

$$\min f_2 = \min\left[\alpha\sum_{i=1}^{n}\sum_{j\subset C(i)} r_{ij}\ (I_{ij})^2 + \beta\sum_{i=1}^{n}\ (V_i - V_{i,bus}^{ref})^2\right] \tag{2-63}$$

式中，V_i 和 $V_{i,bus}^{ref}$分别为节点 i 的电压幅值和日前优化提供的电压参考值。

2.数学模型

1)目标函数

本节综合考虑分布式光伏、OLTC、CB、SVC 等连续与离散控制变量，建立以降低网络损耗、减少传统无功调节设备动作次数及减小节点电压偏差为目标的无功-电压双时间尺度

优化模型，包括日前计划和日内短期调度两个阶段。采用二阶锥松弛技术（second-order cone relaxation，SOCR）对其中的潮流方程作凸化松弛处理，将原问题转化为可被有效求解的混合整数二阶锥优化问题。

2）约束条件

数学模型中的约束条件分为等式约束和不等式约束两类。其中，等式约束为支路潮流约束，如式(2-64)及式(2-65)所示；不等式约束包括系统运行安全约束、关口交换功率约束、SVC运行约束、分布式光伏调节能力约束和离散设备调节能力约束（考虑OLTC与CB）。

(1)支路潮流约束。对于电网总支路 ij，有

$$\begin{cases} V_i^2-(K_i^tV_j)^2=2(r_{ij}P_{ij}+x_{ij}Q_{ij})-(r_{ij}^2+x_{ij}^2)I_{ij}^2 \\ I_{ij}^2=\dfrac{P_{ij}^2+Q_{ij}^2}{V_i^2} \end{cases} \tag{2-64}$$

对于电网中节点 ij，有

$$\begin{cases} P_{j,\mathrm{PV}}-P_{j,d}+\sum\limits_{k\in v(j)}P_{jk}=\sum\limits_{i\in u(j)}(P_{ij}-I_{ij}^2r_{ij}) \\ Q_{j,\mathrm{PV}}+Q_{j,\mathrm{CB}}+Q_{j,\mathrm{SVC}}-Q_{j,d}+\sum\limits_{k\in v(j)}Q_{jk}=\sum\limits_{i\in u(j)}(Q_{ij}-I_{ij}^2x_{ij}) \end{cases} \tag{2-65}$$

式中，当支路中不含OLTC时，$K_i^t=1$；I_{ij}^2 为支路电流幅值平方；P_{ij} 和 Q_{ij} 分别为支路首端有功功率和无功功率；V_i 为节点 i 的电压幅值；r_{ij} 和 x_{ij} 分别为 ij 支路的支路电阻和电抗；$k\in v(j)$ 表示节点 k 是以 i 为首端节点的支路的末端节点；$i\in u(j)$ 表示节点 i 是以 j 为末端节点的支路的首端节点；$P_{j,\mathrm{PV}}$ 和 $P_{j,d}$ 分别为节点 j 处所接的分布式光伏和负荷有功功率；$P_{j,\mathrm{PV}}$、$Q_{j,\mathrm{CB}}$、$Q_{j,\mathrm{SVC}}$ 和 $Q_{j,d}$ 分别为节点 j 处所接的分布式光伏无功功率、CB的离散无功补偿功率、SVC的连续无功补偿功率和负荷无功功率。

(2)运行安全约束。主要考虑节点电压和支路电流约束，有

$$\begin{cases} V_i^{\min}\leqslant V_i^t\leqslant V_i^{\max} \\ I_{ij}^t\leqslant I_{ij}^{\max} \end{cases} \tag{2-66}$$

式中，$V_i^{\min}$ 和 $V_i^{\max}$ 分别为节点 i 电压幅值的上限值和下限值；$I_{ij}^{\max}$ 为 ij 支路过载临界电流幅值；V_i^t 和 I_{ij}^t 分别为 t 时刻节点 i 电压和 ij 支路电流幅值。

(3)关口交换功率约束。为抑制分布式光伏、负荷需求变化等引起的功率波动对上级电网的影响，需考虑配电网根节点处的关口交换功率约束，有

$$\begin{cases} P_0^{\min}\leqslant P_0^t\leqslant P_0^{\max} \\ Q_0^{\min}\leqslant Q_0^t\leqslant Q_0^{\max} \end{cases} \tag{2-67}$$

式中，P_0^t 和 Q_0^t 分别为 t 时刻从根节点流入本级电网的有功和无功功率；$P_0^{\max}$、$P_0^{\min}$ 和 $Q_0^{\min}$、$Q_0^{\max}$ 分别为上级调度中心设定的关口交换有功功率上、下界和关口交换无功功率上、下界。

(4)SVC调节能力约束。由可控电抗器与电力电容器并联组成的SVC具有双向连续、

平滑的调节特性，对其运行约束有

$$Q_{i,\mathrm{SVC}}^{\min} \leqslant Q_{i,\mathrm{SVC}}^{t} \leqslant Q_{i,\mathrm{SVC}}^{\max} \tag{2-68}$$

式中，$Q_{i,\mathrm{SVC}}^{t}$为节点 i 处所接 SVC 在 t 时刻的优化调节功率；$Q_{i,\mathrm{SVC}}^{\max}$和 $Q_{i,\mathrm{SVC}}^{\min}$分别为 SVC 可调功率的上、下限值。

(5)分布式光伏调节能力约束。分布式光伏的无功控制效果取决于其并网逆变器的无功调节容量。首先，需考虑并网逆变器自身容量(视在功率)的限制：并网逆变器有功输出的增加会导致无功调节容量的降低。若并网逆变器采用恒功率因数控制，则分布式光伏的无功调节特性如图 2-24 所示。其中 $\phi_{\max}$为并网逆变器最大功率因数角，并网功率因数 λ 在 $\lambda_{\min} \leqslant \lambda \leqslant \lambda_{\max}$(即功率因数角在滞后 $\phi_{\max}$到超前 $\phi_{\max}$)范围内连续可调。

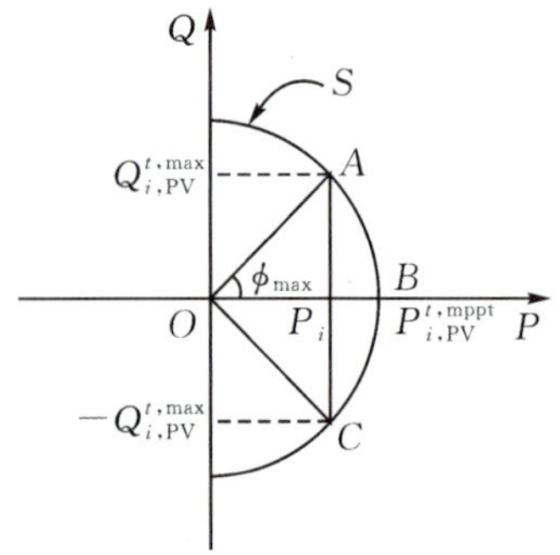

图 2-24　光伏无功调节特性示意图

线段 OA、OC 及弧 ABC 所构成的封闭图形即为光伏逆变器的出力可调范围。在 t 时刻，逆变器 i 的最大可发无功功率表示为(以发出无功功率为正)

$$\begin{cases} Q_{i,\mathrm{PV}}^{t,\max} = P_{i,\mathrm{PV}}^{t} \tan\phi_{\max}, P_{i,\mathrm{PV}}^{t} \in [0,\ P_l] \\ Q_{i,\mathrm{PV}}^{t,\max} = \sqrt{S_{i,\mathrm{PV}}^{2} - (P_{i,\mathrm{PV}}^{t})^{2}},\ P_{i,\mathrm{PV}}^{t} \in [P,\ P_{i,\mathrm{PV}}^{t,\mathrm{MPPT}}] \end{cases} \tag{2-69}$$

式中，$S_{i,\mathrm{PV}}$表示光伏逆变器 i 的额定容量(视在功率)；$P_{i,\mathrm{PV}}$、$P_{i,\mathrm{PV}}^{t,\mathrm{mppt}}$和 $Q_{i,\mathrm{PV}}^{t,\max}$分别表示光伏逆变器 i 在 t 时刻的实际有功出力、最大有功出力(由最大功率点跟踪系统确定)和感性无功可调容量；$P_{i,l} = S_{i,\mathrm{PV}} \cos\phi_{\max}$为 A 点横坐标值。

据此，t 时刻光伏逆变器 i 的无功可调范围为$[-Q_{i,\mathrm{PV}}^{t,\max}, Q_{i,\mathrm{PV}}^{t,\max}]$，分布式光伏场站在 t 时刻的容性无功容量 $Q_{\min}^{t}$和感性无功容量 $Q_{\max}^{t}$，得到

$$\begin{cases} Q_{\min}^{t} = \sum_{i=1}^{n_{\mathrm{mv}}} - Q_{i,\mathrm{PV}}^{t,\max} \\ Q_{\max}^{t} = \sum_{i=1}^{n_{\mathrm{mv}}} Q_{i,\mathrm{PV}}^{t,\max} \end{cases} \tag{2-70}$$

式中，n_{mv}为分布式光伏场站内分布式光伏发电单元的个数(即光伏并网逆变器个数)。分布式光伏场站在一天(24 小时)内的累计最大容性无功容量 $Q_{\min}$和感性无功容量 $Q_{\max}$如式(2-71)所示：

$$\begin{cases} Q_{\min} = \sum_{i=0}^{23} Q_{\min}^{t} \\ Q_{\max} = \sum_{i=0}^{23} Q_{\max}^{t} \end{cases} \tag{2-71}$$

(6)离散设备模型与约束(计及光伏功率调节特性)。OLTC 是配电网中重要的无功调

节设备，对电压水平有显著影响。以档位进行离散调节，其模型可表述为

$$\begin{cases} T_{i,\mathrm{tap},\min} \leqslant T_{i,\mathrm{tap}}^{t} \leqslant T_{i,\mathrm{tap},\max} \\ K_i^t = K_0 + T_{i,\mathrm{tap}}^{t} \Delta K_i \\ \sum_{t=0}^{23} \left| T_{i,\mathrm{tap}}^{t+1} - T_{i,\mathrm{tap}}^{t} \right| \leqslant T_{\max} \\ \left| T_{i,\mathrm{tap}}^{t+1} - T_{i,\mathrm{tap}}^{t} \right| \leqslant T_{i,k} \end{cases} \tag{2-72}$$

式中，$T_{i,\mathrm{tap}}^{t}$、$T_{i,\mathrm{tap},\min}$和$T_{i,\mathrm{tap},\max}$分别为第i个OLTC的档位及其可调上、下限；K_i^t为t时刻OLTC变比；K_0和ΔK_i分别为标准变比和调节步长；$T_{\max}$为一天内OLTC动作次数限值；$T_{i,k}$表示相邻调度时刻OLTC调节档位限值。

CB以组的形式进行投切，其模型可表述为

$$\begin{cases} 0 \leqslant N_{i,\mathrm{CB}}^{t} \leqslant N_{i,\mathrm{CB}}^{\max} \\ Q_{i,\mathrm{CB}}^{t} = N_{i,\mathrm{CB}}^{t} Q_{i,\mathrm{CB},\mathrm{step}} \\ \sum_{t=0}^{23} \left(N_{i,\mathrm{CB}}^{t} \oplus N_{i,\mathrm{CB}}^{t-1} \right) \leqslant B_{i,\mathrm{CB}}^{\mathrm{hm}} \\ \left| N_{i,\mathrm{CB}}^{t} - N_{i,\mathrm{CB}}^{t-1} \right| \leqslant N_{i,k} \end{cases} \tag{2-73}$$

式中，$Q_{i,\mathrm{CB},\mathrm{step}}$为节点$i$处所接CB的单组补偿功率；$N_{i,\mathrm{CB}}^{\max}$为节点$i$所接CB的最大组数；$B_{i,\mathrm{CB}}^{\mathrm{hm}}$为一天内CB动作次数限值；$\oplus$表示取异或；$N_{i,k}$表示相邻调度时刻CB调节组数限值。

为充分利用光伏无功调节能力，考虑光伏与离散设备间的配合，根据当前配电网中光伏无功调节容量，动态设定$T_{i,k}$、$N_{i,k}$的值。设定$T_{i,k}=2$，$N_{i,k}=N_{i,\mathrm{CB}}^{\max}$，否则$T_{i,k}=1$，$N_{k,i}=0.5N_{i,\mathrm{CB}}^{\max}$。条件满足时：

$$24 \times \sum_{j=1}^{n\mathrm{PV}} Q_{j,\max}^{t} \leqslant \omega \sum_{j=1}^{n\mathrm{PV}} Q_{j,\max} \tag{2-74}$$

式中，ω为常数；$Q_{j,\max}^{t}$和$Q_{j,\max}$分别为分布式光伏场站j在t时刻和一天内累计的最大感性无功可调容量。

3.调度流程

基于以上分析，结合分布式光伏的功率调节特性，本节提出双时间尺度全局优化调度流程，见表2-6。

表2-6 双时间尺度全局优化调度流程

日前计划	Step1	输入光伏和负荷的日前预测值$P_{\mathrm{PV}(D)}^{\mathrm{ref}}$和$L_D^{\mathrm{ref}}$、OLTC和CB的动作次数限值$T_{\max}$和$B_{i,\mathrm{CB}}^{\mathrm{hm}}$
	Step2	计算$T_{i,k}$、$N_{i,k}$
	Step3	基于最优潮流获取各调度时刻$T_{i,\mathrm{tap}}^{t}$、$N_{i,\mathrm{CB}}^{t}$、$Q_{i,\mathrm{PV}}^{t}$、$Q_{i,\mathrm{SVC}}^{t}$

续表

日内短期调度	Step1	获取母线电压参考值 $V_{i,\text{bus}}^{t;\text{ref}}$，输入光伏、负荷日内短期预测数据 $P_{\text{PV(S)}}^{\text{ref}}$ 和 L_{S}^{ref}
	Step2	获取各调度时刻的 PV、SVC 无功出力参考值 $Q_{i,\text{PV}}^{t}$、$Q_{i,\text{SVC}}^{t}$
	Step3	通过潮流计算得到各节点电压的最优参考值 V_{i}^{ref}，同时获取网络的电压功率灵敏度信息 $\partial V/\partial P$、$\partial V/\partial Q$

2.3.2.2　基于功率分层的集群趋优控制

为解决分布式光伏规模化接入导致的配电网电压波动、越限等电能质量问题，以及状态控制量的“维数灾难”问题，利用先前研究的集群划分方法与集群可控能力等值方法，本节提出基于功率分层的集群趋优控制模型。该模型由集群间的协调优化和集群内的功率分配两部分组成，主要包括根据主导节点电压与参考值的偏差，获取能维持节点电压偏差不超过相关规定的集群无功调节量和集群内部各可控分布式光伏场站间的无功调节量分配。根据区域内主导节点运行电压水平，按照节点运行电压区域判定方法，针对两类配电网调控目标——经济调控和紧急调控，提出基于分布式光伏无功优化的经济集群控制，提升配电网运行经济性；提出基于分布式光伏有功-无功协调优化的紧急集群控制，快速响应区域内主导节点电压越限事件，保证配电网运行安全。

1.模型框架

本节提出的集群趋优控制模型框架如图 2-25 所示，主要包括以下三部分。

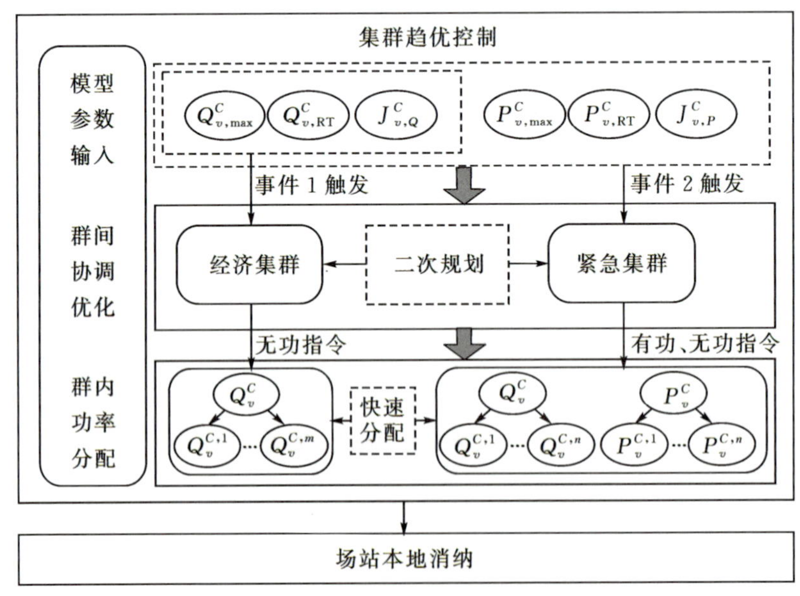

图 2-25　集群趋优控制模型框架

(1)控制模型参数输入：采集由集群可控能力等值方法确定的集群参数，包括：分布式光伏集群 v 的感性无功可调容量 $Q_{v,\max}^{C}$ 和无功实际出力 $Q_{v,\mathrm{RT}}^{C}$ 有功可调容量 $P_{v,\max}^{C}$ 和有功实际出力 $P_{v,\mathrm{RT}}^{C}$、电压-无功灵敏度 $J_{v,Q}^{C}$ 和电压-有功灵敏度 $J_{v,P}^{C}$。

(2)集群间协调优化：根据主导节点电压水平确定分布式光伏集群的趋优目标，实现面向配电网实时调控需求的集群间协调优化。集群趋优目标主要分为提升配电网运行经济性和保证配电网运行安全性两类，对应的分布式光伏集群分为经济调控集群和紧急调控集群，分别由事件 1 和事件 2 触发。事件 1 为主导节点电压处于电压警戒区，触发经济集群趋优控制，对集群的无功出力进行优化；事件 2 为主导节点电压处于电压不合格区，触发紧急集群趋优控制对集群的有功无功进行协调优化。基于二次规划方法，得到无功出力指令 Q_{v}^{C} 或有功、无功出力指令 P_{v}^{C}、Q_{v}^{C}。

(3)集群内功率分配：采集集群内各个分布式光伏场站的实时出力，掌握场站的实时运行状态。根据分配原则将上层集群间协调优化获取的功率指令实时分配至集群内各分布式光伏场站，得到各场站的无功整定指令 $Q_{v}^{C,1}$，$Q_{v}^{C,2}$，…，$Q_{v}^{C,m}$ 或有功和无功整定指令 $P_{v}^{C,1}$，$P_{v}^{C,2}$…，$P_{v}^{C,n}$ 和 $Q_{v}^{C,1}$，$Q_{v}^{C,2}$，…，$Q_{v}^{C,n}$，从而使分布式光伏集群 v 输出相应的功率以跟随上层集群协调优化的指令，实现配电网主导节点电压闭环控制。

2.数学模型

1)集群间协调优化模型

(1)经济集群协调优化。以主导节点电压偏差最小和集群无功出力变化最小为原则，其物理意义：一是最小化主导节点电压偏差，它隐含了尽可能使区域内各节点电压靠近最优参考值的目标；二是尽量避免分布式光伏集群的出力反复剧烈变化，它隐含了分配调控任务时需考虑各集群的实际运行状态，使各集群具有较均匀的无功调节裕度，尽可能提高调控效率与延长光伏逆变器寿命的目标。目标函数表述为

$$F_1=\alpha\omega_1+\beta\omega_2=\alpha\ \left[\left(\sum_{v=1}^{m}\Delta V_{v}^{\mathrm{pilot}}\right)-\Delta V\right]^2+\beta\sum_{v=1}^{m}\ (Q_{v}^{C}-Q_{v,\mathrm{RT}}^{C})^2 \tag{2-75}$$

式中，$\Delta V_{v}^{\mathrm{pilot}}=J_{v,Q}^{C}\Delta V_{v}^{C}$ 为集群 v 无功出力调节量 ΔQ_{v}^{C} 引发的主导节点电压变化量；$J_{v,Q}^{C}$ 为基于灵敏度分析得到的集群 v 相对于主导节点(Pilot Node)的电压-无功灵敏度；$V_{\mathrm{pilot}}^{\mathrm{ref}}$ 为根据全局优化调度模型得到的主导节点电压最优参考值；$V_{\mathrm{pilot}}^{\mathrm{RT}}$ 为主导节点实时电压值；$\Delta V=V_{\mathrm{pilot}}^{\mathrm{ref}}-V_{\mathrm{pilot}}^{\mathrm{RT}}$ 为主导节点的实际电压与最优参考电压的偏差；Q_{v}^{C} 为集群 v 的无功出力指令；m 为经济集群个数；α 和 β 为子目标函数的权重系数。

(2)紧急集群协调优化。以主导节点电压偏差最小、集群有功出力削减最小和集群无功出力变化最小为目标，其物理意义：一是以电压安全为首要目标，通过有功、无功共同调节在尽可能短的时间内消除电压越限事件；二是在能保证电压安全前提下，尽可能少削减分布式光伏的有功出力，提高分布式光伏的利用率；另外也包含了经济集群目标函数的物理意义。目标函数表述为

$$F_2=\alpha\omega_3+\beta\omega_4+\gamma\omega_5$$
$$=\alpha\left[\left(\sum_{v=1}^{n}\Delta V_v^{\text{pilot}}\right)-\Delta V\right]^2+\beta\sum_{v=1}^{n}\left(P_v^C-P_{v,\text{RT}}^C\right)^2+\gamma\sum_{v=1}^{n}\left(Q_v^C-Q_{v,\text{RT}}^C\right)^2 \tag{2-76}$$

式中，$P_{v,\text{RT}}^C$ 为集群 v 有功出力实时值；P_v^C 为集群 v 的有功优化指令；n 为紧急集群个数；α、β 和 γ 为各子目标函数的权重系数。

同时，根据 $J_{v,Q}^C$、$J_{v,P}^C$ 与集群 Q_v^C、P_v^C 的关系，ω_1 和 ω_3 表达式可改写为

$$\begin{cases}\omega_1=\left[\left(\sum_{v=1}^{m}J_{v,Q}^C\left(Q_v^C-Q_{v,\text{RT}}^C\right)\right)-\Delta V\right]^2\\ \omega_3=\left\{\sum_{v=1}^{n}\left[J_{v,Q}^C\left(Q_v^C-Q_{v,\text{RT}}^C\right)+J_{v,P}^C\left(P_v^C-P_{v,\text{RT}}^C\right)\right]-\Delta V\right\}^2\end{cases} \tag{2-77}$$

在实现目标函数最优的同时，应满足网络运行的各项约束，如潮流等式约束、节点电压幅值约束、支路功率约束及控制量约束，得到

$$P_{\text{DG},i}-P_{d,i}-V_i\sum_{j=1}^{n}V_j\left(G_{ij}\cos\theta_{ij}+B_{ij}\sin\theta_{ij}\right)=0 \tag{2-78}$$

$$Q_{\text{DG},i}-Q_{d,i}-V_i\sum_{j=1}^{n}V_j\left(G_{ij}\sin\theta_{ij}-B_{ij}\cos\theta_{ij}\right)=0 \tag{2-79}$$

式中，$P_{\text{DG},i}$、$Q_{\text{DG},i}$ 和 $P_{d,i}$、$Q_{d,i}$ 分别为节点 i 处所接分布式光伏有功、无功功率和负荷有功、无功功率；G_{ij}、B_{ij} 为节点导纳矩阵的相应元素；θ_{ij} 为节点 i 和 j 之间的电压相角差。

$$V_i^{\min}\leqslant V_i\leqslant V_i^{\max} \tag{2-80}$$

$$\begin{cases}Sb_{ij}=\sqrt{Pb_{ij}^2+Qb_{ij}^2}\leqslant Sb_{ij}^{\max}\\ \left|Pb_{ij}\right|=\left|V_i^2G_{ij}-V_iV_j\left(G_{ij}\cos\theta_{ij}+B_{ij}\sin\theta_{ij}\right)\right|\\ \left|Qb_{ij}\right|=\left|V_i^2B_{ij}-V_iV_j\left(G_{ij}\sin\theta_{ij}-B_{ij}\cos\theta_{ij}\right)\right|\end{cases} \tag{2-81}$$

式中，$V_i^{\min}$ 和 $V_i^{\max}$ 分别为节点 i 电压幅值的上限值和下限值；Sb_{ij}、Pb_{ij} 和 Qb_{ij} 分别为流过支路 ij 的视在功率上限、有功功率和无功功率；P_i^c、Q_i^c 和 $P_{i,\max}^c$、$Q_{i,\max}^c$ 分别为分布式光伏集群 i 的实际有功、无功出力和最大有功、无功出力。

在两种集群协调优化模型中，等式潮流约束均为必须满足的基本条件，电压幅值约束和支路功率约束也是两者不可缺少的约束条件。然而，控制变量约束方面两者有所区别：一是经济集群协调优化的控制变量仅为各集群的无功出力；二是紧急集群协调优化为快速消除电压安全事件，当集群的无功调节能力不够的时候，需削减分布式光伏的有功出力，故控制变量为各集群的无功和有功出力。

(3)集群功率协调方式。基于功率分层的集群趋优控制策略中有功-无功协调的方式如图 2-26 所示。在各集群保留一定无功裕度的前提下，为尽可能提高分布式光伏的利用率，一方面，在经济集群趋优过程中(考虑主导节点电压 $V_{\text{pilot}}^{\min}\leqslant V_{\text{pilot}}^{\text{RT}}\leqslant V_{\text{pilot}}^{\max}$)，不考虑削减各集群的有功出力，仅通过优化各集群的无功出力，实现各节点运行电压与最优参考电压偏差最小化。另一方面，在紧急集群趋优控制过程中(考虑主导节点电压 $V_{\text{pilot}}^{\text{RT}}>V_{\text{pilot}}^{\max}$)，若各集

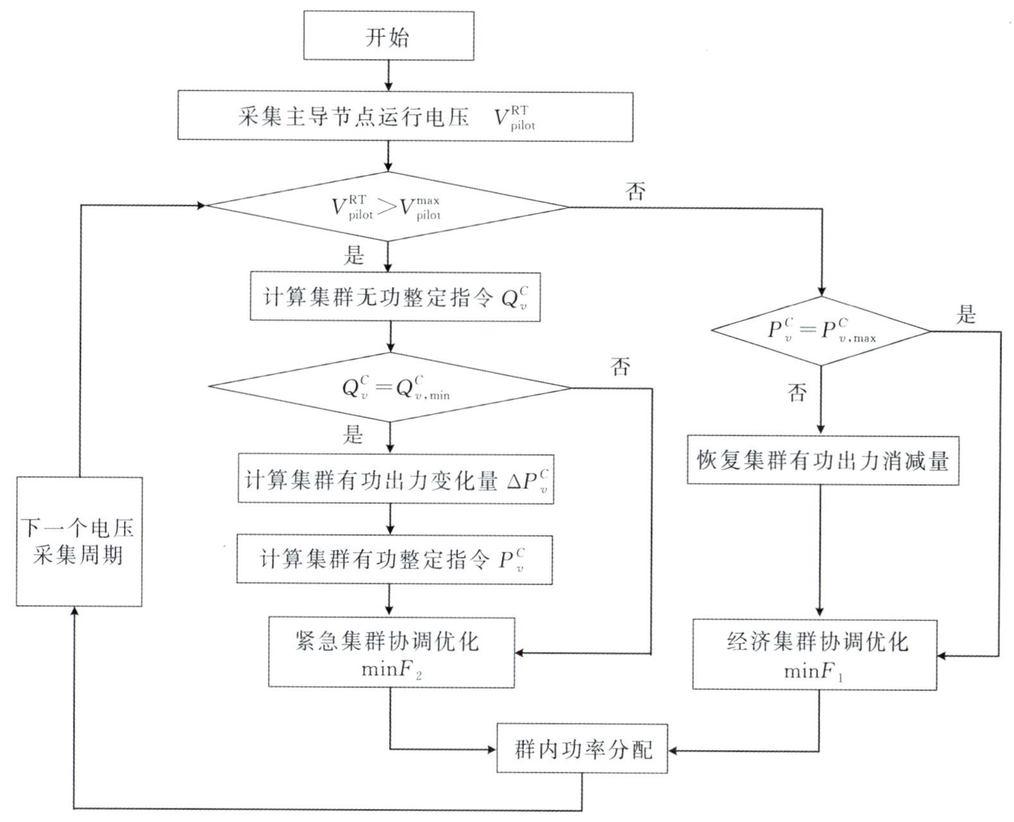

图 2-26 集群有功-无功协调方式流程图

群的无功可调容量可以满足主导节点电压偏差控制的需求，则不考虑削减分布式光伏的有功出力。当各集群的无功可调容量不足时，优先充分利用集群的容性无功可调能力，并在此基础上削减集群有功出力完成剩余的主导节点电压偏差调节任务。集群内各场站的有功削减指令可按场站实际有功出力的比例来分配。当主导节点电压 $V_{pilot}^{RT}<V_{pilot}^{min}$ 时，仅能利用集群的感性无功可调能力提升电压，这是因为分布式光伏场站的有功出力仅具有单向调节能力，即无法人为调节有功出力超过最大功率跟踪系统确定的出力。

2)集群内功率分配模型

为避免出现某些场站有功与无功输出不协调甚至无功越限的情况，可采用等功率因数的方式分配无功功率，保证各场站的功率因数相等，基本可保证不会出现单个场站功率因数越限的情况。

设集群 v 内共有 m 个分布式光伏场站，则第 j 个场站的无功控制指令为

$$Q_v^{C,j}=\frac{P_{j,\max}}{\sum_{j=1}^{m}P_{j,\max}}Q_v^C \tag{2-82}$$

式中，m 为集群 v 内分布式光伏场站的个数；$Q_v^{C,j}$ 为集群 v 内场站 j 所分配的无功功率指

令。由于 $Q_{j,\max}=|Q_{j,\min}|$，因此在等比例分配中不必考虑正负号问题。

按照此分配方式，集群 v 内所有场站的参考功率因数均为

$$\lambda_v=\frac{P_{j,\max}}{\sqrt{(P_{j,\max})^2+(Q_v^{C,j})^2}} \tag{2-83}$$

实际运行中，受到场站自身容量限制，场站有功输出的增加必然导致其无功可调容量的减小。若按等功率因数的方法分配集群的无功指令，则有功输出较大的场站分配到的无功输出指令也较大，可能出现单个场站无功出力接近甚至超过其可调容量极限。考虑到分布式光伏场站的无功调节量越接近它的无功可调容量极限，对场站逆变设备运行寿命影响越大，因此可考虑采用等无功裕度分配的方法。该方法的原理是利用各分布式光伏场站实时状态信息计算当前无功可调容量，根据所得值进行等比例分配，尽可能使每个场站发出或者吸收的无功功率在场站的无功可调极限范围内。

上述分配方式能充分发挥每个场站的无功调节潜力，保证各场站留有相同的无功裕度，防止某个分布式光伏场站无功出力越限引起其他场站的链式反应。

3)控制流程

基于上述分析，基于功率分层的集群趋优控制流程如表 2-7 所示。

表 2-7　集群趋优控制流程

Step1	输入以下集群参数 $J_{v,Q}^{C}$、$J_{v,P}^{C}$，$Q_{v,\max}^{C}$、$P_{v,\max}^{C}$，$Q_{v,\mathrm{RT}}^{C}$、$R_{v,\mathrm{RT}}^{C}$
Step2	采集主导节点电压实时值 $V_{\mathrm{pilot}}^{\mathrm{RT}}$，判定运行区域并触发相应集群控制
Step3	基于二次规划方法，得到无功出力指令 Q_v^C 或有功、无功出力指令 P_v^C、Q_v^C
Step4	按群内功率分配原则，计算各分布式光伏场站无功调节指令 $Q_v^{C,1}$，$Q_v^{C,2}$，…，$Q_v^{C,m}$ 或有功、无功调节指令 $P_v^{C,1}$，$P_v^{C,2}$，…，$P_v^{C,m}$ 和 $Q_v^{C,1}$，$Q_v^{C,2}$，…，$Q_v^{C,m}$

3)含动态修正环节的场站本地消纳

为充分利用自然资源和保障用户利益，尽可能提高分布式光伏消纳水平，本节提出一种充分利用光伏无功调节能力的场站本地消纳闭环控制方法。该方法利用场站自身的无功调节能力，不借助通信网络和协调控制系统，仅根据场站并网点采集到的实时电压信息，对其输出功率进行本地调节，尽可能保证轻载或重载条件下场站并网点电压运行在合格区内。在此基础上，为改善控制过程的动态性能，结合场站内光伏逆变器对功率指令跟踪的时滞性，设计了电压参考值动态修正环节，以进一步降低场站并网点电压越限的可能。

(1)控制框架。本节提出的场站本地消纳模型框架如图 2-27 所示，主要包括以下 3 个环节。

①闭环跟踪控制

比较并网点实际电压 V_{pcc} 与参考电压 V_{ref} 的偏差值 ΔV，通过 PI 控制器获取调节并网点

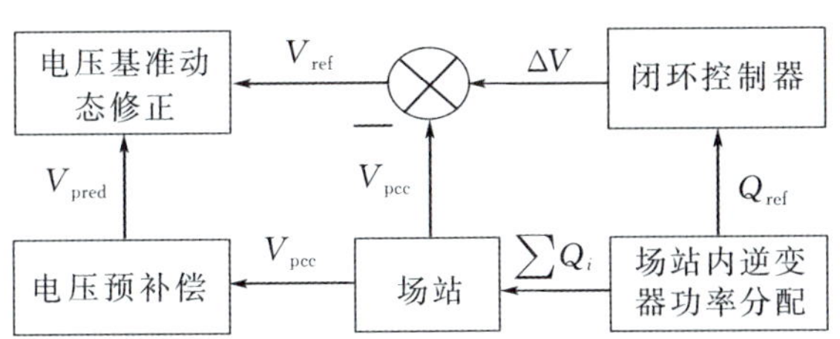

图 2-27 含动态修正环节的场站本地消纳

电压偏差 ΔV 至零所需的无功调节指令 Q_{ref}，并在场站内各发电单元逆变器间按无功裕度原则分配无功功率指令。

②电压预补偿

考虑指数平滑法具有所需数据量少、中短期预测较准确等特点，采用二次指数平滑法对分布式光伏出力波动带来的电压变化趋势进行预测，为电压参考值动态修正环节提供电压变化趋势参考，有效减弱逆变器控制的时滞性对并网点电压控制过程影响。

③电压参考值动态修正

根据电压预补偿值所提供的电压变化趋势信息，动态修正电压闭环控制的上下限参考值，从而减小电压控制过程的超调量，降低并网点电压越限可能性，保证配电网局部运行安全。

(2)数学模型。

①闭环跟踪控制模块。闭环跟踪控制模型结构如图 2-28 所示。场站内各逆变器出力按其无功可调容量的比例分配，即

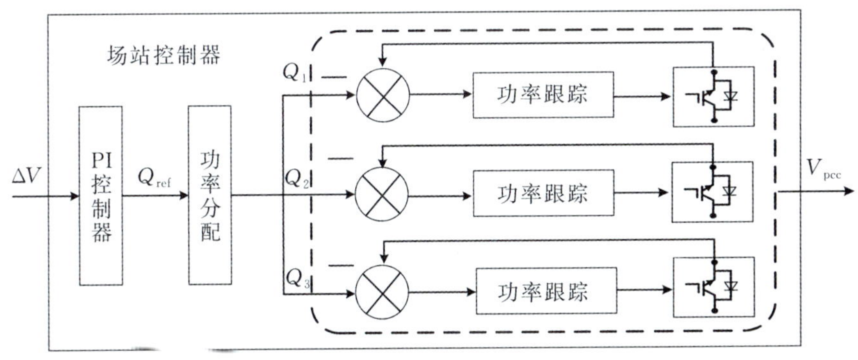

图 2-28 场站闭环跟踪控制模型结构

$$Q_{i,\text{ref}}^{t}=Q_{\text{ref}}^{t}\frac{Q_{i,\max}^{t}}{\sum_{i=1}^{n_{\text{mv}}}Q_{i,\max}^{t}} \tag{2-84}$$

式中，n_{mv}表示场站内光伏发电单元逆变器的个数；$Q_{i,\text{ref}}^{t}$表示 t 时刻场站内第 i 个逆变器无功出力参考值；$Q_{i,\max}^{t}$表示 t 时刻场站内第 i 个逆变器的最大无功出力(无功可调容量)；Q_{ref}^{t}

表示闭环控制环节输出的 t 时刻场站总无功需量。

②电压预补偿模块。该模块以二次指数平滑法为基础，具体方法如下。

$$\begin{cases} S_t^{(1)}=\alpha V_t+(1-\alpha)S_{t-1}^{(1)} \\ S_t^{(2)}=\alpha S_t^{(1)}+(1-\alpha)S_{t-1}^{(2)} \end{cases} t\in N_+,\ t\neq 1 \tag{2-85}$$

式中，$S_t^{(1)}$、$S_t^{(2)}$ 和 V_t 分别为 t 时刻电压的一次、二次平滑值和实际值；其初值设置为 $S_1^{(1)}=S_1^{(2)}=V_1$；α 为平滑常数，取值范围为[0,1]。

电压预补偿值 V_{pred} 即指数平滑法的下一个时刻预测值为

$$\begin{cases} V_{\text{pred}}=V_{t+1}=a_t+b_t \\ a_t=2S_t^{(1)}-S_t^{(2)} \\ b_t=\dfrac{\alpha}{1-\alpha}(S_t^{(1)}-S_t^{(2)}) \end{cases} \tag{2-86}$$

平滑常数 α 的选取会影响电压预补偿的精度。考虑光伏出力呈明显且迅速的上升或下降趋势带来的场站电压短时波动，宜选择较大的 α 值，可在 0.6～0.8 选值，使预测模型具有较高的灵敏度。

③电压参考值动态修正。在自动控制原理中，超调量是控制系统常用的时域性能指标之一。为保证分布式光伏场站运行安全，除了需要控制并网点电压稳态值在电压合格区内，还需进一步考虑在电压调节指令动态响应过程中的超调量。以控制对象 $x(t)$ 越上限为例，通过将上限参考值 $x_{\max}$ 进行缩放，动态调整为 $(1-m)x_{\max}$，有效减小控制动态响应过程的超调量，其效果分析如图 2-29 所示。

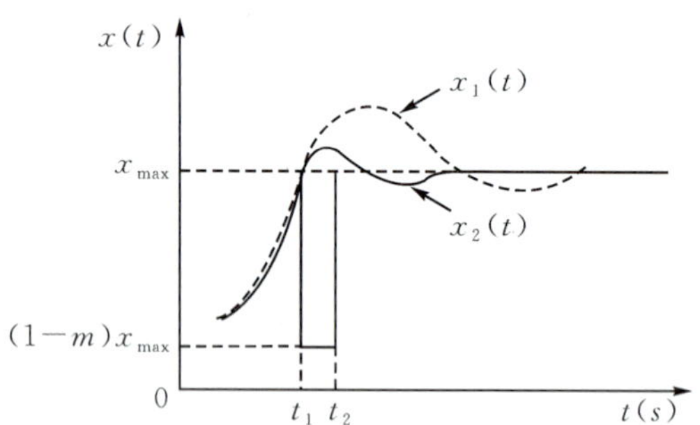

图 2-29　参考值动态修正效果示意图

基于上述动态修正方法，利用电压预补偿模块获取的电压预测值 V_{pred}，通过调整闭环控制的电压上下限参考值 $V_{\text{limited\_up}}$、$V_{\text{limited\_down}}$。控制动态响应过程中的超调量。具体调整方式为

$$V_{\text{limited\_up}}=\begin{cases} V_{\max}, & V_{\text{pred}}<V_{\max} \\ (1-m)V_{\max}, & V_{\text{pred}}>V_{\max} \end{cases} \tag{2-87}$$

$$V_{\text{limited\_down}}=\begin{cases} (1+m)V_{\min}, & V_{\text{pred}}<V_{\max} \\ V_{\min}, & V_{\text{pred}}>V_{\max} \end{cases} \tag{2-88}$$

式中，$V_{\max}$ 和 $V_{\min}$ 为电压合格区上下限；m 是比例因子，关系到系统的瞬时电压调整目标，考虑电压上下限及控制过程可能产生的超调，系统电压瞬时调节目标在 $(V_{\max}+V_{\min})/2$ 的基础上进行缩放，即若电压为标幺值，可设置

$$m\in\left(0,\ 0.8\times\frac{(V_{\max}+V_{\min})}{2}\right) \tag{2-89}$$

(3)控制流程。基于上述的分析，含动态修正环节的场站本地消纳控制流程如表 2-8

所示。

表 2-8 场站本地消纳控制流程

Step1	采集分布式光伏场站并网点电压 V_{pcc}
Step2	由指数平滑法计算场站电压预补偿值 V_{pred}
Step3	根据场站电压预补偿值 V_{pred} 刚确定上下限参考值 $V_{limited\_down}$、$V_{limited\_up}$ 同时得到电压偏差 ΔV
Step4	由 ΔV 通过闭环控制环节获取分布式光伏场站的无功调节指令 Q_{ref}
Step5	按等无功裕度原则将场站无功需量指令分配至各光伏发电单元逆变器并进行功率跟踪，返回 Step1

2.3.3 分布式光伏集群控制优化

2.3.3.1 集群优化目标函数

在分布式光伏集群中，光伏发电系统始终工作在最大功率点处，所发电量全部送入配电网。光伏微电站的电能调节任务由储能系统承担，在并网情况下储能系统的输出功率可控，与配电网进行双向电能交换。因此，集群控制优化的对象为微电站中的储能系统。在配电网运行中，为了减少电力电子器件的频繁开断，延长使用寿命并减少谐波污染，储能系统的输出在一定时间内保持不变。基于光伏发电系统发出的电能和用电负荷的实时变化情况，结合蓄电池的储能量状态，进行一段时间内配电网网损最小的集群控制优化。

为了对布式微电站的集群线路布局进行优化，建立如下数学模型。

(1)网损最小。本节采用单位时间内配电网中各支路线路损耗总和最小为优化目标。具体模型如下

$$\min F_1 = \sum_{i=1}^{n} R_i I_i^2 \tag{2-90}$$

式中，F_1 为配电网有功损耗；n 为配电网节点数；R_i 为 i 支路的电阻；I_i 为 i 支路的电流。

(2)电压电流约束。在配电网中，各节点电压和电流不可以超过电压和电流的上下限值，即

$$\begin{cases} U_{i,\min} \leqslant U_i \leqslant U_{i,\max} \\ I_{i,\min} \leqslant I_i \leqslant I_{i,\max} \end{cases} \tag{2-91}$$

式中，U_i 为 i 节点处电压的标幺值；$U_{i,\min}$ 为 i 节点处电压的最低值；$U_{i,\max}$ 为 i 节点处电压的最高值；I_i 为 i 节点处电流的标幺值；$I_{\min}$ 为 i 节点处电流的最低值；$I_{i,\max}$ 为 i 节点处电流的最高值。

(3)功率约束。光伏阵列发出的有功功率由自然条件决定，所以只需要讨论蓄电池的

功率限制，即

$$\begin{cases} P_{\text{bat}\_i,\min} \leqslant P_{\text{bat}\_i} \leqslant P_{\text{bat}\_i,\max} \\ Q_{\text{bat}\_i,\min} \leqslant Q_{\text{bat}\_i} \leqslant Q_{\text{bat}\_i,\max} \end{cases} \tag{2-92}$$

式中，P_{bat_i}为 i 节点处蓄电池发出的有功功率；$P_{\text{bat}_i,\min}$为 i 节点处蓄电池发出的有功功率最小值，取负值时代表 i 节点处蓄电池吸收的有功功率最大功率；$P_{\text{bat}_i,\max}$为 i 节点处蓄电池发出的有功功率的最大值；Q_{bat_i}为 i 节点处蓄电池发出的无功功率；$Q_{\text{bat}_i,\min}$为 f 节点处蓄电池发出的无功功率最小值，取负值时代表 i 节点处蓄电池吸收的无功功率最大功率；$Q_{\text{bat}_i,\max}$为 i 节点处蓄电池发出的无功功率的最大值，取 $0.8P_{\text{bat}\_i,\min} \leqslant Q_{bat} \leqslant 0.8P_{\text{bat}\_i,\max}$。

2.3.3.2　基于粒子群搜索的分布式光伏集群优化控制方法

1.粒子群算法

粒子群算法（particle swarm optimization，PSO）的核心思想是通过群体中个体之间的协作和信息共享来寻找最优解。该算法基于生物群体模型，模拟鸟群的觅食行为。鸟在寻找食物的过程中，通过记录自己之前达到过的离食物最近的位置，以及离食物最近的鸟的位置，不断调整在空中飞行的位置与速度，从而找到食物。在粒子群算法中，将单一粒子视为鸟群之中的单一个体，所有的粒子都有适应值和速度，适应值由被优化的函数决定，而速度决定飞行的方向和距离。初始时，粒子的位置 x 和速度 v 随机分布于解空间之中，粒子在迭代过程中，记忆粒子本身所找到的局部最优值 P_{best}，以及整个种群找到的全局最优值 G_{best}，并不断根据局部最优值 P_{best}和全局最优值 G_{best}来调整自己的下一步位置 x 和速度 v，从而达到全局最优解位置。图 2-30 所示为单个粒子在解空间搜索最优位置的示意图。

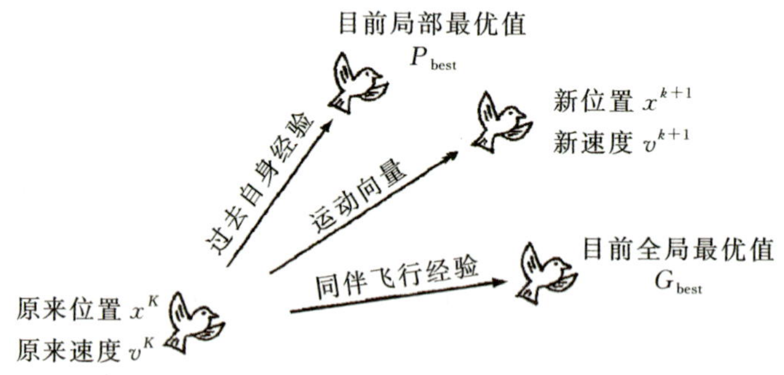

图 2-30　粒子寻优示意图

设在 D 维空间中，有 m 个粒子，则粒子 i 的位置 x_i 和速度 $v_i(1 \leqslant i \leqslant m)$为

$$\begin{cases} x_i = [x_{i1} \quad x_{i2} \quad \cdots \quad x_{iD}] \\ v_i = [v_{i1} \quad v_{i2} \quad \cdots \quad v_{iD}] \end{cases} \tag{2-93}$$

粒子 j 自身经历过的局部最优值 P_{best}和群体内所有粒子所经历过的全局最优值 G_{best}。

$$\begin{cases} P_{\text{best}\_i}=[P_{\text{best}\_i1} \quad P_{\text{best}\_i2} \quad \cdots \quad P_{\text{best}\_iD}] \\ G_{\text{best}\_i}=[G_{\text{best}\_i1} \quad G_{\text{best}\_i2} \quad \cdots \quad G_{\text{best}\_iD}] \end{cases} \quad 1 \leqslant i \leqslant m \tag{2-94}$$

粒子群算法根据适应值更新局部最优值 P_{best_i} 和全局最优值 G_{best_i}，并更新粒子位置 x_i 和速度 v_i，粒子 i 的第 d 维($1 \leqslant d \leqslant D$)速度和位置更新公式为

$$\begin{cases} V_{id}^{k+1}=\omega V_{id}^{k}+c_1 r_1 (P_{\text{best}\_id}^{k}-X_{id}^{k})+c_2 r_2 (G_{\text{best}\_id}^{k}-X_{id}^{k}) \\ X_{id}^{k+1}=X_{id}^{k}+V_{id}^{k+1} \end{cases} \tag{2-95}$$

式中，V_{id}^{k} 为第 k 次迭代粒子 i 速度矢量的 d 维分量；X_{id}^{k} 为第 k 次迭代粒子 i 位置矢量的 d 维分量；c_1、c_2 为学习因子，调节学习的步长；r_1、r_2 为随机函数，增加搜索的随机性；ω 为惯性权重，调节对解空间的搜索能力。

2.基于粒子群算法的集群优化求解

光伏电站集群优化使用粒子群算法，将要优化的目标看作粒子，并以矩阵的形式表示，具体表示形式如下：

$$X=\begin{bmatrix} X_{11} & X_{12} & \cdots & X_{1n} & f_1 \\ X_{21} & X_{22} & \cdots & X_{2n} & f_2 \\ \vdots & \vdots & & \vdots & \vdots \\ X_{m1} & X_{m2} & \cdots & X_{mn} & f_m \end{bmatrix} \tag{2-96}$$

矩阵中的每一行表示一个粒子，粒子的维度为 n。矩阵 $\boldsymbol{X}$ 的行数 m 表示粒子的种群规模，选取合适的种群规模有利于问题的准确求解，矩阵 $\boldsymbol{X}$ 中元素的选取需满足光伏微电站约束条件。f_i 为对应行的粒子的适应值，每个粒子代表一个潜在解，一个粒子对应一个适应值。

采用粒子群算法的分布式光伏集群的优化步骤如下：

(1)输入配电网线路数据，设置粒子群算法参数；

(2)初始化粒子，随机生成初始粒子种群；

(3)开始迭代；

(4)调用目标函数计算程序，计算适应值；

(5)比较适应值，更新调整各个粒子的位置和速度；

(6)计算个体最优解和全局最优解；

(7)达到最高迭代次数停止计算，否则返回步骤(3)继续迭代；

(8)输出最优结果。

上述粒子群求解过程的流程图如图 2-31 所示。

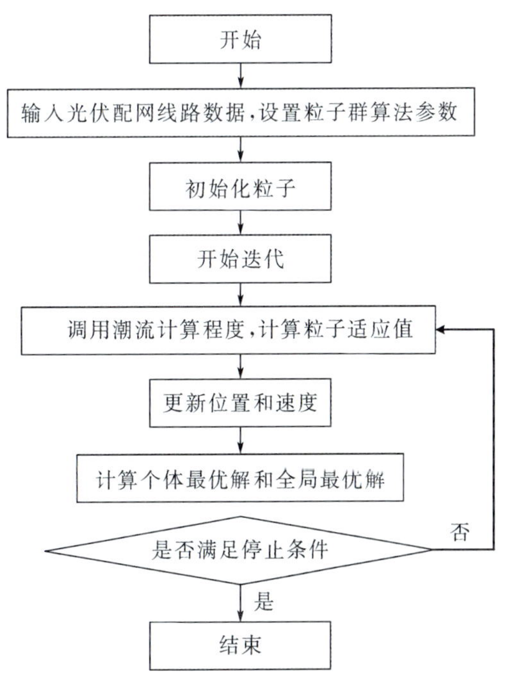

图 2-31　粒子群算法流程图

2.4　分布式光伏集群经济调度下的协调控制技术

2.4.1　分布式光伏控制架构和优化模型

2.4.1.1　配电网的成本模型设计

1.有载变压器 OLTC 运行成本模型

OLTC 的运行成本主要由维修成本与寿命成本组成，OLTC 的动作成本表示为

$$C_{\mathrm{OLTC}}(t)=\frac{C_{\mathrm{install}}}{N_{\mathrm{OLTC}}}\sum_{t=1}^{24}\left|\mathrm{tap}_{\mathrm{OLTC}}(t)-\mathrm{tap}_{\mathrm{OLTC}}(t-1)\right| \tag{2-97}$$

式中，C_{install}表示 OLTC 的安装维护费用；N_{OLTC}表示 OLTC 的最大寿命动作次数；$\mathrm{tap}_{\mathrm{PLTC}}(t)$、$\mathrm{tap}_{\mathrm{PLTC}}(t-1)$表示 t 和 $t-1$ 时刻 OLTC 抽头的位置。

OLTC 在一天的运行，满足动作次数约束：

$$\mathrm{Tap}_{\min}\leqslant\mathrm{tap}_{\mathrm{OLTC}}(t)\leqslant\mathrm{Tap}_{\max} \tag{2-98}$$

$$T_{\mathrm{OLTC}}\leqslant\mathrm{TO}_{\max} \tag{2-99}$$

式中，$\mathrm{Tap}_{\min}$和 $\mathrm{Tap}_{\max}$分别表示 OLTC 抽头的最低挡位和最高挡位；TOLTC 表示 OLTC 一天的动作总次数；$\mathrm{TO}_{\max}$表示 OLTC 一天的动作次数上限。

2.PV 调整成本模型

光伏的调节成本主要由每个光伏逆变器进行无功吸收或释放时产生的逆变器损耗组成。因此，以逆变器调节无功功率的绝对值来表征光伏的运行成本。

$$C_{\mathrm{PV}}^{K}(t)=c_{\mathrm{PV}}\sum_{j=1}^{n_{\mathrm{PV}}^{K}}\left|Q_{\mathrm{PV},j}(t)\right|,\ \forall j\in C_K \tag{2-100}$$

$$C_{\mathrm{PV}}^{K}(t)=c_{\mathrm{PV}}\sum_{j=1}^{n_{\mathrm{PV}}^{K}}\left|Q_{\mathrm{PV},j}(t)\right|,\ \forall j\in C_K \tag{2-101}$$

式中，$C_{\mathrm{PV}}^{K}(t)$表示 t 时刻无功集群 K 内光伏调节成本；C_{PV}表示逆变器损耗的补偿成本；C_K 表示第 K 个无功集群；n_{PV}^{K}表示无功集群 K 内部光伏的安装数；$Q_{\mathrm{PV},j}(t)$表示 t 时刻无功集群 K 内第 j 个节点的光伏无功调节量。

功率因数满足要求：

$$-Q_{\max,j}\leqslant Q_{\mathrm{PV},j}(t)\leqslant Q_{\max,j} \tag{2-102}$$

$$Q_{\max,j}=\tan(a\cos(0.95))\cdot P_{\mathrm{PV},j}(t) \tag{2-103}$$

式中，$Q_{\max,j}$表示 j 电光伏可调无功的最大值；$P_{\mathrm{PV},j}(t)$表示第 j 个光伏在 t 时刻的有功输

出值。

3.并联电容器 SC 运行成本模型

配电网中一般含有其他辅助调压装置，例如并联电容器 SC、并联电抗器（Shunt Reactor，ShR）以及净值无功补偿器（Static Var Compensator，SVC）。其中，并联电容器作为配电网的辅助调压设备，配合 OLTC 与光伏完成配电网的电压控制，增加配电网的光伏消纳能力。其开关的寿命成本与维护成本构成如下：

$$C_{\mathrm{SC}}^{K}(t)=\frac{L_{\mathrm{SC}}}{S_{\mathrm{SC}}}\sum_{j=1}^{n_{\mathrm{SC}}^{K}}\left|Q_{\mathrm{SC},j}(t)\right|,\ \forall j\in C_{K} \tag{2-104}$$

式中，$C_{\mathrm{SC}}^{K}(t)$表示 t 时刻无功集群 K 内 SC 调节成本；L_{SC}表示 SC 开关的动作补偿费用；S_{SC}表示单台 SC 的容量；n_{SC}^{K}表示无功集群 K 内部 SC 的安装数；$Q_{\mathrm{SC},j}(t)$表示 t 时刻第 j 个节点的 SC 无功调节量。

4.网损费用模型

配电网的网损费用模型如下：

$$C_{\mathrm{LOSS}}^{K}(t)=\sum_{(i,j)}3C_{\mathrm{loss}}\left|I_{ij}(t)\right|^{2}\mathrm{Re}(Z_{ij}),\ \forall(i,j)\in C_{K} \tag{2-105}$$

式中，$C_{\mathrm{LOSS}}^{K}(t)$表示 t 时刻无功集群 K 内网损调节成本；C_{LOSS}表示网损补偿费用；$I_{ij}(t)$表示 t 时刻线路 ij 的电流值；$Z_{\mathrm{line},n}$表示第 n 条线路阻抗。

2.4.1.2 目标函数

本节用第 K 个无功集群运行成本函数表示为

$$\min f^{K}=\sum_{t=0}^{24h}\left(\tau C_{\mathrm{OLTC}}(t)+C_{\mathrm{LOSS}}^{K}(t)+C_{\mathrm{SC}}^{K}(t)+C_{\mathrm{PV}}^{K}(t)\right),K=1,2,\cdots,T \tag{2-106}$$

式中，τ 由 0-1 变量表示；当 $\tau=1$ 表示在集群 K 内，否则 $\tau=0$；T 表示配电网无功集群总数。

上述的问题需要满足 OLTC 约束、PV 约束、潮流约束和边界联络约束条件。OLTC 约束和 PV 约束由式(2-97)～式(2-101)可知，潮流约束条件为

$$P_{\mathrm{PV},j}(t)-P_{\mathrm{L}j}(t)=V_{i}(t)\sum_{(i,j)}V_{j}(t)(G_{ij}\cos\theta_{ij}+B_{ij}\sin\theta_{ij}),\ \forall(i,j)\in C_{K} \tag{2-107}$$

$$Q_{\mathrm{SC},j}(t)+P_{\mathrm{PV},j}(t)-Q_{\mathrm{L}j}(t)=V_{i}(t)\sum_{(i,j)}^{N_{ck}}V_{j}(t)(G_{ij}\sin\theta_{ij}-B_{ij}\cos\theta_{ij}),\ \forall(i,j)\in C_{K} \tag{2-108}$$

式中，$P_{\mathrm{L}j}(t)$表示 j 点 t 时刻负荷有功需求；$Q_{\mathrm{L}j}(t)$表示 j 点 t 时刻负荷无功需求；$V_{i}(t)$表示 j 点 t 时刻电压幅值；θ_{ij}表示节点 i 与节点 j 之间的相角差。

上述目标函数的最优值可通过一种智能搜索算法获得，采用粒子群算法不断更新粒子的位置和速度，逐步逼近最优解。

2.4.2　多目标微网的电压协同控制策略

为解决分布式光伏规模化接入给配电网带来的电压波动、电压越限等电能质量问题，以及状态控制量维度灾难问题，本节首先采用基于改进遗传算法的集群划分对分布式光伏进行动态切割，由前文可知，IEEE 33 节点在初始状态下被划分成 3 个微电网集群。由此，再实施集群经济调度下的协调控制策略。

2.4.2.1　算法应用及约束条件

多目标的微网经济调度问题经模糊数学方法转化成单目标非线性规划问题后，本节采用粒子群算法进行求解。其求解思路为：按照”先确定发电单元的状态，后优化发电单元的功率“的原则来求解该问题。首先，采用离散粒子群算法得到微网内可行的发电单元的组合状态；然后，运用连续粒子群算法得到此组合状态下的目标函数值和 DGs(分布式发电)的出力分布；接着，通过比较目标函数值，确定此组合状态下的最优目标函数值和 DGs 的最优出力分布，并将得到的最优目标函数值作为该组合状态的目标函数值；最后，通过比较各组合状态的目标函数值，确定最优的发电单元组合状态和对应的各 DG 单元出力。

1.粒子的编码

在二元粒子群优化(binary particle swarm opeimization，BPSO)中，每个粒子的个体应包括微型燃气轮机、燃料电池、光伏发电、风力发电、蓄电池等单元的组合状态。因此，一个粒子就代表了电力系统的一种确定的运行方式。其编码方法采用固定长度的二进制符号串来表示群体中的个体，其中每一位都是由二值符号集{0,1}所组成。则编码形式为

$$\mu=1001110011 \tag{2-109}$$

式中，μ 表示一个个体，该个体的编码长度是 $n=10$。

2.约束条件

1)净负荷约束

由于目标函数中存在微电网的售、购电净负荷，在相同时刻不能同时出现。因此，本节运用混合整数规划方法定义净负荷约束，表达式为

$$E_{n1S,i}^{h}-E_{n1B,i}^{h}=E_{1,i}^{h}+E_{\mathrm{ess},i}^{h}-E_{\mathrm{pv},i}^{h} \tag{2-110}$$

$$E_{nlS,i}^{\max}D_{\mathrm{S},i}^{h}\geqslant E_{nlS,i}^{h}\geqslant 0 \tag{2-111}$$

$$E_{nlB,i}^{\max}D_{\mathrm{B},i}^{h}\geqslant E_{nB,i}^{h}\geqslant 0 \tag{2-112}$$

$$D_{\mathrm{S},i}^{h}+D_{\mathrm{B},i}^{h}\leqslant 1 \tag{2-113}$$

式中，当 $D_{\mathrm{S},i}^{h}$ 为 1 且 $D_{\mathrm{B},i}^{h}$ 为 0 时，代表微电网从大电网购电；当 $D_{\mathrm{S},i}^{h}$ 为 0 且 $D_{\mathrm{B},i}^{h}$ 为 1 时，代表微电网售电给大电网；$E_{1,i}^{h}$ 为第 i 个微电网在时刻 h 的用电量；$E_{n1B,i}^{h}$ 为 第 i 个微电网

在时刻h的售电净负荷；$E^h_{n1S,i}$为第i个微电网在h时刻的购电净负荷；$E^h_{\mathrm{ess},i}$为第i个微电网在h时刻的储能充放电量。

2)储能约束

当储能系统接入微电网时，为了使其具有时间延展特性，储能系统日优化后储存的电量等于初始电量。储能的充放电过程需满足的约束为

$$E^h_{\mathrm{ess},i}=E^h_{ch,i}\eta_{ch,i}-E^h_{\mathrm{dis},i}\eta^h_{\mathrm{dis},i} \tag{2-114}$$

$$E^{\max}_{\mathrm{ess},i}\geqslant E^h_{\mathrm{ess},i}\geqslant E^{\min}_{\mathrm{ess},i} \tag{2-115}$$

$$E^h_{\mathrm{soc},i}=E^{h-1}_{\mathrm{soc},i}+E^h_{\mathrm{ess},i}\Delta h \tag{2-116}$$

$$E^1_{\mathrm{soc},i}=\sum_{h=1}^{H}E^h_{\mathrm{ess},i} \tag{2-117}$$

$$E^{\max}_{\mathrm{soc},i}\geqslant E^h_{\mathrm{soc},i}\geqslant E^{\min}_{\mathrm{soc},i} \tag{2-118}$$

式中，$E^h_{ch,i}$和$E^h_{\mathrm{dis},i}$分别表示第i个微电网储能在h时刻的充电功率和放电功率；$\eta_{ch,i}$和$\eta^h_{\mathrm{dis},i}$分别表示第i个微电网的储能的充电效率与放电效率；Δh表示储能充放电的时间间隔，为1h；$E^{\max}_{\mathrm{ess},i}$和$E^{\min}_{\mathrm{ess},i}$分别表示第$i$个微电网的储能充放电功率最大值与最小值；$E^h_{\mathrm{ess},i}$表示第$i$个微电网储能设备$h$时刻的容量值$s$；$E^{\max}_{\mathrm{soc},i}$和$E^{\min}_{\mathrm{soc},i}$分别表示第$i$个微电网储能设备容量的上限与下限。

3)节点电压约束

节点电压约束条件为

$$0.95\leqslant V_i(t)\leqslant 1.05 \tag{2-119}$$

4)集群边界联络量约束

$$(V_i(t),V_k(t),P_{ik}(t),Q_{ik}(t),I_{ik}(t))=(V_k(t),V_i(t),P_{k_i}(t),Q_{k_i}(t),I_{k_i}(t)),$$
$$i\in C_K,\ k\in\Omega_K \tag{2-120}$$

式中，Ω_K表示其他无功集群与无功集群K相连的边界节点集合。

2.4.2.2 基于有功/无功集群划分的配电网实时电压控制

在本节的电压控制策略中，为实现控制的经济性与合理性，按照最大化的利用光伏无功调节能力、最小化的进行有功剪切思路。首先，在无功集群内利用光伏的无功功率进行电压调节；当无功调节能力不足时，再转到有功集群层面进行光伏有功剪切。在集群内进行电压控制时，通过灵敏度矩阵，控制关键光伏节点出力来调节集群内负荷节点电压。该方法可以利用最少量的光伏无功或者有功容量，将过电压节点快速调节至合理范围，相较于传统集中式(对所有光伏节点进行控制)方式具有更高效率。

在实时电压控制过程中，需要进行关键节点的选取和光伏逆变器控制的设计：

1.集群内电压关键节点选取

假设某一含高比例分布式光伏的配电网，按照上述无功集群划分算法原则已被分成N

个无功集群，记为$\{C_1{}^Q, C_2{}^Q, \cdots, C_k{}^Q, \cdots, C_N{}^Q\}$。由于集群内部节点之间的强耦合、不同集群节点之间的弱耦合特性，每个集群内部的电压控制是独立的。对无功集群 $C_k{}^Q$ 内电压控制如图 2-32 所示。

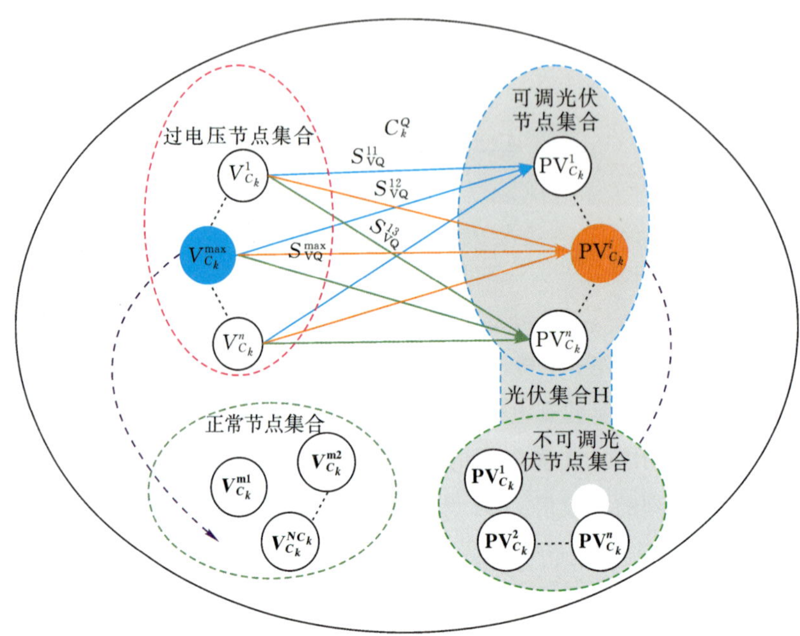

图 2-32　无功集群内电压控制

在图 2-32 中，H 表示光伏节点集合；$V^{\max}$表示关键负荷节点的最大电压幅值；$\Delta V^{\max}$表示超过节点电压上限值；PV^i 表示关键负荷节点无功电压灵敏度值最大的光伏；$S^{\max}$表示最大灵敏度值。根据无功电压灵敏度，计算将 $V^{\max}$调整回正常范围内需要的 PV^i 无功输出量 Q_{need}，即

$$Q_{\text{need}}=\frac{\Delta V^{\max}}{S^{\max}} \tag{2-121}$$

针对有功集群内的电压控制，由于其控制规则与无功控制方式相同，因此不再赘述。

2.光伏逆变器控制策略

基于最大化地利用光伏无功调节能力、最小化地进行有功剪切原则，提出先进行光伏无功调节，当光伏无功可调能力不足时，再进行有功剪切的策略，以解决逆变器的能量消纳问题。

在实现集群划分后，为了消除由集群间弱耦合性产生的影响，避免光伏过多地进行无功吸收或者有功剪切，在无功和有功层面进行电压控制时，将每个集群中的最大电压幅值进行排序，按幅值从大到小的顺序，依次调节各集群内的关键节点电压，消除集群之间弱耦合特性对子分区之间电压的影响，实现集群之间的协调控制。具体实现流程图如图 2-33

所示。

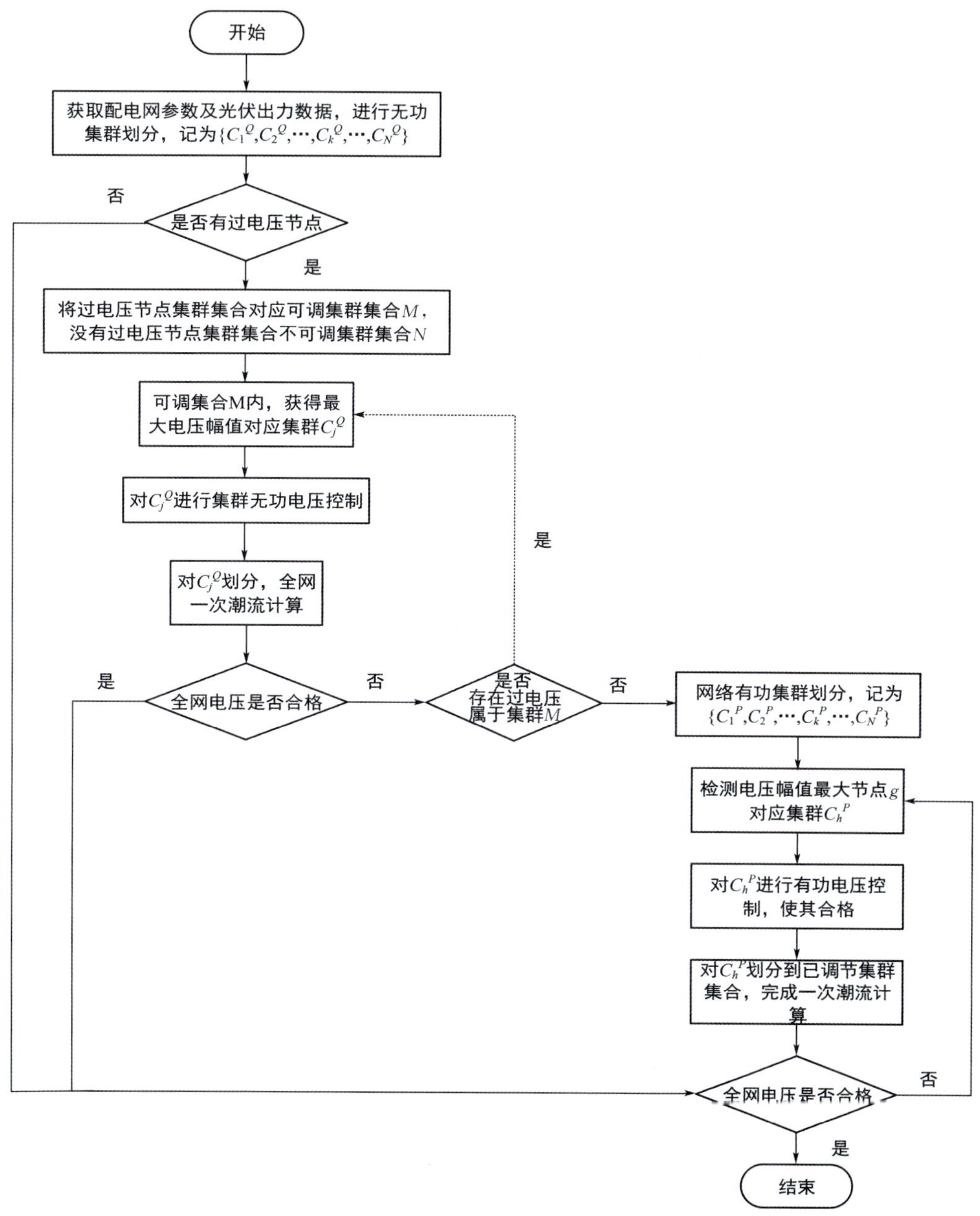

图 2-33　基于集群划分的有功/无功电压控制流程图

2.4.2.3 基于日前调度计划修正的实时电压优化控制策略

基于实时数据，制定实时电压优化控制策略，以最大程度追踪日前调度计划为目标对计划进行修正。该策略则既能保证配电网各调压单元的经济运行，又能降低预测误差带来的影响。在考虑电压控制成本的基础上，实现光伏逆变器与其他调压元件的协调配合，从而制定快速、经济的配电网实时电压优化控制策略。在集群划分基础上，以配电网实际运行状态最小化地偏离调度计划为目标，制定实时电压优化控制策略，其目标函数为

$$F=\min\left(\frac{\tau C_{\text{install}}}{N_{\text{OLTC}}}\left|\text{tap}_{\text{OLTC}}^{\text{real}}(t)-\text{tap}_{\text{OLTC}}^{\text{plan}}(t)\right|+\sum_{j=1}^{n_{\text{PV}}^{K}}c_{\text{PV}}\left|Q_{\text{PV},j}^{\text{real}}(t)-Q_{\text{PV},j}^{\text{plan}}(t)\right|\right)$$

$$+\sum_{j=1}^{n_{\text{SC}}^{K}}\frac{L_{sc}}{S_{\text{SC}}}\left|Q_{\text{SC},n}^{\text{real}}(t)-Q_{\text{SC},n}^{\text{plan}}(t)\right|\quad j\in C_K \tag{2-122}$$

式中，$\text{tap}_{\text{OLTC}}^{\text{real}}(t)$和$\text{tap}_{\text{OLTC}}^{\text{plan}}(t)$分别表示$t$时刻OLTC接头实时和日前优化调度值；$Q_{\text{PV},j}^{\text{real}}(t)$、$Q_{\text{PV},j}^{\text{plan}}(t)$分别表示$t$时刻光伏逆变器实时和日前优化调度值；$Q_{\text{SC},n}^{\text{real}}(t)$、$Q_{\text{SC},n}^{\text{plan}}(t)$分别表示$t$时刻SC无功调节实时和日前优化调度值。

在约束条件下，同样采用改进的粒子群算法进行寻优求解，并在潮流计算下获得最佳配置。集群划分与电压控制的过程如图2-34所示。

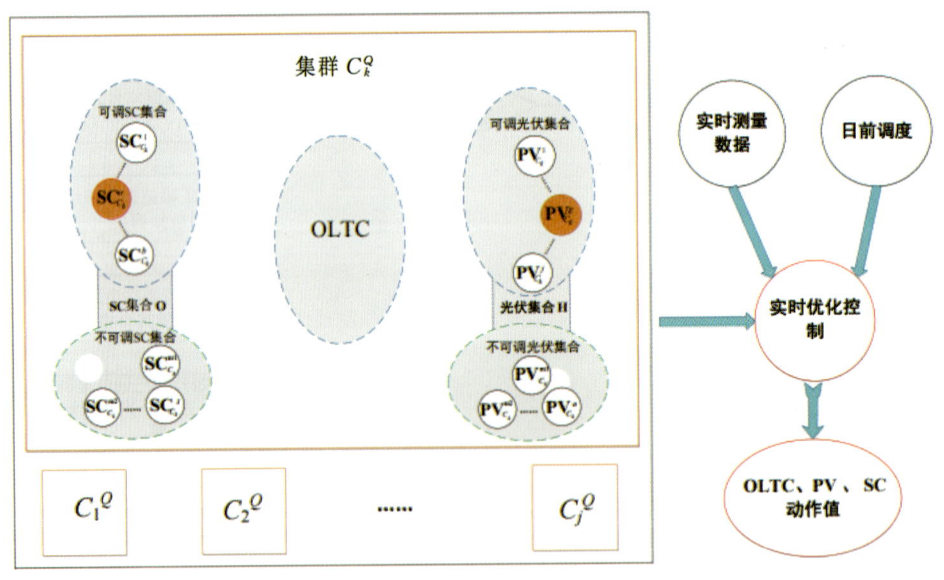

图2-34 集群划分与电压控制的过程

最终，综合以上研究内容，可获得如图2-35所示的最优日前调度与实时分区控制相结合的电压控制策略流程图。该电压控制流程设计能够最大程度地实现分布式光伏集群的趋优控制，满足经济性与安全性的全面调控需求，并通过合理规划有效解决集群间的电压消纳问题。

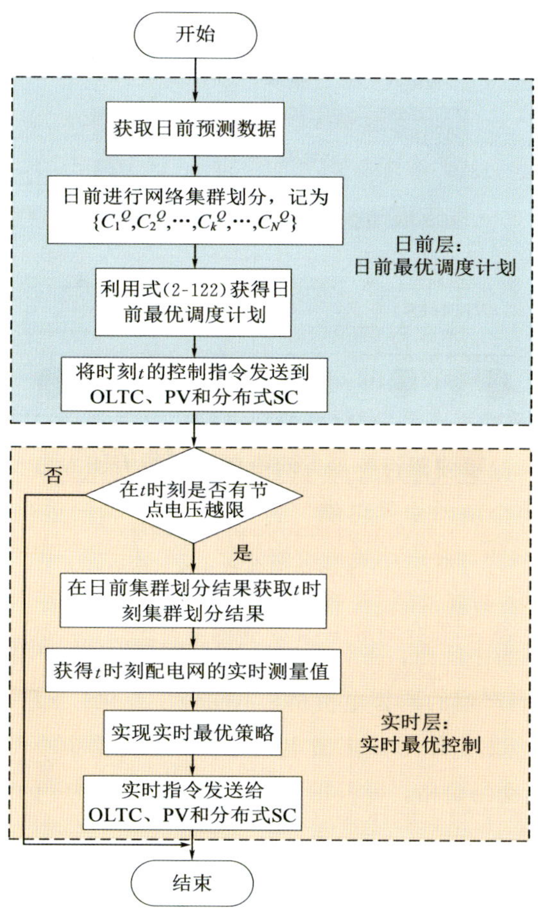

图 2-35　日前调度与实时电压控制结合流程图

2.4.3　含分布式光伏电网算例分析

基于上述日前调度计划修正的实时电压优化控制策略及设计的目标函数，在采用粒子群算法的智能搜索方式下，进行 3 个划分好的虚拟电厂调度优化控制，并同时针对电压的优化进行分析。通过充分利用光伏无功调节能力的场站本地消纳，实现闭环控制。

2.4.3.1　虚拟电厂及微电网群设计

虚拟电厂(Virtual Power Plant，VPP)的典型组成设备包括：光伏(photovoltaic，PV)、电储能(electrical energy storage，EES)、风能(wind energy，WE)、微型燃气轮机(microgas turbine，MT)结合余热锅炉(heat recovery steam generator，HRSG)构成的冷热电联供机组(combined heat and power unit，CHP)等。整个多微电网系统的能源共享结构如图 2-36 所示，主要包括微电网、微电网运营商、系统运营商和配电网。

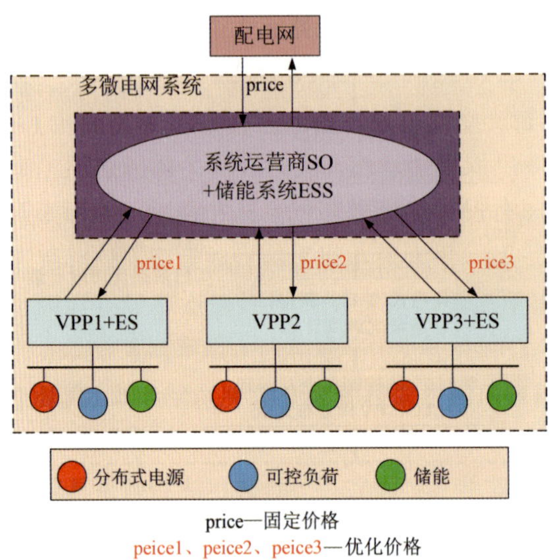

图 2-36　多微电网能源共享系统结构

系统运营商(SO)作为中间商，在上层与配电网进行购售电交易。由于配电网作为国家监管的大型电网系统，有严格的购售电价格，不能轻易变化；下层的虚拟电厂为小型独立个体的私营企业，可以自发组织形成多微电网系统，维持整个小型电网生态平衡。SO 与 VPP 之间的下层购售电交易价格，可根据每个独立 VPP 与 SO 的利益和成本开销进行调控，故可作为单独的控制变量。

2.4.3.2　虚拟电厂参数预测值

本研究设计包含 3 个虚拟电厂，分别为 VPP1、VPP2、VPP3。其中，VPP1 由风机、光伏、蓄电池、柴油机组和燃气轮机组成；VPP2 包括风机、光伏、燃气轮机和燃料电池；VPP3 配置了风机、光伏、蓄电池、柴油机组、燃气轮机以及燃料电池。

3 个虚拟电厂的负荷、风机预测出力、光伏预测出力及内部分时电价分别如图 2-37 所示，并以经济调度优先的方式进行计算。

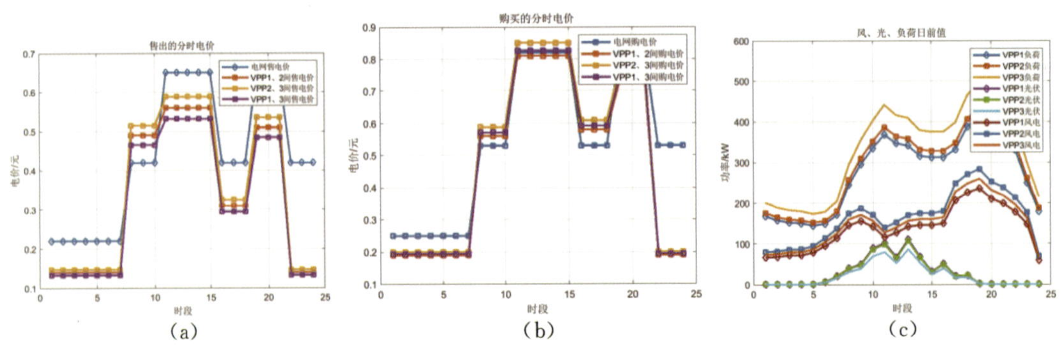

(a)　(b)　(c)

图 2-37　购售电价和虚拟电厂预测值

2.4.3.3　仿真结果

通过设计的目标函数控制 VPP 之间电网内部消纳问题，以解决电压越限，其仿真结果如图 2-39 所示。

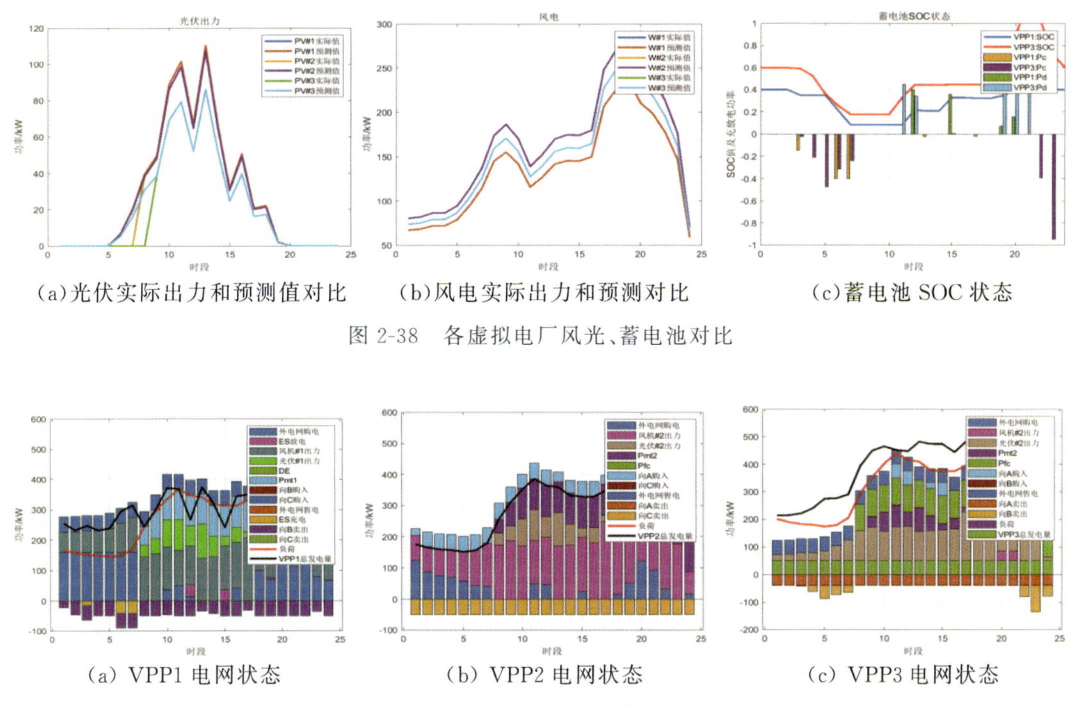

(a)光伏实际出力和预测值对比　(b)风电实际出力和预测对比　(c)蓄电池 SOC 状态

图 2-38　各虚拟电厂风光、蓄电池对比

(a) VPP1 电网状态　(b) VPP2 电网状态　(c) VPP3 电网状态

图 2-39　各 VPP 电网状态图

2.5　基于虚拟同步发电机的光伏-储能并网协调控制技术

室外温度和光照强度等条件的变化会显著影响光伏电池的输出特性，导致光伏电池的输出具有较大的间歇性和波动性。这种波动会引发电压和电流的变化，给电力系统造成较大的冲击，甚至影响公共电网电压质量，导致并网系统的解列。储能单元的接入起到了削峰填谷的作用，很好地解决了光伏发电单元存在的问题。本节将光伏发电系统储能相结合，通过调节双向变压器和光伏发电单元的输出状态，进行有效协同控制策略研究。

2.5.1　光伏虚拟同步发电机(VSG)的原理

基于虚拟同步发电机原理的 PV-VSG 系统，在直流侧外加了储能控制系统，而交流侧模拟了发电机 SG 的惯量、阻尼特性以及一次调频和一次调压功能，使得该控制策略下的微网逆变器能够稳定运行。VSG 控制系统一般由三部分组成：储能装置、逆变器部分及相应的控制策略。由于储能装置的选型与介绍并不是本节的研究重点，因此假设系统中的储能装置具有足够的能量，可由直流电压源替代。VSG 控制策略是微网逆变器控制策略的一种，而微网逆变器又是 VSG 技术的核心组成部分。具体而言，VSG 的储能环节模拟了同步发电机的惯性，而由电力电子器件构成的并网逆变器能够提供惯性和阻尼特性，从而有效地抑制网频率波动。

图 2-40 所示为 PV-VSG 系统的拓扑结构。其直流侧采用 DC/DC 变换电路，u_{abc} 与 i_{abc} 分别为网侧电压与输出电流，U_{dc} 为直流侧电压。交流侧的 VSG 输出端连接 LC 滤波器，然后接负载，实现分布式电源与虚拟同步发电机同时向负载提供能量。当负载或分布式电源功率发生突变时，VSG 能够通过模拟同步发电机的阻尼和惯性特性，维持系统电压和频率的稳定。

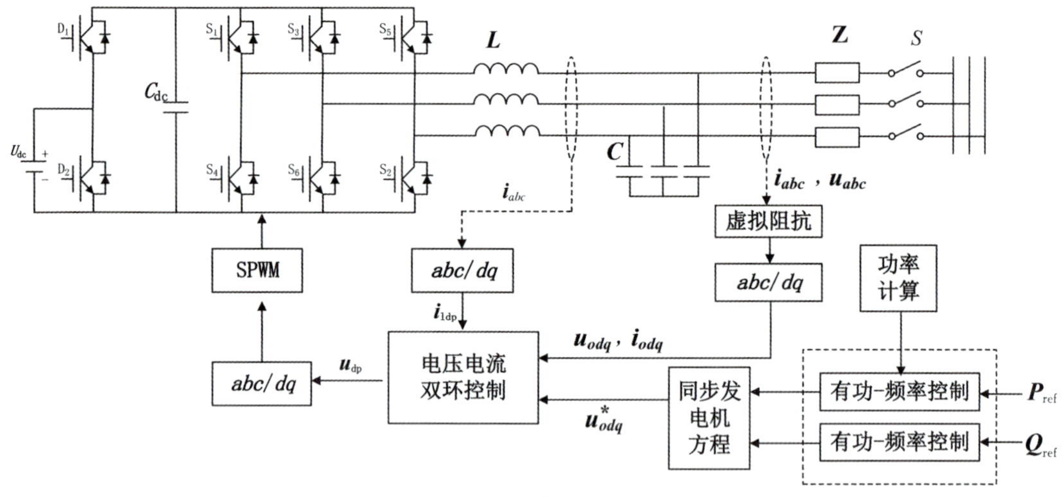

图 2-40　PV-VSG 系统拓扑结构

2.5.2　光伏最大功率点跟踪技术

由于外界因素（如光照强度、温度、负载）、技术指标（输出阻抗）等因素的影响，光伏阵列只有在一定的电压下才能产生最大的输出。因此，为了获得最大功率输出，采用光伏阵列的最大功率点跟踪控制（maximum Power Point Tracking，MPPT）。从光伏发电系统与电力系统连接后对电网的影响来看，应保证逆变器输出功率与电力系统功率具有相同的电压和频率，在获得最大的功率输出的同时得到了失真度较小的正弦波。此外，还考虑了隔离和接地技术。光伏并网系统在孤岛运行情况下可能引起较严重的后果，对用电设备造成损坏。因此，必须考虑对孤岛进行检测的保护措施和研究方法，消除其带来的危害。光伏并网系统的控制策略一般分为两个环节：一是得到系统中的最大功率点，即 PV 阵列的最

大功率点；二是使光伏逆变器追踪系统最大功率点的同时，为了确保光伏逆变器运行状态下直接发电安全、有效，系统必须有一定的保护功能测试和控制孤岛效应。光伏阵列的输出特性曲线为单凸峰值。确定光伏阵列的工作电压 U_m 光伏阵列输出功率最高值，即最大功率点 P_m 后，MPPT 的实现实际上是一个自寻优的过程，传统的 MPPT 控制方法主要有扰动观测法、恒压跟踪法和电导增量法等。

2.5.2.1 扰动观测法

当光伏电池输出功率点位于最大功率点左侧时，$dP/dU>0$；当在其右侧时，$dP/dU<0$；在最大功率点时，$dP/dU=0$。根据这一特点，扰动观测法的控制过程为：首先建立光伏阵列的工作电压 U_m，继而通过调节功率占空比，周期性地将输出电压，最后根据扰动和比较不同的功率输出来判断下一个周期的干扰方向，获得最大功率点。该方法简单，易于实现，对参数精度要求较低。但是，当接近最大功率点时，会发生振动，造成能量损失。特别是在气候条件变化缓慢的情况下，情况更加严重。

2.5.2.2 恒压跟踪法

最大功率点对应的输出电压 U_m 基本稳定不变，近似为电池开路电压的 0.76 倍。根据这一特性，只需测得电池的开路电压，就能够得到对应于最大功率点的工作电压。换句话说，在一定温度下，只要阵列的输出电压是恒定的，就可以使阵列的输出功率大致达到最大。该方法操作简单，易于实现，具有良好的稳定性。但与实际环境相比，忽略了温度对电池开路电压的影响，不能完全跟踪变温下电池的最大功率点。

2.5.2.3 电导增量法

最大功率点 P_m 的斜率为 0，即 $dP/dU=0$，因此

$$\frac{dP}{dU}=\frac{d(UI)}{dU}=I+\frac{UdI}{dU}=0 \tag{2-123}$$

即得到 $dI/dU=-(I/U)$。当系统输出电导的变化率相当于输出电导的负值时，光伏电池即运行在最大功率点处。该方法控制精度高，跟踪速度快，但其对传感器的测量精度要求较高。在系统能够快速响应的情况下，为获得有效迅速的控制需求，硬件成本必然会相应地提高。

扰动观测法与电导增量法是目前两种最具代表的基于电压扰动的 MPPT 算法，但在相同环境与跟踪步长条件下，采用电导增量算法的跟踪速度更快一些。因此，采用跟踪效果更好的电导增量算法。

如图 2-41 所示，可以直观地看出 P-U 特性曲线中斜率 dP/dU 的规律：最大功率点左边区域的 $dP/dU>0$，最大功率点右边区域的 $dP/dU<0$，而最大功率点处的 $dP/dU=0$。上文对 dP/dU 做了定量分析，推导出了工作点相对于最大功率点的位置，可以将其作为工作点是否位于最大功率点的判据，扰动原理为

$$
\begin{cases}
\dfrac{\mathrm{d}I}{\mathrm{d}U} > -I/U, & \text{工作点在 MPP 左侧} \\
\dfrac{\mathrm{d}I}{\mathrm{d}U} = I/U, & \text{工作点为 MPP} \\
\dfrac{\mathrm{d}I}{\mathrm{d}U} < -I/U, & \text{工作点在 MPP 右侧}
\end{cases}
\tag{2-124}
$$

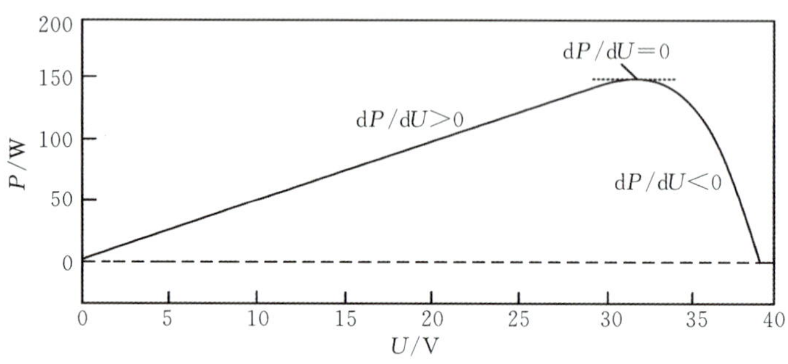

图 2-41　光伏阵列 P-U 特性曲线

根据式(2-123)制定电导增量法的流程，由于式中 ΔU 是不能为 0 的，而实际测量得到的 ΔU 可能为 0。为防止发生误判，需要先判断 U 是否等于 0。若 $\Delta U \neq 0$，则根据式(2-124)进行扰动；若 $\Delta U = 0$，需要判断 I 的值。若 $\Delta I = 0$，则说明工作点已位于最大功率点处，不必再进行扰动；若 $\Delta I \neq 0$，参照 P-U 特性曲线可知，最大功率点不仅增大，而且会向右移动，因此，工作点需向右侧进行扰动，反之，则向左侧进行扰动。图 2-42 所示为 MPPT 技术的算法流程。

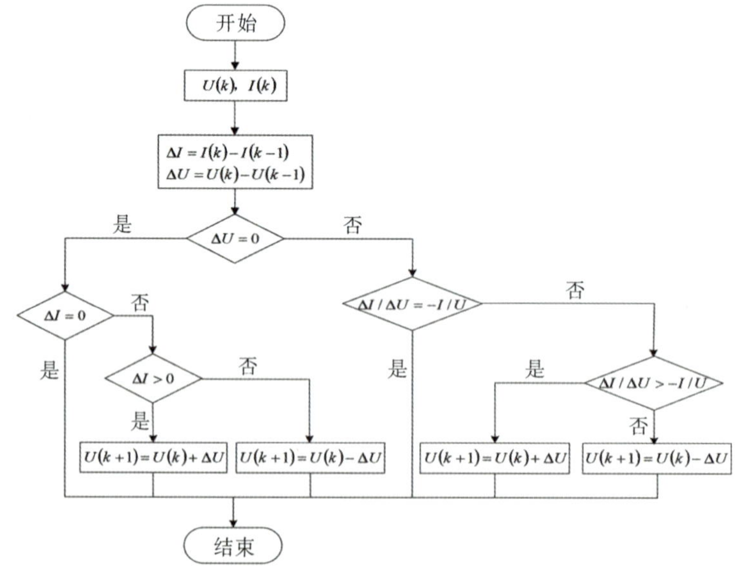

图 2-42　MPPT 算法流程

采用电导增量法的优点在于其控制的稳定度高，且即使在外部环境发生变化的情况下，仍能较平稳地实现 MPPT。然而，该方法对控制系统的要求较高，受传感器的误差、精度不足及干扰等因素影响，在最大功率点附近可能存在较大稳态振幅的现象。除上述方法外，常见的 MPPT 方法还有滞后比较法、间歇扫描法、最优梯度法、神经网络预测法和模糊逻辑法等，每种 MPPT 方法都有其优缺点。目前，MPPT 技术尚未完全成熟，还有进一步的发展空间。

1.数学模型优化及智能方法应用。

优化后的数学模型力求准确、实时地获取光伏阵列的最大功率点。尽管光照和温度对光伏系统的影响较为显著，且当前智能方法的理论尚不成熟，实时性不强，但其逻辑优于传统方法。随着数学模型的完善和优化，智能方法的应用范围将越来越广泛。

2.多种 MPPT 方法的整合。

每种方法都存在一定的局限性，且改进算法的实现成本较高。因此，将多种方法有机地结合，充分发挥各自的优势，可以达到更好的控制效果。这是光伏阵列最大功率点跟踪的研究热点。

2.5.3 双向 DC/DC 变换电路

为实现能量的双向流动，储能系统采用 Buck/Boost 双向 DC/DC 变换器，存在充放电两种工作状态。如图 2-43 所示，双向变换器由两个二极管 D_1 和 D_2、滤波电感 L_B 以及滤波电容 C_B 组成。通过控制 D_1 和 D_2 轮流导通，使电路分别工作在 Boost 升压模式(此时储能系统放电)和 Buck 降压模式(此时直流母线对储能系统充电)，从而实现对储能系统充放电的控制，如图 2-44 所示。

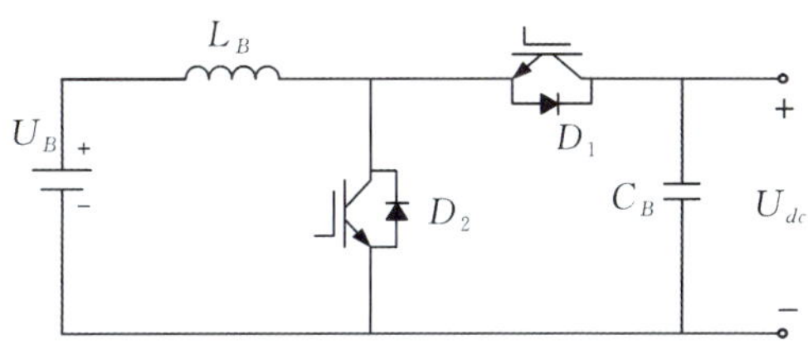

图 2-43 储能系统双向 DC/DC 变换器结构

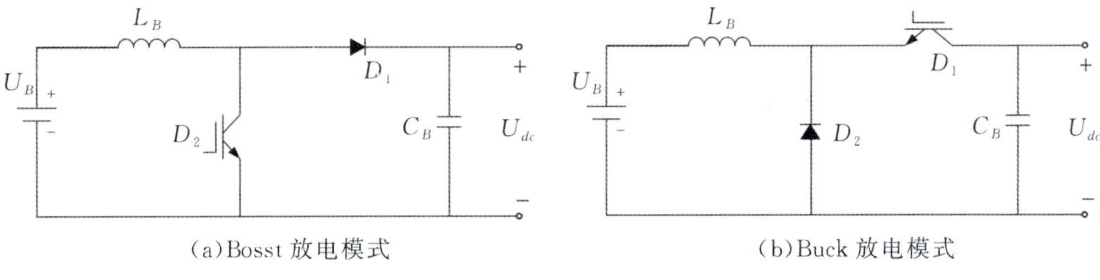

(a)Bosst 放电模式

(b)Buck 放电模式

图 2-44 双向 DC/DC 变换电路的两种模式

储能系统的双向 DC/DC 变换器使用功率外环和电流内环的双环控制结构储能系统给定的功率参考值 P^*，实际输出功率 P_{ESSs} 可由储能系统的输出电压和电流的乘积计算得到。将给定功率值与实际输出功率比较后的偏差送入 PI 控制器，其输出信号作为内环电流的参考值 I^*，然后与实际的输出电流进行做差运算、经 PI 调节后生成 PWM 信号，作用于开关管。储能系统的双向 DC/DC 控制框图如图 2-45 所示。

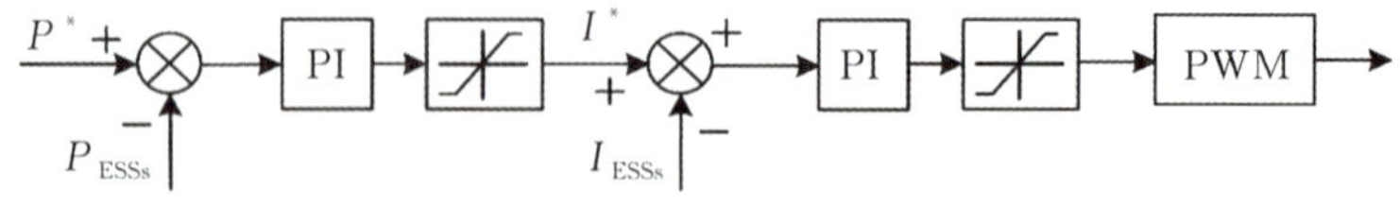

图 2-45 双向 DC/DC 控制框图

2.5.4 带微分补偿环节的虚拟同步发电机参数自调节控制策略

针于 PV-VSG 系统中交流侧 VSG 控制，不同的 VSG 控制策略虽然模拟了不同阶次的同步发电机模型，但都具有动态一阶虚拟惯性和稳态频率、电压下垂特性。在调频控制方面，基于一阶虚拟惯性的 VSG 虽然具有抑制频率波动的能力，但与同步发电机不同的是，VSG 过载能力较弱。当虚拟惯量取值较大时，虽然 VSG 的频率支撑能力增强，但功率指令或负载突变可能导致 VSG 动态输出有功功率发生低频振荡或产生较大超调，使得储能单元受到较大的功率冲击。由于 VSG 输出有功功率的动态特性不仅与虚拟惯量的大小有关，还与阻尼系数有关，而阻尼系数同时也决定着 VSG 并网稳态功率偏差和组网稳态功率均分。因此，研究虚拟惯量和阻尼系数对 VSG 输出有功稳态和动态特性的影响，并通过对其进行合理设计或采用改进算法提高性能，是保证储能单元优化配置和系统安全稳定运行需要研究的重要课题。

本系统 VSG 参数自调节控制的基本思想是依据角频率的变化量及其加速减速的变化率来确定不同的虚拟阻尼值。与传统发电机相比，虚拟同步发电机的主要优点是它的每一个参数可以根据系统运行情况进行修改的，VSG 的惯量和阻尼参数可人为控制，并能根据逆变器的控制需求进行整定，控制方式非常灵活。而参数自调节控制也打破了同步发电机中相关参数固定对控制系统稳定性的局限性，使用优化算法根据操作条件计算最优参数值，从而将虚拟同步发电机的优势充分发挥出来，能够有效抑制功率振荡，使系统迅速恢复稳定运行状态。基于此思想，本文对 VSG 系统的阻尼项进行改进，并构建了一种参数自调节控制方法。结合转子机械方程分析可知，在 VSG 的动态响应过程中，为达到较好的响应特性，应该需要转动惯量、阻尼系数、频率和功率间的相互适应。控制的目标应使输出频率达到较好的动态响应特性，并保证良好的稳态性能。

VSG 输出功率-角频率传递函数为

$$\frac{\omega_0-\omega}{P_{ref}-P}=-\frac{1}{J\omega_0 s+D\omega_0+K_\omega}=\frac{m}{\tau s+1} \tag{2-125}$$

式中，惯性时间常数 τ 和下垂系数 m 的表达式分别为

$$\begin{cases}\tau=\dfrac{J\omega}{D\omega_0+K_\omega}\\ m=-\dfrac{1}{D\omega_0+K_\omega}\end{cases}\tag{2-126}$$

根据上述分析可知，系统稳态频率偏差与 D 和 K_ω 相关，其惯性时间常数与 J、D 和 K_ω 相关。当 J 增大时，能够使系统频率变化速度减慢，抑制了负荷扰动等造成的频率突变，且不会影响稳态频率偏差；当 D 增大时，会造成系统频率变化速度加快，但能够减小稳态频率偏差。因此，参数 D 的变化会造成系统的稳态特性和动态特性之间的矛盾，必须对 VSG 控制策略进行适当的改进才能得到最优的性能。在自动控制原理中，通常通过引入微分环节对信号进行提前修正，以增强系统阻尼特性，提高系统响应速度，同时不影响系统的稳态误差。基于此，将功率微分项引入 VSG 控制，改进后的转子运动方程为

$$J\omega_0\frac{\mathrm{d}\omega}{\mathrm{d}t}=P_m-P_e-D\omega_0(\omega-\omega_0)-K_d\frac{\mathrm{d}P}{\mathrm{d}t}\tag{2-127}$$

式中，K_d 为微分系数。

加入功率微分项后的 VSG 有功-频率控制框图如图 2-46 所示，采用小信号分析法，能够得到 VSG 的小信号模型。引入功率微分项后系统的传递函数为

$$G(s)=\frac{P(s)}{P_{\mathrm{ref}}(s)}=\frac{\dfrac{1}{J\omega_0}\dfrac{EU}{X}}{s^2+\left(\dfrac{D}{J}+\dfrac{K_\omega}{J\omega_0}+\dfrac{K_d}{J\omega_0}\dfrac{EU}{X}\right)s+\dfrac{1}{J\omega_0}\dfrac{EU}{X}}\tag{2-128}$$

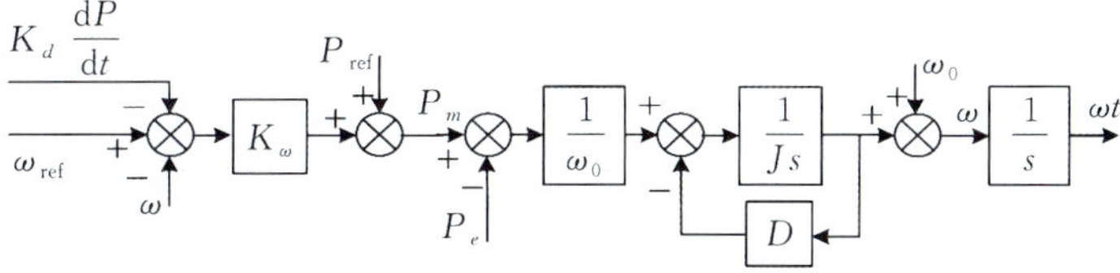

图 2-46　改进后的 VSG 有功-频率控制框图

通过特征方程的根轨迹便可以对 VSG 的稳定性和动态性能进行分析，如图 2-47 所示。虽然 D 和 K_ω 的物理意义不同，但其对 VSG 输出功率的稳态和动态特性作用相同。图 2-47(b)是不同阻尼系数 D 与双机并联系统稳定性的关系，箭头表示闭环极点随着阻尼系数 D 而变化的方向。由图 2-47(b)可知，其余参数不变的情况下，随着 D 的增加，所有极点都向远离虚轴的方向移动，其中两个极点的虚部逐渐减少系统的阻尼增加，超调量减小，运行稳定性得到增强。

在加入微分补偿后，VSG 的功角特性由一阶惯性环节转变为超前滞后环节。通过调节 K_d 可改变零点和极点的位置，从而改变超前滞后环节的动态特性。此时，系统的无阻尼自然振荡角频率 ω_n 和阻尼比 ζ 分别为

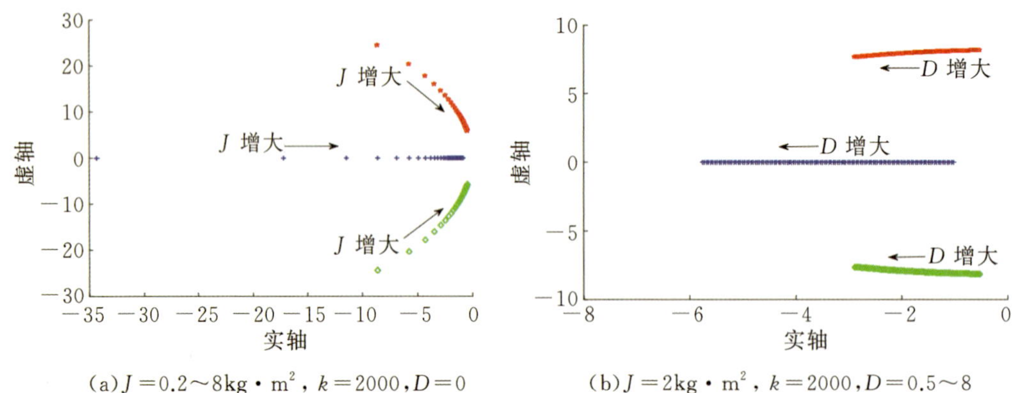

(a) $J=0.2\sim8\text{kg}\cdot\text{m}^2$，$k=2000$，$D=0$　　(b) $J=2\text{kg}\cdot\text{m}^2$，$k=2000$，$D=0.5\sim8$

图 2-47　J 和 D 对 VSG 系统稳定性的分析

$$\begin{cases}\omega_n=\sqrt{\dfrac{1}{J\omega_0}\cdot\dfrac{EU}{X}}\\ \zeta=0.5D\sqrt{\dfrac{\omega_0}{J}\bigg/\dfrac{EU}{X}}+0.5K_\omega\sqrt{\dfrac{1}{J\omega_0}\bigg/\dfrac{EU}{X}}+0.5K_d\sqrt{\dfrac{1}{J\omega_0}\cdot\dfrac{EU}{X}}\end{cases}\tag{2-129}$$

由此可见，自然振荡频率 ω_n 仅仅与 J 有关，增大 J 仅可减小 ω_n，阻尼比 ζ 与 J、D 和 K_d 均有关，减小 J 或增大 D 与 K_d 均可增大 ζ，减小功率超调。因此，引入功率微分项后，在不影响系统稳态特性的前提下改善其动态特性。

由式(2-128)得到结构图，VSG 的小信号模型如图 2-48 所示。对于传统的固定虚拟惯量或者自适应虚拟惯量 VSG 控制策略的逆变器而言，阻尼系数一般认为固定不变的。由式(2-129)可知，自然振荡频率 ω_n 仅与 J 有关，增大 J 可减小 ω_n，阻尼比 ζ 与 J、D 和 K_d 均有关，减小 J 或增大 D、K_d 均可增大 ζ，减小功率超调。因此，可以通过控制 K_d 提高系统的动态特性。由于微分在静态过程中不起作用，因此不会改变系统静态特性。

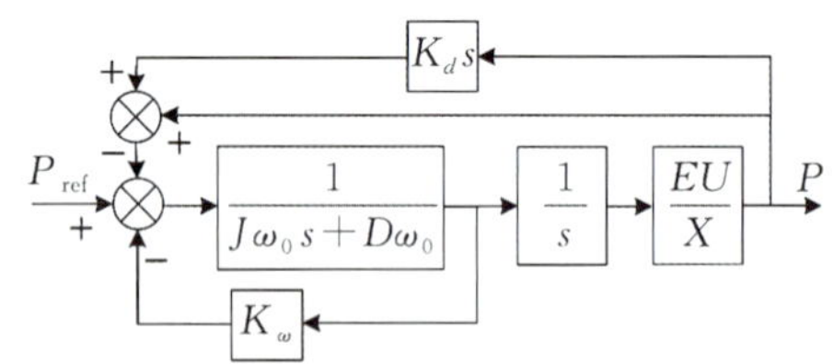

图 2-48　改进后的 VSG 小信号模型

由此可见，改进后的转子运动方程增强了系统阻尼特性，且阻尼效应随 K_d 的增大而增强。因此，调节微分项系数 K_d 能够提高系统的动态稳定性，且微分项对系统静态过程不会产生影响，使参数调节更加精确有效。

根据以上分析，可得出基于微分补偿项的一阶虚拟惯性 VSG 的有功特性如下：

(1)微分补偿环节不影响 VSG 系统的稳态特性，有功负载的均分仅与 D 有关。

(2)基于微分补偿的一阶虚拟惯性 VSG 组网系统的动态特性由 J、D 和 K_d 共同决定。通过调节微分系数 K_d 可增加了动态特性的控制自由度，实现有功功率稳态特性和动态特性的解耦控制。

(3)微分补偿环节增大了 VSG 系统的阻尼比，改善了系统的动态特性。阻尼比随 K_d

的增大而增大。

因此，为了使各 VSG 能够按照额定容量均分负载的有功功率，可设 $D=0$，并通过调节 K_d 提高系统的动态特性，使功率的稳态特性和动态特性均实现优化控制。

2.5.5　参数自调节控制设计

当光伏并网系统发生负荷扰动时，系统需要较大的惯性去抑制频率的变化率，也要兼顾系统的频率偏差不能过大，此时阻尼也需要增大。待负荷扰动结束后，系统需要快速恢复到工频。为了避免恢复时间过长，在此期间如果发生微小的扰动，都会影响系统的频率稳定性，需要适当地减少惯性和增加阻尼。因此，考虑到系统惯性和阻尼对频率的影响，可以交替进行自调节控制，达到最佳的控制效果。

根据前文对基于微分补偿的一阶虚拟惯性特性的分析可知，在控制算法中令 $D=D_0$，以减小系统的稳态功率误差及组网系统的有功均分误差，并通过合理选择 J 与 K_d 的值来改善系统的动态特性，下面对 J 与 K_d 的参数范围进行设计。

2.5.5.1　参数取值原则

采用固定转动惯量和阻尼的同步发电机在给定有功功率变化时，对 VSG 功角特性进行分析，如图 2-49 所示。通过分析每个区间内角频率变化特性，可以得到所需的 J、D 和 K_d 的取值原则。

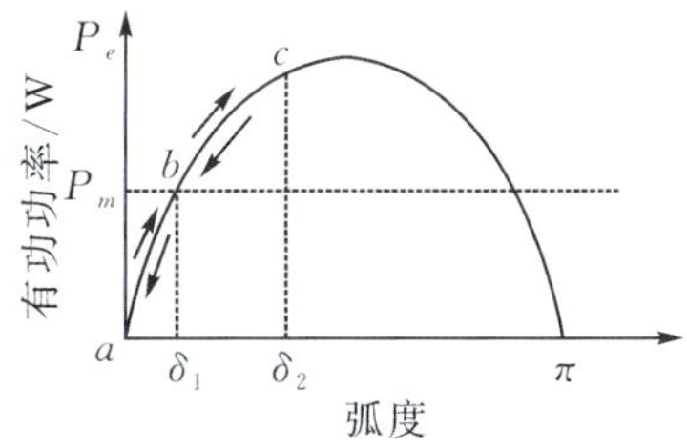

图 2-49　功角特性曲线

在曲线 a—b 段，当系统在点 a 对应时刻有功功率增加时，使得角频率出现偏差量 $\Delta\omega>0$，且转子角频率变化率 $\mathrm{d}\Delta\omega/\mathrm{d}t>0$，由于 $\delta=\int\Delta\omega\mathrm{d}t$，则功角δ增大，且虚拟同步发电机的电磁功率 P_e 增大至 $P_e=P_m$。因此，在曲线 a—b 段可以增大 J 以加快角频率恢复稳定过程，避免变化过快造成系统产生较大的频率超调量。有功功率减小时，角频率与功角的变化特性与此区间类似，也需要增大 J 的值以增大惯性，增强系统的抗干扰能力。a—b 段内随着阻尼量 D 的增加，可降低频率的偏移峰值，但使系统更快到达峰值，即增加了频率的初始变化率 $\mathrm{d}\Delta\omega/\mathrm{d}t$。这与上述增加 J 降低 $\mathrm{d}\Delta\omega/\mathrm{d}t$ 的思想相矛盾，因此在该区间选择增大 J，减小 K_d，而保持 D_0 恒定不变。在曲线 b—c 段，$\Delta\omega>0$，$\mathrm{d}\Delta\omega/\mathrm{d}t<0$，功角δ继续增大，电磁功率 P_e 产生超调。此时需减小 J 以增大 $\mathrm{d}\Delta\omega/\mathrm{d}t$ 的值，使得 ω 尽快稳到 ω_n，频率快速稳定，并且需要增大 D 来降低频率偏差值，但会使频率变化率 $\mathrm{d}\Delta\omega/\mathrm{d}t$ 增加。也与上述减小 J 以降低 $\mathrm{d}\Delta\omega/\mathrm{d}t$ 的思想相矛盾。在 b—c 段选择减小 J 且增大 K_d 来加快 ω 衰减速率，增加系统的阻尼，减小频率偏差值，且保持 D_0 恒定不变。曲线 c—d 段与曲线 d—a 段情况与上述类似。在曲线 c—d 段，$\Delta\omega<0$，$\mathrm{d}\Delta\omega/\mathrm{d}t<0$，$J$、$K_d$ 取值原则与曲线 a—b 段相同。在曲线 d—a 段，$\Delta\omega<0$，

$\mathrm{d}\Delta\omega/\mathrm{d}t>0$，$J$、$K_d$ 取值原则与曲线 b—c 段相同，同时保持 D_0 恒定不变。综上可述，在频率变化初期并不适宜增加阻尼量，同时控制 J 与 D 会使得系统的控制比较复杂，因此选择引入功率微分项 $K_d\mathrm{d}P/\mathrm{d}t$，可以通过改变 K_d 的值增强系统动态稳定性。可整理出如表 2-9 所示由 $\Delta\omega$ 与 $\mathrm{d}\Delta\omega$ / $\mathrm{d}t$ 共同决定的 J 与 K_d 的取值原则。为了减小系统稳态时的功率偏差，这里取 $D_0=0$。

表 2-9　J 和 K_d 的取值原则

曲线	$\Delta\omega$	$\mathrm{d}\Delta\omega/\mathrm{d}t$	J 变化情况	K_d 变化情况	D_0
a—b	>0	>0	增大	减小	0
b—c	>0	<0	减小	增大	0
c—d	<0	<0	增大	减小	0
d—a	<0	>0	减小	增大	0

基于以上分析，得到一种 J 和 K_d 的自适应调节策略，即

$$J=\begin{cases} J_0+\Delta J, & \Delta\omega\dfrac{\mathrm{d}\Delta\omega}{\mathrm{d}t}\geqslant 0\cap\left|\dfrac{\mathrm{d}\Delta\omega}{\mathrm{d}t}\right|>T_J \\ J_0-\Delta J, & \Delta\omega\dfrac{\mathrm{d}\Delta\omega}{\mathrm{d}t}<0\cap\left|\dfrac{\mathrm{d}\Delta\omega}{\mathrm{d}t}\right|>T_J \\ J_0, & \left|\dfrac{\mathrm{d}\Delta\omega}{\mathrm{d}t}\right|\leqslant T_J \end{cases} \tag{2-130}$$

$$K_d=\begin{cases} K_{d0}+\Delta K_d, & \Delta\omega\dfrac{\mathrm{d}\Delta\omega}{\mathrm{d}t}\geqslant 0\cap\left|\dfrac{\mathrm{d}\Delta\omega}{\mathrm{d}t}\right|>T_K \\ K_{d0}-\Delta K_d, & \Delta\omega\dfrac{\mathrm{d}\Delta\omega}{\mathrm{d}t}<0\cap\left|\dfrac{\mathrm{d}\Delta\omega}{\mathrm{d}t}\right|>T_K \\ K_{d0}, & \left|\dfrac{\mathrm{d}\Delta\omega}{\mathrm{d}t}\right|\leqslant T_K \end{cases} \tag{2-131}$$

式中，J_0、K_{d0} 为惯性和微分项系数的稳态值；ΔJ、ΔK_d 为惯性和微分项系数的调节量；T_J、T_K 为角速度变化率的阈值。

2.5.5.2　参数整定

在惯性阻尼控制中，ΔJ、ΔK_d 可由控制系统的稳定性理论得出，反映了 VSG 系统稳定的临界上限。一方面，根据系统的频率允许偏移的最大范围，确定虚拟惯量 J 的参数变化范围，并限定控制参数 ΔJ 的选择条件；另一方面，针对确定的惯量的变化范围，选取合适的阻尼比，从而确定 ΔK_d 的取值范围。在实际应用中，不仅需要系统的总体阻尼，还要考虑微电网直流侧储能装置的特性及微电网暂态响应时的超调量等其他要求。因此，为了确定 VSG 系统的临界稳定界限，需计算 J、K_d 的取值范围，以便灵活的选择 ΔJ 和 ΔK_d

的值。

(1)当 D 和 K_d 的恒定时，J 越大，极点越接近坐标原点，将使系统稳定性变差。因此，J 的取值不能过大，考虑到充分利用变换器输出功率的能力，存在一个限值 J_{max} 使其满足：

$$J_{max}=\frac{P_{max}}{\max\{\omega(\mathrm{d}\omega/\mathrm{d}t)\}} \tag{2-132}$$

式中，P_{max} 为系统功率峰值。

(2)为保持功率超调量在适度范围内，需设定阻尼比 ζ 满足：

$$0.8\leqslant\xi\leqslant 1 \tag{2-133}$$

可以得到引入功率微分项后 VSG 系统的传递函数为

$$G(s)=\frac{P(s)}{P_{ref}(s)}=\frac{\dfrac{1}{J\omega_0}\cdot\dfrac{EU}{X}}{s^2+\left(\dfrac{D}{J}+\dfrac{K_\omega}{J\omega_0}+\dfrac{K_d}{J\omega_0}\cdot\dfrac{EU}{X}\right)s+\dfrac{1}{J\omega_0}\cdot\dfrac{EU}{X}} \tag{2-134}$$

此时系统的无阻尼自然振荡角频率 ω_n 和阻尼比 ζ 分别为

$$\begin{cases}\omega_n=\sqrt{\dfrac{1}{J\omega_0}\cdot\dfrac{EU}{X}}\\ \zeta=0.5D\sqrt{\dfrac{\omega_0}{J}\Big/\dfrac{EU}{X}}+0.5K_\omega\sqrt{\dfrac{1}{J\omega_0}\Big/\dfrac{EU}{X}}+0.5K_d\sqrt{\dfrac{1}{J\omega_0}\cdot\dfrac{EU}{X}}\end{cases} \tag{2-135}$$

令 $K_P=X/\omega_0 EU$，结合阻尼比公式可得

$$\frac{K_P}{4}K_d^2+\frac{K_\omega K_P}{2}K_d+\frac{K_\omega^2 K_P}{4}-J_{max}\leqslant 0 \tag{2-136}$$

则 K_d 的取值范围 A 为

$$A=\left[-K_\omega-2\sqrt{\frac{J_{max}}{K_P}},-K_\omega-1.6\sqrt{\frac{J_0}{K_P}}\right]\cup\left[-K_\omega+1.6\sqrt{\frac{J_0}{K_P}},-K_\omega+2\sqrt{\frac{J_{max}}{K_P}}\right] \tag{2-137}$$

综上所述，能够得到如图 2-50 所示的参数自适应控制流程图，使得参数 J、K_d 能够根据 $\Delta\omega$ 与 $\mathrm{d}\Delta\omega/\mathrm{d}t$ 的变化而随时调整，且控制 J 和 K_d 的变化始终保持在取值范围内。

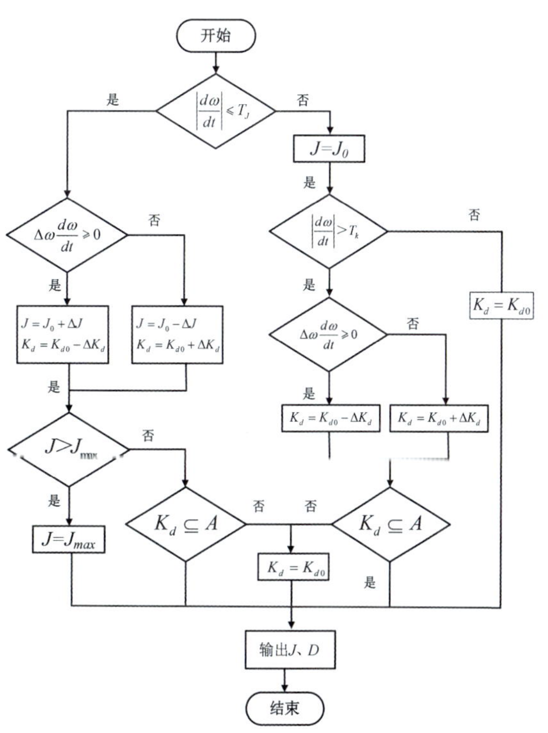

图 2-50 参数自适应控制流程图

2.5.6　仿真验证

为了验证 J、K_d 对系统响应过程的影响，以及本节所提出的引入功率微分项的 VSG 控制策略的正确性和有效性，在 MATLAB/Simulink 中建立了 VSG 模型进行仿真验证。对于单 PV-VSG 系统，其仿真模型如图 2-51 所示，主要系统参数见表 2-10。

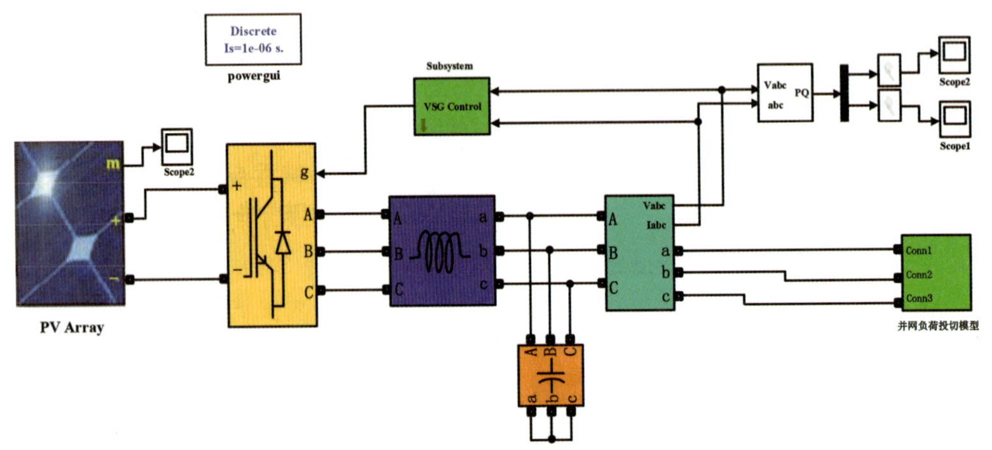

图 2-51　PV-VSG 控制系统仿真模型

表 2-10　系统参数取值表

参数	数值	参数	数值
U_{dc}/V	700	$D/[N(m/s)]$	0
U_{ref}/V	311	K_ω	20
r/Ω	0.2	K_d	10
L/mH	2	T_J	2.5
$C/\mu F$	30	T_K	0.2
$\omega_0/(red/s)$	100π	P_1/kW	20
f_0/Hz	50	P_2/kW	10
$J/kg\cdot m^2$	0.8		

系统在取值范围内选取一组 J、K_d 值进行仿真，初始值见表 2-10。初始运行时负荷为 20 kW，0.5 s 后降至 10 kW，以模拟系统投入负荷时所带来的频率稳定性问题。其控制策略的仿真分析结果如图 2-52 所示。

图 2-53 和图 2-54 展示了为 A 相电流波形的自调节控制效果对比。投入负荷的瞬间，

有功功率需求增大，引起系统频率降低；在 0.5 s 时切除负荷 10 kW，使得瞬间有功输出大于有功需求，系统电流减小，频率升高。图 2-55 展示了 J 与 K_d 固定不变和 J、K_d 自适应控制策略，以及未采用引入功率微分项的 VSG 控制策略两种情况下的系统输出频率波形。通过对比可以看出，J 与 K_d 不采用自适应控制，固定不变时，输出频率超调，暂态过程不稳定；采用两种控制策略，负荷突变时，实时变化的 J 与 K_d 能够有效抑制负荷突变时的有功振荡，提高系统频率的稳定性，而采用 J、K_d 自适应控制策略，输出频率稳定速度较快，有良好的暂态性能；图 2-56 和图 2-57 展示了控制参数随时间的变化情况。可见 J、K_d 进行自调节变化，在初始取值上下交替变化，仿真结果与上文所提控制策略相吻合，进而验证上文所提双 PV-VSG 并联系统小信号模型的有效性。系统参数与单机系统相同，在相同的功率额定值条件下，两个 PV-VSG 应该均等地分担负载。通过观察 PV-VSG 单元注入的有功功率、电压幅值和频率，可对并联系统运行特性进行分析。

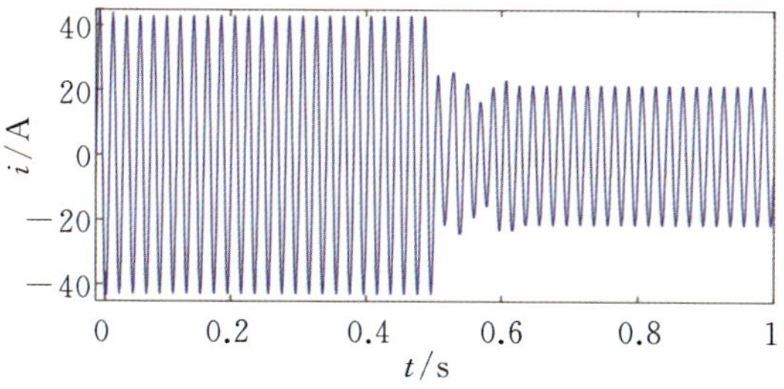

图 2-52　J、D、K_d 为固定时 A 相电流

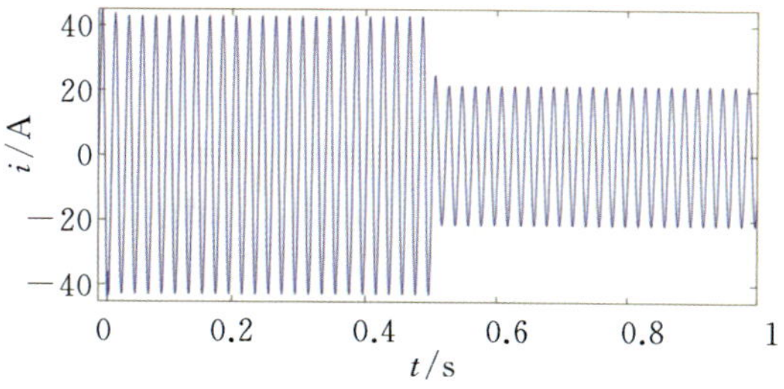

图 2-53　J、K_d 自调节时 A 相电流

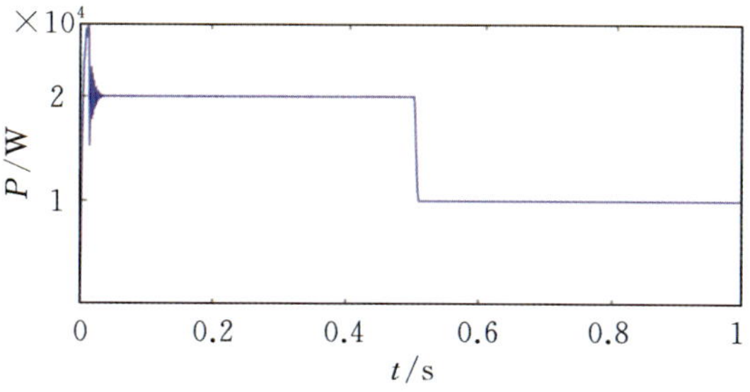

图 2-54　VSG 输出有功功率图

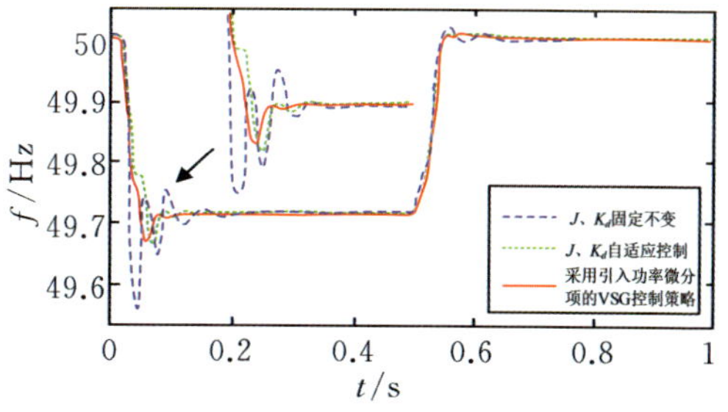

图 2-55　输出频率波形对比图

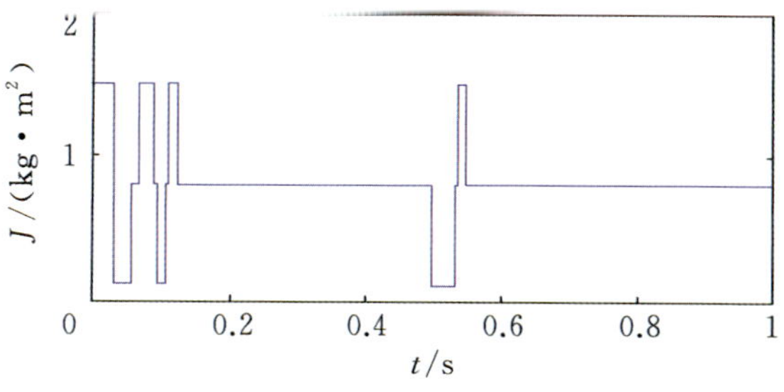

图 2-56　J 变化情况

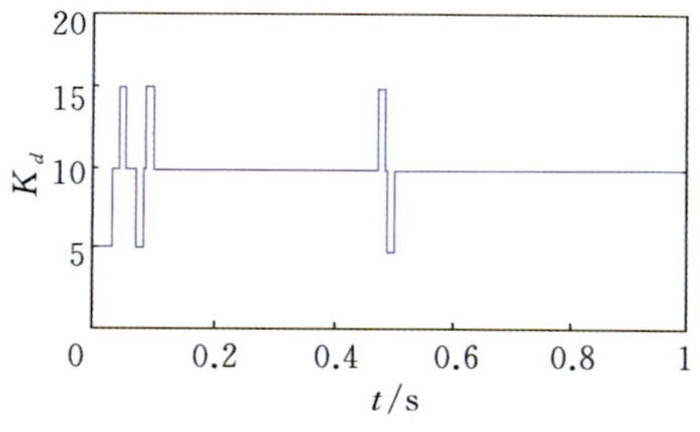

图 2-57　K_d 变化情况

图 2-58 和图 2-59 所示为有功功率在 0～20 kW 和无功功率在 0～10 kVar 时系统的动态响应。可以看到，在负荷过渡时，有功功率和无功功率发生振荡，两个 PV-VSG 系统输出的有功和无功能够迅速达到稳态。此外，两个系统平分有功与无功需求，各机组在稳态下向负荷输出的有功功率和无功功率大致相同。

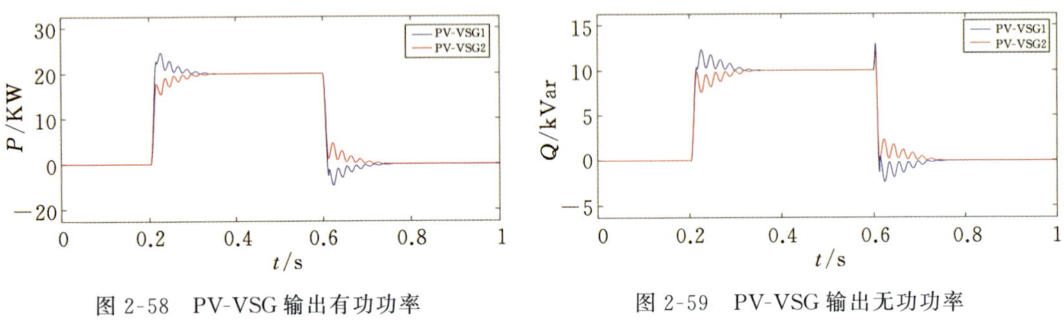

图 2-58 PV-VSG 输出有功功率

图 2-59 PV-VSG 输出无功功率

另一方面，从图 2-60 和图 2-61 可以看出，有功功率和无功功率的增加导致 PCC 电压的频率和幅值的降低，显示出有功功率对频率与无功功率对电压幅值的下垂特性。频率波形呈现缓慢的动态变化，显示出本书设计的 PV-VSG 系统具有自调节控制能力。

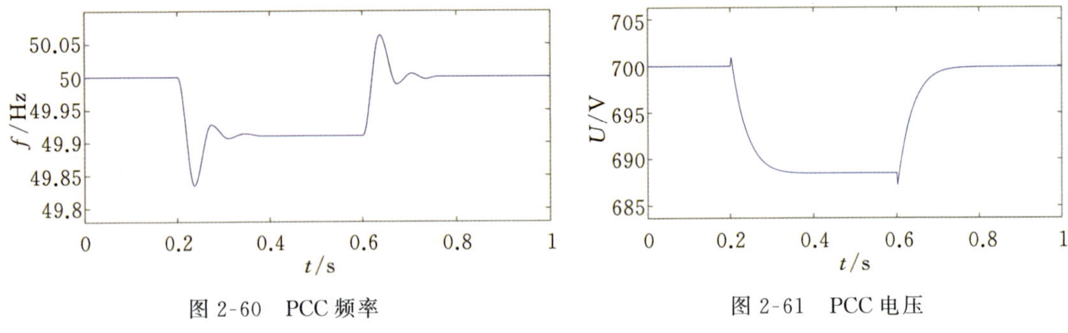

图 2-60 PCC 频率

图 2-61 PCC 电压

另外，由于惯性影响系统的动态性能，而阻尼影响系统的稳态性能，在保持系统仿真参数不变的情况下，先固定虚拟阻尼不变，将虚拟惯性 J 分别设置为 0.5、1、1.5，如图 2-62 所示。

由图 2-62 可知，当 J 取值比较小时，系统的频率 f 变化较快且超调量增加；当 J 取值较大时，系统的频率变化较慢，频率恢复稳态需要的时间较长。因此，要合理选取 J 的数值，增加系统稳定性。虚拟阻尼 D 在不同取值下与频率的关系如图 2-63 所示。

由图 2-63 可知，当虚拟阻尼 D 取值较小时，系统稳定时的频率偏差越大，频率恢复稳态需要较长的时间；当虚拟阻尼 D 取值较大时，系统稳定时的频率偏差较小，频率恢复稳态的时间明显加快。因此，要合理选取虚拟阻尼 D 的数值，增加系统稳定性。

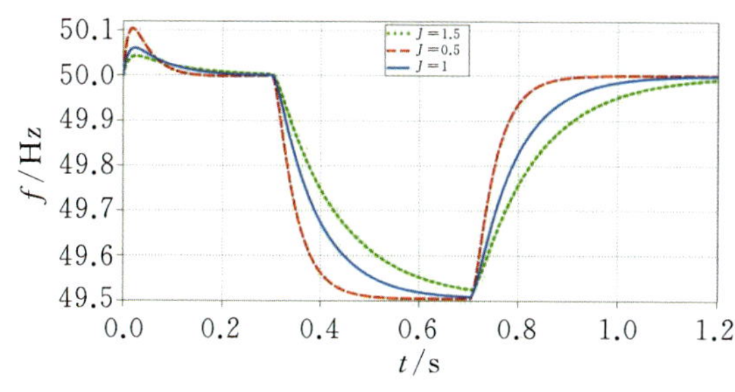

图 2-62 虚拟惯性与频率稳定性的仿真图

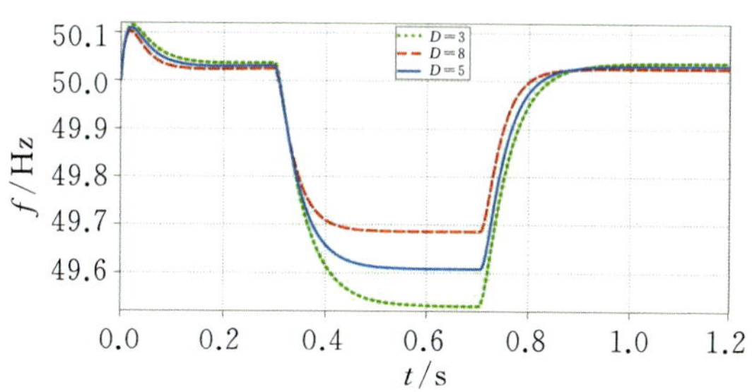

图 2-63 虚拟阻尼与频率稳定性的仿真图

第 3 章
分布式光伏接入配网等值建模

3.1　分布式光伏配网主要元件建模

图 3-1 所示为分布式光伏接入配电网的总体研究框架。在该框架中，分布式光伏配网系统涉及多个关键元件，这些元件在系统中各自承担重要功能。为提升电网稳定性提供理论支撑，本节通过建立分布式光伏分立元件的等效模型，如架空线路、柱上开关、配电变压器、四象限阻抗、潮流控制器等，以掌握分布式光伏发电系统接入特性，从而而为优化系统性能提供支撑。

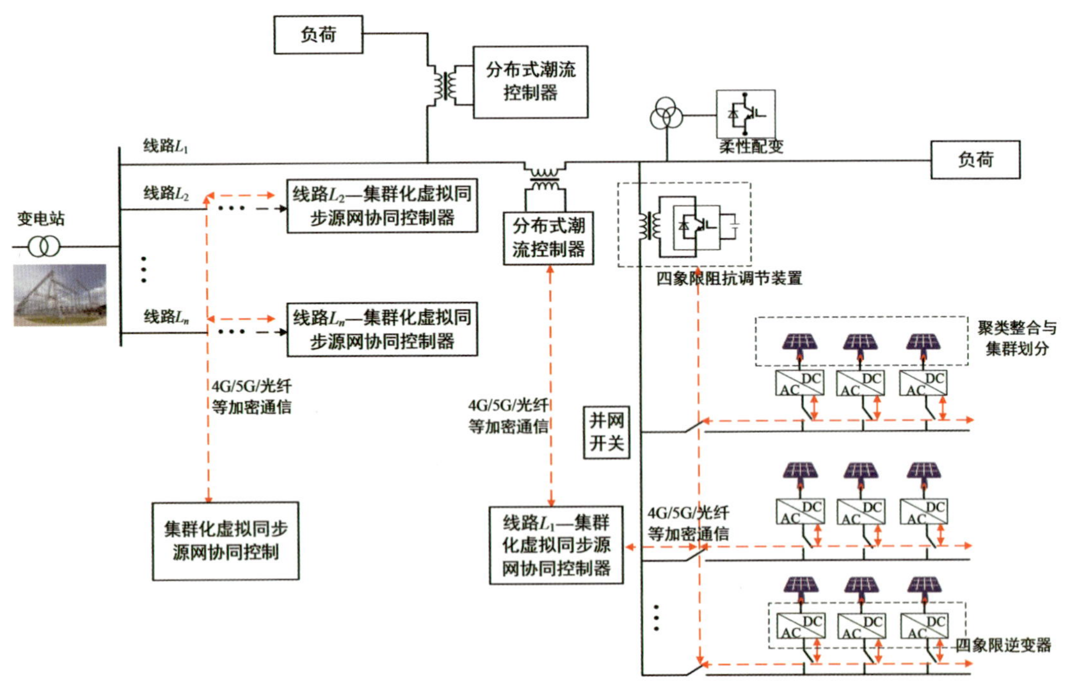

图 3-1　总体框架

3.1.1　架空线路

架空线路由导线、架空地线、绝缘子串、杆塔、接地装置等部分组成，其等效模型如图3-2所示。通常该模型可以认为是一个均匀分布参数的电气元件，其中参数包括：

(1)电阻 r_1：反映线路通过电流时产生的有功功率、损耗效应；

(2)电感 x_1：反映载流导体的磁场效应；

(3)电导 g_1：线路带电时绝缘介质中产生的泄漏电流及导体附近空气游离而产生有功功率损耗；

(4)电容 b_1：带电导体周围的电场效应。

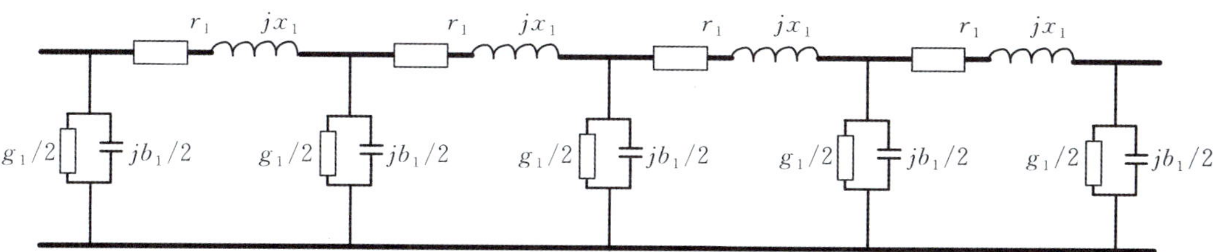

图 3-2　架空线路模型图

当架空线路的长度超过 300km 时，应视为长距离线路。在长距离输电线路中，若采用集中参数的等效电路表示线路，则必须考虑它们的分布参数特性，即将全线路的总阻抗 Z 和总导纳 Y 分别乘以修正系数 k_z 和 k_y，即可得到 π 型等值电路的精确参数。其等效模型如图 3-3 所示。

图 3-3 中，Z、Y 和修正系数 k_z 和 k_y 具体如下：

$$Z=(r_1+jx_1)l,\ Y=(g_1+jb_1)l,\ k_z=\frac{\sinh(\sqrt{ZY})}{\sqrt{ZY}},\ k_y=\frac{2\cosh(\sqrt{ZY}-1)}{\sqrt{ZY}\sinh(\sqrt{ZY})} \tag{3-1}$$

当线路长度处于 100km 至 300km 范围内的架空线路，或不超过 100km 的电缆线路时，输电线路的分布参数作用影响小，修正系数 k_z 和 k_y 都接近 1，且电导可忽略不计，其等效模型如图 3-4 所示。图中，$Z=(r_1+jx_1)l$，$Y=jb_1l$。

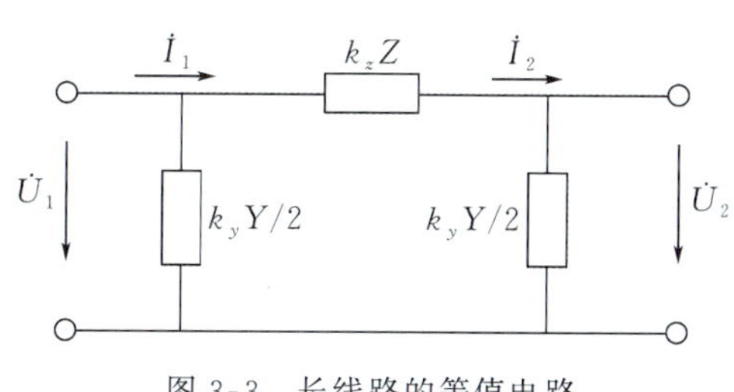

图 3-3　长线路的等值电路

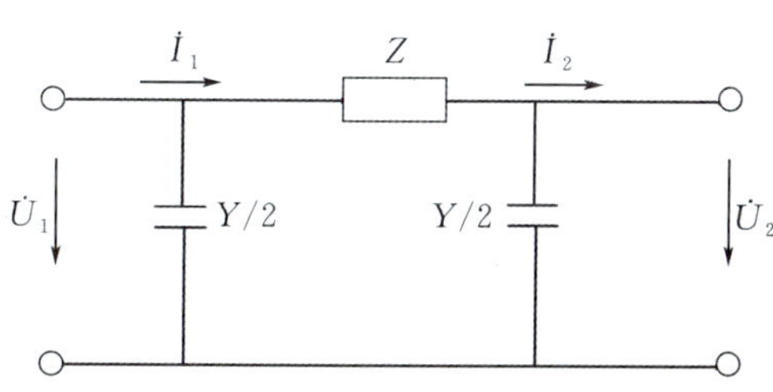

图 3-4　中距离线路的等值电路

当架空线路长度不超过100km时，即为短距离模型。此时，若电压不高，其线路的电纳的影响可忽略不计，等效模型如图3-5所示。

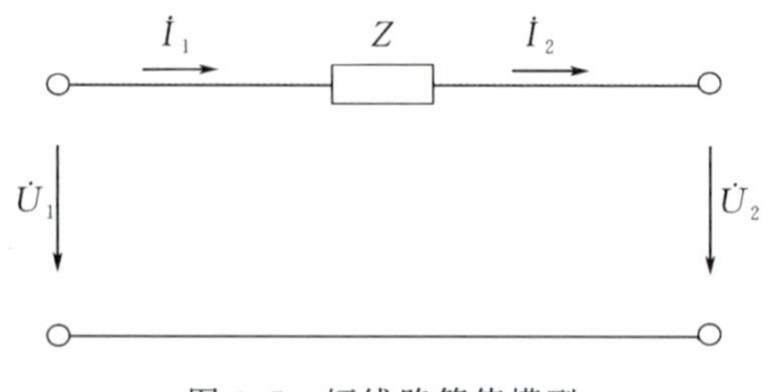

图3-5　短线路等值模型

为此，针对架空线路，采用MATLAB/Simulink建立的模型如图3-6所示。

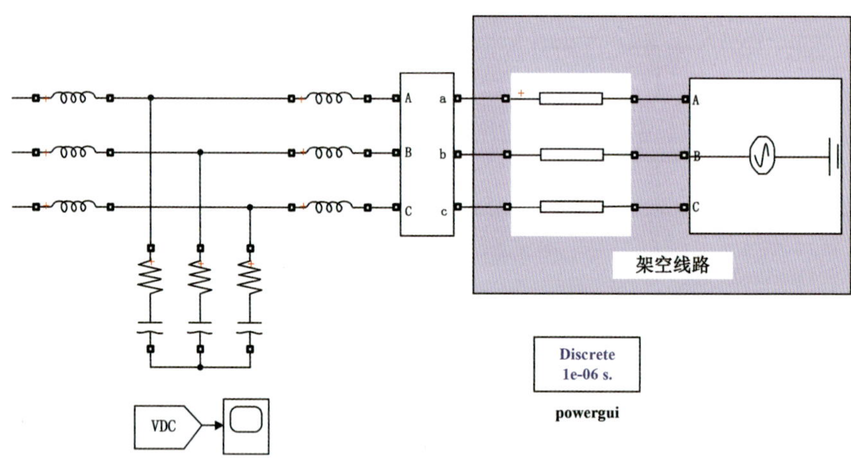

图3-6　架空线路建模

3.1.2　柱上开关

柱上开关（断路器）安装在10kV架空配电线路的杆塔上，用于切断负荷电流或故障电流。目前配电网断路器模型主要分为两类：

（1）固定断路器模型。基于常规工程经验和实测数据，将断路器的额定电流、短路容量、合闸时间、分闸时间等参数设为固定值，作为仿真模型参数进行分析。

（2）可调断路器模型。采用神经网络、模糊逻辑、遗传算法等人工智能方法，结合实测数据和工程经验建立电网断路器的非线性模型，并在仿真过程中进行在线调整，以提高仿真准确性。

以上两种方法虽然没有考虑断路器的内部结构，但却能够全面地反映断路器在配电网中的保护作用。本节采用可调断路器模型。

3.1.2.1 断路器开断过程分析

断路器是指能够关合、承载和开断正常回路条件下的电流，并能在规定的时间内关合、承载和开断异常回路条件下电流的开关装置。图 3-7 所示为断路器开断全过程的示意图。故障在 0 时刻发生，动、静触头在 t_0 时刻分离，触头间产生电弧，此时电弧电压开始上升；随着弧压的持续上升，短路电流在过电压的作用下迅速下降。电流在 t_1时刻过零；在短路电流为零时，瞬时能量输入弧很小，使电弧熄灭，故障切除。当弧隙的介质强度 U_d 大于恢复电压 U_{tr}时，故障成功切除。

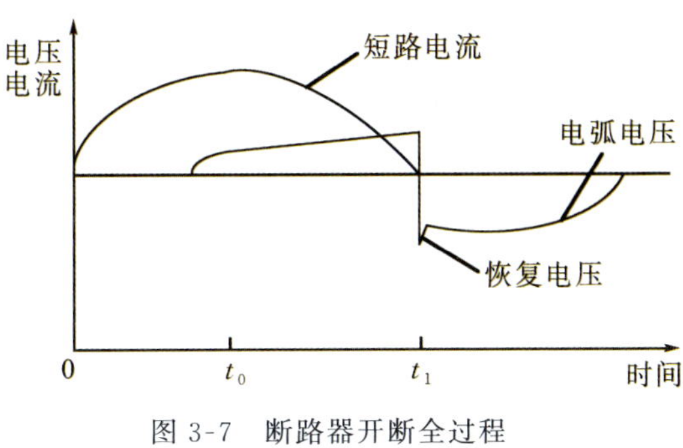

图 3-7 断路器开断全过程

3.1.2.2 模型等效方法

将断路器模型等效为动态电阻 R_{arc}（随时间和其他电气物理量变化而变化）以及 Cassie 电弧数学模型，如图 3-8 所示。

当断路器处于闭合状态时为 0，模型输出一个小电阻（通常为 1μΩ）；一旦信号变为 1（断路器触头打开），电弧电阻开始计算。端口 R_{arc} 输出得到通过 Cassie 电弧数学模型方程计算得到的实时动态电阻值，并将值传递到可变电阻元件中。

同样地，利用 MATLAB/Simulink 搭建的模型如图 3-9 所示。

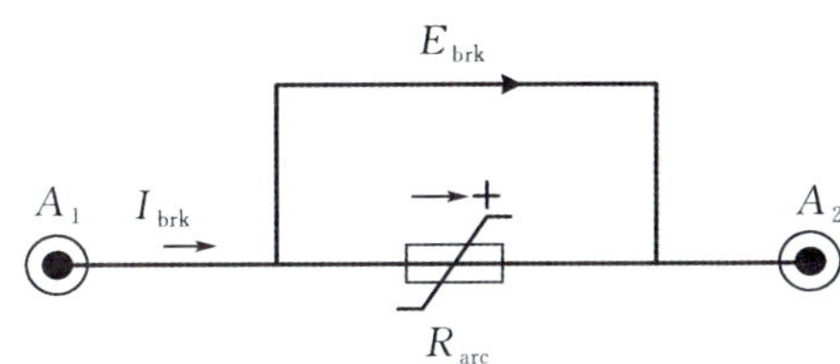

图 3-8 断路器等效模型

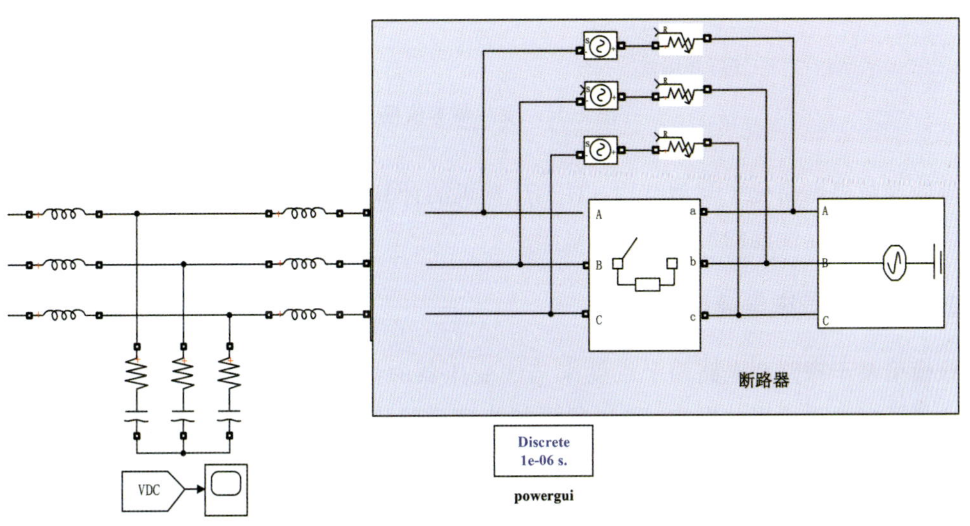

图 3-9 断路器等值图

3.1.3　环网柜

环网柜是一种能实现环网供电的开关设备，常用于环网供电系统，其核心部分采用负荷开关和熔断器。图3-10展示了一个简单版的全封闭环网柜的接线图。中压馈线的进线装有负荷隔离开关，通过一个串接限流熔断器的负荷开关把变压器接到环网系统上，既保护可变压器，又能隔离故障变压器，使环网不至于断开。

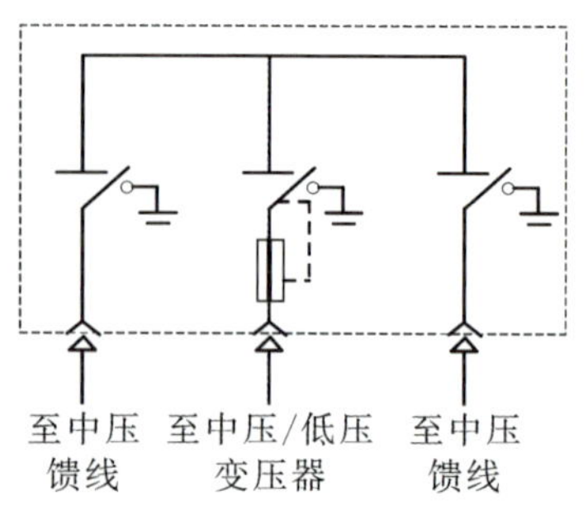

图3-10　环网接线单元

3.1.4　配电变压器

配电变压器的仿真模型可以分为两类：等效参数模型和电气磁学模型。

3.1.4.1　等效参数模型

将变压器视为一个多参数的“黑盒子”，其电性质由一些等效参数描述。等效参数模型主要包括T型、π型等模型。其中，T型模型包括两个独立的等效电路：主侧等效电路和副侧等效电路。π型模型将主副侧的等效电路直接相连，构成一个等效电路，如图3-11所示。

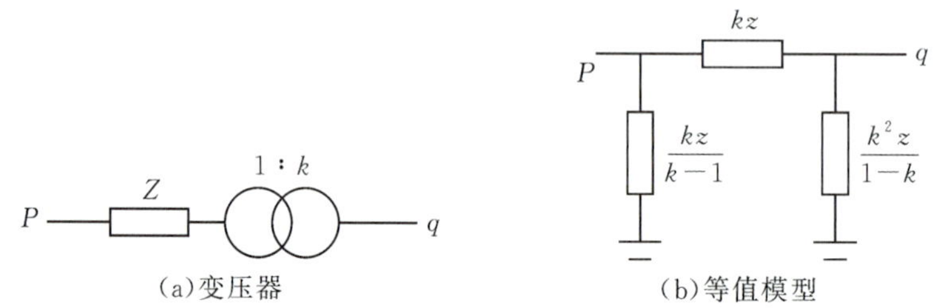

图3-11　变压器等值模型

等效参数模型简化了模型结构，对于计算机的计算容量要求较小，但是无法考虑电气磁学因素对变压器性能的影响，精度偏低。

3.1.4.2　电气磁学模型

该模型基于磁路和电路两个维度来描述变压器的性能，由磁路方程和电路方程组成，综合考量了电磁学因素的影响，可以得到较为准确的仿真结果。但其模型结构复杂，对计算机算力要求较高。

在实际仿真应用中，等效参数模型因计算速度较快、适合大规模系统仿真而被广泛采用。但有些应用场景下，如对高精度仿真精度要求高的场景，电气磁学模型可以更准确地描述变压器的性能。本节综合考虑计算效率与计算精度，采用 T 型等效参数模型。

如图 3-12 所示，K 为变压器一二次侧绕组变比；L_m 为励磁电感，表示对铁芯的激磁作用；R_m 为励磁电阻，表示磁芯损耗，包括磁滞损耗和涡流损耗；L_p 和 L_s 分别是一、二次侧漏感；R_p 和 R_s 分别为一、二次侧绕组电阻；C_p 和 C_s 分别是一、二次侧分布电容。该模型基于变压器的物理特性建立，将该模型进一步简化，把二次侧参数折算到一次侧则可得到折算后的一般等效电路模型，如图 3-13 所示。其中，$R=R_p+n_2R_s$，$C=C_p+C_s/k_2$，$L=L_p+k_2L_s$。

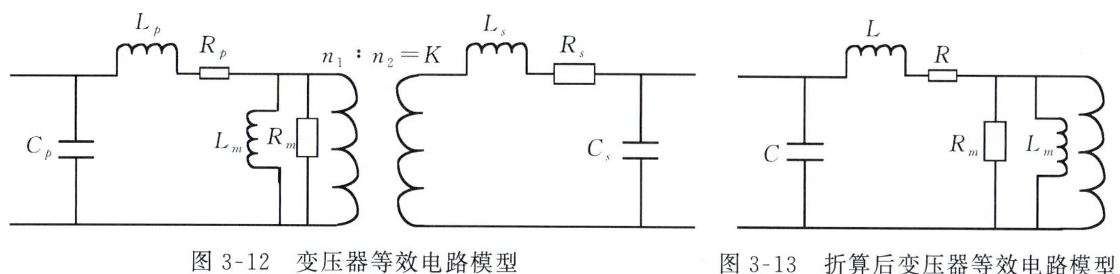

图 3-12 变压器等效电路模型

图 3-13 折算后变压器等效电路模型

利用 MATLAB/Simulink 构建的等效电路如图 3-14 所示。

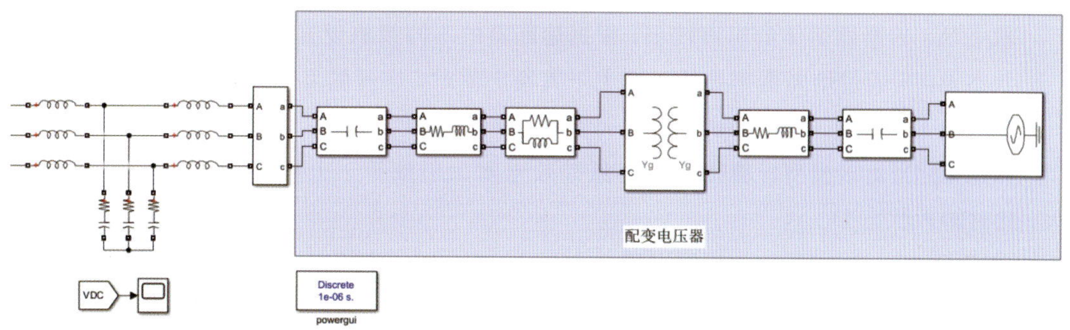

图 3-14 等值变压器模型

3.1.5 熔断器

配电网中熔断器的模型可以分为以下两类：

(1)基于物理特性的熔断器模型。该模型依据熔断器的物理特性，通过方程或模型来描述熔断器的电性能和热性能，能够提供较准确的细节信息，但计算复杂度较高。

(2)基于经验数据的熔断器模型。该模型根据熔断器的经验或测试数据进行建模，通过曲线拟合方法构建熔断器的电流-时间特性曲线。该模型计算速度较快，但精度较基于物理模型的熔断器模型低。

经综合考虑，电力系统仿真通常采用基于经验数据的熔断器模型。在仿真建模中，熔断器等效为开关元件：在电路故障或过电流的情况下，熔断器会打开以保护设备和人员的安全；当电流超过熔断器额定电流时，熔断器关闭，从而模拟了熔断器保护功能的实现。

3.1.5.1　熔断器典型状态分析

(1)当通过熔断器的电流低于其额定值时，处于正常的导通状态，熔体阻值较小，记为状态 A；

(2)当通过熔断器的电流大于其额定值时，熔体温度显著上升，阻值也随着温度上升而增大，记为状态 B；

(3)当熔体的温度达到其熔点时，熔体在其狭颈处断开，且在断口处燃弧，记为状态 C；

(4)电弧熄灭，此时熔断器处于断开状态其阻值极大，记为状态 D。

3.1.5.2　模型等效基本思路

将熔断器视作一阻值可控的可变电阻，通过不同的数学模型控制其电阻阻值变化，以表征其在不同工作状态下的特性。

下面逐一针对这 4 种工作状态建立数学模型。

状态 A：熔断器熔体的阻值较小，根据熔断器的不同规格设置，记为 R_{on}。

状态 B：当通过熔断器熔体的电流大于其额定值时，熔丝的发热功率大于其散热功率，其温度开始显著上升，此阶段的重点是计算出熔丝的温度。

状态 C：当由该模型计算得到的电弧等效电阻大于或等于上限 R_{off} 时，即认为电弧熄灭，此时转入状态 D。

状态 D：Cassie 电弧数学模型方程

$$\frac{1}{g}\frac{\mathrm{d}g}{\mathrm{d}t}=\frac{1}{\tau}\left(\frac{u^2}{u_c^2}-1\right) \tag{3-2}$$

式中，g 为电弧电导率；τ 为电弧的时间常数；u_c 为恒定电弧电压，它是 IEC 电弧瞬态恢复电压(TRV)表示方法中的参考电压，取为 TRV 的峰值。

3.2　电气外特性的分布式光伏发电系统动态模型等效

基于电气外特性的分布式光伏发电系统动态模型，主要是为了研究和预测光伏发电系统在实际运行中的动态特性、性能、稳定性以及响应速度等因素。

该模型通常从以下 4 个方面进行建模：

(1)光电转换模型。建立光能转化为电能的光伏电池模型，将实际光照和太阳辐射度转换为电流输出。该模型综合考虑光伏特性如温度、光照强度、角度等参数对光电转换效率及输出功率的影响。

(2)直流侧电气连通模型。针对模型中的光伏电池阵列及直流侧电设备，考虑其特性和参数进行模拟。其中模型参量包括光伏电阻、实际电池阻抗、光伏电芯板阴影等。

(3)逆变器模型。建立直流-交流逆变器的仿真模型，实现直流电源到交流电源的转换。逆变器模型包括直流侧模块、电路拓扑结构选项、输出滤波器模型和电压控制器模型，主要考虑逆变器的关键特性参数，如电容、电感、响应时间等。

(4)电网模型。将分布式光伏系统组网方案考虑在内，模拟电网系统的参数和拓扑结构，包括输电线路、变压器模型及电网负载等参数的考虑。

3.2.1 光伏电池阵列模型

光伏电池阵列是由若干太阳能电池单体通过串、并联组合构成，以满足目标输出功率和输出电压要求。太阳能电池利用半导体的光生伏特效应，可以将光能直接转换为电能。此时，太阳能电池具有与二极管相似的特性，等效电路模型如图 3-15 所示。

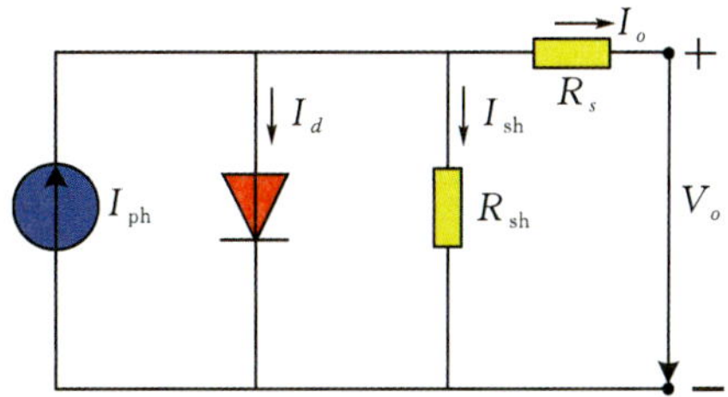

图 3-15 单二极管模型的等效电路

根据基尔霍夫电流定律(KCL)，得到输出电流 I_o 为

$$I_o = I_{ph} - I_{sh} - I_d \tag{3-3}$$

式中，I_{sh} 表示分流电阻电流；I_d 表示二极管电流。通常，I_d 可以通过 Shockley 方程得到：

$$I_d = I_{sd}\exp\left(\frac{qV_o}{nkT} + \frac{qI_oR_s}{nkT}\right) - I_{sd} \tag{3-4}$$

式中，I_{sd} 是饱和电流；q 是基本电荷($q = 1.60217646\times10^{-19}$C)；$n$ 是二极管的理想因子；k 是玻尔兹曼常数(1.3806503×10^{-23}J/K)；T 是热力学温度(K)。

根据基尔霍夫电压定律(KVL)可得 I_{sh}：

$$I_{sh} = \frac{V_o + I_oR_s}{R_{sh}} \tag{3-5}$$

整理可得：

$$I_o = I_{ph} - I_{sd}\left[\exp\left(\frac{q(V_o + I_oR_s)}{nkT}\right) - 1\right] - \frac{V_o + I_oR_s}{R_{sh}} \tag{3-6}$$

当光伏电池阵列由 n_p 组光伏电池支路串联、每条支路由 n_s 个光伏电池串联时，可得到光伏阵列的模型图如图 3-16 所示。

可得到光伏电池阵列的输出电流 I_{PV} 的数学表达式为

$$I_{PV}=n_pI_{ph}-n_pI_0\left[\exp\left(\frac{q\left(\frac{U_{PV}}{n_s}+\frac{I_{PV}R_s}{n_p}\right)}{AkT}\right)-1\right]-\frac{\frac{U_{PV}}{n_s}+\frac{I_{PV}R_s}{n_p}}{R_{sh}} \tag{3-7}$$

式中，I_{PV}是光伏电池阵列的输出电流(A)；U_{PV}是光伏电池阵列的输出电压(V)。

综上所述，该光伏阵列的输出功率的数学表达式为

$$\begin{aligned}P&=I_{PV}U_{PV}\\&=n_pI_{ph}U_{PV}-n_pI_0\left[\exp\left(\frac{q\left(\frac{U_{PV}}{n_s}+\frac{I_{PV}R_s}{n_p}\right)}{AkT}\right)-1\right]U_{PV}-\frac{\left(\frac{U_{PV}}{n_s}+\frac{I_{PV}R_s}{n_p}\right)}{R_{sh}}U_{PV}\end{aligned} \tag{3-8}$$

根据光伏阵列电池的数学模型，其输出功率与光照强度和环境温度密切相关。当环境条件变化时，光伏电池的输出特性曲线将发生相应改变。

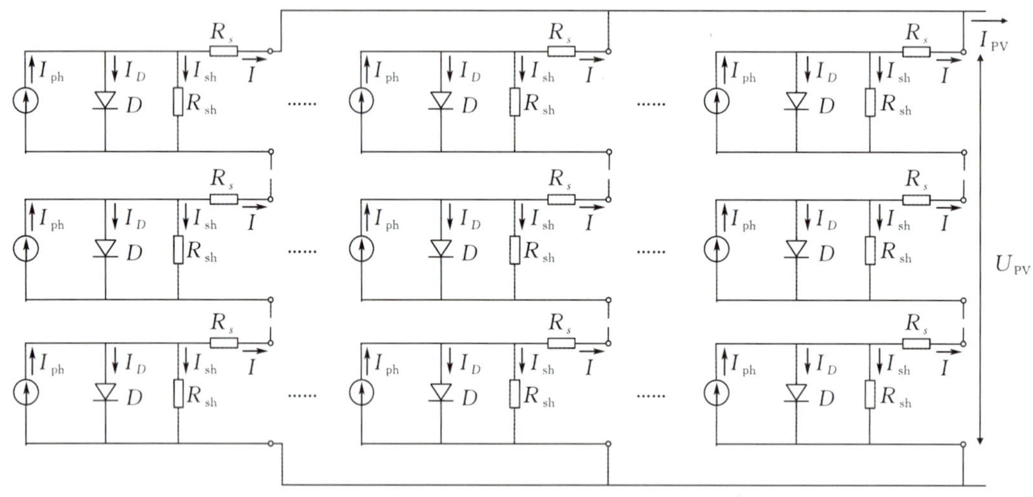

图 3-16　光伏阵列模型图

3.2.2　直流侧电气连通模型

光伏发电系统的输出功率和环境因素有关，其中光照强度和环境温度对光伏电池的输出特性具有决定性影响。通过控制变量法可以分别得到温度相同、光强不同时和光强相同、温度不同时光伏电池输出特性，如图 3-17 所示。

图 3-18 表明，光伏电池是一个非线性直流电源，且当电压较低时输出特性接近恒流源，当电压逼近开路电压时输出特性接近恒压源。在环境条件不变的情况下时，随着输出电压升高，光伏电池的输出功率不断增加并在穿过最大功率点后逐渐降低。不同环境对应的最大功率点位置不同，为了充分转化太阳能资源，必须对光伏电池阵列的输出电压进行

实时动态调整，使光伏发电系统的输出功率保持在最高点，即光伏发电系统的最大功率点跟踪控制。

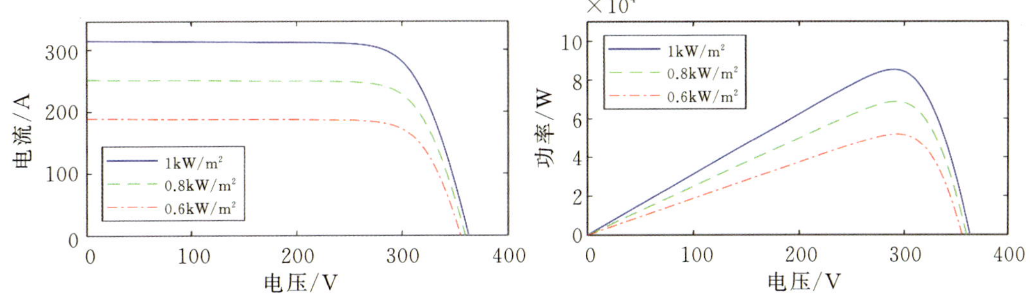

图 3-17 温度相同、光强不同时光伏电池输出特性图

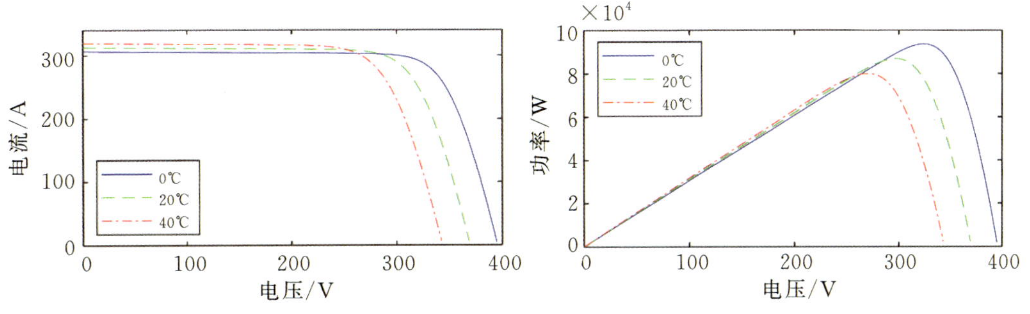

图 3-18 光强相同、温度不同时光伏电池输出特性图

目前常用的最大功率点跟踪控制方法包括：电导增量法、模糊控制法、扰动观察法、自适应爬山法、实时监控法及神经网络法等。其中，扰动观察法因其结构简单、易于实现等特点，获得广泛应用。基于此，本节选择扰动观察法作为光伏电池最大功率点跟踪的控制方法。由光伏电池的输出特性图可知，其功率-电压函数是一个典型的单峰函数，而扰动观察法适用于该类函数的寻优。该方法通过步进搜索方式，从起始点开始对输出电压施加扰动，并根据扰动后输出功率大小、方向的变化调整扰动量，使光伏电池始终运行在最大功率点附近，从而实现对最大功率点跟踪控制。

扰动观察法的扰动量步长对其收敛速度和精度都有影响。大步长干扰量可以使光伏电池工作点快速逼近最大功率点，但在到达最大功率点后会持续产生振荡，难以收敛。小步长干扰量则会导致追踪速度过慢，严重时可能出现追踪失败的情况。变步长扰动观测法可根据光伏电池的运行状态实时改变步长，从而改善其响应速度、追踪成功率及追踪精度。

该类方法在输出电压远离最大功率点时增大步长，以快速逼近最大功率点；在接近最大功率点后，则减小扰动量步长，从而提高精度并减小振荡。图 3-19 所示为一种变步长扰动观察法的流程图。

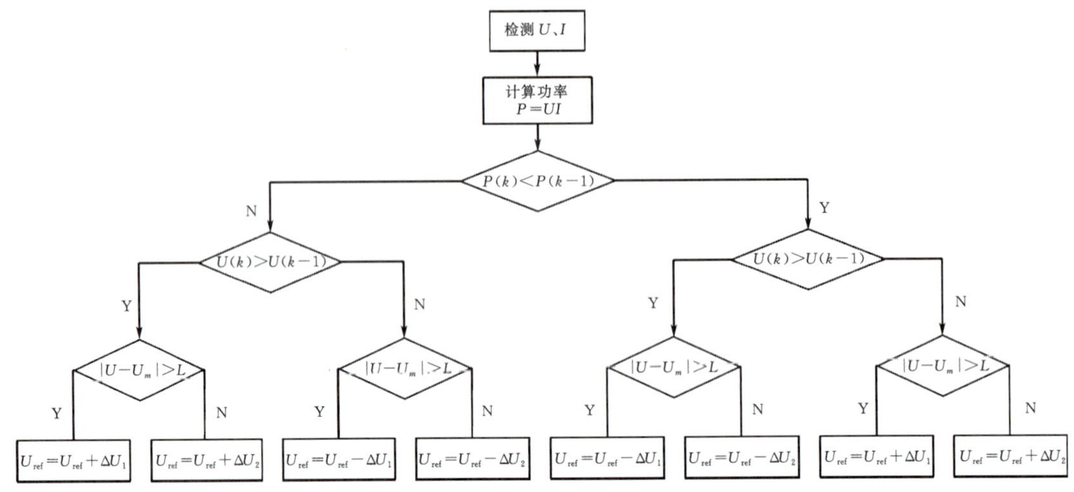

图 3-19　变步长扰动观察法的流程图

3.2.3　逆变器模型

光伏电池产生的直流电无法直接并入公共电网，必须通过逆变器转化为和电网电压相同、频率一致、相位相同的交流电，从而实现并网。逆变器的分类方法有很多，为了节约材料、提升性能并提高响应速度，本节选用目前应用较为普遍的电压源型、三相并网逆变器。为了有效抑制逆变过程中产生的谐波，需要选择合适的滤波电路。

常用的滤波电路包括 L 型、LC 型和 LCL 型 3 种，其中 LCL 型滤波电路对高频段的谐波抑制作用明显，且在滤波能力相同时体积和成本都更小，因此得到更加广泛的应用。基于上述分析，本节模型选用 LCL 型滤波电路。综上所述，本节选择 LCL 型三相电压源型逆变电路作为光伏并网逆变器，其结构如图 3-20 所示。

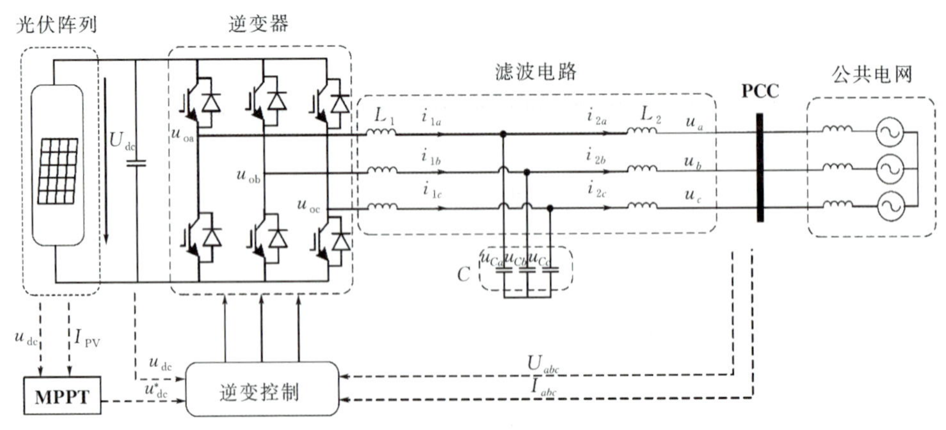

图 3-20　LCL 型三相电压源型逆变电路

图 3-20 中，U_{dc}为逆变器直流侧的母线电压；u_{oa}、u_{ob}、u_{oc}为三相逆变器的输出电压；L_1为滤波电路中靠近逆变器的滤波电感；i_{1a}、i_{1b}、i_{1c}为流过该电感的电流；C 为滤波电容，u_{Ca}、u_{Cb}、u_{Cc}为各个滤波电容的相电压；L_2 为滤波电路中靠近公共电网侧的滤波电感，i_{2a}、i_{2b}、i_{2c}为流过该电感的电流。

由图 3-21 可知，可以得到在三相静止的 abc 坐标下，流过逆变器侧的滤波电感 L_1的电流动态方程为

$$\begin{cases} L_1 \dfrac{\mathrm{d}i_{1a}}{\mathrm{d}t}=u_{oa}-u_{Ca} \\ L_1 \dfrac{\mathrm{d}i_{1b}}{\mathrm{d}t}=u_{ob}-u_{Cb} \\ L_1 \dfrac{\mathrm{d}i_{1c}}{\mathrm{d}t}=u_{oc}-u_{Cc} \end{cases} \tag{3-9}$$

流过公共电网侧的滤波电感 L_2 的电流动态方程为

$$\begin{cases} L_2 \dfrac{\mathrm{d}i_{2a}}{\mathrm{d}t}=u_{Ca}-u_{a} \\ L_2 \dfrac{\mathrm{d}i_{2b}}{\mathrm{d}t}=u_{Cb}-u_{b} \\ L_2 \dfrac{\mathrm{d}i_{2c}}{\mathrm{d}t}=u_{Cc}-u_{c} \end{cases} \tag{3-10}$$

滤波电容 C 的端电压为

$$\begin{cases} C \dfrac{\mathrm{d}u_{Ca}}{\mathrm{d}t}=i_{1a}-i_{2a} \\ C \dfrac{\mathrm{d}u_{Cb}}{\mathrm{d}t}=i_{1b}-i_{2b} \\ C \dfrac{\mathrm{d}u_{Cc}}{\mathrm{d}t}=i_{1c}-i_{2c} \end{cases} \tag{3-11}$$

以上即为三相静止的 abc 坐标下 LCL 型三相电压源型逆变电路的数学模型。在该坐标系下，控制器的设计较复杂。为了简化模型并实现对有功和无功的解耦控制，可以使用 Clark 变换矩阵和 Park 变换矩阵，经 abc-$\alpha\beta$-dq 变换将三相 abc 坐标系中的量转换到两相旋转坐标系中，转换过程如图 3-21 所示。

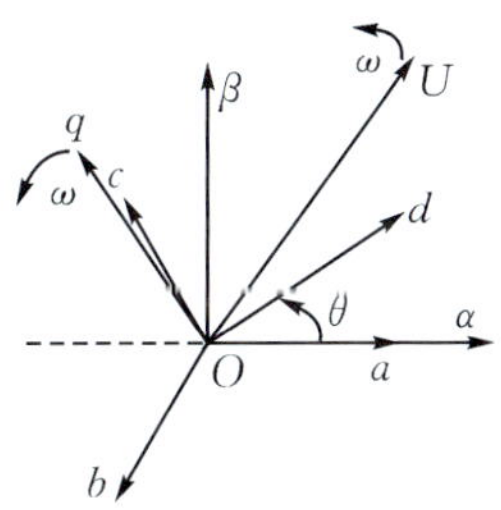

图 3-21 abc-$\alpha\beta$-dq 坐标转换示意图

其中 Clark 变换矩阵如下：

$$C_{abc/\alpha\beta}=\sqrt{\frac{2}{3}}\begin{bmatrix} 1 & -0.5 & -0.5 \\ 0 & -\dfrac{\sqrt{3}}{2} & \dfrac{\sqrt{3}}{2} \end{bmatrix} \tag{3-12}$$

通过 Clark 变换矩阵可以得到在 $\alpha\beta$ 坐标系下 LCL 型三相电压源型逆变电路的数学模型为

$$\begin{cases} L_1 \dfrac{\mathrm{d}i_{1\alpha}}{\mathrm{d}t}=u_{o\alpha}-u_{c\alpha} \\ L_1 \dfrac{\mathrm{d}i_{1\beta}}{\mathrm{d}t}=u_{o\beta}-u_{c\beta} \\ L_2 \dfrac{\mathrm{d}i_{2\alpha}}{\mathrm{d}t}=u_{c\alpha}-u_{\alpha} \\ L_2 \dfrac{\mathrm{d}i_{2\beta}}{\mathrm{d}t}=u_{c\beta}-u_{\beta} \\ C \dfrac{\mathrm{d}u_{c\alpha}}{\mathrm{d}t}=i_{1\alpha}-i_{2\alpha} \\ C \dfrac{\mathrm{d}u_{c\beta}}{\mathrm{d}t}=i_{1\beta}-i_{2\beta} \end{cases} \tag{3-13}$$

通过以下转换矩阵，可以实现从两相静止的 $\alpha\beta$ 坐标系到两相旋转的 dq 坐标系的转换。

$$C_{\alpha\beta/dq}=\begin{bmatrix} \cos(\omega t) & \sin(\omega t) \\ -\sin(\omega t) & \cos(\omega t) \end{bmatrix} \tag{3-14}$$

由此可推得 LCL 型三相电压源型逆变电路在 dq 坐标系下的数学模型为

$$\begin{cases} L_1 \dfrac{\mathrm{d}i_{1d}}{\mathrm{d}t}=u_{od}-u_{cd}+\omega L_1 i_{1q} \\ L_1 \dfrac{\mathrm{d}i_{1q}}{\mathrm{d}t}=u_{oq}-u_{cq}-\omega L_1 i_{1d} \\ L_2 \dfrac{\mathrm{d}i_{2d}}{\mathrm{d}t}=u_{cd}-u_{d}+\omega L_2 i_{2q} \\ L_2 \dfrac{\mathrm{d}i_{2q}}{\mathrm{d}t}=u_{cq}-u_{q}-\omega L_2 i_{2d} \\ C \dfrac{\mathrm{d}u_{cd}}{\mathrm{d}t}=i_{1d}-i_{2d}+\omega C u_{cq} \\ C \dfrac{\mathrm{d}u_{cq}}{\mathrm{d}t}=i_{1q}-i_{2q}-\omega C u_{cd} \end{cases} \tag{3-15}$$

在静止三相 abc 坐标系下并网点的瞬时功率表达式如下

$$\begin{cases} P=U_{abc}\times I_{abc} \\ Q=|U_{abc}\times I_{abc}| \end{cases} \tag{3-16}$$

式中，$U_{abc}=[u_a \quad u_b \quad u_c]$，$I_{abc}=[i_a \quad i_b \quad i_c]$，是并网点的电压、电流向量表达式。上式经过 Park 矩阵的变换，可得两相旋转的 dq 坐标系下光伏发电的并网点功率计算公式可以表达为

$$\begin{cases} P=u_d i_d+u_q i_q \\ Q=u_q i_d-u_d i_q \end{cases} \tag{3-17}$$

当利用锁相环(phase locked loop，PLL)对并网电压相位进行跟踪且 d 轴初始位置和并网电压一致时，并网电压 d 轴分量即为并网电压的幅值，并网电压 q 轴分量此时为零。以上的功率计算公式即可简化为

$$\begin{cases} P=\frac{3}{2}u_d i_d \\ Q=-\frac{3}{2}u_d i_q \end{cases} \tag{3-18}$$

式中，u_d、u_q、i_d、i_q 分别是并网点的 d、q 轴电压、电流分量。此时，通过控制 d、q 轴电流即可实现对有功功率、无功功率的控制，实现解耦。本节所述的逆变器控制采用传统的电流内环、电压外环的双闭环控制策略，逆变器的控制结构如图 3-22 所示。

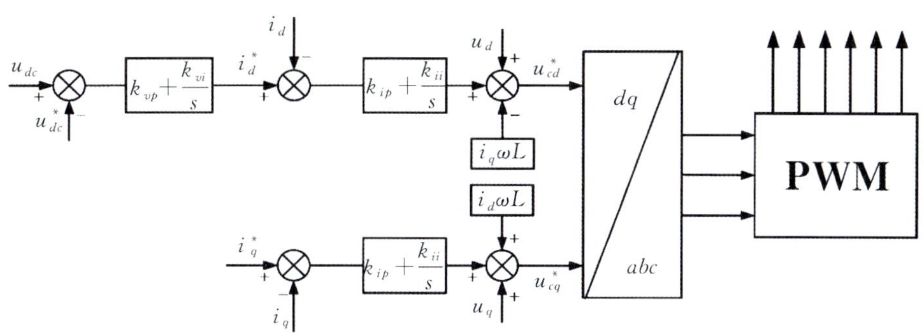

图 3-22 逆变器控制结构图

其中，电流内环控制环节方程为

$$\begin{cases} u_{cd}^*=\left(k_{ip}+\frac{k_{ii}}{s}\right)(i_d^*-i_d)+u_d-\omega L_2 i_q \\ u_{cq}^*=\left(k_{ip}+\frac{k_{ii}}{s}\right)(i_q^*-i_q)+u_q+\omega L_2 i_d \end{cases} \tag{3-19}$$

式中，u_{cd}^*、u_{cq}^* 为逆变器调制电压 d、q 轴分量；k_{ip}、k_{ii} 为电流内环控制环节 PI 调节器参数；i_d^*、i_q^* 是 d、q 轴电流的参考值。综合相关公式，可得电流控制表达式如下：

$$\begin{cases} i_d=\frac{k_{ip}s+k_{ii}}{Ls^2+k_{ip}s+k_{ii}}i_d^* \\ i_q=\frac{k_{ip}s+k_{ii}}{Ls^2+k_{ip}s+k_{ii}}i_q^* \end{cases} \tag{3-20}$$

电压外环控制环节方程为

$$i_d^*=\left(k_{vp}+\frac{k_{vi}}{s}\right)(u_{dc}-u_{dc}^*) \tag{3-21}$$

式中，k_{vp}、k_{vi} 为电压外环控制环节 PI 调节器参数；udc 为直流侧电容电压，其数学模型为

$$u_{dc}=\frac{1}{sC}(i_{pv}-i_{dc}) \tag{3-22}$$

其中，$i_{dc}=\frac{3u_d}{2u_{dc}}i_d$。

在双闭环控制系统中，为了保证 PV 的输出功率为 1，通常将 i_q^* 设置为 0，此时 $i_q=$

$i_q^*=0$，则 PV 系统的输出功率为

$$\begin{cases} P=\dfrac{3}{2}u_d i_d \\ i_q=0 \end{cases} \tag{3-23}$$

3.2.4　配电网模型

完整的配电网设备数量众多、结构复杂，难以使用详细模型对其进行分析，因此通常选择建立等值模型来描述其动态特性。经典负荷模型(classic load model，CLM)物理意义清晰、结构简单且描述准确，因此被广泛采用。然而，随着电力系统的发展以及 DG 接入容量的不断增加，配电网的结构发生转变，CLM 无法准确描述含高比例 DG 的配电网动态特性。因此，为了分析 DG 接入对配电网的影响并研究含 DG 配电网的运行状态，需要建立一个快速、准确的高比例 DG 的配电网动态等值模型。

3.2.4.1　负荷建模方法

合适的建模方法是负荷建模的基础，电力负荷建模的方法可归纳为以下三类：

1.统计综合法

统计综合法建立在详细的统计数据基础上，该方法需要调查区域内各用电设备的占有率并对负荷的性质进行划分，通过归并、加权计算得到负荷的数学模型。该方法物理意义清晰、便于理解，但是因为统计工作的工作量较大、要求较高，所以很难保证其时变性。随着新能源的蓬勃发展，电力系统中的新设备数量逐步增多、DG 比例逐渐增加，负荷的特性还需要进一步研究，统计综合法的应用范围也因此受到影响。

2.总体测辩法

总体测辩法是一种基于测量数据的负荷建模方法，该方法将配电网看作一个整体，通过测量装置采集现场数据，并选择合适的黑箱优化算法进行参数辨识，最终得到综合负荷模型。该方法只关注负荷端口的信息，相比统计综合法可省去了大量的统计工作。其实施困难在于需要安装大量测量装置，导致成本较高；另外，为了检验模型的有效性，需要采集大量的系统扰动数据，而系统在实际运行过程中产生的此类数据较少。考虑到在实际电网中 DG 接入容量暂时较小，此类研究一般通过仿真平台完成，所以不需要考虑电力系统在实际运行中的问题。随着计算机技术和参数辨识方法的发展，总体测辩法已成为负荷建模的重要研究方向。

3.故障仿真法

故障仿真法通过利用电力系统中发生的故障和事故数据来校正负荷模型的参数及结构。鉴于电力系统在运行过程中发生故障和事故的概率较小，通常通过人工扰动试验或在仿真平台上进行模拟，并通过校验使负荷模型和实际系统中的负荷更加接近。故障仿真法

对特定故障类型可以较好地模拟重现响应曲线，但用该方法获得的模型适用范围有限。

3.2.4.2 负荷分类模型

电力系统中的负荷由大量用电设备、变压器、输配电线路及接入的电源组成，负荷消耗的功率随电压频率的改变而改变。负荷模型旨在准确地描述负荷的这一特性。根据是否反映负荷的动态特性，负荷模型可分为静态模型和动态模型两大类。

1.静态负荷模型

静态负荷可以描述负荷流入的有功、无功功率随节点电压和频率变化的规律，主要用于描述系统的稳态运行特性及小扰动下的负荷特性。该模型主要应用于电力系统的潮流分析与静态稳定分析。其中，多项式模型和幂函数模型是两种常用的静态负荷模型。

多项式模型按照负荷功率随电压变化规律的不同，把负荷分为恒定阻抗、恒定电流和恒定功率三种。在实际的电力系统中存在各种不同类型的负荷，因此将上述三类负荷按比例组合即可描述综合负荷模型的功率特性。若考虑频率对负荷的影响，则需要在原先的多项式基础之上增加频率因子。多项式模型的数学表达式可表示为

$$\begin{cases}P=P_0\left[a_p\left(\dfrac{U}{U_0}\right)^2+b_p\left(\dfrac{U}{U_0}\right)+c_P\right](1+L_{DP}\Delta f)\\Q=Q_0\left[a_q\left(\dfrac{U}{U_0}\right)^2+b_q\left(\dfrac{U}{U_0}\right)+c_q\right](1+L_{DQ}\Delta f)\end{cases}\tag{3-24}$$

式中，a_p、b_p、c_p 和 a_q、b_q、c_q 分别为各类负荷所占百分比，是参数辨识的对象，且有 $a_p+b_p+c_p=1$，$a_q+b_q+c_q=1$；P_0、Q_0 是在电压值为基准电压 U_0 的情况下负荷所消耗的功率；LDP、LDQ 为频率影响因子。

幂函数模型可以用以下公式表达

$$\begin{cases}P=P_0\left(\dfrac{U}{U_0}\right)^{P_v}\left(\dfrac{f}{f_0}\right)^{P_f}\\Q=Q_0\left(\dfrac{U}{U_0}\right)^{Q_v}\left(\dfrac{f}{f_0}\right)^{Q_f}\end{cases}\tag{3-25}$$

式中，P_v、Q_v 是电压特性系数；P_f、Q_f 是频率特性系数。这些系数共同反映出幂函数模型的静态特性，并是参数辨识的对象。

2.动态负荷模型

当电力系统发生较大扰动时，静态负荷模型难以准确描述系统的运行特性，此时可以使用动态负荷模型来表征负荷吸收的功率随电压、频率变化的动态特性。动态负荷模型可分为机理动态负荷模型和非机理动态负荷模型两大类。

1)机理动态负荷模型

在电力系统中，感应电动机、空调、荧光灯等具体的电器模型都属于机理动态负荷模型。其中，电力系统中含有大量的感应电动机，其消耗功率占总负荷的 60%～90%，对电力系统的暂、稳态运行有重大影响。因此，通常用感应电动机来描述动态负荷，并通过和静

态负荷并联的方式描述综合负荷。

当系统中的负荷类型单一时，机理动态模型可以较准确地表征出系统的输入-输出特性，且该模型具有清晰的物理意义，便于理解。然而，随着电力系统的发展，电力负荷越来越复杂；同时，大量的DG从负荷侧接入电网，这都使得传统的机理动态负荷模型难以准确表征配电网的负荷特性。因此，研究人员开始探索更加优化的动态负荷模型，非机理动态负荷模型就是其中具有代表性的一种。

2)非机理动态负荷模型

非机理模型不关注模型的物理意义，只关注模型对系统输入输出的描述。该方法通过把负荷部分看作一个整体系统，其中输入量为电压和频率，输出量为负荷所吸收的功率。如图3-23所示。

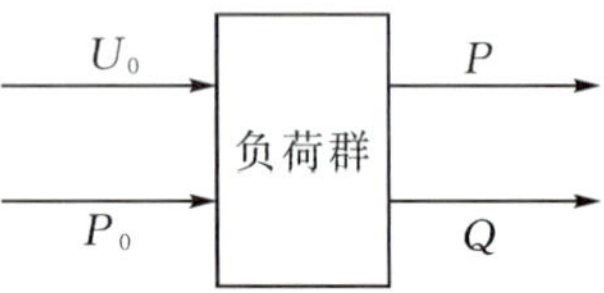

图3-23 非机理模型示意图

此时可将这个负荷群整体视作一个“黑箱”或“灰箱”模型。例如，对配电网进行等值建模时，可将配电网并网点以下连接的负荷群看作“黑箱”，通过数据采集、模型结构选择及系统辨识，即可明确得到该模型。非机理模型相较于机理模型具有更强的通用性，可以描述更复杂的负荷群，但因其没有明确的物理意义，不利于被工程人员理解。常用的非机理模型包括状态方程模型、差分方程模型、微分方程模型和综合负荷模型等。

3.2.4.3 经典综合负荷模型

传统配电网中含有大量感应电动机，因此CLM采用感应电动机模型来描述电力系统中的动态负荷。同时，配电网中还存在一些感应电动机无法准确描述的用电设备，CLM采用并联恒阻抗-恒电流-恒功率(ZIP)模型的方式来进行拟合。CLM是一种应用广泛的传统综合负荷模型，具有结构简单、描述能力强及物理意义明确等优势。CLM的结构如图3-24所示。

由图3-24可知，在并网点处，CLM的输入功率为感应电动机模型与ZIP模型的负荷功率之和，此处ZIP模型是用于描述静态负荷的多项式模型。

在电力系统仿真计算中，针对不同精度要求和使用场景，研究人员开发了多种感应电动机动态等值模型。经综合考虑计算难度与精度要求，本节选用三阶机电暂态模型来描述感应电动机。其等值电路如图3-25所示。

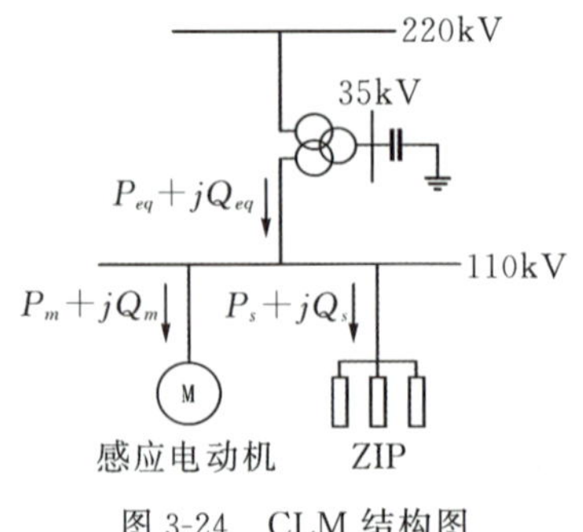

图3-24 CLM结构图

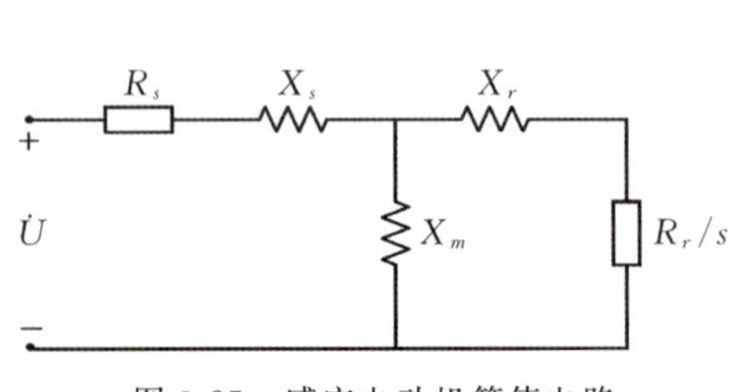

图3-25 感应电动机等值电路

图 3-25 中，R_s 和 X_s 分别表示定子的电阻和漏抗；R_r 和 X_r 分别表示转子的电阻和漏抗；X_m 表示励磁电抗；s 为转差率。基于上述参数，感应电动机三阶模型可用以下动态微分方程组表示：

$$\begin{cases} \dot{U}=\dot{E}'+(R_S+JX')\dot{I} \\ \dfrac{\mathrm{d}\dot{E}'}{\mathrm{d}t}=-js\dot{E}'-\dfrac{\dot{E}'-j(X-X')\dot{I}}{T'_0} \\ \dfrac{\mathrm{d}s}{\mathrm{d}t}=\dfrac{1}{2H}(T_m-T_e) \end{cases} \tag{3-26}$$

$$\begin{cases} \dfrac{\mathrm{d}E'_d}{\mathrm{d}t}=-\dfrac{1}{T'_0}[E'_d+(X-X')i_q]+sE'_q \\ \dfrac{\mathrm{d}E'_q}{\mathrm{d}t}=-\dfrac{1}{T'_0}[E'_q-(X-X')i_d]-sE'_d \\ \dfrac{\mathrm{d}s}{\mathrm{d}t}=\dfrac{1}{2H}[T_L(A(1-s)^2+B(1-s)+C)-(E'_di_d+E'_qi_q)] \end{cases} \tag{3-27}$$

其定子电流方程为

$$\begin{cases} i_d=\dfrac{R_s(U_d-E'_d)+X'(U_q-E'_q)}{R_s^2+X'^2} \\ i_q=\dfrac{R_s(U_q-E'_q)-X'(U_d-E'_d)}{R_s^2+X'^2} \end{cases} \tag{3-28}$$

此感应电动机输出的功率为

$$\begin{cases} P_m=U_di_d+U_qi_q \\ Q_m=U_qi_d-U_di_q \end{cases} \tag{3-29}$$

其中，

$$\begin{cases} T'_0=\dfrac{X_r+X_m}{R_r} \\ X=X_s+X_m \\ X'=X_s+\dfrac{X_mX_r}{X_m+X_r} \\ A+B+C=1 \end{cases} \tag{3-30}$$

式中，E'_d、E'_q 是 d、q 轴暂态电势；i_d、i_q 是 d、q 轴定子电流；T'_0 是定子开路暂态时间常数；X 是异步电机定子自电抗；X' 是暂态电抗；H 是电机惯性时间常数；s 是感应电动机滑差；U_d、U_q 是 d、q 轴母线电压；T_L 是负荷系数。

因此，CLM 的等值电路如图 3-26 所示。

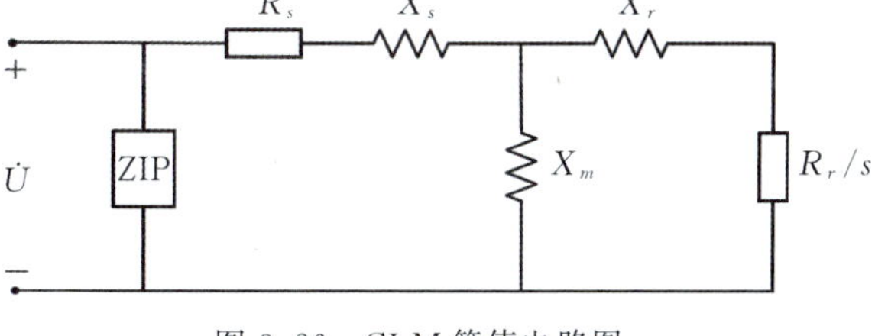

图 3-26 CLM 等值电路图

CLM 模拟配电网包含的负荷，当面对结构简单的传统配电网时可以实现较高精度的描述。然而，随着电力系统的不断发展、DG 比例不断升高以及配电网的结构更加复杂，CLM 无法对含高比例 DG 的配电网进行准确拟合。因此，亟需建立一种能够反映 DG 动态特性、考虑配电网影响、结构简单、便于计算的配电网动态等值模型。

3.2.4.4　高压配电网等值模型

在现有配电网负荷模型仿真研究中，通常把 CLM 直接连接至 220kV 或 110kV 高压母线上，但在真实电网中，负荷一般通过 10kV 的中低压母线与电网相连，因此从结构上来说，CLM 忽略了高压配电网的影响。当配电网较简单时，CLM 可以将配电网的等值阻抗加在感应电动机的等值阻抗上进行拟合；但当电网规模扩大后，CLM 无法满足工程计算精度，必须考虑配电网对模型的影响。在负荷模型研究中，通常在 CLM 中添加等值阻抗 ZD 来描述配电网络影响。该方法提高了 CLM 的描述能力，使模型结构更加符合配电网的实际情况。但仅采用阻抗无法完全描述配电网的影响，高压配电网包含的大量调压设备带来的影响并未体现。

高压配电网中包含大量线路、调压设备，因此电能在高压配电网的传输过程中不仅会存在功率损耗，还会出现电压降落。配电网中的调压设备能够在高压线路电压偏离时确保低压线路维持额定电压运行。若不考虑调压设备的影响，则可能造成当公共连接点(point of common coupling，PCC)电压不同时获得同样的辨识结果。当系统发生故障时，可能出现不同的 PCC 点电压在不同的扰动电压下得到相同的负荷电压，这将造成负荷模型参数辨识的错误。因此，为了反映配电网的电压特性，设计一种用等值阻抗串联等值变压器的高压配电网等值模型，记为 RT 模型。其结构如图 3-27 所示。

在潮流分析中，通常采用 Π 型电路描述变压器，因此可得 RT 模型的电路如图 3-28 所示。

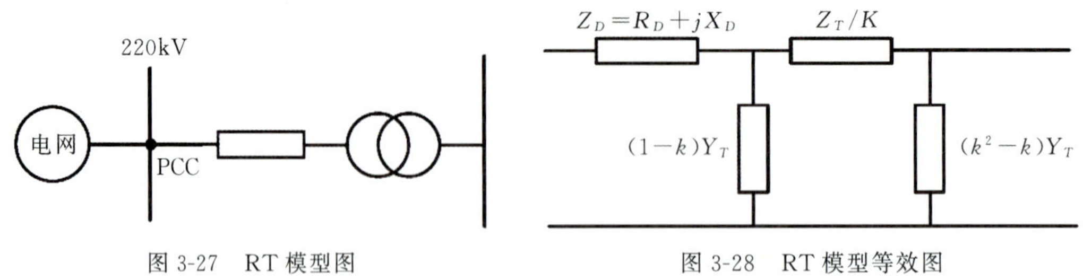

图 3-27　RT 模型图　　图 3-28　RT 模型等效图

根据潮流计算方法，等值阻抗消耗的功率可以使用如下的方程表达

$$\begin{cases}\Delta P_D=\dfrac{R_D(P^2+Q^2)}{U^2}\\[2ex]\Delta Q_D=\dfrac{X_D(P^2+Q^2)}{U^2}\end{cases}\tag{3-31}$$

等值阻抗的电压降落可以使用如下的方程表达

$$\Delta U_D=\sqrt{\left(\frac{PR_D+QX_D}{U}\right)^2+\left(\frac{PX_D-QR_D}{U}\right)^2} \tag{3-32}$$

将 Z_T 折算至一次侧，则等值变压器消耗的功率分为 3 部分，分别是始端导纳消耗功率

$$\Delta S_1=U_1^2\left[(1-k)\frac{1}{Z_T}\right] \tag{3-33}$$

阻抗消耗功率

$$\Delta S_{Z_T}=\frac{\frac{Z_T}{k}(P_1^2+Q_1^2)}{U_1^2} \tag{3-34}$$

末端导纳消耗功率

$$\Delta S_2=U_2^2\left[k(k-1)\frac{1}{Z_T}\right] \tag{3-35}$$

变压器电压降落为

$$U_L=\sqrt{\left(\frac{\frac{1}{k}(P_1R_T+Q_1X_T)}{U_D}\right)^2+\left(\frac{\frac{1}{k}(P_1X_T-Q_1R_T)}{U_D}\right)^2} \tag{3-36}$$

该高压配电网影响的等值模型将包含线路等值电阻 R_D、电抗 X_D，变压器等值电阻 R_T、电抗 X_T 及变比 k 共 5 个参数。其中，理想变压器的阻抗 Z_T 近似为 0，但这在工程上无法实现，因此将采用一个极小的固定值描述 Z_T；模型中的变比 k 反映的是高压母线和负荷电压的实际关系，此时的 k 在参数辨识的初始化阶段即可确定，不作为待辨识参数参与模型辨识。因此，本模型在结构上考虑了高压配电网的功率损耗及调压设备，使模型更加符合配电网的物理特性，但对配电网整体模型来说只增加了线路等值电阻 R_D 和电抗 X_D 两个待辨识参数，在提升模型性能的同时并未明显增加模型的辨识难。

3.2.4.5 RT-MSD-SLM 等值模型结构

RT-MSD-SLM 等值模型结构如图 3-29 所示。该模型的等值模型通过 PCC 点与电网相连。该模型将 CLM 和 MSD-PV 模型并联，使其能够描述 PV 系统的动态特性，并通过添加 RT 模型体现高压配电网络的影响。其中，P_{eq}、Q_{eq} 表示电网供给的有功功率、无功功率；P_{CLM}、Q_{CLM} 表示 CLM 模型部分消耗的有功功率、无功功率，其中又分为感应电动机消耗的有功功率 P_M、无功功率 Q_M 和静态模型消耗的有功功率 P_S、无功功率 Q_S；P_{PV}、Q_{PV} 表示 MSD-PV 模型输出的有功功率、无功功率。等值模型中的感应电动机、静态模型采用三阶感应电动机模型和 ZIP 模型描述；高压配电网模型用 RT 模型表达；PV 系统用 MSD-PV 模型描述。

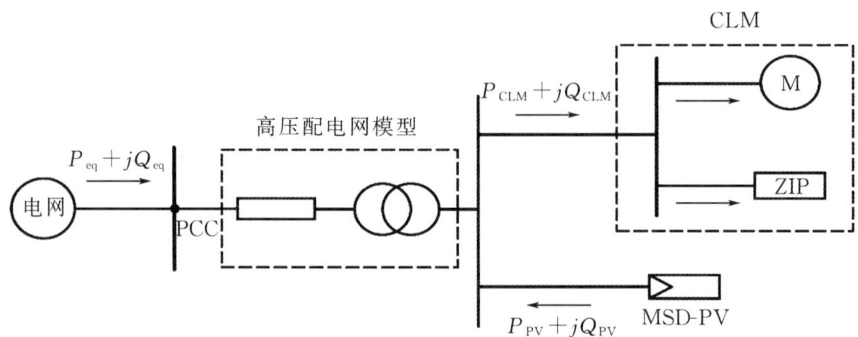

图 3-29　RT-MSD-SLM 等值模型结构

RT-MSD-SLM 模型的功率平衡方程为

$$\begin{cases} P_{eq}=P_{CLM}+P_{RT}-P_{PV} \\ Q_{eq}=Q_{CLM}+Q_{RT}-Q_{PV} \end{cases} \tag{3-37}$$

RT-MSD-SLM 在结构上考虑了 PV 系统的大量接入以及高压配电网对系统的影响，更加符合 DG 容量不断增多、结构日趋复杂化的配电网现状。同时相比传统 CLM 模型，RT-MSD-SLM 模型只增加了 5 个待辨识参数，不会对参数辨识过程造成影响。

3.2.4.6　光伏并网发电系统 Simulink

为了建立准确描述 PV 系统特性的简化等效模型，需要对 PV 的动态特性进行分析。基于前文所述，本书在 MATLAB\Simulink 仿真平台中构建了如图 3-30 所示的光伏并网系统仿真模型。

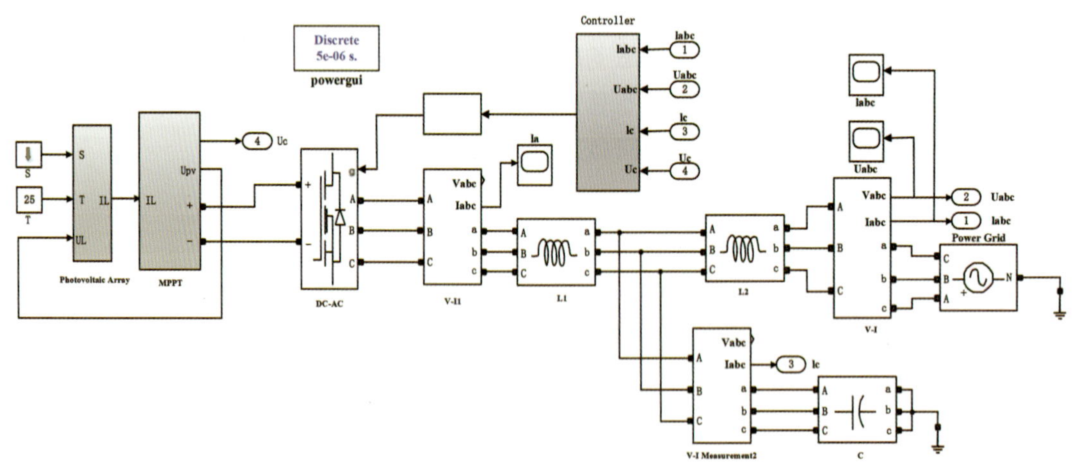

图 3-30　光伏并网发电系统 Simulink 仿真

图 3-31 所示为不同环境条件下光伏输出效果图，其中图 3-31(a)呈现了在光照强度不变的条件下改变温度时 PV 系统输出功率的变化情况。设定光照强度为 1000W/m^2，并将

温度依次调整为 45℃、35℃、25℃、15℃。由图 3-31 可知，PV 系统的并网有功功率随温度增高而降低。图 3-31(b)呈现了在温度不变的条件下改变光照强度时 PV 系统输出功率的变化情况。设定系统温度为 25℃，并将光照强度依次调整为 1000W/m^2、1300W/m^2、1600W/m^2。由图 3-31 可知，PV 系统的并网有功功率随光强增大而增大。当外界条件不变时，PV 系统的输出的有功功率保持恒定，无功功率为零，因此在负荷建模过程中，稳态运行的 PV 系统可看作静态负荷。

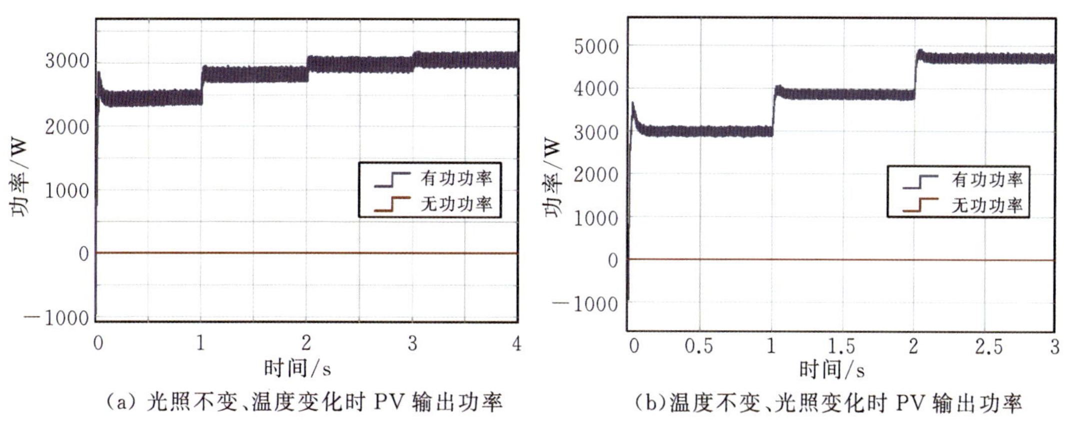

(a) 光照不变、温度变化时 PV 输出功率　(b)温度不变、光照变化时 PV 输出功率

图 3-31　不同环境条件下光伏输出效果图

通过不同工况和运行模式的仿真分析与计算，该模型可以评估光伏发电系统的整体运行状态、功率输出预测、控制策略设计、电气故障定位以及电气保护设计，最终优化光伏发电系统的性能、稳定性与可靠性。

3.3 分布式光伏系统的广义负荷建模和模型参数辨识

分布式光伏系统的广义负荷建模与模型参数辨识方法，旨在对系统中各种负载的电气、光伏性质及其变化规律进行建模与仿真，通过参数辨识实现对系统负载的精确建模与仿真分析。

广义负荷指在新型电力系统配电网中由传统用电负荷和中小容量电源共同组成的负荷形式，其通常同时具备电源特性与用电特性。在新型电力系统中，分布式光伏发电系统在用户侧的安装率越来越高，电力系统动态响应分析严重依赖建模仿真，因此迫切需要建立含分布式光伏发电系统的广义负荷模型。然而，传统的负荷建模方法对含分布式光伏发电系统的用户侧负荷动态拟合效果并不理想，将考虑 MPPT 和 DC/AC 变换控制后的 PV 系统等效为恒功率源，但研究发现该模型泛化能力差，不适合高占比光伏发电系统，特别是对暂态过程的拟合能力不足。

3.3.1 广义负荷建模

在含光伏(PV)发电系统的配电网综合负荷建模中，PV 发电系统作为一种广义负荷，其动态特性应反映在广义综合负荷模型中。因此，面向负荷的 PV 发电系统的动态模型需要同时满足负荷模型的一般要求，并能准确描述 PV 发电系统在并网处的动态特性。

PV 发电系统输出功率的静态部分采用恒功率源描述，动态部分采用过阻尼状态下的 RLC 电路描述，将两部分并联后得到 PV 发电系统的动态等值模型，称为 P-RLC 模型，如图 3-32 所示。

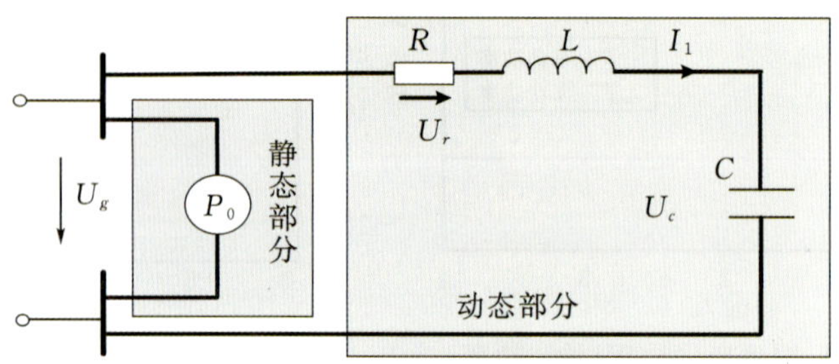

图 3-32 PV 发电系统动态模型结构(P-RLC)

根据图 3-32 所示的模型结构可知，P-RLC 为二阶模型。若以电容电压和电感电流作为状态变量，并遵循前文对动态功率方向的约定，则模型的数学描述为

$$\begin{cases}\dfrac{\mathrm{d}U_c}{\mathrm{d}t}=\dfrac{1}{C}I_1\\[2ex]\dfrac{\mathrm{d}I_1}{\mathrm{d}t}=-\dfrac{R}{L}I_1-\dfrac{1}{L}U_c+\dfrac{1}{L}U_g\end{cases}\tag{3-38}$$

$$P_{\mathrm{mx}}=P_0+I_1|U_r|=P_0+I_1|I_1|R\tag{3-39}$$

式中，P_{mx}为 PV 发电系统输出的功率。

3.3.2 模型参数识别方法

对于 P-RLC 模型，输入激励为电网电压 U_g，输出为 PV 发电系统功率 P_{mx}，模型共有 4 个参数：P_0、R、L、C。其中，P_0 在初始化时即能够被确定，因而为非独立变量。因此，P-RLC 模型有 3 个独立变量：R、L、C。

模型参数辨识步骤：

(1)模型初始化。求出等效动态模型中非独立变量值和状态变量初始值。

(2)通过下式采用四阶 Runge-Kutta 求解状态变量 $U_c(i)$和 $I_l(i)$：

$$\begin{cases}\dfrac{\mathrm{d}U_c(i)}{\mathrm{d}t}=\dfrac{1}{C}I_1(i)\\ \dfrac{\mathrm{d}I_1(i)}{\mathrm{d}t}=-\dfrac{R}{L}I_1(i)-\dfrac{1}{L}U_c(i)+\dfrac{1}{L}U_g(i)\end{cases} \tag{3-40}$$

式中，i 表示第 i 个采样点(下同)，$2\leqslant i\leqslant N$，N 为样本总的采用点数。

(3)求出模型响应功率

$$P_{mx}(i)=P_0+I_1(i)\left|U_r(i)\right|=P_0+I_1(i)\left|I_1(i)\right|R \tag{3-41}$$

(4)计算准则函数，用来评价模型功率响应 P_{mx} 与仿真功率 P 的差值。差值越小，表明模型越精确。

$$E=\frac{1}{N}\sum_{i=1}^{N}\sqrt{[P(i)-P_{mx}(i)]^2} \tag{3-42}$$

式中，E 为误差；N 为样本数据长度。

为了快速搜寻最优参数，本节采用遗传算法对模型参数进行辨识，其流程如图 3-33 所示，当满足设定的循环终止条件时获得输出参数。

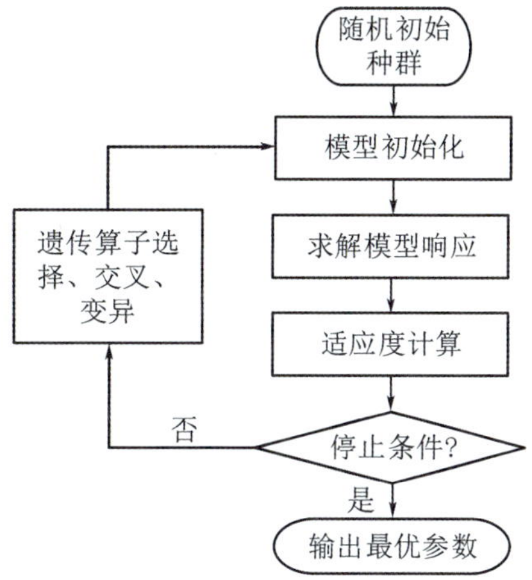

图 3-33 模型参数辨识流程

3.4 配电网内其他主要元件的模型等效方法及动态特性

3.4.1 柔性变压器模型等效方法和动态特性

图 3-34 所示为柔性变压器模型。该变压器串接在电网中，可实现对变压器出口电压的双向调节及实时跟踪响应，并具有输出精度高的特点，能够灵活根据配电网实际需求对

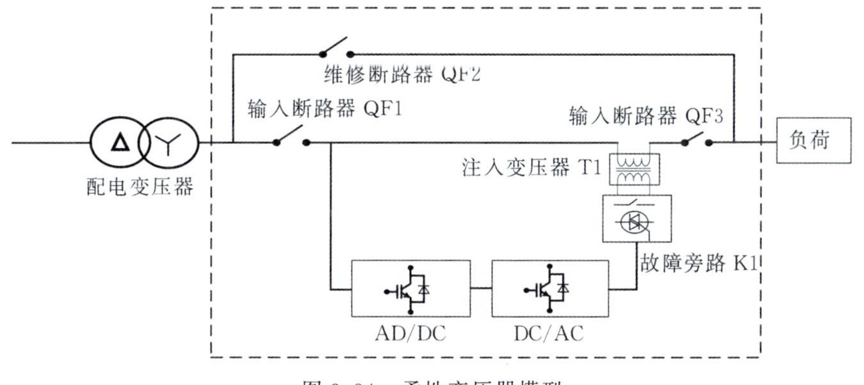

图 3-34 柔性变压器模型

输出电压进行调节。

DC/AC 模块的逆变输出电压通过注入变压器耦合至系统中，可实现对电网的高、低电压进行补偿、三相电压不平衡补偿以及对电压谐波进行抑制，从而保证配电变压器出口电压的稳定性。

AC/DC 模块用于实现对 DC/AC 模块的能量支撑，并对系统无功功率进行有效补偿。该模块采用电力电子技术，灵活串接在配电变压器出口；通过电力电子的双向调控能力和精准调控能力，可实现对变压器出口电压的双向调节及实时跟踪响应，具有输出精度高的特点，能够灵活根据实际配电网需求对输出电压进行调节。

3.4.2　四象限阻抗器模型等效方法和动态特性

四象限阻抗器是一个独立的组件，根据具体应用场合，可将其与负载串联或者并联。四象限阻抗器 l_d 与阻感负载 r_d 串联时的单相电路示意图，如图 3-35 所示。

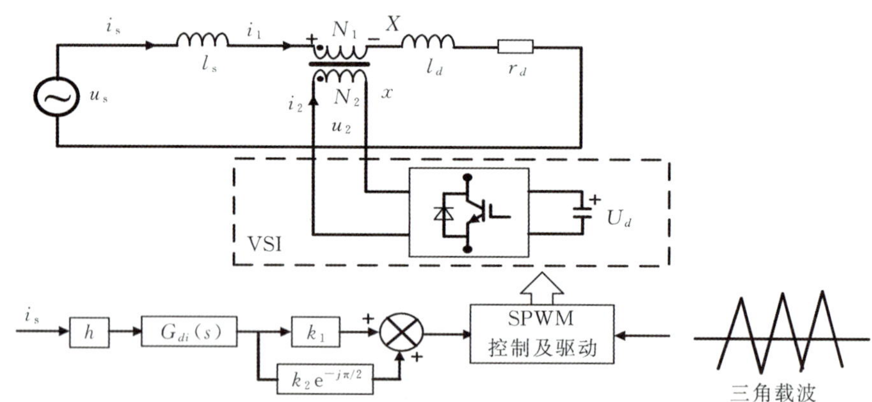

图 3-35　四象限阻抗器 l_d 与阻感负载 r_d 串联时的单相电路示意图

可变阻抗有许多应用，当与电源并联时，它可以用作电能质量控制器，如图 3-36 所示。

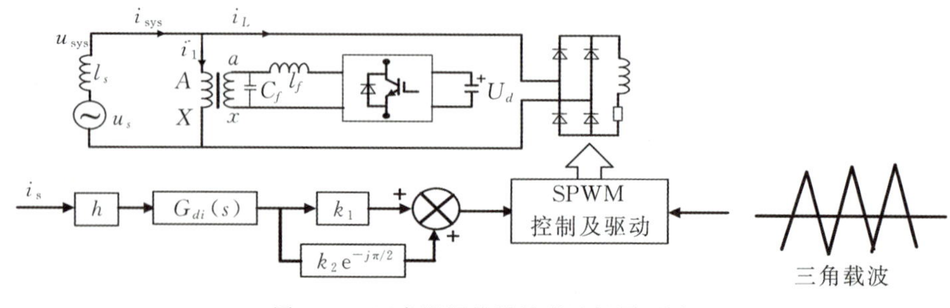

图 3-36　四象限阻抗器并联运行原理图

其变压器对基波的等效电路和谐波等效电路如图 3-37 所示：

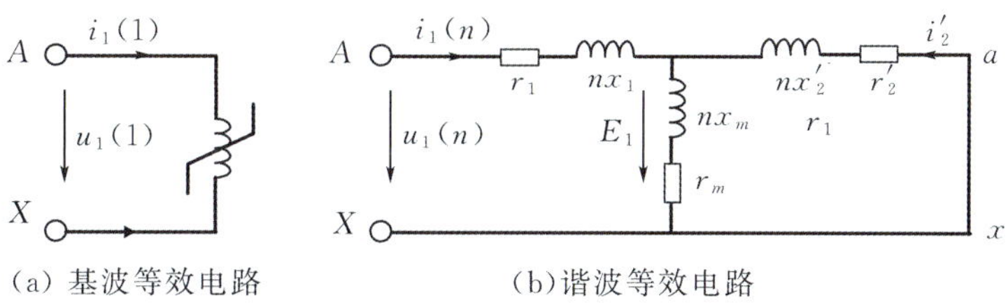

图 3-37　基波等效电路和谐波等效电路

检测变压器初级绕组的电压基波分量，并生成两路相互正交的参考信号。采用正弦脉宽调制(SPWM)控制压源型逆变器(VSI)，产生基波频率的可控电压，该电压经 LC 滤波器滤波后施加于变压器次级绕组两端。此时，变压器初级绕组基波等效阻抗为可变阻抗，其阻抗值由两个控制量调节。

3.4.3　潮流控制器模型等效方法和动态特性

统一潮流控制器(unified power flow controller，UPFC)的系统构成主要包括主电路(串联单元、并联单元)和控制单元两部分，如图 3-38 所示。其中，串联单元可以对 u_0 处电压进行补偿，使系统线路中敏感负荷端的电压满足要求；并联补偿单元可以对系统线路处的电流进行补偿；控制单元通过采用适当的控制策略，对串联和并联单元的可控功率器件进行通断控制。在实际应用中，可根据具体情况来确定统一潮流控制器主回路拓扑结构和控制策略，合理分配各整流桥的容量，以降低整体造价，并使统一潮流控制器的功能得到充分发挥。

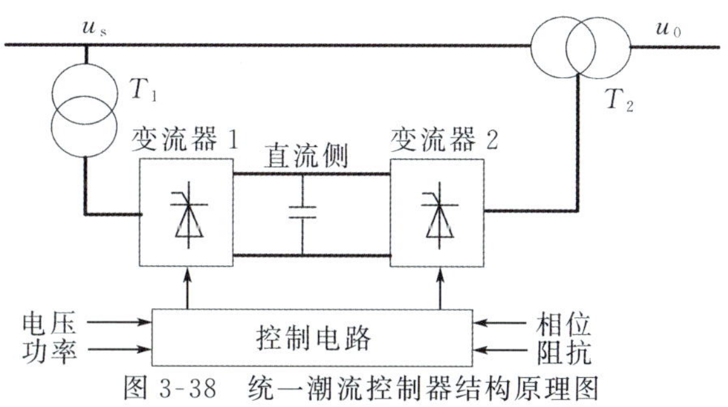

图 3-38　统一潮流控制器结构原理图

统一潮流控制器的串联变流器和并联变流器可等效为两个可控电压源。统一潮流控制器的电压源等值电路如图 3-39 所示，m 为新增母线，$\dot{V}_{se}$和 $\dot{V}_{sh}$分别为串联电压源和并联电压源，$\dot{I}_{se}$和 $\dot{I}_{sh}$分别为串联支路电流和并联支路电流，$R_{se}+jX_{se}$和 $R_{sh}+jX_{sh}$分别为统一潮流控制器串联变压器和并联变压器的等值阻抗。

统一潮流控制器的电流源等效电路如图3-40所示：

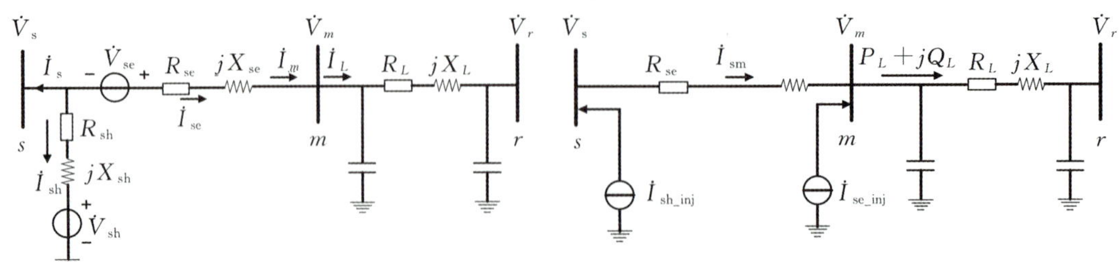

图3-39　统一潮流控制器的电压源等值电路图　　图3-40　统一潮流控制器的电流源等效电路图

统一潮流控制器接入系统后的等值示意图如图3-41所示。

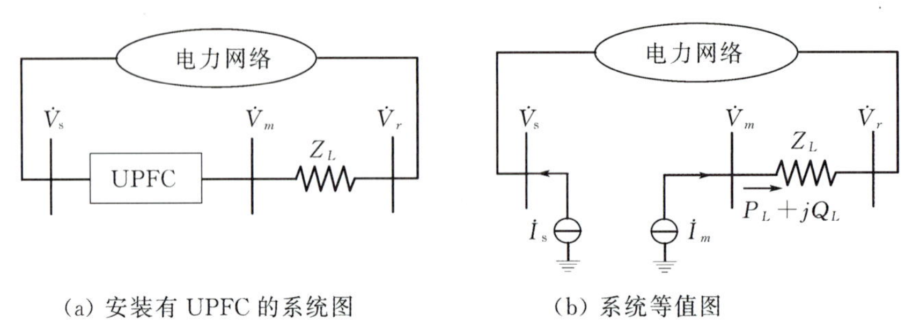

(a) 安装有UPFC的系统图　　(b) 系统等值图

图3-41　统一潮流控制器接入系统后的等值示意图

统一潮流控制器具有维持系统交流母线电压恒定及快速调节线路潮流的动态特性。通过改变统一潮流控制器的并、串联侧的注入电流，系统的潮流分布和母线电压水平就会随之变化。通过合理设计，即可实现统一潮流控制器对潮流和节点电压的有目的的控制。

第4章
集群化虚拟同步技术

4.1 分布式光伏集群化虚拟同步建模技术

4.1.1 储能型分布式光伏集群化虚拟同步建模技术

光储型虚拟同步发电机是虚拟同步发电机(VSG)技术在光伏系统中的一个典型应用。为了使光伏系统能够有效地参与电力系统的频率调节，光伏系统必须具备一定的有功功率控制能力。与风力发电机组不同，光伏组件属于静止的设备，自身并不具备旋转备用部件。此外，光伏系统在最大功率点跟踪(MPPT)的作用下，虽然确保了光伏能源的最大化利用，但这也导致了其有功输出的可控性较差。因此，为了实现光伏系统的有功功率控制，有必要引入外部的储能系统。

本节首先简要分析了传统的双极式光伏并网发电结构，随后详细探讨了两种不同类型的光储型虚拟同步发电机的实现方案。通过对这两种方法的优缺点进行总结，本节提出了一种在弃光限电场景下的储能系统功率优化控制策略。该策略旨在减少储能系统的频繁启动次数，从而延长储能系统的循环使用寿命，确保其在电力系统中的高效和稳定运行。

4.1.1.1 光伏并网发电的结构

图4-1展示了一种光伏发电领域广泛应用的双极式光伏发电并网结构。该结构从光伏源侧到电网侧依次包括稳压电容、DC/DC变流器、DC/AC逆变器以及滤波电路。其中，DC/DC变流器的主要功能是实现光伏最大功率点跟踪(MPPT)，并将光伏输出的电压升高，以便将能量传递到后级的DC/AC逆变器。DC/AC逆变器则负责将直流电能转换为交流电能，并确保输出的电能符合一定的电能质量标准。经过滤波电路的处理后，电能最终并入电网。接下来，我们将重点介绍DC/DC变流器和DC/AC逆变器的控制方法。

1.DC/DC变流器

DC/DC变流器通常由Boost升压电路组成。由于光伏系统输出电压较低，而并网逆变

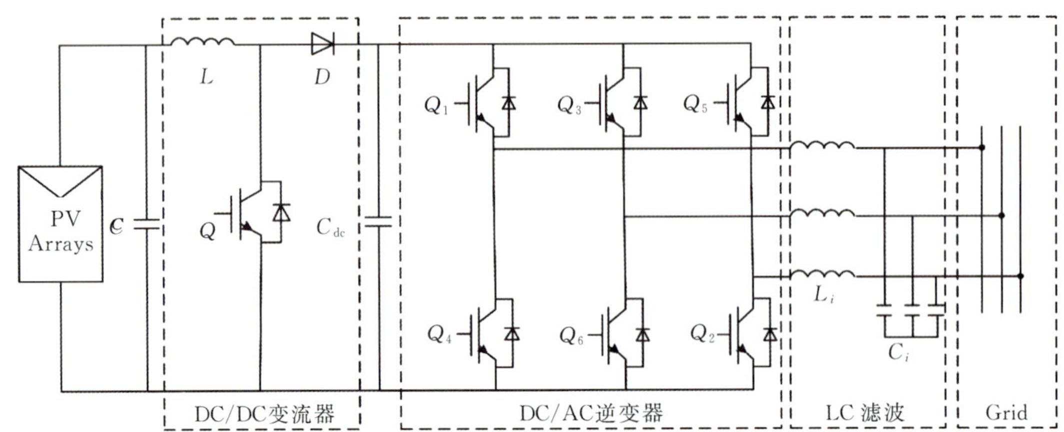

图 4-1 双极式光伏发电并网结构

器的启动电压(通常为 500V)远高于光伏输出电压，因此需要 Boost 升压电路将光伏输出电压升压到一个高的等级，这不仅提高逆变器的运行时长还可增加系统效率。Boost 电路的输出电压由逆变器控制回路中的直流母线电压环控制。

此外,光伏组件的输出功率受环境温度和光照强度的影响。在特定的温度和光照强度条件下，存在一个最佳工作点使得光伏输出功率达到最大，该点称为最大功率点(maximum power point，MPP)。MPPT 保证了在整个运行过程中，光伏组件始终工作于 MPP。常用的 MPPT 方法有扰动观察法、电导增量法和定电压法，鉴于篇幅限制，本节不再对 MPPT 方法进行详细的赘述。需要说明的是，Boost 升压电路的输入电压即为光伏组件或光伏阵列的输出电压。

2.DC/AC 逆变器

DC/AC 逆变器主要完成直流母线电压的控制和电能的转换。下面以逆变器的数学模型说明逆变器的工作过程。以电网电流整流方向为正方向，在三相静止坐标系下的逆变器电压方程为

$$u_{abc}-u_{\mathrm{grid}}=-Ri_{abc}-L\frac{\mathrm{d}i}{\mathrm{d}t} \tag{4-1}$$

式中，u_{abc}、u_{grid}和 i_{abc} 分别为逆变器输出电压、电网电压和电网电流；R 和 L 分别为逆变器等效电阻和滤波电感。

将式(4-1)转换至两相同步旋转 dq 坐标系，并使电网电压矢量与 d 轴重合(d 轴落后于 q 轴 90°)，电网的角速度可以通过锁相环(PLL)检测。由此可得，逆变器电压方程在 dq 坐标系下的数学模型为

$$\begin{cases}u_d-u_{gd}=-Ri_d-L\dfrac{\mathrm{d}i_d}{\mathrm{d}t}+\omega Li_q\\ u_q-u_{gq}=-Ri_q-L\dfrac{\mathrm{d}i_q}{\mathrm{d}t}+\omega Li_d\end{cases} \tag{4-2}$$

式中，u_d 和 u_{gd} 分别为逆变器电压和电网电压的 d 轴分量；u_q 和 u_{gq} 分别为逆变器电压和电

网电压的 q 轴分量；i_d 和 i_q 分别为电网电流的 d 轴和 q 轴分量。由于电网电压矢量与 d 轴重合，因此电网电压的 q 轴分量为 0，即 $u_{gq}=0$。

逆变器输出有功功率 P 和无功功率 Q 可由瞬时功率理论计算得到，即：

$$\begin{cases}P=1.5u_{gd}i_d\\Q=1.5u_{gd}i_q\end{cases}\tag{4-3}$$

式(4-3)表明，通过分别控制电网电流的 d 轴与 q 轴分量，即可实现并网逆变器有功与无功的解耦控制。

逆变器的控制原理图 4-2 所示，采用电压电流双闭环控制：外环实现直流侧电压控制，通过控制 Boost 电路输出电压来保持直流母线电压稳定，将该控制环输出做为 d 轴电流的参考值 i_d^*；同时通过外环无功控制得到 q 轴电流的参考值 i_q^*，电流内环采用 dq 坐标系下的解耦控制，通过调制得到逆变器桥臂开关管的开关控制信号。

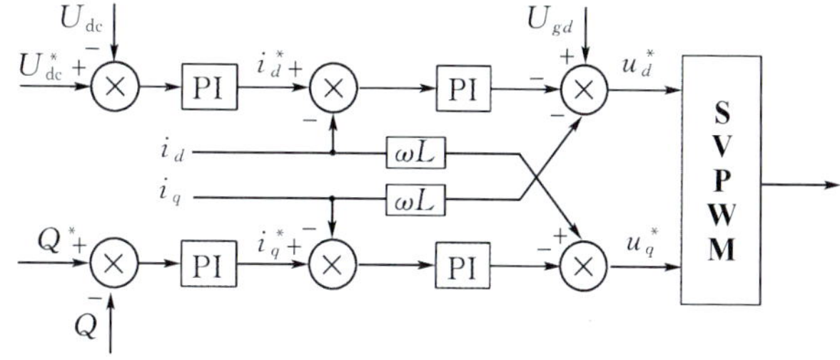

图 4-2 并网逆变器控制框图

综上所述，在双极式光伏并网系统中，DC/DC 变流器主要完成光伏输出有功的控制(MPPT)和升高光伏输出电压的任务，而 DC/AC 逆变器完成电能的转换、直流母线电压的控制及无功的控制。由于两者在控制方面不存在耦合关系，因此可独立控制。明确两者各自的功能划分，为后续光伏虚拟同步发电机的实现奠定了基础。

4.1.1.2 储能型光伏虚拟同步发电机原理

在不外加储能系统的情况下，在 MPPT 作用下光伏系统输出给定有功功率为光伏输出最大功率值(即 $P_{\text{ref}}=P_{\text{mpp}}$)，且光伏输出功率不可调控。根据功率平衡关系：

$$P_m=P_e=P_{\text{mpp}}\tag{4-4}$$

由式(4-4)可知，在储能系统的情况下，光伏系统不具备有功调节能力，不能为电网提供惯量和一次调频支撑作用。因此，要实现 VSG 技术在光伏并网系统中的应用，首要解决有功问题。在光伏系统中加入储能系统是最简单的途径，由储能系统做为有功备用源。

下面将以两种储能型光伏虚拟同步发电机做详细分析，在分析储能型光伏虚拟同步发电机之前，先对储能系统做几点假设：

(1)不考虑储能系统的间歇性和容量限制；

(2)不计储能系统的转换效率和循环寿命；

(3)不考虑储能系统充放电过程中的复杂特性。

1.交流侧配备储能系统的 PV-VSG 结构

交流侧配备储能系统(Energy Storage Systems，ESSs)的 PV-VSG 结构如图 4-3 所示。在该结构中，储能系统通过逆变器与光伏逆变器输出端口相连，从而起到了补充的作用。

由于光伏系统和储能系统组成的光储系统，其外特性上能体现出同步发电机的惯性和一次调频特性。光储系统的总有功输出为光伏系统有功输出 P_{mpp} 与储能系统的有功输出 P_{ESSs}之和，即

$$P_e = P_{\mathrm{mpp}} + P_{\mathrm{ESSs}} \tag{4-5}$$

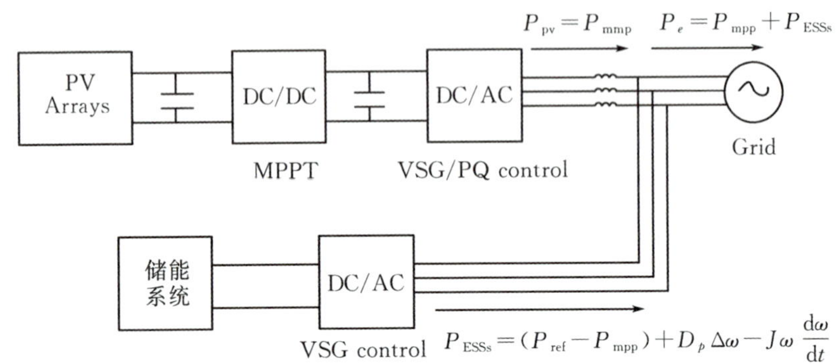

图 4-3　交流侧配备储能的 PV-VSG 结构

储能的有功输出为

$$P_{\mathrm{ESSs}} = (P_{\mathrm{ref}} - P_{\mathrm{mpp}}) + D_p(\omega_n - \omega) - J\omega \frac{\mathrm{d}\omega}{\mathrm{d}t} \tag{4-6}$$

式(4-6)阐明了储能系统在光储系统中的作用，以及光储系统虚拟同步发电机的实现过程。

当只考虑光储系统的频率响应能力时，即设置 $P_{\mathrm{ref}} = P_{\mathrm{mpp}}$，则式(4-6)转化为

$$P_{\mathrm{ESSs}} = D_p(\omega_n - \omega) - J\omega \frac{\mathrm{d}\omega}{\mathrm{d}t} \tag{4-7}$$

根据式(4-7)可建立储能逆变器 VSG 控制的有功环,其结构如图 4-4 所示。通过分析图 4-4 可知，当检测到电网频率变化时，光伏系统在 MPPT 作用下向电网输出最大可用功率，而储能系统在 VSG 控制的作用下，当存在频率差时，自动调整有功输出以跟踪电网频率变化。

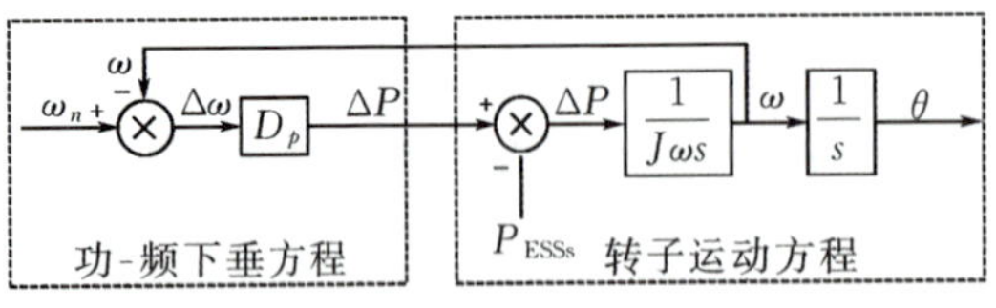

图 4-4　P_{ref}-P_{mpp}时储能逆变器 VSG 控制的有功环

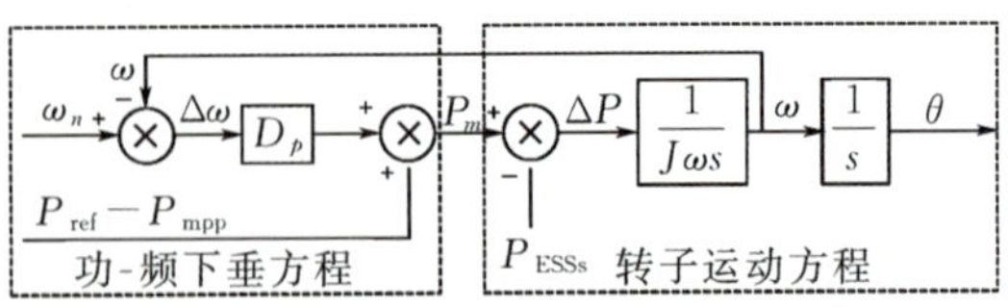

图 4-5　P_{ref}-P_{mpp}时储能逆变器 VSG 控制的有功环

在考虑光储系统的调度或平抑光伏输出波动的情况下，储能系统除具备频率响应能力外，还要兼顾其他方面的有功支撑。此时需要设置 $P_{\mathrm{ref}} \neq P_{\mathrm{mpp}}$，相应储能逆变器的有功控制环结构如图 4-5 所示。

当系统频率没有发生变化时($\Delta\omega = 0$)，储能系统的工作几种工作状态如下：

当 $P_{ref}-P_{mpp}>0$ 时，储能系统释放功率增加光伏系统的有功输出；

当 $P_{ref}-P_{mpp}<0$ 时，储能系统吸收光伏输出有功功率削减光伏输出；

当 $P_{ref}-P_{mpp}=0$ 时，储能系统不参与功率交换。

2.直流侧配备储能系统的 PV-VSG 结构

图 4-6 展示了直流侧配备储能的光伏虚拟同步发电机结构。与上一节中所述结构不同的是，储能系统通过 DC/DC 变流器与直流母线连接，此时需要对储能进行充放电控制以实现储能输出有功的控制，而光伏逆变器则需要采用 VSG 控制策略。

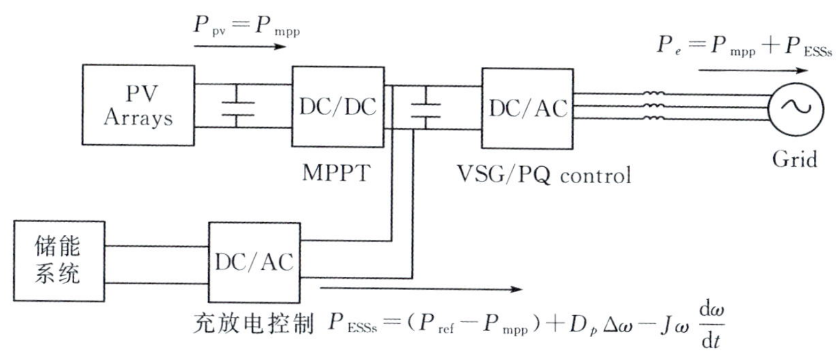

图 4-6　直流侧配备储能的 PV-VSG 结构

储能系统双向 DC/DC 变换器采用同步整流拓扑，如图 4-7 所示。该拓扑由两个开关管 Q_1 和 Q_2 组成，通过控制 Q_1 和 Q_2 交替导通，使电路分时工作与 Boost 升压模式(储能系统放电)和 Buck 降压模式(储能系统充电)，从而实现对储能系统充放电的控制。

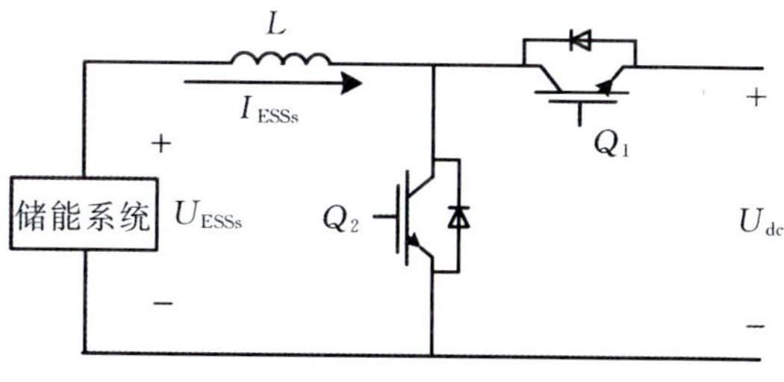

图 4-7　储能系统双向 DC/DC 变换器结构

储能变换器使用功率外环电流内环的控制方法。储能系统给定的功率参考值 P^* 由式(4-6)计算得到，实际输出功率 P_{ESSs} 可由储能系统的输出电压 U_{ESSs} 与电流 I_{ESSs} 的乘积求到。将给定功率值与实际输出功率做比较并送入 PI 调节器，其输出经过限幅之后作为内环电流的参考值 I^*，然后与实际输出电流值进行做差、PI 调节、限幅之后由三角波调制生成 PWM 信号作用于开关管。基于上述原理，储能系统双向 DC/DC 控制框图如图 4-8 所示。

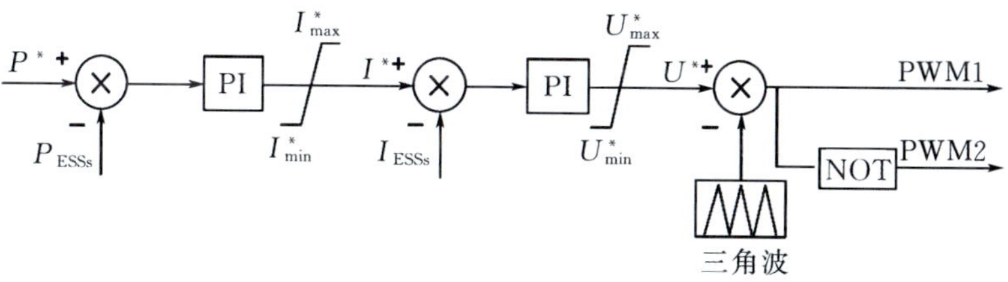

图 4-8　储能系统充放电控制框图

在解决了储能系统的功率补充控制之后，需要完成对光伏逆变器的 VSG 控制。图 4-9 所示为改进后的有功控制环结构。鉴于整个光储系统的有功输出由 DC/DC 变换器控制，因此有功环不再以有功作为控制目标，转而以直流母线电压 U_{dc} 作为外环，以保持直流母线电压的恒定。

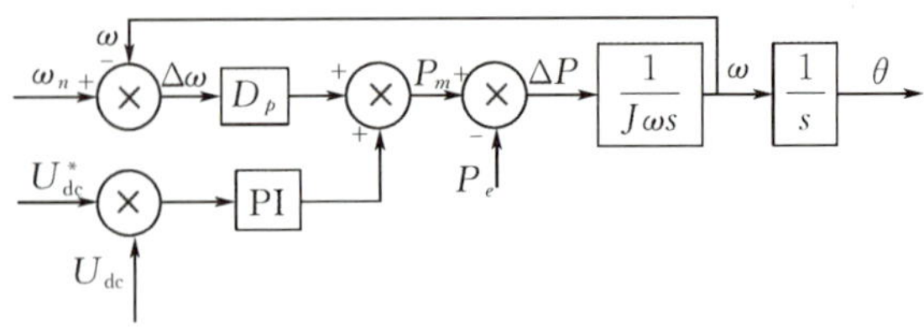

图 4-9 光伏并网逆变器有功控制环

综上所述，本节详细分析了两种储能型 PV-VSG 的工作原理与实现方法。二者均以储能系统作为有功备用手段并控制其参与电网频率调节，其区别在于储能系统的接口位置不同，从而导致了接口设备、控制方法以及能量转换次数都存在差异。对于直流侧配置储能的方案，储能输出有功功率需要经过 DC/DC 和 DC/AC(光伏逆变器)两级能量转换才可输入到电网侧，并且需要对光伏并网逆变器控制方法进行改进，增加了控制过程的复杂程度；相比于直流侧配置储能的情况，交流侧具有控制简单、易于扩展以及仅经过一次能量转换(DC/AC 电能转换)的优点，主要不足为 DC/AC 逆变器的价格要远高于 DC/DC 变换器。值得注意的是，以目前的电价机制、政策背景以及储能技术发展现状，储能系统的成本过高，而且储能系统本身的成本只占一小部分，额外的安装、维护、检修等都会带来巨大的费用。因此，目前储能系统并不能大规模应用于电力系统中，光储型并网系统必将导致光伏电站的建设成本上升，反之限制储能型 PV-VSG 在电力系统中的应用。表 4-1 详细对比了两种储能型 PV-VSG 的技术特性，其中 Ⅰ 型 PV-VSG 为交流侧配备储能的情况，Ⅱ 型 PV-VSG 为直流侧配备储能的情况。

表 4-1 两种储能型 PV-VSG 对比

PV-VSG 类型	Ⅰ 型 PV-VSG	Ⅱ 型 PV-VSG
接口位置	光伏逆变器交流侧接入	直流母线处接入
接口设备	DC/AC 逆变器	双向 DC/DC 变换器
控制方法	VSG 控制	功率外环电流内环
能量转换次数	1 次	2 次
光伏逆变器控制	PQ 控制或 VSG 控制	VSG 控制
优缺点对比	控制简单，扩展性强	结构简单，控制复杂
共性	都受到目前储能技术的约束同时会大幅度增加光伏电站的建设成本	

3)弃光限电条件下光伏备用功率利用优化

在实际运行过程中经常会产生功率过剩的现象，此时光伏系统接收自动发电控制(AGC)指令进入限电状态，该状态下一部分光伏组件停用而缩减整个光伏系统的有功输

出。对于缩减的这一部分功率可以深度开发利用，可将其定义为调频备用容量。前文所介绍的两种储能型 PV-VSG 控制策略没有对该部分功率深度利用。在限电状态下，光伏系统内具备一定的有功备用容量，当电网频率下降时，可首先启用这一备用容量首先响应；当这一备用容量不足时，由储能系统提供额外的功率补充，该过程的控制原理如下所述：

(1)运行状态判断。在 PV-VSG 启动调频前，需要对光伏系统的运行状态做出判断：当光伏系统运行于 MPPT 模式时，采用前文所述的调频策略响应电网频率变化；当光伏系统运行于限电状态时，需要对调频功率进行分配。

(2)PV-VSG 输出功率分配。当电网频率跌落时，PV-VSG 系统所需要提供支撑功率为 ΔP_1，光伏系统本身具备有 ΔP_2 的备用容量，储能系统可提供的支撑功率为 ΔP_3。

当 $\Delta P_1<\Delta P_2$时，投入光伏系统所留有的部分备用容量参与电网频率响应，储能系统保持待机状态；当 $\Delta P_1\leqslant \Delta P_2<\Delta P_1+\Delta P_3$时，投入所有的光伏系统备用容量 ΔP_2，并且需要储能系统提供额外的功率补充，储能系统所提供的有功为 $\Delta P_1-\Delta P_2$。当 $\Delta P_1\geqslant \Delta P_1+\Delta P_3$时，此时调频所需功率已经高于整个光储系统的有功可调节量，光伏系统释放所有的备用容量，储能系统释放所有有功功率，最大限度支撑电网频率调节所需功率。

4.1.2 无储能型分布式光伏集群化虚拟同步建模技术

4.1.2.1 无储能型光伏虚拟同步发电机集群结构

图 4-10 所示为无储能型光伏虚拟同步发电机(PV-VSG)集群电路结构，其由光伏阵列 $i(i=1\sim n)$、DC/DC 变换器 $i(i=1\sim n)$、DC/AC 变换器 $i(i=1\sim n)$和配电网组成。其中，DC/DC 变换器采用 PRC 控制，而 DC/AC 变换器采用虚拟同步发电机(Virtual Synchronous Generator，VSG)控制。

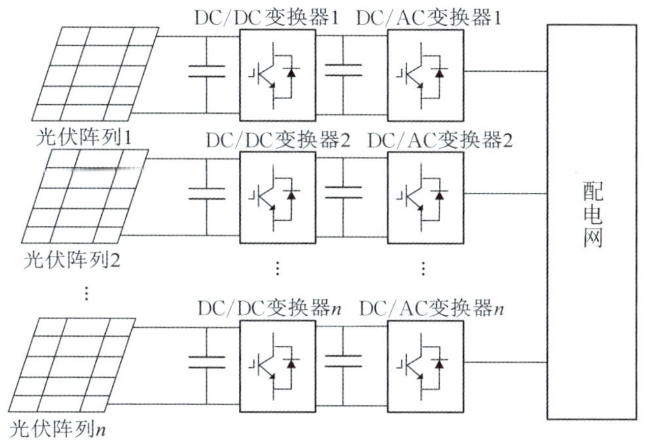

图 4-10 无储能型光伏虚拟同步发电机集群

4.1.2.2　光伏虚拟调速器原理

图 4-11 展示了传统火力发电机组的一次调频过程简化流程图。当检测到电网频率变化时，通过下垂公式将频率变换量转换为需调节的有功量信号，并传递到汽轮负荷调节器；随后通过调节进气阀，调节汽轮机送入同步发电机的机械功率。

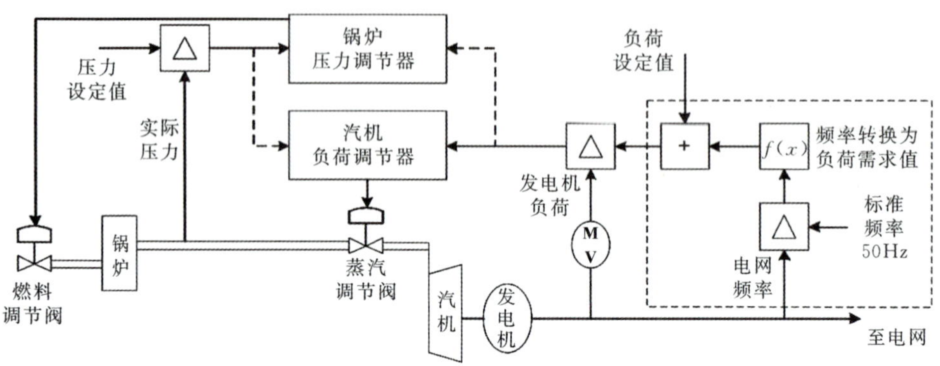

图 4-11　汽轮发电机组一次调频简化过程图

光伏虚拟调速器的调节相对简单。当检测到电网频率变化时，P-f 下垂公式将频率变换量转换成光伏系统中备用容量的变化量，并作用于光伏 DC/DC 控制算法，实现光伏系统输出功率的变化以响应电网频率变化，如图 4-12 所示的频率调节部分。传统的汽轮发电机组一次调频控制回路中存在着大量的测量设备、含有大量的控制回路，而光伏虚拟调速的控制方法更简单，整个控制过程中光伏有功输出是直接控制量，不需要中间过程的转换，不仅控制系统简单，且具备更快的响应速度。在 PRC 模式下，光伏系统有功输出给定值 $P_{\text{ref}}=P_{\text{pv}}=P_{\text{deload}}$。

$$P_m=P_{\text{deload}}+D_p(\omega_n-\omega) \tag{4-8}$$

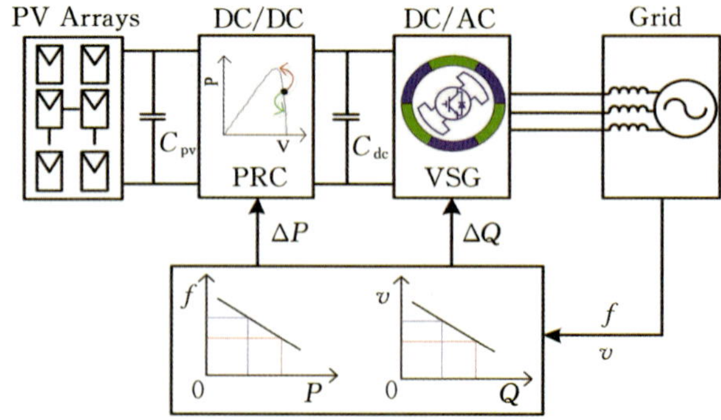

图 4-12　计及有功备用的光伏虚拟同步发电机原理

其中，$P_{\text{deload}}=P_{\text{mpp}}-\Delta P$，代入式(4-8)得

$$P_m = P_{mpp} - \Delta P + D_p(\omega_n - \omega) \tag{4-9}$$

式(4-9)将电网频率变化 $\Delta\omega$ 和备用容量 ΔP 变化耦合在一起。需要注意的是，在传统同步发电机中，惯量由同步发电机转子提供，转动惯量的能量体现为转子的动能。虽然在逆变器控制算法中引入了虚拟惯量，但是逆变器不具备能量备用手段，支撑虚拟惯量这部分功率也占到了光伏备用容量的一部分。

$$P_e = P_{deload} + D_p(\omega_n - \omega) - J\omega\frac{d\omega}{dt} \tag{4-10}$$

忽略中间器件损耗时，光伏虚拟同步发电机输出功率 P_e 与光伏最大功率 P_{mpp} 存在着式(4-11)的关系

$$P_e \leqslant P_{mpp} = P_{deload} + \Delta P \tag{4-11}$$

将频率调节所需功率量(包括一次调频与惯量响应)结合在一起，引入一个新的变量 ΔP_{need}，即

$$\Delta P_{need} = D_p(\omega_n - \omega) - J\omega\frac{d\omega}{dt} \tag{4-12}$$

当检测到频率变换时，释放或者增大光伏有功备用 ΔP 参与电网频率调节，参加频率调节时新的光伏有功备用 $\Delta P'$ 为

$$\Delta P = \begin{cases} \Delta P - \Delta P_{need}, & \Delta P > \Delta P_{need} \\ 0, & \Delta P \leqslant \Delta P_{need} \end{cases} \tag{4-13}$$

当频率变化所需要的功率变化小于光伏备用容量(即 $\Delta P > \Delta P_{need}$)时，光伏释放一部分备用容量，此时光伏系统中剩余的备用容量 $\Delta P'$ 如式(4-13)所示；当频率变化量需求的功率变化量大于光伏备用容量时，光伏系统将释放所有的备用容量，可见系统的调频能力受到备用容量的约束。

4.1.2.3　计及有功备用的 PV-VSG 适用性分析

为推动虚拟同步发电机的技术发展，国家电网有限公司于 2016 年发布了《虚拟同步发电机技术导则》和《单元式光伏虚拟同步发电机技术要求和试验方法》，其中对一次调频功能的技术要求作出明确规定：

(1)状态判断。当系统频率变化超过所设置死区范围(±0.03Hz)，并且整个虚拟同步发电机系统出力大于 $20\%P_N$ 时，该虚拟同步发电机应该具备一次调频功能，根据频率偏差调节有功输出。

(2)功率调节量限度。当系统频率下降时，虚拟同步发电机应该上调有功出力响应系统频率变化，有功出力可上调量的最大值至少为 $10\%P_N$；当频率上升时，虚拟同步发电机下调有功出力，有功功率下调量的最大值至少为 $20\%P_N$，当下调至 $20\%P_N$ 时可不再继续向下调节。

(3)响应时间要求。定义有功出力达到 $10\%P_N$ 目标负荷所需的时间定义为一次调频启动时间，启动时间应不大于 3s，并且在 12s 之内有功出力达到 $90\%P_N$ 目标负荷，在 30s 之

内有功出力达到95%P_N目标负荷。

(4)惯量响应要求。当系统频率变化时，通过模拟同步发电机转子运动平衡方程，可释放虚拟惯量支撑功率，有效降低系统频率变化速率。

光伏PRC运行虽然保持了有功备用，但是也造成了光伏能源的浪费，减少了光伏系统的发电量，实质上属于以弃一部分光换取光伏系统的频率调节能力。图4-13所示为光伏PRC适用时段。

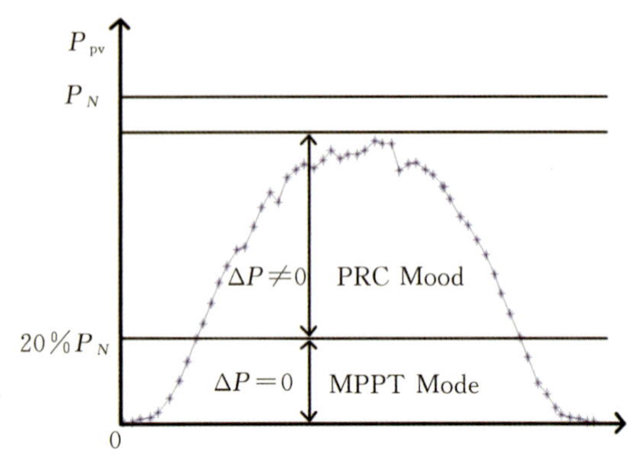

图4-13 光伏PRC适用时段

国家能源局对弃风弃光问题的管控要求如下：

根据2016年颁布的相关规定，在推动清洁能源发展的过程中，对于清洁能源的消纳问题，将推动弃风弃光量和限电比例逐年下降，目标在2020年底三北地区弃风弃光弃水率必须低于10%以下，其他地区弃风弃光弃水率必须低于5%以内，从而基本解决弃风弃光问题。

备用功率大小的选取要综合调频能力和弃光两方面因素。根据虚拟同步发电机一次调频的要求，有功上调量为至少10%P_N，而弃风弃光量上限三北地区为10%、其他地区为5%。因此，有功备用量应该控制在10%以内，同时满足一次调频有功出力最低限度要求和弃风弃光的上限限制。

当虚拟同步发电机系统出力大于20%P_N时，应该具备一次调频能力，即光伏出力超过20%P_N时，应该保持有功备用，此时光伏系统运行于PRC模式；当光伏出力小于20%P_N时，不需要具备调频能力，光伏系统应该运行于MPPT模式，不保持有功备用。

综上所述，可确定光伏PRC模式的合理运行时段及有功备用ΔP的选取范围，具体如图4-13所示。

4.2 虚拟同步参数动态协同技术

4.2.1 虚拟同源网协同控制技术的实现

1.基于电压灵敏度的光伏集群划分

1)配电网电路拓扑的构建

在不考虑柔性输电设备而仅考虑配电网本身线路、负荷和光伏的情况下，以三台区配电网为例，可将配电网视为含有9个节点的电路拓扑，其结构如图4-14所示。

基于配网各节点间的线路选型和长度计算出各节点间的线路阻抗，如表 4-2 所示。

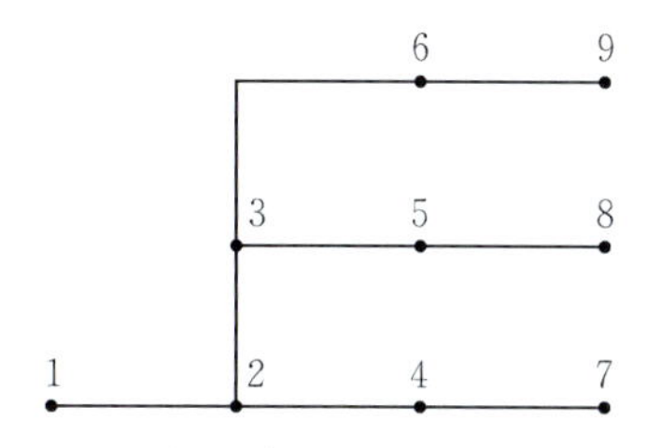

图 4-14 配电网含 9 个节点的电路拓扑图

表 4-2 配电网各节点间线路导纳值

节点	导纳值/S	节点	导纳值/S
1-2	0.39－0.89i	3-6	0.35－5.93i
2-3	12.84－21.34i	4-7	12.35－1.34i
2-4	0.95－2.5i	5-8	12.35－1.34i
3-5	311.59－140.04i	6-9	12.35－1.34i

2)节点类型的确定

已知的节点类型分别为三种：平衡节点、PQ 节点和 PV 节点。其中，平衡节点通常是发电机节点，已知电压幅值和相角，要求解该节点的有功和无功功率，它提供系统中的功率平衡。PQ 节点是已知节点的有功功率和无功功率要求解电压幅值和相角。PV 节点是已知有功功率和电压幅值，要求解无功功率和相角。本节各节点的类型如表 4-3 所示，除节点 1 是平衡节点外，其余节点均为 PQ 节点，对应的有功及无功功率也在表 4-3 中给出。

表 4-3 各节点的节点类型

节点	有功功率/kW	无功功率/kW	节点类型
节点 1	0	0	平衡节点
节点 2	－500	0	PQ 节点
节点 3	0	0	PQ 节点
节点 4	－200	0	PQ 节点
节点 5	－200	0	PQ 节点
节点 6	－200	0	PQ 节点
节点 7	－100	0	PQ 节点
节点 8	－100	0	PQ 节点
节点 9	－100	0	PQ 节点

3)参数标幺化与节点导纳矩阵的构建

由于节点 2—4、3—5、3—6 之间 10kV/380V 变压器的存在，使得整个配电网存在两个电压等级。为了简化潮流计算，需要对配网的电压、功率及阻抗进行标幺化处理。

设系统的功率基准值 SB 为 1MW，高压侧的电压基准值 UB_1 为 10000V，低压侧的电压基准值 UB_2 为 380V，则高压侧的导纳基准值 $YB_1 = SB/UB_1^2 = 0.01S$，$YB_2 = SB/UB_2^2 = 6.925S$。

将节点4—7、节点5—8、节点6—9之间的线路除以低压侧线路导纳，其他节点间线路除以高压侧线路导纳，将标幺化之后的各线路导纳重新构建为新的节点导纳矩阵。该矩阵用于描述节点电压和注入电流之间的关系，也是潮流计算中的核心矩阵。

最后，将节点功率除以功率基准值得到标幺化后的节点功率。

4)建立潮流方程与求解

在得到上述所给的线路参数条件后，我们需要进行潮流计算来求解各个节点电压和相位的值。对于每个节点，建立功率平衡方程，表示该节点的注入功率应等于通过线路输送到其他节点的功率之和，潮流计算主要基于以下两个方程：

$$P_i = V_i \sum_{j=1}^{n} V_j (G_{ij} \cos\theta_{ij} + B_{ij} \sin Q_{ij}) \tag{4-14}$$

$$Q_i = V_i \sum_{j=1}^{n} V_j (G_{ij} \sin\theta_{ij} - B_{ij} \cos Q_{ij}) \tag{4-15}$$

式中，G_{ij}和B_{ij}分别表示节点i和j之间线路的电导和电纳；θ_{ij}是两节点间的电压相位差。由于这些方程组是非线性的，因此需要采用迭代求解的方法。常用的求解潮流方程的方法包括牛顿-拉夫森法、PQ分解法及高斯-塞德尔法等。本节选用牛顿-拉夫森法，它一种快速收敛的迭代方法，且适用于大规模复杂系统。

在牛顿-拉夫森法中，雅可比矩阵起着关键作用。该矩阵定义了电压变化对功率不平衡的影响，通过雅可比矩阵的逆矩阵来更新电压，从而逐步减小功率不平衡，直至满足收敛条件。迭代求解过程如图4-15所示。

最终计算得到的各节点电压和相位如表4-4所示。

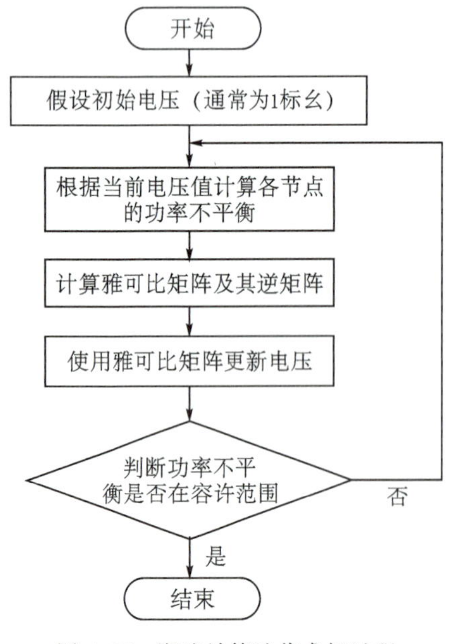

图4-15　潮流计算迭代求解过程

表4-4　各节点电压与相位

节点	电压(p.u.)	相位(rad)
节点1	0.5774	0
节点2	0.5755	−0.0076
节点3	0.5753	−0.0080
节点4	0.5760	0
节点5	0.5769	0
节点6	0.5769	0
节点7	0.6440	0.0115
节点8	0.5705	−0.0012
节点9	0.6088	0.0057

5)电压灵敏度计算与分析

电压灵敏度矩阵用于分析系统对参数变化(如负荷、发电量变化)的敏感性。它描述了节点电压变化与功率注入变化之间的关系，帮助评估系统在不同工况下的响应特性，从而指导系统的优化和稳定性设计。

在潮流计算收敛后，其雅可比矩阵的逆矩阵即为电压灵敏度矩阵(VSM)。VSM 表示当系统中某个节点的功率发生变化时，其他节点电压如何响应。通过分析雅可比矩阵的逆矩阵(即电压灵敏度矩阵)，可以了解系统对不同参数变化的敏感性。这有助于优化系统配置，提高系统的稳定性和经济性。

计算得到的矩阵 $\boldsymbol{S}$ 如下：

$$
\begin{vmatrix}
-0.007 & -0.0001 & -0.0003 & -0.0000 & -0.0000 & -0.0002 & -0.0000 & -0.0000 \\
-0.001 & -0.0001 & -0.0000 & -0.0001 & -0.0001 & -0.0000 & -0.0000 & -0.0000 \\
-0.0003 & -0.0000 & -0.0062 & -0.0000 & -0.0000 & -0.0035 & -0.0000 & -0.0000 \\
-0.0000 & -0.0001 & -0.0000 & -0.0001 & -0.0000 & -0.0000 & -0.0001 & -0.0000 \\
-0.0000 & -0.0001 & -0.0000 & -0.0000 & -0.0026 & -0.0000 & -0.0000 & -0.0014 \\
-0.0002 & -0.0000 & -0.0031 & -0.0000 & -0.0000 & -8.7883 & -0.0000 & -0.0000 \\
-0.0000 & -0.0000 & -0.0000 & -0.0001 & -0.0000 & -0.0000 & -8.7385 & -0.0000 \\
-0.0000 & -0.0000 & -0.0000 & -0.0000 & -0.0013 & -0.0000 & -0.0000 & -8.7397
\end{vmatrix}
$$

电压灵敏度矩阵的非对角线元素表示一个节点电压对其他节点电流注入变化的敏感程度。这些值大多较小，如−0.0001、−0.0003 等，表明节点之间的耦合较弱，即一个节点的电流注入变化对其他节点的电压影响较小。

电压灵敏度矩阵对角线上的元素$[i,j]$表示每个节点的电压对自身电流注入的敏感度。矩阵中的 3 个较大的对角线元素分别是：−8.7883(第 6 行第 6 列)、−8.7385(第 7 行第 7 列)和−8.7397(第 8 行第 8 列)，它们分别对应是节点 7 的电压对自身电流注入的敏感度、节点 8 的电压对自身电流注入的敏感度、节点 9 的电压对自身电流注入的敏感度。这些值非常大，表明节点 7、8、9 对自身电流注入非常敏感。也就是说，在这些节点，电流的微小变化会导致其电压的大幅波动，电压支撑能力较弱且稳定性较差。

高敏感度的节点(节点 7、8、9)可能是配电网中的薄弱环节。这些节点的电压对负荷变化特别敏感，可能会导致局部电压不稳定。对于这些节点，可能需要采取额外的电压调节措施，如增加无功补偿设备、调整负荷分布或增强电压支撑。

6)光伏配电网集群划分

基于上述电压灵敏度分析结果，在控制时要重点关注节点 7、8、9 的电压情况(即每个台区靠近光伏侧的额定功率为 100kW 的负载)。由于柔性变压器的工作原理是在线路中串入一个大小和幅值可调的电压，因此当一台柔性配电变压器投入运行并改变节点 7 电压时，必然会影响节点 4 的电压。基于此，将节点 4 和节点 7、节点 5 和节点 8、节点 6 和节点 9 划分为 3 个集群进行控制，各所在台区柔性输电设备投入之后对节点电压的影响，如图 4-16 所示。

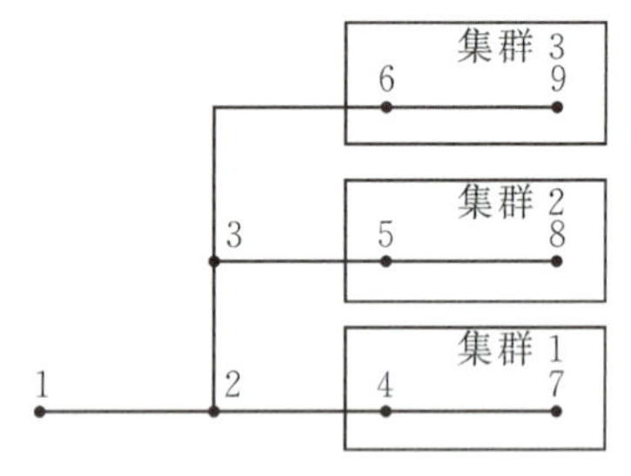

图 4-16 配电网光伏集群划分示意图

2.目标函数的建立

通过前文可知，节点 7、8、9 的功率波动将严重影响其节点电压，而柔性配电变压器(flexible distribution transformer，FDT)的引入会对线路上的负载端电压都产生影响。以三台区配网为例，在进行趋优控制设计时，选取节点 4、7、5、8、6、9 对应的负载端电压作为对象，将偏离额定值的最小作为优化目标，优化目标函数如下：

$$f_{\min}=k_1\times\frac{\left|\,|U_1|-U_n\right|}{U_n}+k_2\times\frac{\left|\,|U_2|-U_n\right|}{U_n}+\cdots+k_i\times\frac{\left|\,|U_i|-U_n\right|}{U_n} \tag{4-16}$$

式中，U_n 指额定相电压 220V；U_i 指各负载相电压有效值；k_i 是加权系数，其大小为对应的负载功率占所有负载功率的比值，以三台区 200kW 负荷为例，该负载对应的加权系数为 1/9。

3.光伏集群配电网建模

光伏集群配电网建模是研究配电网优化问题的关键环节，它可以将复杂抽象的配电网转化为一个更易理解和分析的问题。

含柔性输电设备的三台区光伏集群配电网等效模型如图 4-17 所示。以台区 1 为例，各个主要部分建模方法如下：

(1)电网电压建模：令电网电压的相位角为 0°，则幅值 $U_s=\frac{10000}{\sqrt{3}}$；

(2)高压侧电流 $I_{1\text{-}2}$ 建模：电网提供功率＝负载总功率－光伏功率功率，通过高压侧电网电压，计算得到 $I_{1\text{-}2}$ 的大小。由于配网模型负载以有功功率为主，无功功率主要是线路和变压器的消耗，与有功功率相比较很小，因此简化分析认为高压侧电流与电网电压同向；

(3)高压侧线路阻抗压降 $Ur_{1\text{-}2}$ 建模：高压侧线路阻抗 $r_{1\text{-}2}$ 可以计算得到值为 $0.553+0.9536j$，将其与高压侧电流 $I_{1\text{-}2}$ 相乘，可以得到一个水平分量的压降和垂直分量的压降；

(4)分布式潮流控制器(distributed power flow controller，DPFC)建模：将 DPFC 等效为一个线路阻抗，将其与高压侧电流 $I_{1\text{-}2}$ 相乘得到垂直方向上的电压降落 UDPFC；

(5)变压器一次侧电压 U_{p1} 建模：将电网电压减去 DPFC 和线路上的压降，得到变压器一侧的电压；

(6)变压器二次侧电压 U_{p2} 建模：通过变压器的变比和变压器一次侧电压 U_{p1} 计算出变压器二次侧电压 U_{p2}，由于变压器即在进行△-Y 变换时，也改变了电压电流相位，但是对功率计算不影响，在建模时忽略相位变化，后续设置补偿电压时将相位变化量手动添加；

(7)FDT 建模：将 FDT 等效为一个串联在线路中的电压源，串联电压相位角与二次侧电压 U_{p2} 的相位同向；

(8)负载 R_1 的端电压 UR_1 建模：负载 R_1 的端电压为变压器二次侧电压与 FDT 补偿电压的和；

(9)低压侧电流 $I_{4\text{-}7}$ 建模：流过低压线路阻抗的功率等于 R_2 所需功率减去光伏发出的功率，忽略 R_1 的端电压变化，设其为 220V，则可以计算出流过低压侧电流 $I_{4\text{-}7}$；

(10)低压侧线路阻抗压降 $U_{r4\text{-}7}$ 建模：由于低压侧线路电抗很小，忽略其电抗而只考虑电阻，$r_{4\text{-}7}\times I_{4\text{-}7}=Ur_{4\text{-}7}$；

(11)负载 R_2 的端电压 U_{R2} 建模：$U_{R2}=U_{R1}-U_{r2}$；

(12)光伏发电建模：光伏等效为一个受控电流源，其输出电流受负载 R_2 的端电压 UR_2 和其输出功率控制。

其他两个台区的建模方式可以参考台区 1。

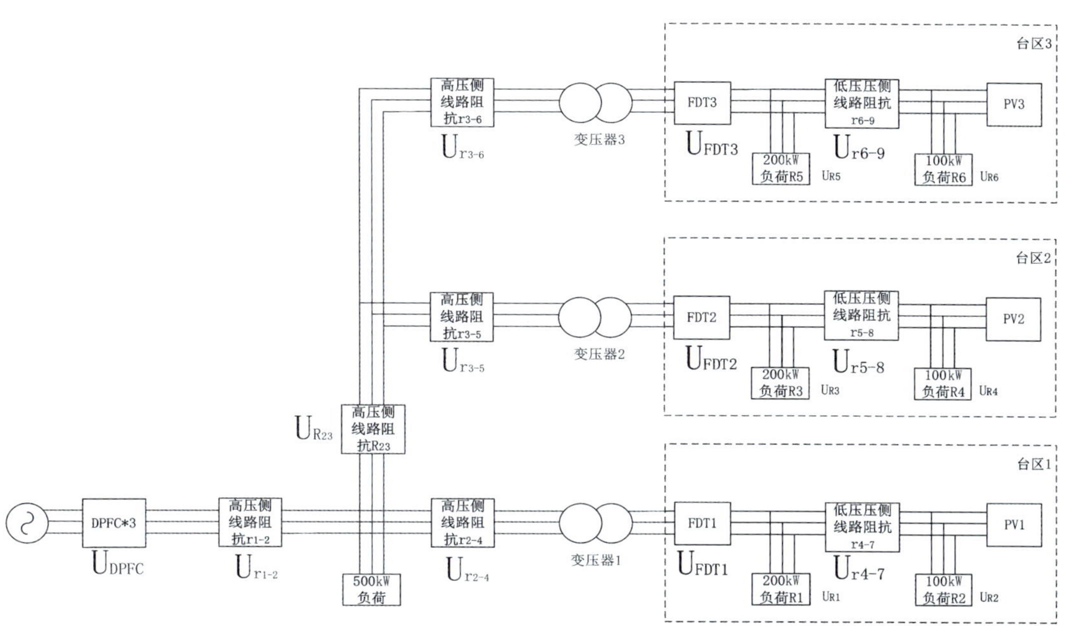

图 4-17 含柔性输电设备的三台区光伏集群配电网等效模型

4.寻优协同控制指令

基于上述理论，通过代码实现寻优控制，其主要部分如下：

1)光伏初始状态判断

计算各台区 100kW 负载端电压的初值，并判断设备是否需要动作。通过采集到的各台区光伏功率功率、负载消耗功率以及已知的线路阻抗等参数，结合前文的配网建模公式，计算出各个设备补偿量均为 0 时各台区 100kW 负载端电压。若该电压位于 213.4V～226.6V 范围内，则认为其电压质量很高，所在台区的 FDT 不需要进行电压补偿；反之则需要进行补偿。若 3 个台区 100kW 负载端电压均位于 213.4V～226.6V 范围内，则 DPFC 也不需要补偿，程序跳过后续部分直接结束，所以输出值均为 0。

2)建立目标函数

将上文所述的目标函数写入程序。

3)建立约束条件

为了确保优化目标的实现，进一步完善电压控制的效果，同时设置了以下约束条件。

(1)负载端电压范围：$205V \leqslant U_i \leqslant 235V$。该条件确保负载端电压始终保持在一个安全的范围内，以避免电压过高或过低对设备和系统造成损害。

(2)DPFC 阻抗调节范围：$-1.2\Omega \leqslant X_{ref} \leqslant 1.275\Omega$。DPFC 的阻抗调节能力直接影响到系统的无功功率分布和电压水平，该约束条件确保 DPFC 的操作在可控范围内。

(3)FDT 电压调节范围：$-33V \leqslant U_{FDT} \leqslant +33V$。FDT 作为一个串联的电压源，通过调节其输出电压来补偿系统的电压偏差，该范围确保补偿的有效性。

通过上述约束条件的设定，可以确保负载端电压维持在规定范围内，同时实现对系统功率和电压的精确控制。优化目标函数值越小，结果越好。

4)寻优控制算法

在寻优控制算法中，我们的目标是在给定的约束条件下找到目标函数的最小值。MATLAB 中的 fmincon()函数是一个强大的工具，用于解决具有约束的非线性优化问题。该函数基于内点算法不仅支持线性和非线性不等式约束，还支持等式约束。此外，fmincon()函数提供了多种算法选项，如信赖域反射算法、SQP(序列二次规划)算法等，使得用户可以根据问题的特点选择最合适的优化方法。与其他优化算法如遗传算法、贪婪算法和模拟退火算法相比，fmincon()在简单函数模型下具有以下优势：

(1)收敛速度快。内点算法通常比遗传算法、模拟退火等随机性强的算法具有更快的收敛速度，因为它们利用了问题的梯度信息进行优化。

(2)求解精度高：fmincon()利用梯度和 Hessian 矩阵的信息，使得它在接近最优解时能更准确地找到解。而遗传算法和模拟退火算法更适合全局优化，可能在局部收敛时精度不如 fmincon()。

(3)处理约束的能力强：fmincon()能够直接处理复杂的等式和不等式约束，而遗传算法和模拟退火算法需要通过惩罚函数或修正策略来处理约束问题，这可能会增加问题的复杂度和计算量。

(4)确定性：fmincon()属于确定性算法，在相同的初始条件下多次运行结果一致。而遗传算法和模拟退火算法是随机算法，结果可能会有差异。

综上所述，在需要高精度和快速收敛的简单函数模型下，fmincon()是一个非常合适的选择。

最后，将代码写入 MATLAB/Simulink 的 MATLAB Function 模块，并将仿真系统中各台区实时的光伏功率功率及负载消耗功率作为输入量输入到模块中。将 DPFC 的阻抗调节量、各台区 FDT 的电压补偿量或者负载相电压有效值作为协同控制指令，输出到主电路的各个设备中进行调节，以实现配电网的协同控制。图 4-18 所示为三台区光伏配电网的协同控制模块。由于设备完全跟随指令需要一定时间，因此输入量需要通过 Rate Transition 设置 0.1s 的采样时间。

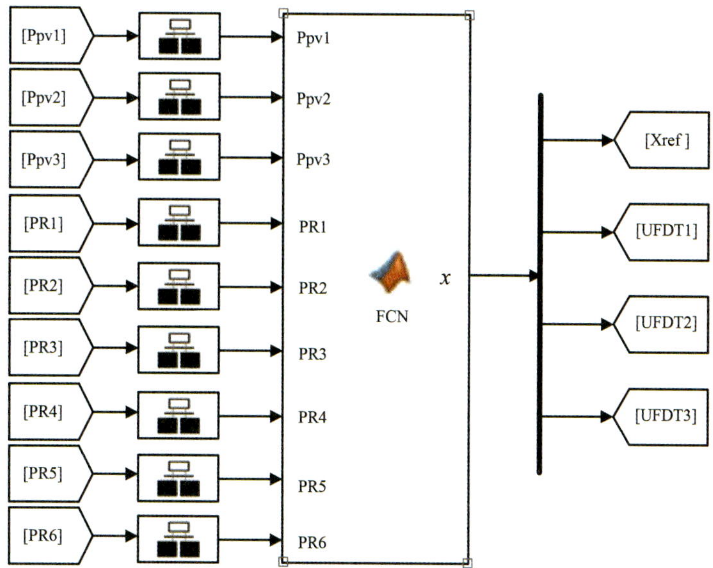

图 4-18 三台区光伏配电网协同控制模块

第 5 章
光伏多机并网系统宽频带振荡失稳机理研究技术

5.1 宽频振荡国内外研究现状

5.1.1 宽频振荡特性分析

大量研究表明，新型电力系统的宽频振荡不同于传统电力系统的发生的次同步振荡(subsynchronous resonance，SSR)。SSR的主要参与对象是同步发电机机组，包括火电汽轮机、水电水轮，其振荡由发电机轴系引发，表现为低频振荡。SSR振荡频率相对固定，且振荡模式清晰，为单一模态的局部振荡。传统的机电振荡研究始于1970年美国Mohave电厂连续两次发生振荡导致机组大轴损毁事故，该事件受到广泛关注，最终被IEEE定义为发电机与串联补偿输电线路的轴系扭振互作用(torsional interaction，TI)。此外，传统发电系统在出现暂态故障时，存在扭矩放大现象(transient amplification，TA)，也会激发强烈的谐振。而后随着HVDC线路的引入，美国Squre Butte电厂也出现次同步振荡现象。研究还发现，电力系统中投入的功率控制器件如静止无功补偿器，电力系统稳定器和FACTS等也存在着与发电机产生扭振的风险。由于此类情形下不存在LC谐振电路，因此被归类为控制振荡，与次同步谐振一起统称为次同步振荡(subsynchronous oscillation，SSO)。

进入21世纪后，新能源引发的宽频振荡事故不同于传统的SSO。首先，其振荡的主导对象不再是同步发电机，而是新能源场站；其次，振荡模式从传统的机电振荡变化为新型电磁振荡，振荡频率高，且涉及频带宽，从几赫兹到几千赫兹均有覆盖，即包括次同步振荡、超同步振荡以及高频谐波谐振现象，故而称为宽频振荡。新能源大规模并网给电网带入了具有复杂控制方式的电力电子设备，这些设备的参与使得振荡现象变得多样化、复杂化，存在着新能源机组之间交互谐振、新能源机组与复杂输电网络之间交互等情况。电力电子设备运行状态灵活且时变性强，系统可能出现振荡频率漂移或多模态耦合等现象。宽频振荡的另一特点是传播范围广，例如新疆哈密地区一大型风电场振荡事故直接导致了

300km 外的火电厂机组扭振。宽频振荡能进行广域传播的主要原因在于现代大电网高度依赖电力电子设备实现互联，这显著增加了电力系统出现振荡激发现象的风险。

综上所述，与传统的机电振荡相比，宽频振荡具有 3 个显著特征：振荡覆盖频带宽、振荡模式复杂，以及振荡广域传播。

5.1.2 宽频振荡抑制研究

面对日益严重的宽频振荡问题，国内外学者提出了多种振荡抑制措施，大体分为两类：一类是从电力电子装置的控制参数优化和控制结构改良角度出发，另一类则是考虑添加阻抗抑制装置。

作为宽频振荡的主要参与者，电力电子装置的阻抗特性改良是抑制宽频振荡的有效措施。通过优化控制参数来重塑装置阻抗是一种较简单的方法。陈国平等(2017)对全功率变换风电场并网锁相环节进行分析，重新设计 PLL 参数从而抑制振荡。然而，在更多情况下，单凭控制参数更正并不足以抑制振荡，需要通过加入虚拟导纳、附加有源阻尼等方法改变控制结构。鹿建成等(2015)针对风电场永磁同步发电机与 HVDC 输电线路交互引发的振荡问题，在风机机组的网侧换流器中加入附加阻尼控制，在振荡频段加入正阻尼抑制谐振。周俊宇等(2006)对风电场产生的高频振荡问题进行研究，提出针对 LCL 滤波器的有源阻尼法，在高频段进行阻抗重塑抑制振荡。对于双馈异步发电机并网场景，胡益等(2015)提出基于切比雪夫滤波器的阻抗重塑方法抑制振荡。Jadhav 等(2018)为抑制高频振荡引入基于定子电流前馈的有源阻尼方法。Fan 等(2015)和祁万春等(2016)引入虚拟阻抗抵消系统中的延时影响。Yang 等(2017)针对多频率的高频振荡问题，引入超前相位补偿和虚拟正电阻的有源阻尼控制策略。

在宽频振荡抑制中，既可通过调整电力电子设备参数实现设备层级的振荡抑制，也可以通过加入振荡抑制装置实现电网层级的振荡抑制。任必行等(2020)分析了可控串联阻抗装置和静止无功补偿器对风电场振荡事故的抑制方法。Sivakumar 等(2020)提出一种基于静止无功补偿装置的附加阻尼抑制振荡措施。徐雨田等(2018)提出一种在统一潮流控制器的串联侧和并联侧引入附加阻尼的方法。邵云露等(2019)提出一种电流注入型装置，可同时注入次同步与超同步电流。

大型光伏电站并网引发的宽频振荡问题，其根源在于光伏电站通过电力电子设备将直流电转化成交流电输入电网的过程。大量的光伏逆变器接入电网会对电力系统的稳定性产生影响。当电力电子变换器大规模接入后，并网系统阻抗特性发生显著变化：一方面，多逆变器之间会形成谐振；另一方面，逆变器系统也会与电网背景谐波发生交互，从而引发振荡现象。本节对光伏并网系统的逆变器进行建模，基于其控制策略得到单机并网系统和多机并网系统的阻抗模型，进而分析电网阻抗变化对并网逆变系统稳定性的影响，并深入研究多机并网模模式下逆变器系统的谐振特性。

5.2　光伏并网系统建模

5.2.1　大型光伏电站拓扑结构

光伏逆变器按照电路结构可以分为单极式和双级式两种，如图 5-1(a)和图 5-1 (b)所示。单级式光伏逆变器只有在光伏电池串电压高于电网峰值电压时才能进行正常工作，因此其运行范围较窄；但由于电路拓扑结构简单，其电能转换效率更高(业界最高可达 99%)。目前，常规的集中式光伏逆变器均使用单级式结构。两级式结构通常使用一级 DC/DC 升压变换电路和常规逆变电路联合运行，由于使用了升压电路，光伏逆变器输入电压范围更宽，两级式电路也有利于系统分级优化和控制。此外，还有直连 DC 母线式结构，如图 5-1(c)所示。

为了更好地利用资源丰富的太阳能，光伏电站规模也在不断扩大。图 5-2 展示了一种典型的大型光伏电站的并网拓扑结构，该结构采用集中式光伏逆变器，具有以下优势：单体功率大、逆变器数量较少、运营管理成本低、电能质量高、谐波含量少，并具备完善的功率调节和高/低电压穿越的功能。

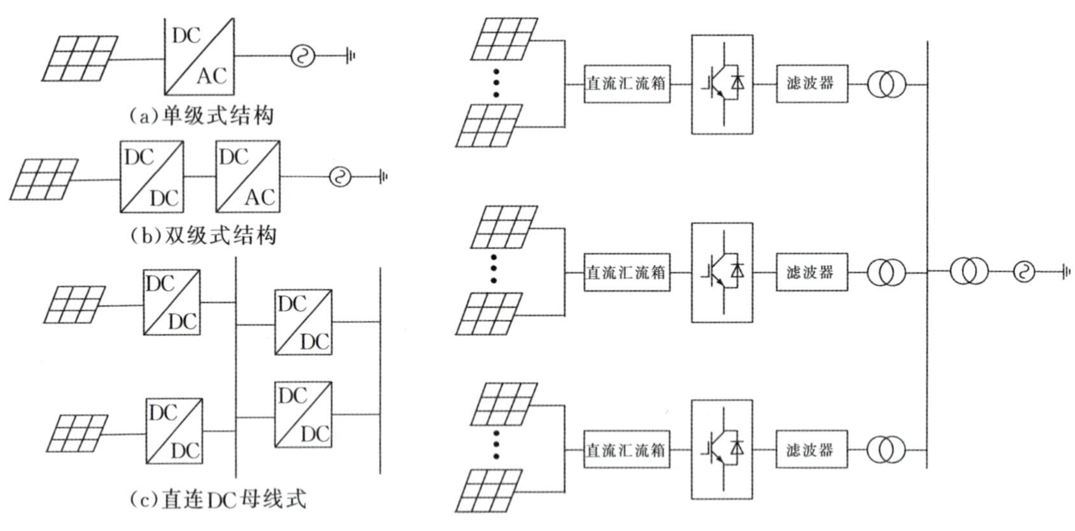

图 5-1　光伏并网拓扑结构　　图 5-2　大型光伏电站并网电气结构图

5.2.2　单逆变器并网系统建模

单台逆变器并网系统的典型结构如图 5-3 所示。逆变器系统主要由功率器件、电容和

电感组成，其目的是给电网与电网同频同相的交流电。通过功率器件的高频开通与关断控制，将光伏阵列单元输出的直流电转换为高频的阶梯脉冲信号。常用的高频开关控制技术包括正弦脉宽调制(pulse width modulation，PWM)技术、空间矢量脉宽调制(space vector pulse width modulation，SVPWM)技术、特定次谐波消除脉宽调制(selective harmonic elimination pulse width modulation，SHEPWM)技术，以及 Delta 调制法等。开关控制通过控制脉冲电压宽度，形成一个类正弦波的脉冲序列。经过调制的脉冲信号含有大量的开关频次谐波，因此需要经过电感、电容组成的滤波电路进行处理，从而获得符合并网要求的正弦波。为了提高并网电流质量，逆变器出口一般会连接 L 型、LC 型或者 LCL 型滤波器。其中，LCL 型滤波电路对高频谐波具有很强的抑制能力；且在相同滤波效果下 LCL 滤波电路的电感总量小于另外二者，这对于减小设备体积、降低系统成本有着显著的效果。因此，LCL 型滤波属于当前主流的滤波电路选择。

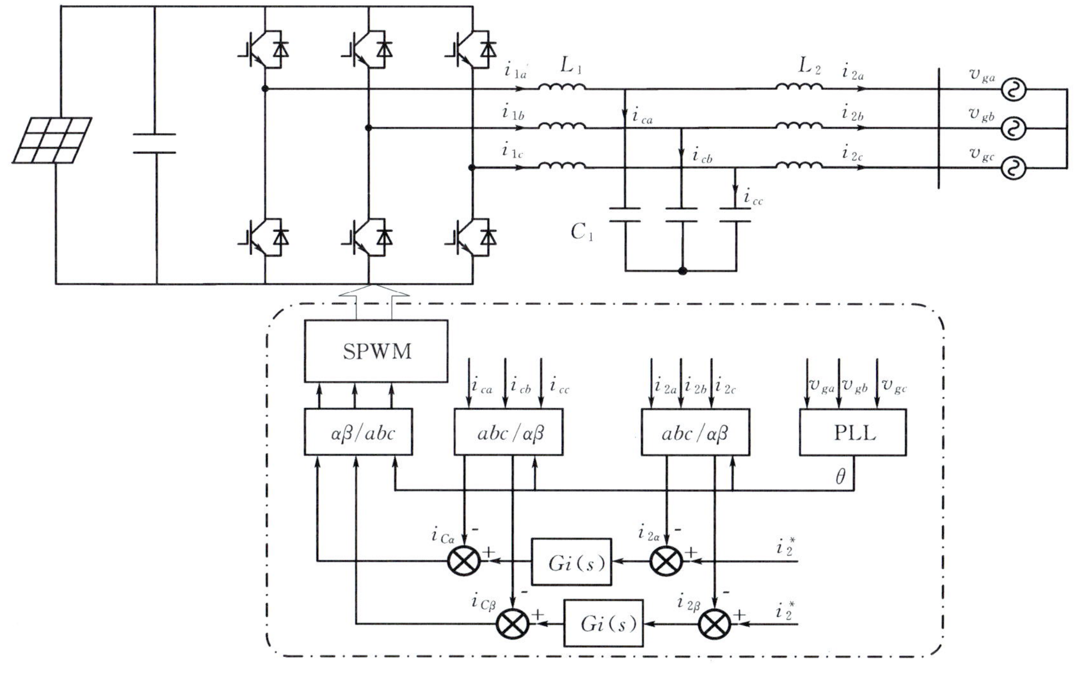

图 5-3 逆变器并网的典型控制结构图

为了实现高性能并网运行，逆变器系统的控制策略是并网系统设计的核心。典型的并网控制策略是通过逆变器输出的电流电压矢量控制，实现并网的有功功率控制和无功功率控制。以逆变器单位功率因数并网运行为例，其逆变器交流输出侧的电网电压电流矢量图如图 5-4 所示。其中，U_i 表示逆变器输出侧的电压矢量，E 为电网的电压矢量，I 代表逆变器输出侧的电流矢量，U_L 则表征滤波电感的电压矢量。

当前逆变器控制方法主要采用电压型控制法和电流型控制法两种方法，其电流型控制法应用更为广泛。该方法通过控制逆变器输出侧的并网电流，采用电网电流反馈和电容电流反馈的闭环控制方法，控制策略的结构框如图 5-4 所示。与电压型控制法的开环控制相比，电流型控制法具有更好的动态响应和抗扰动能力。其中，$v_{g,abc}$ 为电网电压，$i_{2,abc}$ 为并网电流，$i_{c,abc}$ 为电容电流，i_2^* 为参考电流给定值(通常由功率功率计算得出)。电网电压经过锁相环节(PLL)输出电网电压的相角 θ。并网电流经过坐标变换得到 $\alpha\beta$ 坐标系下的电流信号 $i_{2\alpha}$，$i_{2\beta}$，与参考电流信号进行比较后将差值信号输入控制器 $G_i(s)$(可采用比例积分控制器或比例谐振控制器)。控制器输出信号与来自滤波电容上的电流信号 $i_{C\alpha}$，$i_{C\beta}$作比较后经过坐标反变换载入 PWM 调制波控制功率器件的通断。

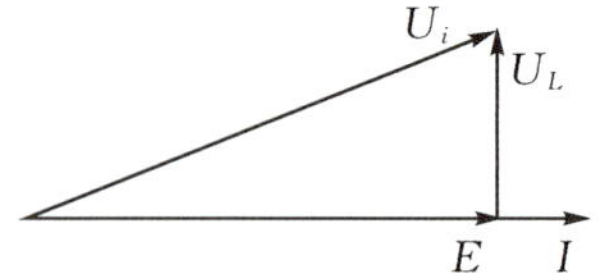

图 5-4　单位功率因数并网运行的逆变器输出侧电压电流矢量图

基于基尔霍夫电流和电压定律，针对三相对称电路，选取 a 相电压电流关系表示系统状态方程，对 a 相电路 LCL 滤波器上的电压电流方程为

$$\begin{cases} L_1\dfrac{\mathrm{d}i_{la}}{\mathrm{d}t}=u_{oa}-u_{ca} \\ C\dfrac{\mathrm{d}u_{ca}}{\mathrm{d}t}=i_{la}-i_{2a} \\ L_2\dfrac{\mathrm{d}i_{2a}}{\mathrm{d}t}=u_{ca}-u_a \end{cases} \tag{5-1}$$

式中，u_{ca}表示 a 相电路上滤波电容两端电压。

为便于分析，将三静止坐标系下参数经过 Clark 变化转变为两相静止坐标系下的参数，Clark 变换如下：

$$\begin{bmatrix} x_\alpha \\ x_\beta \end{bmatrix}=\sqrt{\frac{2}{3}}\begin{pmatrix} 1 & -\dfrac{1}{2} & -\dfrac{1}{2} \\ 0 & \dfrac{\sqrt{3}}{2} & -\dfrac{\sqrt{3}}{2} \end{pmatrix}\begin{bmatrix} x_a \\ x_b \\ x_c \end{bmatrix}=C_{3/2}\begin{bmatrix} x_a \\ x_b \\ x_c \end{bmatrix} \tag{5-2}$$

经过上述变换，式(5-1)可以写成

$$\begin{cases} L_1\dfrac{\mathrm{d}i_{1\alpha}}{\mathrm{d}t}=u_{o\alpha}-u_{c\alpha},L_1\dfrac{\mathrm{d}i_{1\beta}}{\mathrm{d}t}=u_{o\beta}-u_{c\beta} \\ C\dfrac{\mathrm{d}u_{c\alpha}}{\mathrm{d}t}=i_{l\alpha}-i_{2\alpha},C\dfrac{\mathrm{d}u_{c\beta}}{\mathrm{d}t}=i_{l\beta}-i_{2\beta} \\ L_2\dfrac{\mathrm{d}i_{2\alpha}}{\mathrm{d}t}=u_{c\alpha}-u_\alpha,L_2\dfrac{\mathrm{d}i_{g\beta}}{\mathrm{d}t}=u_{c\beta}-u_\beta \end{cases} \tag{5-3}$$

式中，$i_{1\alpha}$、$i_{1\beta}$表示 $\alpha\beta$ 坐标系下的逆变器侧输出电流；$i_{2\alpha}$、$i_{2\beta}$表示逆变器输出电流经 LCL 滤波后的并网电流。

由式(5-3)可以得到 LCL 滤波电路在 s 域的传递函数，如图 5-5 所示。

相应地，若要在两相旋转坐标系下进行分析，则通过 Park 变换可以得到，Park 变换的表达式为

$$\begin{bmatrix} x_d \\ x_q \end{bmatrix} = \begin{pmatrix} \cos \omega t & \sin \omega t \\ -\sin \omega t & \cos \omega t \end{pmatrix} \begin{bmatrix} x_\alpha \\ x_\beta \end{bmatrix} = C_{2/2} \begin{bmatrix} x_\alpha \\ x_\beta \end{bmatrix} \tag{5-4}$$

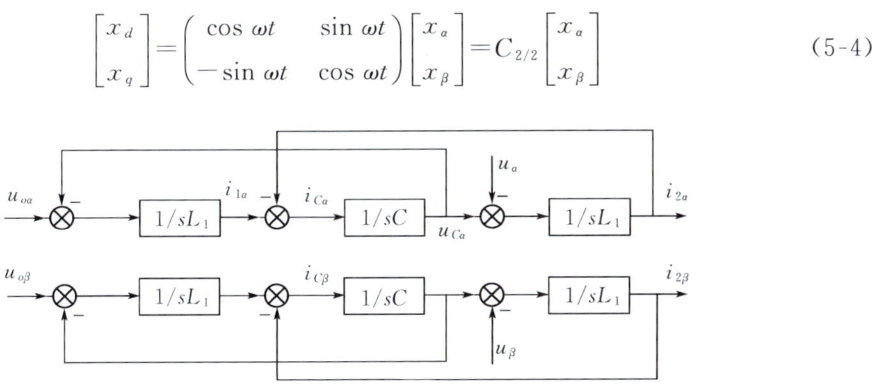

图 5-5 αβ 坐标系下 LCL 滤波器的结构框图

根据式(5-1)和式(5-4)进行变换，可得到旋转 dq 坐标系下 LCL 滤波电路的状态方程(5-5)，其中 i_{1d}、i_{1q} 表示 dq 坐标系下的逆变器侧输出电流，i_{2d}、i_{2q} 表示网侧并网电流。

$$\begin{cases} L_1 \dfrac{\mathrm{d}i_{1d}}{\mathrm{d}t} = u_{od} - u_{cd} + \omega L_1 i_{1q}, L_1 \dfrac{\mathrm{d}i_{1q}}{\mathrm{d}t} = u_{oq} - u_{cq} + \omega L_1 i_{1d} \\ C \dfrac{\mathrm{d}u_{cd}}{\mathrm{d}t} = i_{1d} - i_{1d} + \omega C u_{cq}, C \dfrac{\mathrm{d}u_{cq}}{\mathrm{d}t} = i_{1q} - i_{1q} + \omega C u_{cd} \\ L_2 \dfrac{\mathrm{d}i_{1d}}{\mathrm{d}t} = u_{cd} - u_{\mathrm{pccd}} + \omega L_2 i_{2q}, L_2 \dfrac{\mathrm{d}i_{lq}}{\mathrm{d}t} = u_{cq} - u_{\mathrm{pccq}} + \omega L_2 i_{2d} \end{cases} \tag{5-5}$$

对式(5-5)进行拉式变换，得到 LCL 滤波电路在 dq 坐标系下的传递函数如图 5-6 所示。

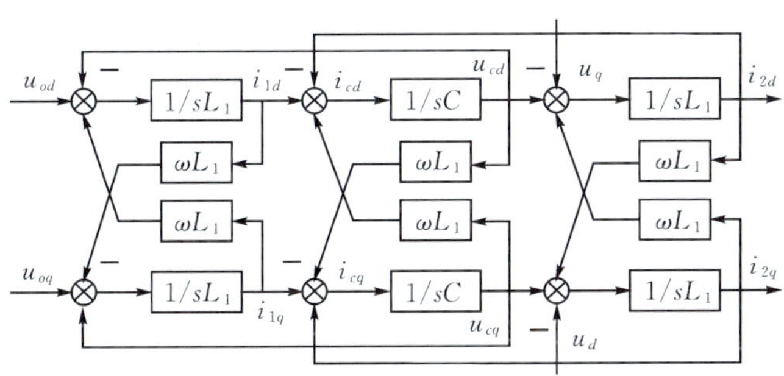

图 5-6 dq 旋转坐标系下 LCL 滤波器结构框图

如图 5-6 所示，在 dq 坐标系下，信号传递存在强耦合关系。在考虑系统控制性能时，需要进行大量的解耦计算。为了方便分析，下文将在 αβ 坐标系下开展阻抗建模研究。

5.2.3 逆变器输出阻抗模型建立

在 αβ 坐标系下的逆变器电流控制中，由于控制信号为正弦交流信号，采用 PI 控制会产生稳态误差；而比例谐振 PR 控制器在电网基波频率处会有较大增益，具备良好的稳定性能。但是 PR 控制器的增益频段较窄，考虑到现实电网中存在频率波动这一情况，需要改进控制器增强鲁棒性。因此，图 5-3 中的 $G_i(s)$采用准比例谐振 QPR 控制器，其传递函数为

$$G_i = K_p + \frac{2K_r\omega_i s}{s^2 + 2\omega_i s + \omega_o} \tag{5-6}$$

式中，K_p和K_r分别为准谐振控制器的比例系数与谐振系数，与 PR 控制器不同的是，该控制方法多了参数ω_i用以调整谐振的频段范围，从而降低系统频率变化对控制性能的影响。

对于功率器件的开关控制环节，采用 SPWM 调制方法，其传递函数可等效为一个比例环节，传递函数表达式为

$$G_{\text{PWM}}(s) = \frac{U_{\text{in}}}{2U_{\text{tri}}} \tag{5-7}$$

式中，U_{in}为直流侧电压值；U_{tri}为三角载波的电压幅值。采样方式选择不对称采样，此时开关频率为采样频率的一半。实际信号在三角载波的波谷处采样，为了避免调制信号与载波发生多次交截，需要经计算后在三角载波的波峰处装载，此时会产生 $1T_s$ 的计算延时。此外，调制信号需要经过 ZOH 保持一个采样周期，该环节会产生 $0.5T_s$ 的调制延时。因此，考虑数字延时的 SPWM 调制环节的传递函数为

$$G_{\text{inv}}(s) = \frac{U_{\text{in}}}{2U_{\text{tri}}} \text{e}^{-1.5sT_s} \tag{5-8}$$

将上述环节代入图 5-3 所示的并网系统结构，可以得到单机并网逆变器的一个控制框图如图 5-7 所示。可以看出，逆变器系统采用电容电流与并网电流的双闭环控制结构，其中 K_{i1} 和 K_{i2}分别为电容电流反馈系数和并网电流反馈系数。

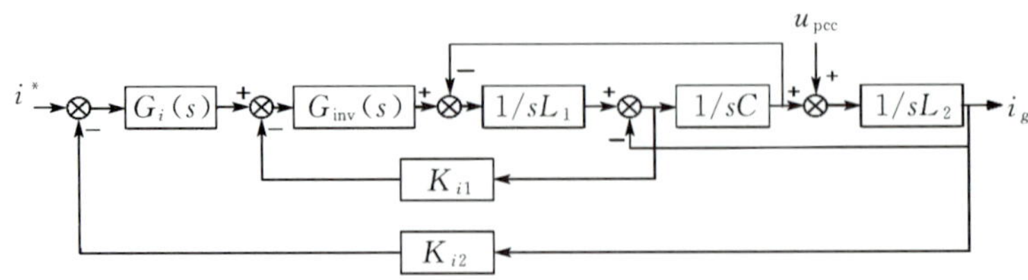

图 5-7　单机并网逆变系统控制结构

对图 5-7 的控制框图进行化简，可以得到如图 5-8 所示的简化控制框图。

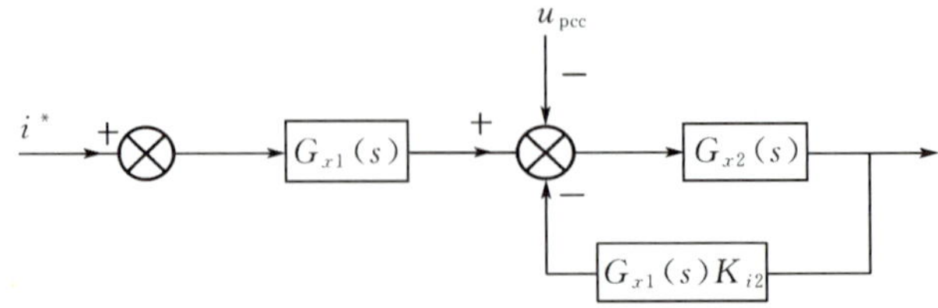

图 5-8　简化后的并网逆变系统控制框图

其中，

$$G_{x1}(s)=\frac{G_i(s)G_{\text{inv}}(s)}{s^2L_1C+sCK_{i1}G_{\text{inv}}(s)+1} \tag{5-9}$$

$$G_{x2}(s)=\frac{s^2L_1C+sCK_{i1}G_{\text{inv}}(s)+1}{s^3L_1L_2C+s^2L_2CK_{i1}G_{\text{inv}}(s)+s(L_1+L_2)} \tag{5-10}$$

那么其开环传递函数为

$$T_A(s)=G_{x1}(s)G_{x2}(s)=\frac{G_{\text{inv}}G_i(s)}{s^3L_1L_2C+s^2L_2CK_{i1}G_{\text{inv}}(s)+s(L_1+L_2)} \tag{5-11}$$

环路增益为

$$T(s)=G_{x1}(s)G_{x2}(s)K_{i2}=\frac{K_{i2}G_{\text{inv}}G_i(s)}{s^3L_1L_2C+s^2L_2CK_{i1}G_{\text{inv}}(s)+s(L_1+L_2)} \tag{5-12}$$

建立逆变器的控制模型后可以得到其阻抗表达式为

$$Z_o(s)=-\frac{u_{\text{pcc}}(s)}{i_g(s)}=\frac{1+T(s)}{G_{x2}(s)} \tag{5-13}$$

5.3 弱电网条件下并网逆变器稳定性分析

5.3.1 基于阻抗分析法的并网逆变器稳定性分析

上述推导基于理想电网条件，即假设电网阻抗为零。然而，目前集中式光伏发电站多位于偏远地区，电站输电上网需要经过长距离的输电线路，因此电网的电感不可忽略。为了分析并网系统与电网的交互特性，采用阻抗分析法：将并网系统一侧看作一个电流源与其输出阻抗的并联，电网侧看作一个电压源与阻抗的串联，其等效电路图如图 5-9 所示。图中 $Is(s)$为电网阻抗，假如逆变器输出稳定和电网电压稳定，单个逆变器的并网电流表达式为

$$I_g=\left[I_s(s)-\frac{U_g}{Z_o(s)}\right]\frac{1}{1+\dfrac{Z_{\text{grid}}(s)}{Z_o(s)}} \tag{5-14}$$

当逆变器并网电流和电网电压处于稳态时，上述电流表达式可以等效为一个闭环控制系统如图 5-10 所示。

如图 5-10 所示，可以根据 Nyquist 稳定性判据对电网与逆变器的阻抗比进行分析。由 Nyquist 稳定性判据知，当 $Z_{\text{grid}}(s)$和$Z_o(s)$的幅频特性曲线相交处的交截频率所对应的相位裕度 $PM>0°$时，可判断并网系统稳定。

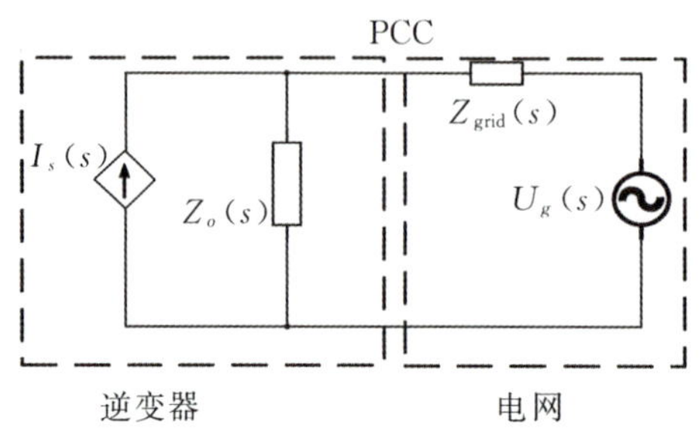

图 5-9　并网系统的等效电路

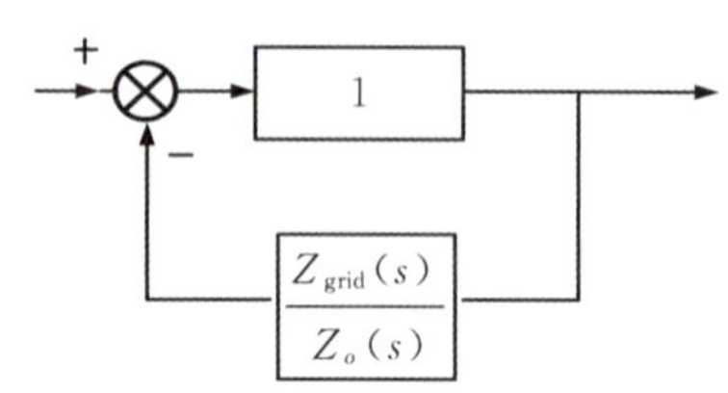

图 5-10　电流源等效下的等效闭环控制系统

5.3.2　不同电网阻抗下的并网逆变器系统仿真

为分析电网阻抗对并网逆变器稳定性的影响，表 5-1 列出了并网逆变器的关键参数。

表 5-1　并网逆变器相关参数

参数	数值
额定功率 P_{out}	50kW
电网电压有效值	220V
直流侧电压	720V
采样频率 f_s	10kHz
机侧电感 L_1	5mH
滤波电容 C	5μF
网侧电感 L_2	0.5mH
开关频率 f_{sw}	10kHz

逆变器的等效控制框图如图 5-11 所示。5.2.3 节中得到了 $\alpha\beta$ 坐标系下的逆变器输出阻抗模型，相应的 dq 坐标系下控制框图也类似。为方便分析，采用 dq 坐标系下的电流 PI 控制方法，$G_c(s)$为 PI 控制器，$G_d(s)$为 1 拍控制延时，K_{PWM}为逆变器桥臂增益。

$$G_c(s)=k_p+\frac{k_i}{s} \tag{5-15}$$

式中，k_p 和 k_i 分别为比例系数和积分系数。

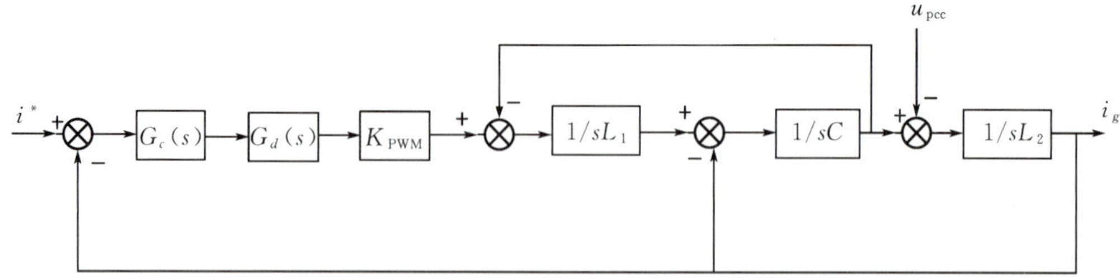

图 5-11　逆变器等效控制结构图

由式(5-15)和图 5-11 得到参考电流到并网电流的开环传递函数为

$$T_o(s)=\frac{G_c(s)G_d(s)K_{PWM}}{s^3L_1CL_2+s(L_1+L_2)} \tag{5-16}$$

为了实现逆变器系统自身的稳定，设计控制器参数过程如下：

令 $G_c(s)=1$，则得到补偿前系统开环传递函数$G_o(s)$。

需要注意的是，系统稳定的前提是滤波器谐振频率 $f_{res}>f_s/4$，如果 $f_{res}<f_s/4$，则 $G_o(s)$的穿越频率为谐振频率，此处的增益为无穷大，此时无论怎么设计控制器系统都不稳定；为保证系统稳定，需要使$f_s/4$ 处的一次负穿越失效，即幅值裕度 $GM>0\text{dB}$，将 $s=j2\pi f$ 代入$G_o(s)$的表达式可以得到其在 $f=f_s/4$ 处的幅值为

$$\left|G_o\left(j\frac{\pi f_s}{2}\right)\right|=\left|\frac{-K_{\mathrm{PWM}}}{2\pi^3 f_s L_1 C L_2}\frac{1}{f_{\mathrm{res}}^2-(f_s/4)^2}\right| \tag{5-17}$$

当 PI 控制器的转折频率远小于开环截止频率时，电流控制器可等效为比例系数 k_p，此时系统开环传递函数在 $f=f_s/4$ 处的幅值为

$$\left|T_o\left(j\frac{\pi f_s}{2}\right)\right|=k_p\left|G_o\left(j\frac{\pi f_s}{2}\right)\right| \tag{5-18}$$

幅值裕度表达式为

$$GM=-20\lg\left|T_o\left(j\frac{\pi f_s}{2}\right)\right| \tag{5-19}$$

根据幅值裕度表达式，可以推导出控制器比例系数 k_p 与 GM 的函数关系为

$$k_p=\frac{10^{-GM/20}}{\left|G_o\left(j\frac{\pi f_s}{2}\right)\right|} \tag{5-20}$$

取 $GM=5$，则 $k_p=0.0593$。

在低于 f_{res}的频段内，系统的开环传递函数可近似表达为

$$T_o(s)\approx\frac{G_c(s)G_d(s)K_{\mathrm{PWM}}}{s(L_1+L_2)} \tag{5-21}$$

将 $G_c(s)\approx k_p$,代入 $T_o(s)$，并令开环截止频率为f_c，由于 $T_o(s)$在开环截止频率处的幅值为 0dB，由此可以求得f_c的表达式为

$$f_c=\frac{k_p K_{\mathrm{PWM}}}{2\pi(L_1+L_2)} \tag{5-22}$$

因此，进一步得到系统的相位裕度表达式为

$$\begin{aligned}PM&=180^\circ+\left[-90^\circ-360^\circ\frac{f_c}{f_s}-\frac{180^\circ}{\pi}\arctan\frac{k_i}{2\pi f_c k_p}\right]\\&=90^\circ-360^\circ\frac{f_c}{f_s}-\frac{180^\circ}{\pi}\arctan\frac{k_i}{2\pi f_c k_p}\end{aligned} \tag{5-23}$$

由此推导出控制器积分系数 k_i 与 PM 的函数关系为

$$k_i=-2\pi f_c k_p\tan\frac{\pi\left(PM-90^\circ+360^\circ\frac{f_c}{f_s}\right)}{180^\circ} \tag{5-24}$$

且 PM 应满足 $PM\leqslant 90^\circ-360^\circ\frac{f_c}{f_s}$。取 $PM=60^\circ$，$k_i=31.3815$。

综上所述，$k_p=0.0593$，$k_i=31.3815$，由此绘制 $T_o(s)$ 的伯德图如图5-12。

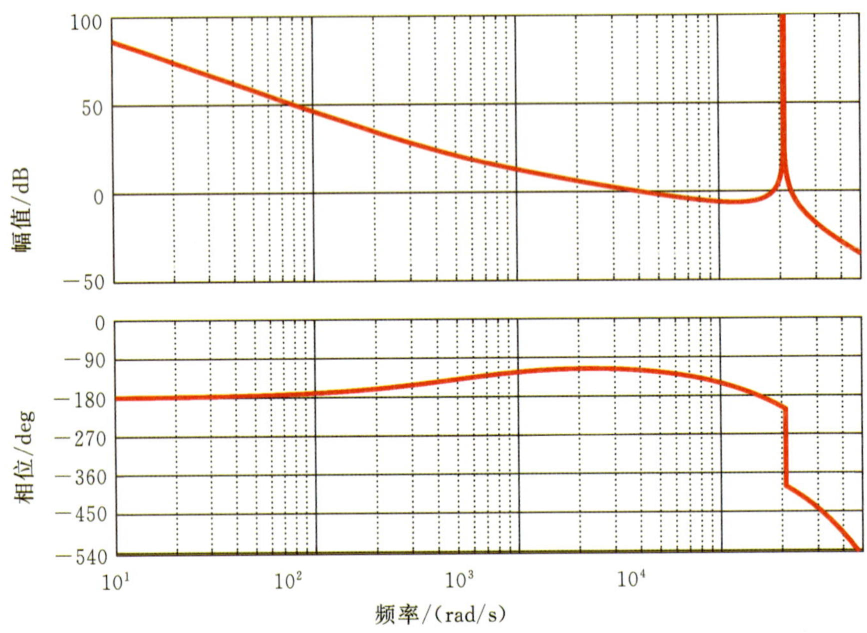

图5-12　逆变器控制伯德图

弱电网的定义为系统短路容量比 $SCR\leqslant 3$，其中，根据 SCR 与等效电网的电感的关系式为

$$L_g=\frac{u^{2g}}{P_{out}\omega_0 SCR} \tag{5-25}$$

式中，u_g 为电网线电压有效值；P_{out} 为逆变器的额定功率；ω_0 为电网基波角频率。

根据表5-1，可以得到 $SCR=3$ 时的等效电网电感为 $L_g=3.08\text{mH}$。考虑电网阻抗时，并网逆变器控制系统的网侧电感 L_2 转变为 L_T，且 $L_T=L_g+L_2$。

此刻开环系统的传递函数为

$$T_o(s)=\frac{G_c(s)G_d(s)K_{PWM}}{s^3L_1C(L_2+L_g)+s(L_1+L_2+L_g)} \tag{5-26}$$

由式(5-16)可以推出闭环控制系统关于 L_g 的等效开关传递函数

$$T_{eq}(s)=L_g\frac{s^3L_1C+s}{s^3L_1CL_2+s(L_1+L_2)+G_c(s)G_{d0}(s)K_{PWM}} \tag{5-27}$$

由于指数延时的存在不利于广义根轨迹的绘制，使用三阶Pade近似进行处理，即

$$G_d(s)=\frac{120-60a_0s+12a_0^2s^2-a_0^3s^3}{120+60a_0s+12a_0^2s^2+a_0^3s^3} \tag{5-28}$$

式中，$a_0=T_s$，等效数字控制延时的伯德图如图5-13所示。可以看出，等效环节与指数延

时的幅频与相频响应曲线基本一致。

L_g 的广义根轨迹如图 5-14 和图 5-15 所示。从图中可以看出，当 $L_g=0.24\text{mH}$ 时，系统将处在临界稳定状态。

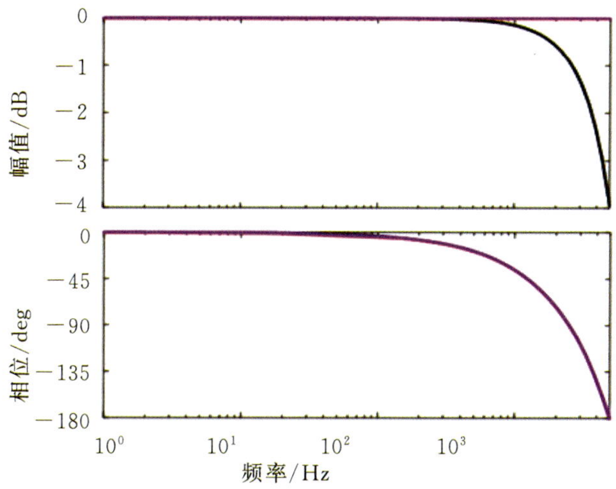

图 5-13 等效数字控制延时的伯德图

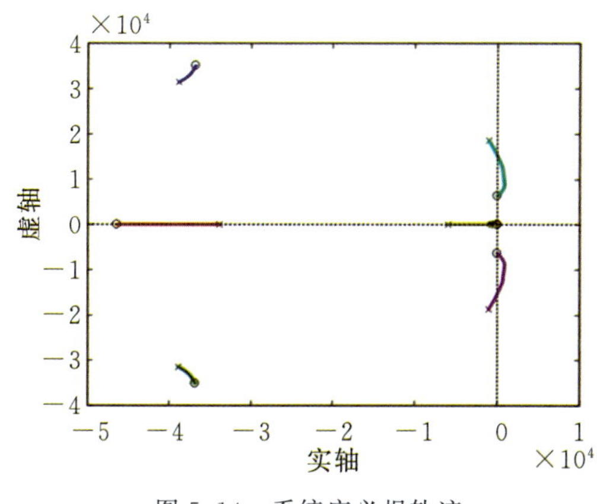

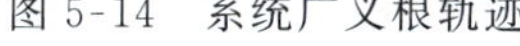
图 5-14 系统广义根轨迹

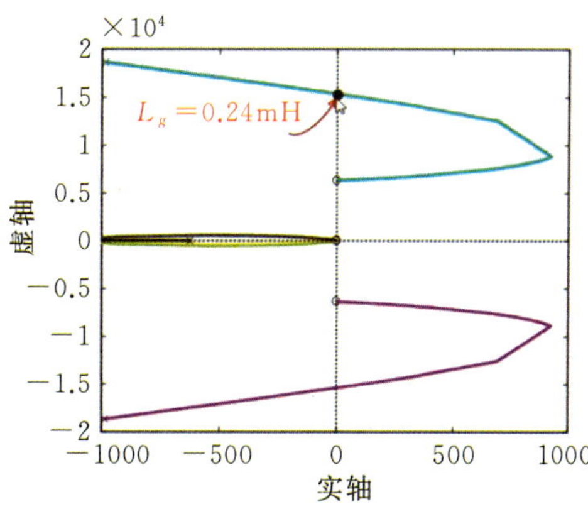

图 5-15 系统广义根轨迹局部放大

5.3.3 电网阻抗变化导致失稳的仿真验证

为了验证上述计算得到的并网逆变器失稳的条件，在 MATLAB/Simulink 中搭建仿真模型。在仿真中，0.1s 前电网电感设置为 0，0.1s 后分别引入$L_g=0.1\text{mH}$、$L_g=0.24\text{mH}$ 和 $L_g=3.08\text{mH}$ 3 种工况。图 5-16(a)、(b)、(c)分别对应这 3 种工况下的电网电压与并网电流的波形图。

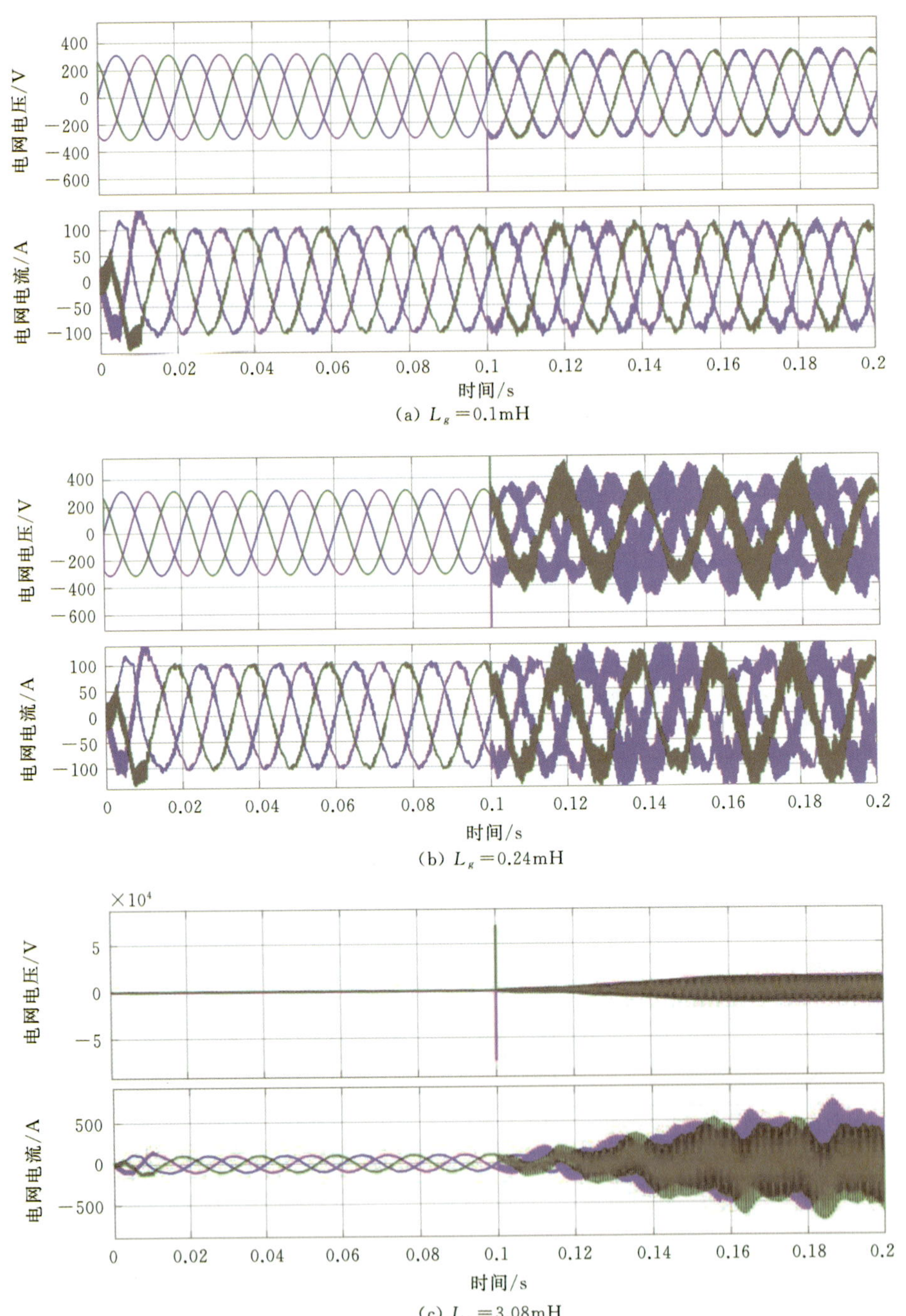

(a) $L_g = 0.1\text{mH}$

(b) $L_g = 0.24\text{mH}$

(c) $L_g = 3.08\text{mH}$

图 5-16　不同电网阻抗下的逆变器并网电压与电流

绘制不同电网阻抗下的系统开环伯德图如图 5-17 所示。

由图 5-17 可以看出，电网阻抗的引入对并网逆变器系统的影响是相当显著的。随着电网阻抗的增大，并网电流质量会恶化。对前 0.1s 的并网电流作 FFT 分析，得到图 5-18。

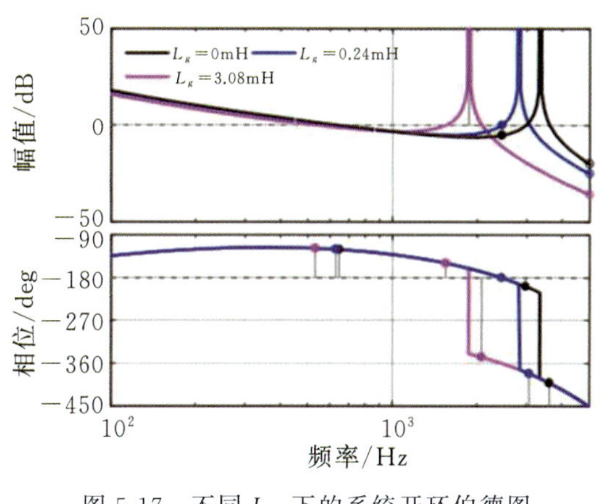

图 5-17 不同 L_g 下的系统开环伯德图

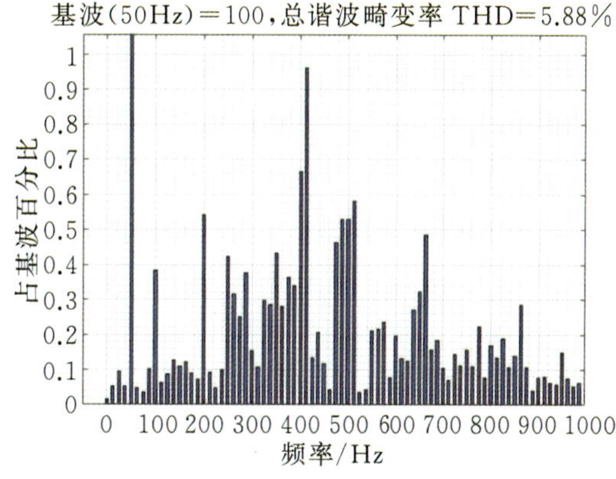

图 5-18 并网电流的谐波频谱图

由图 5-18 可知，并网电流中含有相当频次的谐波。随着电网电压阻抗增大，逆变器系统的谐振点逐渐向低频移动。当超过临界值时，并网电流电压中的谐波会诱发谐振，从而出现宽频振荡现象。

5.4 多并网逆变器系统中的电网阻抗影响分析

大型光伏电站通常包含多台并网逆变器。前文已对单台逆变器并网系统进行了阻抗建模，并分析了电网阻抗对单机并网系统稳定性的影响。对并网的光伏电站而言，多台逆变器并网是其主要并网方式。图 5-19 所示为并网系统拓扑结构，图 5-20 则给出了等效导纳模型。

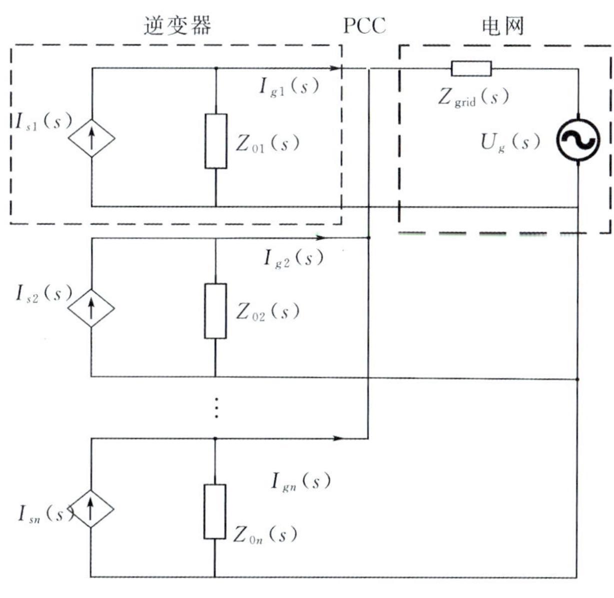

图 5-19 多逆变器阻抗网络

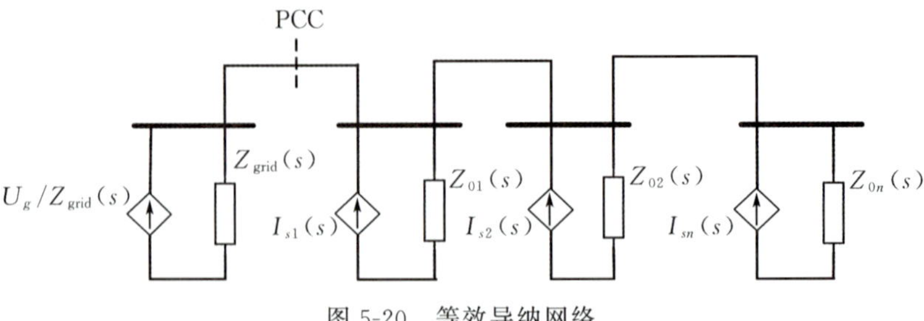

图 5-20　等效导纳网络

式中，$I_{s1}(s)=G_{01}i_{\text{gref1}}$。对图中框出的一号逆变器进行分析，由基尔霍夫电流定律，其并网电流 $I_{g1}(s)$表达式为

$$I_{g1}(s)=G_{01}i_{\text{gref1}}-\frac{U_{\text{PCC}}}{Z_{01}(s)} \tag{5-29}$$

对于并网公共点，其电压表达式可由基尔霍夫电压定律得到

$$U_{\text{PCC}}=\frac{\sum_{j=1}^{n}G_{01}i_{\text{gref}}+\frac{U_g}{Z_{\text{grid}}}}{\sum_{j=1}^{n}\frac{1}{Z_{01}(s)}+\frac{1}{Z_{\text{grid}}}} \tag{5-30}$$

将式(5-30)代入式(5-29)得

$$I_{g1}(s)=R_{11}(s)i_{\text{gref1}}-\sum_{j=2}^{n}R_{1j}(s)i_{\text{gref}j}-R_{1g}(s)U_g \tag{5-31}$$

$$R_{11}(s)=G_{01}(s)=\frac{G_{01}(s)}{Z_{01}(s)\left(\sum_{i=1}^{n}\frac{1}{Z_{01}}+\frac{1}{Z_{\text{grid}}}\right)}$$

$$R_{1j}(s)=\frac{G_{0j}(s)}{Z_{01}(s)\left(\sum_{i=1}^{n}\frac{1}{Z_{01}}+\frac{1}{Z_{\text{grid}}}\right)}$$

$$R_{1g}(s)=\frac{1}{Z_{\text{grid}}Z_{01}(s)\left(\sum_{i=1}^{n}\frac{1}{Z_{01}}+\frac{1}{Z_{\text{grid}}}\right)} \tag{5-32}$$

由式(5-32)可知，单台逆变器的并网电流受到 3 个因素的影响：一是自身并网电流的反馈，二是其他逆变器的并网电流，三是电网电压，$R_{11}(s)$、$R_{1j}(s)$、$R_{1g}(s)$分别为 3 个参考信号的增益系数。

在符合光伏电站实际情况的基础上对上式进行简化，并认为多机并网系统中的逆变器参数一致。最终，n 台逆变器的并网电流表达式可以用矩阵表示为

$$\begin{bmatrix} I_{g1}(s) \\ I_{g2}(s) \\ \vdots \\ I_{gn}(s) \end{bmatrix}=\begin{bmatrix} R_{11}(s) & R_{12}(s) & \cdots & R_{12}(s) \\ R_{12}(s) & R_{11}(s) & \cdots & R_{12}(s) \\ \vdots & \vdots & & \vdots \\ R_{12}(s) & R_{12}(s) & \cdots & R_{11}(s) \end{bmatrix}\begin{bmatrix} i_{\text{gref1}}(s) \\ i_{\text{gref2}}(s) \\ \vdots \\ i_{\text{gref}n}(s) \end{bmatrix}-\begin{bmatrix} R_g(s) \\ R_g(s) \\ \vdots \\ R_g(s) \end{bmatrix}U_g \tag{5-33}$$

由上式可以看出，多逆变器的电流信号存在严重的耦合现象，若不考虑电网阻抗，式

(5-33)的矩阵表达式中系数矩阵的对角线元素为 0，即单台逆变并网电流信号不受其他逆变器电流信号的影响，简化分析得到

$$I_g = n\left[I_s(s) - \frac{U_g}{Z_0(s)}\right]\frac{1}{1+\dfrac{nZ_{\text{grid}}(s)}{Z_0(s)}} \tag{5-34}$$

对比单机并网的电流表达式可知，在 n 台相同逆变器的作用下，电网阻抗放大了 n 倍。

对于 N 台并网逆变器，绘制逆变器输出电压到公共母线电压的系数 $G_{m,i}(s)$和电网电压到公共母线电压的系数 $G_{n,i}(s)$的伯德图如图 5-21、图 5-22 所示。可以看出，逆变器并联个数越多，系统谐振频率左移，且电网电压激励的谐振尖峰处的谐振频率和逆变器输出电压激励的谐振尖峰处的谐振频率是一致的。上述谐振频率受并网逆变器台数影响，此外还存在着逆变器相同 LCL 参数固有的谐振频率，多机并网系统的电流会在这些频率的谐波谐振影响下发生畸变。

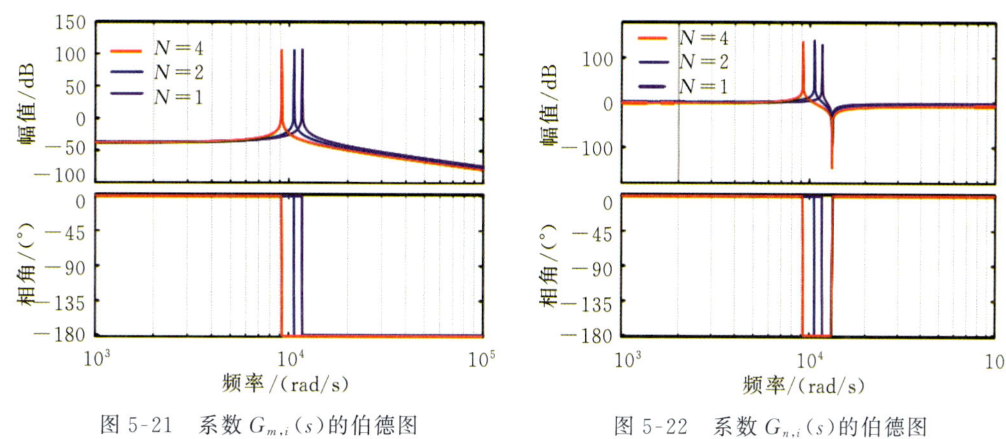

图 5-21 系数 $G_{m,i}(s)$的伯德图

图 5-22 系数 $G_{n,i}(s)$的伯德图

在 MATLAB 中搭建多机并网仿真模型，仿真电路如图 5-23 所示。图 5-24 记录了并网逆变器台数不断增加时并网电流的波形。

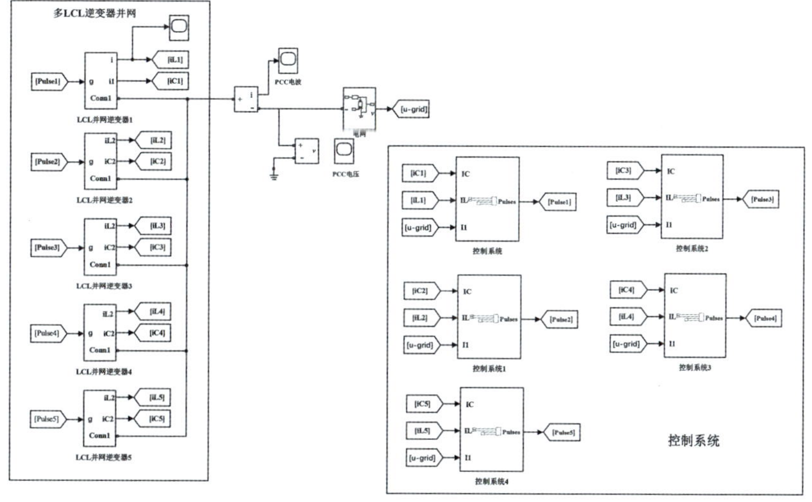

图 5-23 多机并网系统仿真图

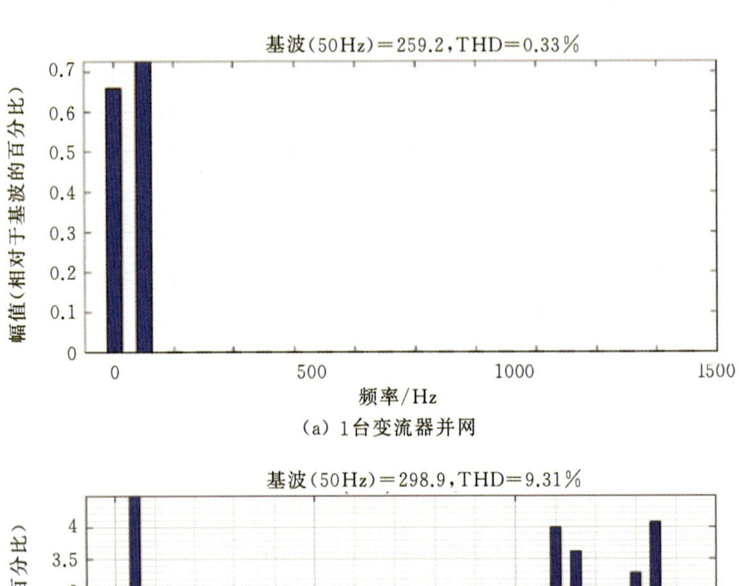

(a) 1台变流器并网

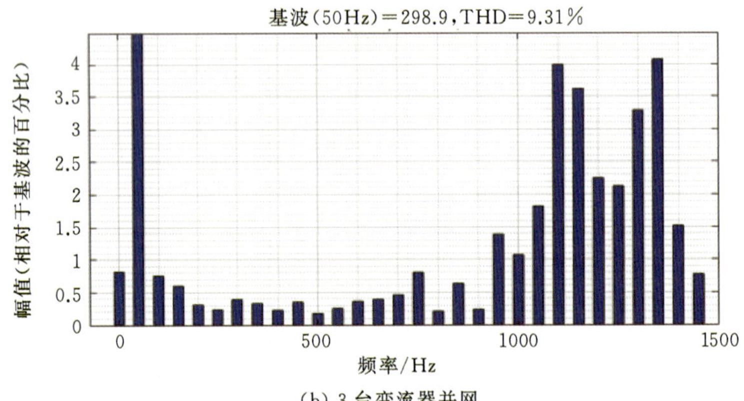

(b) 3 台变流器并网

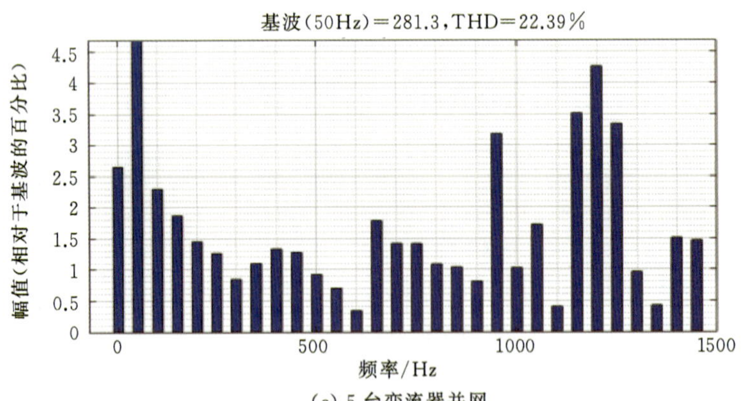

(c) 5 台变流器并网

图 5-24　多机并网 PCC 点电流波形

由多机并网的仿真可知，逆变器台数越多，并网谐波含量越高，在系统阻抗交互下谐振失稳的风险也愈大。

第 6 章
多功能四象限阻抗器灵活调节技术

6.1 谐波抑制研究现状

电力系统中的谐波问题由来已久，在当前电力系统“双高”特性愈发显著的环境下，谐波问题也越来越受到重视。电力系统中的谐波一般采用电力滤波器来解决，电力滤波器可分为无源滤波器(passive power filter，PPF)、有源电力滤波器(active power filter，APF)和混合型滤波器(hybrid active power filter，HAPF)。

无源滤波器采用电感 L、电容 C 的不同组合构成，其滤波电路在特定频率处发生串联谐振。将滤波器并联与非线性负载并联，对负载产生的谐波电流呈现低阻抗通路，从而避免谐波进入电网影响电网环境。图 6-1 是几种常见的无源滤波器结构图。

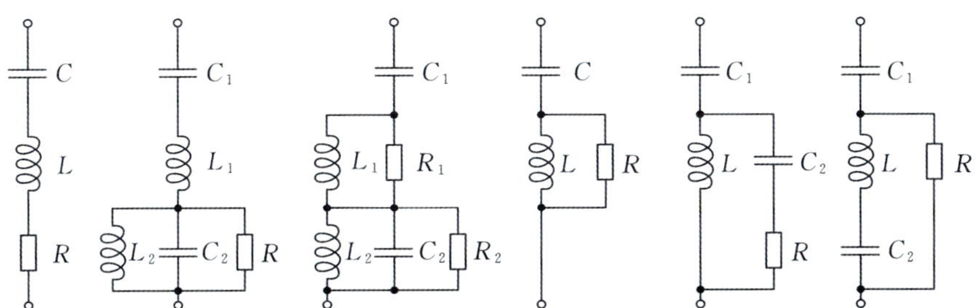

图 6-1　常见的无源电力滤波器的结构图

无源电力滤波技术最早应用于实际工程，其结构简单，技术成熟，在电力系统谐波治理中具有十分重要的地位。但其缺点也十分明显，具体表现为：①体积庞大，空间利用率低；占地面积大，土地投资成本高；笨重，运输和安装不便，额外增加建设成本，从侧面反映其对制作材料的需求量大，材料成本较高；②只能滤除指定次谐波，补偿固定，不能对谐波进行动态衰减和补偿，因此需要安装多条滤波支路；③滤波效果很大程度取决于系统阻抗，且与系统阻抗以及其他支路存在串联或并联谐振的可能，造成谐波放大现象。诸如以上所述的弊端，无源滤波器在应用中仍存在较大的缺陷。随着电力电子技术在电力系统中的应用逐渐深入，有源电力滤波器(APF)作为一种具有优良滤波性能的电力设备，受到国内外研究人员的广泛关注。

6.1.1 有源电力滤波器的技术发展

1969 年，B. M. Bird 等提出通过注入三次谐波电流可以达到改善电网电流波形的目的，这被认为是 APF 技术的萌芽。1971 年，H. Sasaki 提出利用变压器的磁通补偿原理用于消除直流系统中的交流谐波，这是世界上首次完整地描述了 APF 的基本原理，但由于当时技术的限制，H. Sasaki 只能采用放大器对检测的系统谐波电流进行线性放大，因此损耗较大，未能真正应用于工程当中。1976 年，L. Gyugyi 等提出用 PWM 逆变器作为补偿电流发生电路，正式确立了有源电力滤波器的概念。但由于当时的电力电子器件工艺水平达不到高频，所以研究未能推广至实际应用。直至 1984 年，日本学者 H. Akagi 等提出了基于瞬时无功功率理论的谐波检测算法，亦称为 pq 法，该算法的出现大大提高了 APF 的动态响应速度，为实现谐波动态补偿提供了理论依据，极大推动了 APF 的实用化研究。在之后的研究中，有学者在此基础上提出了改进方法，主要包括采用 i_p-i_q 运算方式的谐波检测方式、基于三相旋转($dq0$)坐标系下的广义瞬时无功功率谐波检测方法和改进 dq 法等。此外，快速傅里叶变换(fast fourier transform，FFT)、神经网络、希尔伯特-黄变换(hilbert-huang transform，HHT)、小波变换等算法的应用，极大丰富了谐波电流检测手段。与此同时，以绝缘栅双极型晶体管(IGBT)为代表的复合型器件的诞生和微机控制技术、数字信号处理技术的异军突起，为 APF 发展提供了强大的技术支撑，推动 APF 真正进入了工业实用阶段。

相对来说，我国对 APF 的研究起步较晚，到了 20 世纪 80 年代国内才出现 APF 的相关论文。在理论层面，1992 年，西安交通大学的王兆安等对 pq 理论中的瞬时无功功率、瞬时无功电流等概念进行了理论推导，并从物理公式的角度分析了它们的性质，指出了它们和传统理论之间的关系，推动了 APF 电流检测技术的进步；华北电力大学李庚银等提出了基于 $dq0$ 坐标下的广义瞬时无功功率理论。在实际应用层面，华南理工大学研制的 HAPF 用于牵引变电站的谐波治理，但其滤波效果与装置容量有关，在技术上还需要进一步的完善和改进；华中科技大学提出的基于基波磁通补偿原理的 APF，在结构上属于串联型，其滤波效果优于并联型 APF，但可靠性尚受质疑；西安交通大学提出采用四重化变流器作为大容量 APF 的主电路，有效解决了容量和开关频率的矛盾，但成本较高，还需要进行进一步的优化。

有源电力滤波器拓扑结构(APF)根据接入电网的方式可分为并联型、串联型和混合型三大类。本节总结了 6 种基本拓扑如图 6-2 所示。在图 6-2 中，逆变器直流侧的 L/C 标识分别表示逆变器的类型为电流源型逆变器(CSI)和电压源型逆变器(VSI)。表 6-1 总结了 6 种基本拓扑结构的特点。

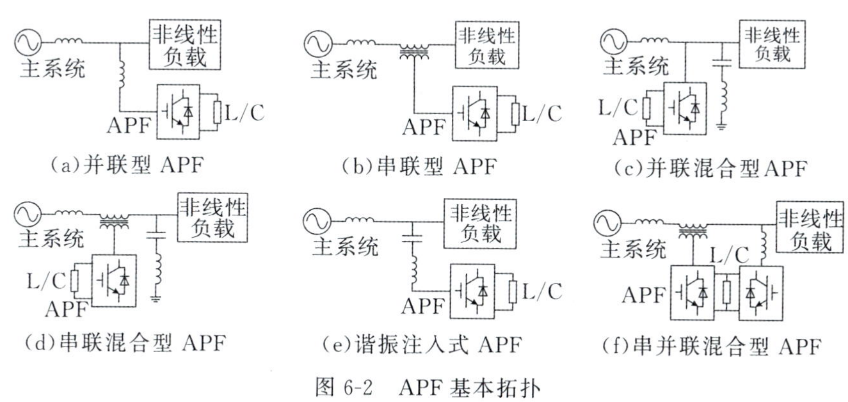

(a)并联型 APF (b)串联型 APF (c)并联混合型APF
(d)串联混合型 APF (e)谐振注入式 APF (f)串并联混合型 APF

图 6-2 APF 基本拓扑

表 6-1 6 种 APF 基本拓扑特点总结

基本拓扑	特　　点
并联型	并联接入主电路，其本质为电流源，逆变器作为补偿电流发生器向电网注入与电网谐波幅值相等、相位相反的补偿电流，从而达到相消的效果，以此改善电网电流波形。主要用于治理电流型谐波源
串联型	串联接入主电路，主要由变压器和逆变器组成，适合补偿电压型谐波源，也可以补偿电流型谐波源，兼备一定的无功补偿能力
并联混合型	可用于大功率系统，但 PPF 对 APF 发出的补偿电流有分流作用，会额外增加 APF 的容量，易造成较大的损耗和 APF 过载问题
串联混合型	将逆变器控制为电流源，使得串联变压器原边绕组的阻抗可控，并对谐波分量呈现高阻抗，谐波分量被迫流入 PPF 支路
谐振注入式	既能抑制谐波又能补偿无功，但兼顾谐波和无功补偿时的设计尚有困难
串并联混合型	即统一电能质量控制器，通过并联型 APF 和串联型 APF 综合治理电流质量问题和电压问题，目前存在着成本较高、不平衡电流无法校正等问题

在大容量谐波负载补偿应用场景中，为提升 APF 的容量等级，许多学者进行了相关研究。其中，H 桥三电平 APF 与一种多重化大功率并联型 APF 均适用于大容量补偿的应用场景，如图 6-3 所示。

此外，还改进了 VSI 的结构，采用三个单相全桥(three single-phase full-bridge，3F-B)结构的 VSI，可以实现对每一相进行单独的电流补偿，同时提高了 APF 的容量。另有研究借鉴多重化技术，提出了一种带多个二次侧补偿绕组的串联型 APF。该结构利用多个 VSI 产生补偿电流注入相应的二次侧绕组，从而减小单个 VSI 的电流应力，有利于提升 APF 的容量等级。

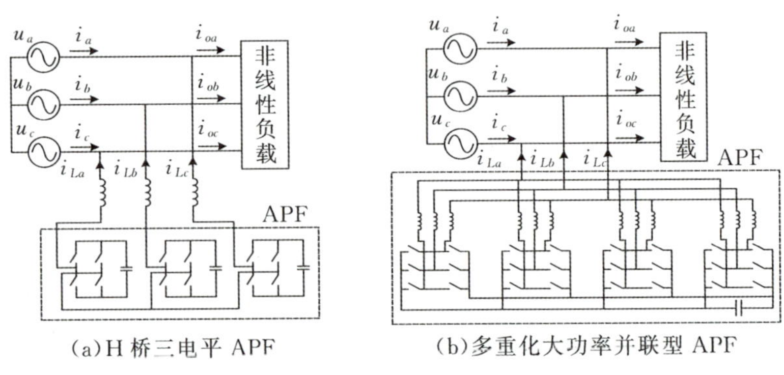

(a)H 桥三电平 APF　　(b)多重化大功率并联型 APF

图 6-3　应用于三相三线制系统的 APF 结构

综上所述，APF 的拓扑结构会根据接入电网方式、容量等级、变流器类型等因素有所差别，因而可以将之作为分类依据，从而总结得到图 6-4 所示的 APF 分类树。值得一提的是，目前绝大多数对 APF 的研究都集中于交流系统应用，直流系统应用较少。然而，随着新型电力系统的建设推进，APF 在柔性直流输电系统中的潜在应用价值将日益凸显，相关研究具有重要的前瞻性意义。

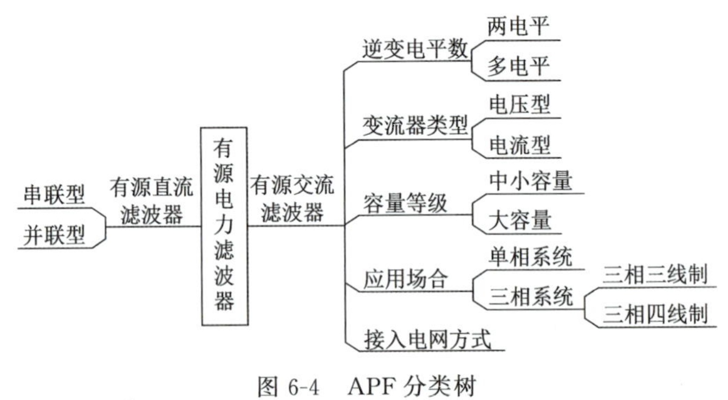

图 6-4　APF 分类树

6.1.2　有源电力滤波器基本原理

基于对国内外文献分析，在不考虑与 PPF 混合使用的前提下，APF 结构可分为串联型和并联型，其基本原理框图如图 6-5 所示。

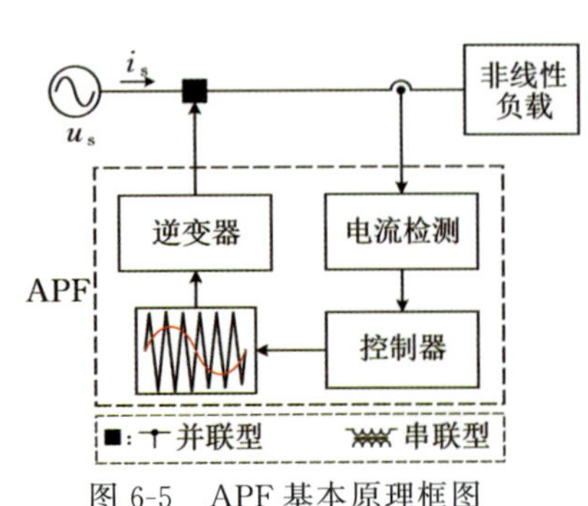

图 6-5　APF 基本原理框图

当非线性负载接入电网后，会向电网传播谐波。APF 首先需要通过电流霍尔传感器采集负载侧的电流，此电流包含了基波和谐波分量两部分，在控制系统中通过谐波电流检测算法将二者进行分离。若是补偿谐波，则由分离出来的谐波分量构成指令电流。目前，APF 常用的谐波电流检测方法包括：基于瞬时无功功率理论的检测方法(包括 pq 法、i_p-i_q 法和 dq 法等)、快速傅里叶变换(FFT)法以及自适应检测算法等。

控制器主要功能是实现对时变指令电流信号进行快速跟踪控制，以确保逆变器产生的补偿电流始终跟踪指令信号，从而保证 APF 能够快速地实现谐波抑制和电压补偿等功能。电流控制器的设计始终是 APF 研究的重要课题，目前用到的传统控制方法有比例积分(proportional integral，PI)控制、比例谐振(proportional resonant，PR)控制、滞环控制、重复控制、滑模控制等，还有与机器学习结合形成的新颖智能控制方式如模糊控制、神经网络控制(如预测控制、参数估计自适应控制)等。此外，还出现了综合两种及以上方法的复合控制方式，如应用于三电平 APF 中的重复-模糊 PI 控制，是一种神经终端滑模控制方法，这些都极大地丰富了 APF 的控制手段。不同的控制方法对 APF 的稳定性、鲁棒性以及动态性能的影响各异，因此在选择控制方法时应当综合应用场景和成本等因素进行考虑。表 6-2 总结了各种控制方法的性能对比及优缺点。

表 6-2 电流跟踪控制方法对比

方法	稳定性	鲁棒性	动态响应	优点	缺点
PI 控制	好	一般	一般	简单易设计	开关频率固定，对交流信号无法实现无静差跟踪
PR 控制	好	强	慢	可实现对周期性信号的无静差跟踪	只能进行指定次谐波补偿，且实现复杂
滞环控制	好	强	快	简单易实现，抗干扰性较强	效率较低
重复控制	好	强	慢	对周期性扰动具有良好的抑制效果	动态响应速度较慢
预测控制	差	强	快	响应速度快，精度高	参数变化易造成系统不稳
滑模控制	好	强	快	动态性能好，受系统参数及扰动的影响小	抖振问题
模糊控制	好	强	快	对非线性系统有良好的适应性，延迟补偿特性好，受外部干扰及参数变化影响小	依赖规则库的设计，对设计人员经验要求较高，且对计算机算力要求大
复合控制	好	强	快	综合多种控制方法的优点，提高系统静态及动态性能	需根据应用场景进行选配

6.2 可调阻抗器研究现状

可调阻抗器是能源互联网中一种广泛应用的基础性装备。可调阻抗器主要包括可调电阻器、可调电容器、可调电抗器和可调负电阻器。现有的可调阻抗装置的研究都是分别开展的，可调电阻器具有抑制线路谐振、隔离谐波和阻尼振荡等作用；可调电容器在动态无功补偿、串联补偿器等场合具有重要的作用；可调负电阻器实现抵消正电阻、调节系统电压、减小损耗和处置配电网接地故障等功能；

与上述可调电阻器、可调电容器、可调负电阻器相比，可调电抗器的研究目前最成熟，已发展出了多样的实现形式。相应地，可调电抗器电力系统中的应用也最广泛。可调电抗器在柔性交流输电技术(主要包括静止无功补偿器、统一潮流控制器、可控串联电容补偿器、静止同步串联补偿器、有源电力滤波器、串联潮流控制器和故障电流限制器等)、电力系统稳定性、谐波隔离、过电压过电流限制、高低电压补偿及线路阻抗调节等方面发挥重要作用。可调电抗器与固定电力电容器配合使用，可就近补偿无功，从而有效提高用户功率因数。高性能可调阻抗装置始终是改善电力系统电能质量和提高系统稳定性的重要手段。

当前，可调电抗器的种类颇多，大体上分为机械调节式、直流励磁式和电力电子控制式。各类电抗器的机构示意如图 6-6 所示。机械调节式通过调节匝数(图 6-6(a))或磁通回

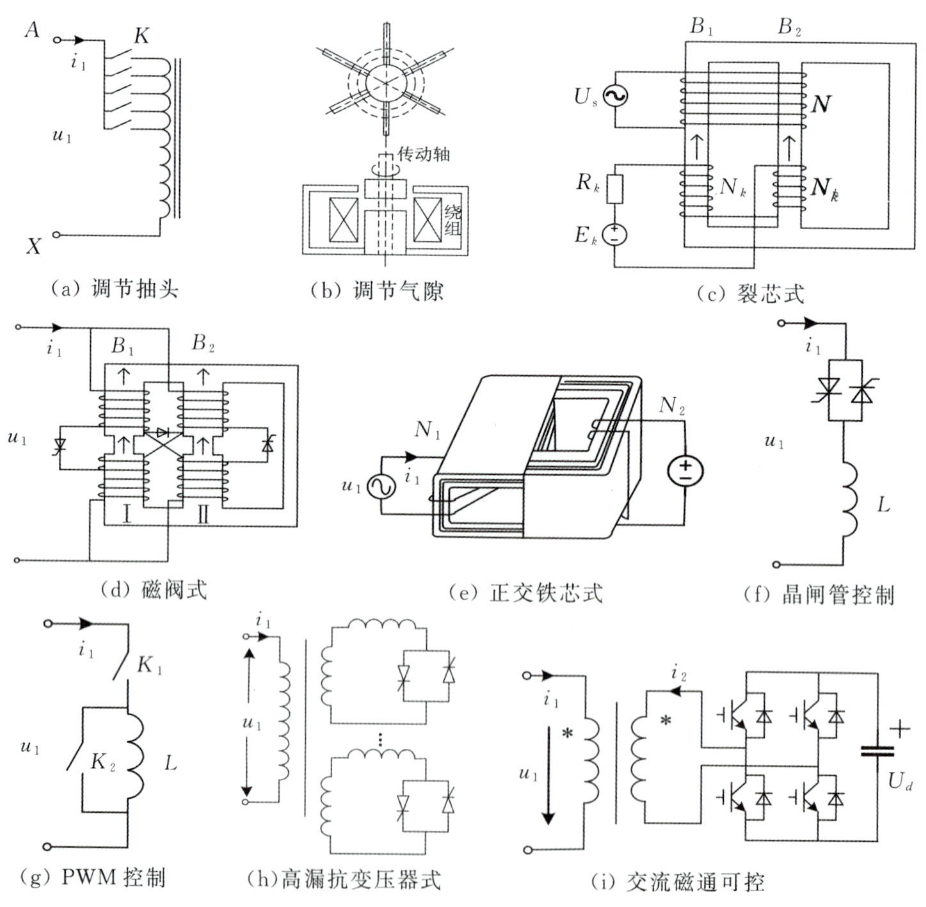

图 6-6 不同类型的可调电抗器结构图

路的气隙(图 6-6(b))实现电抗调节。直流励磁式可调电抗器主要分为磁阀式(图 6-6(c))、裂芯式(图 6-6(d))和正交铁芯式(图 6-6(e))。电力电子控制式可调电抗主要分为晶闸管控制型(图 6-6(f))、PWM 控制型(图 6-6(g))、高漏抗变压器式(图 6-6(h))和基于交流磁通控制的可调电抗器(图 6-6(i))。

表 6-3 从电抗变化范围、谐波情况、振动噪声、控制难度、响应速度和成本价格方面对上述典型可调电抗器进行了性能比较(其他的可调电抗器应用尚少，故不予比较)。由表可以看出，机械调节式可调电抗器响应速度较慢，在某些精度要求不高的场合应用，已逐渐被淘汰。目前研究和应用最成熟的是直流励磁式可调电抗器，其控制方法简单且成本较低，但是存在一定的谐波及振动噪声问题。TCR 和高漏抗变压器式可调电抗器存在较大的谐波问题，PWM 控制式可调电抗器成本较高，可靠性偏低。经过大量的理论分析和实验验证，交流磁通控制式可调电抗器是一种高性能可调电抗器，具有很多优点，如噪声和振动小、谐波非常小，调节范围宽、动态响应快等。

表 6-3 各类可控电抗器的性能比较

类型		电抗变化	谐波情况	振动噪声	控制难度	响应速度	成本价格
机械控制式	调匝式	不连续	无	较大	低	慢	低
	调气隙式	连续	无	很大	低	慢	低
三种直流励磁式		连续	严重	较大	较低	较慢	较低
电力电子式	晶闸管控制	连续	严重	小	较高	较快	较高
	PWM 控制	连续	很小	很小	高	很快	很高
	高漏抗变压器式	连续	较严重	较大	较低	较快	较高
	交流磁通控制式	连续	很小	很小	居中	快	居中

6.3 基于磁通可控可调电抗器的基本原理

可调阻抗器的主电路原理如图 6-7 所示，是一种基于变压器交流励磁控制的一种装置。它的工作原理为：变压器一次侧作为被控对象，与电气设备进行串联或并联，变压器二次侧连接一个逆变器和一个直流电压源。对一次侧的电流或电压进行检测，作为输入信号，对信号的幅值或相位进行处理后作为二次侧逆变器的开关参考信号，使得二次侧绕组上产生一个和可控的电压或者电流。由于变压器的双边励磁作用，变压器的一次侧感应产生相应的可调阻抗。

双绕组变压器的 T 型等效电路图如图 6-8 所示。

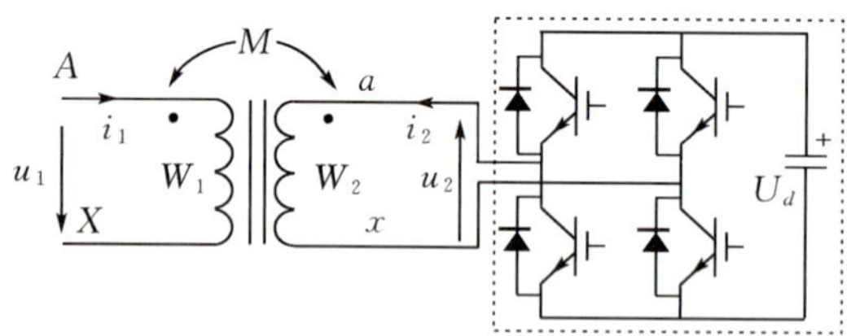

图 6-7　可调阻抗装置原理图

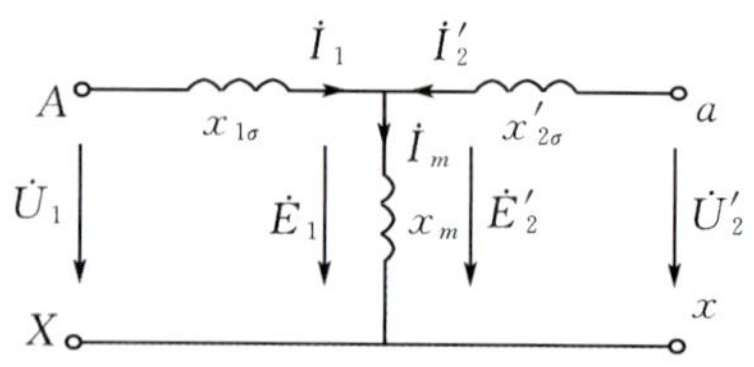

图 6-8　双绕组变压器 T 型等效电路

由图 6-8 可以得到

$$
\begin{cases}
\dot{U}_1 = j(x_{1\sigma}+x_m)\dot{I}_1 + jx_m\dot{I}'_2 \\
\dot{U}'_2 = j(x'_{2\sigma}+x_m)\dot{I}'_2 + jx_m\dot{I}_1
\end{cases}
\tag{6-1}
$$

式中，二次侧折算导一次侧的物理量 $I'_2=\dot{I}_2/k$、$\dot{U}'_2=k\dot{U}_2$。若令 $\dot{I}'_2=\alpha\dot{I}_1$（$\alpha$ 为任意实数），那么对于变压器一次侧绕组 AX，其阻抗特性为

$$
x_L=\dot{U}_1/\dot{I}_1=x_{1\sigma}+(1+\alpha)x_m=x_{11}+\alpha x_m \tag{6-2}
$$

式中，$x_{11}=\omega L_{11}=x_{1\sigma}+x_m$，即通过调节 α 的大小，可以控制一次侧绕组中的励磁电感，从而调节一次侧的电抗大小。由于 $\dot{I}'_2=\alpha\dot{I}_1$，可以将 α 视作一比例系数。

除了对一次侧电流进行比例放大或缩小，还可以增加移相环节对电流信号进行相位控制，那么

$$
\dot{I}_2=(\alpha-j\beta)\dot{I}_1 \tag{6-3}
$$

6.4　多控制策略下可调电抗器的阻抗特征演绎

假设变压器的各个参数为线性常数，那么可以将其看作一个内部只含线性阻抗的二端口网络，线性二端口网络的基本模型如图 6-9 所示。

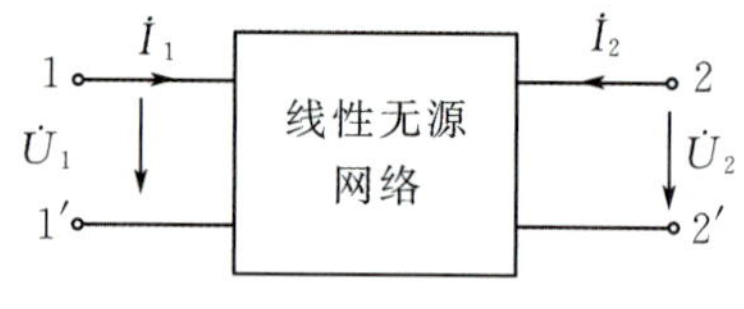

图 6-9　线性二端口网络模型

其端口方程可以写为

$$
\begin{cases}
\dot{U}_1 = Z_{11}\dot{I}_1 + Z_{12}\dot{I}_2 \\
\dot{U}_2 = Z_{21}\dot{I}_1 + Z_{22}\dot{I}_2
\end{cases}
\tag{6-4}
$$

式中，Z_{11}、Z_{12}、Z_{21}、Z_{22}均由端口内部结构与参数决定，是不随端口电压电流改变的常量。

基于二端口网络的控制模型，可以将参考信号扩展为一次侧电压或电流、将受控信号扩展为二次侧电压或电流。那么将会得到 4 种阻抗控制策略。图 6-10 所示为含变压器和逆变器拓扑结构的 4 种基本控制策略及其等效阻抗。

为了简单起见，信号的移相仅仅选择滞后 90°这种特殊情况。其中，α 表示相位不变改变幅值的比例系数，β 表示相位滞后 90°改变幅值的比例系数。对这 4 种基本控制策略进行

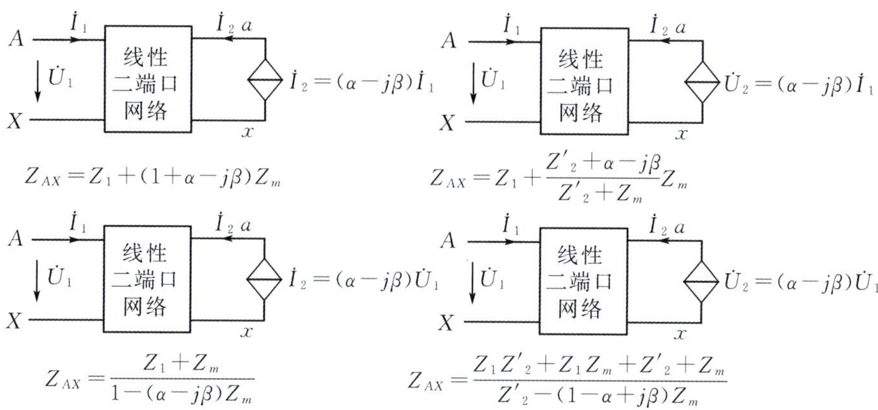

图 6-10 含变压器和逆变器拓扑结构的 4 种基本控制策略及其等效阻抗

演绎阐明其阻抗特性。值得说明的是，一次侧的参考电压信号或电流信号，既可以是基波、也可以是谐波，还可以是基波与谐波的组合，视不同应用场景而决定。为了更加清晰地表示一次侧的阻抗值，表 6-4 所示为检测信号仅为基波或者谐波时的变压器一次侧等效阻抗。

表 6-4 检测信号仅仅为基波或者谐波时的变压器一次侧等效阻抗

控制策略	信号属性	基波等效阻抗	谐波等效阻抗
$\dot{I}_2=(\alpha-j\beta)\dot{I}_1$	检测基波电流	$Z_1+(1+\alpha-j\beta)Z_m$	Z_1+Z_m
	检测谐波电流	Z_1+Z_m	$Z_1+(1+\alpha-j\beta)Z_m$
$\dot{U}_2=(\alpha-j\beta)\dot{I}_1$	检测基波电流	$Z_1+\frac{Z'_2+\alpha-j\beta}{Z'_2+Z_m}Z_m$	$Z_1+\frac{Z'_2}{Z'_2+Z_m}Z_m$
	检测谐波电流	$Z_1+\frac{Z'_2}{Z'_2+Z_m}Z_m$	$Z_1+\frac{Z'_2+\alpha-j\beta}{Z'_2+Z_m}Z_m$
$\dot{I}_2=(\alpha-j\beta)\dot{U}_1$	检测基波电压	$\frac{Z_1+Z_m}{1-(\alpha-j\beta)Z_m}$	Z_1+Z_m
	检测谐波电压	Z_1+Z_m	$\frac{Z_1+Z_m}{1-(\alpha-j\beta)Z_m}$
$\dot{U}_2=(\alpha-j\beta)\dot{U}_1$	检测基波电压	$\frac{Z_1Z'_2+Z_1Z_m+Z'_2Z_m}{Z'_2+(1-\alpha+j\beta)Z_m}$	$\frac{Z_1Z'_2+Z_1Z_m+Z'_2Z_m}{Z'_2+Z_m}$
	检测谐波电压	$\frac{Z_1Z'_2+Z_1Z_m+Z'_2Z_m}{Z'_2+Z_m}$	$\frac{Z_1Z'_2+Z_1Z_m+Z'_2Z_m}{Z'_2+(1-\alpha+j\beta)Z_m}$

6.5 多功能四象限可调阻抗器稳定性分析

由 6.3 节的可调阻抗器的控制原理可知，可调阻抗器主要包括信号检测环节、电流控制环节、数字控制延时下的PWM调制、直流电压控制、直流母线电容及逆变器侧滤波等关键环节。其控制原理图如图6-11所示。

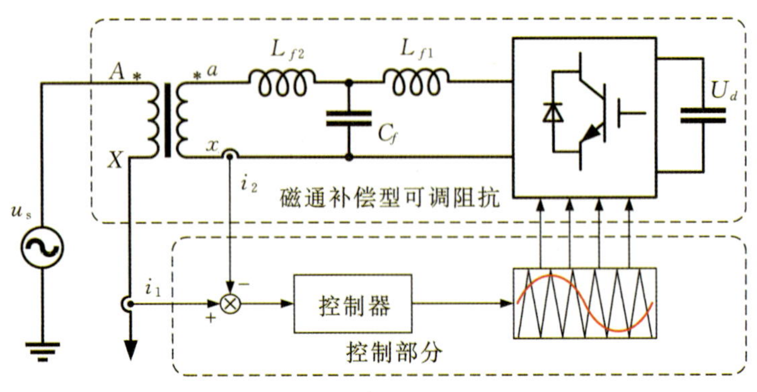

图6-11　可调阻抗控制示意图

本节仍在电流/电流控制方式下展开讨论。首先是对一次侧电流的幅值与相位控制环节，幅值控制由比例环节实现，其放大系数为 α；移相控制则需要通过一个等幅移相器实现。等幅移相电如图6-12，其传递函数为

$$G_F(s)=\frac{1-sT_1}{1+sT_1} \tag{6-5}$$

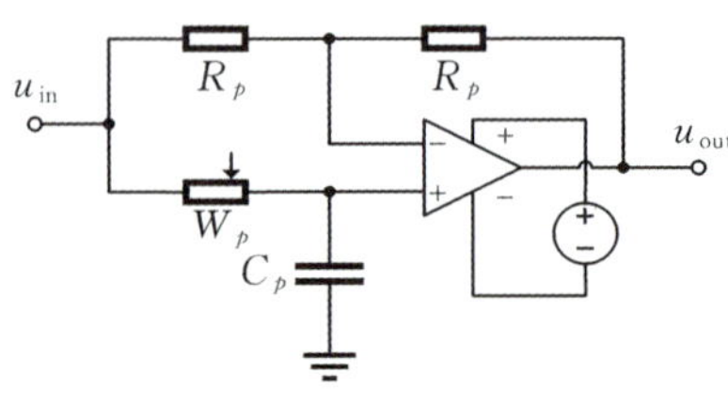

图6-12　等幅移相电路

则采样电流幅相控制环节的传递函数表达式为

$$G_{FM}(s)=\alpha\frac{1-sT_1}{1+sT_1} \tag{6-6}$$

式中，$T_1=W_pC_p$ 为一常数。

对二次侧电流进行采样，检测延时采用一阶惯性环节表示为

$$G_d(s)=\frac{1}{1+sT_d} \tag{6-7}$$

控制器采用PI比例积分控制，其传递函数 $G_{PI}(s)=k_p+\frac{k_i}{s}$；电流信号调制采用SPWM调制法。考虑0.5拍的延时效应时，则逆变器桥臂的传递函数可表示为

$$G_{PWM}(s)=\frac{K_{PWM}}{1+0.5sT_d} \tag{6-8}$$

综合上述表达式，并结合图6-11，可得到电流/电流控制策略下的可调阻抗器控制结构框图，如图6-13所示。

对图6-13进行化简，令 $(0.5sT_d+1)(sT_d+1)\approx1.5sT_d+1$，$k_p'=k_pK_{PWM}$，$k_i'=k_iK_{PWM}$，简化后的等效控制框图如图6-14所示。

由图6-14可得到开环传递函数如下：

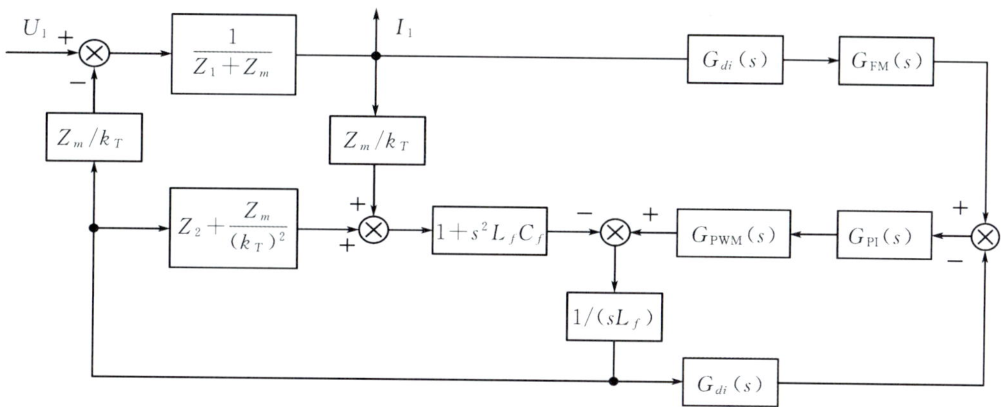

图 6-13 可调阻抗器控制框图

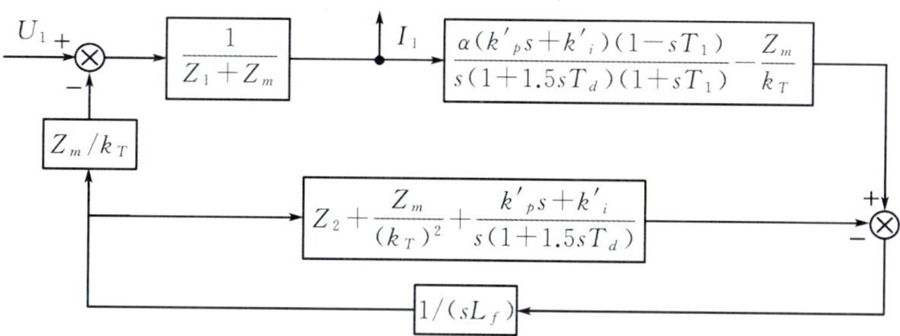

图 6-14 简化后的可调阻抗器控制框图

$$G_{\text{open}}(s)=\frac{\dfrac{Z_m}{Z_1+Z_m}\left[\dfrac{\alpha(k'_ps+k'_i)(1-sT_1)}{sk_T(1+1.5sT_d)(1+sT_1)}-\dfrac{Z_m}{(k_T)^2}\right]}{sL_f+Z_2+\dfrac{Z_m}{(k_T)^2}+\dfrac{k'_ps+k'_i}{s(1+1.5sT_d)}} \tag{6-9}$$

由于变压器的一二次侧阻抗远小于励磁阻抗，令 $\xi_1=Z_1/Z_m$，$\xi_2=Z_2/Z_m$，则 ξ_1 和 ξ_2 近似为 0，令 $k'_p/k'_i=L_m/r_m$，$k'=(k'_ps+k'_i)/Z_m$，上式可写为

$$G_{\text{open}}(s)=\frac{\dfrac{1}{1+\xi_1}\left[\dfrac{\alpha k'(1-sT_1)}{sk_T(1+1.5sT_d)(1+sT_1)}-\dfrac{1}{k_T{}^2}\right]}{\xi_2+\dfrac{sL_f}{Z_m}+\dfrac{k_Tk'}{sk_T(1+1.5sT_d)}+\dfrac{1}{k_T{}^2}} \tag{6-10}$$

系统特征方程 $1+G_{\text{open}}(s)=0$，由式(6-10)可得

$$\frac{sL_f}{Z_m}+k'\frac{[\alpha(1-sT_1)]/(1+\xi_1)+k_T(1+s_1-sT_1)}{sk_T(1+1.5sT_d)(1+s_1-sT_1)}+\xi_2+\frac{\xi_1}{1+\xi_1}\frac{1}{k_T{}^2}=0 \tag{6-11}$$

为了便于分析，对系统特征方程进行降阶处理，$\xi_1/[(1+\xi_1)(k_T)^2]\approx0$；由于 $Z_2\ll sL_f$，令 $\xi_f=sL_f/Z_m\approx L_f/L_m$，则 ξ_f 近似为常数且 $\xi_f\gg\xi_2$，从而 $\xi_2+sL_f/Z_m\approx\xi_f$，系统特征方程变为标准形式：

$$a_0s^3+a_1s^2+a_2s+a_3=0 \tag{6-12}$$

$$\begin{cases} a_0 = 1.5\xi_f k_T T_d T_1 \\ a_1 = 1.5\xi_f k_T T_d + \xi_f k_T T_1 \\ a_2 = -k'\alpha' T_1 + k' k_T T_1 + \xi_f k_T \\ a_3 = k'\alpha' + k' k_T \end{cases} \tag{6-13}$$

式中，$\alpha' = \alpha'/(1+\xi_1)$；$k = [k'(k_T + \alpha')]/k_T$。根据劳斯判据可知，系统的稳定条件为 $a_i > 0(i=0,1,2,3)$ 且 $a_1 a_2 > a_0 a_3$，那么

$$\begin{cases} a_2 > 0 \Rightarrow \alpha' < k_T\left(1 + \dfrac{\xi_f}{k' W_{fm}}\right) \\ a_3 > 0 \Rightarrow \alpha' > -k_T \\ a_1 a_2 > a_0 a_3 \Rightarrow 1.5\xi_f k_T T_d \xi_f k_T - 3\xi_f k_T T_d W_{fm} k'\alpha' + \xi_f k_T T_1 (k' k_T T_1 + \xi_f k_T - k'\alpha' T_1) > 0 \\ \qquad \Rightarrow 1.5\xi_f k_T T_d \xi_f k_T - 3\xi_f k_T T_d T_1 k'\alpha' > 0 \Rightarrow \alpha' < \dfrac{\xi_f k_T}{2T_1 k'} \end{cases} \tag{6-14}$$

由上式可知该系统稳定的条件为

$$-\left(1+\frac{Z_1}{Z_m}\right)k_T < \alpha < \frac{L_f}{2W_p C_p k_p K_{\mathrm{PWM}}}\left(1+\frac{Z_1}{Z_m}\right)k_T \tag{6-15}$$

$$-\left(1+\frac{Z_1}{Z_m}\right)k_T < \beta < \frac{\pi f L_f}{k_p K_{\mathrm{PWM}}}\left(1+\frac{Z_1}{Z_m}\right)k_T \tag{6-16}$$

6.6　多功能四象限可调阻抗技术对宽频振荡抑制的可行性验证

为验证可调阻抗接入并网系统的功能，在 MATLAB/Simulink 中搭建仿真模型进行验证。该模型在并网系统 LCL 滤波电路后串联接入可调阻抗器，可调阻抗器的二次侧注入一次侧电流基波反向补偿与谐波正向补偿组合后的控制信号，其示意图如图 6-15 所示。

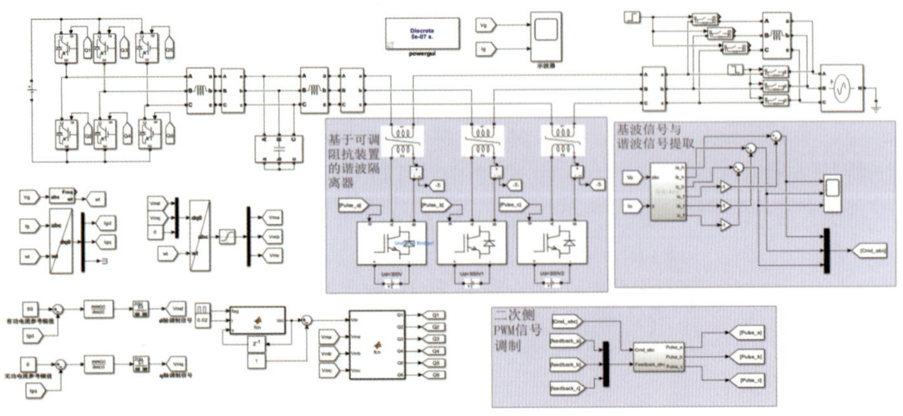

图 6-15　并网系统谐振抑制仿真图

图 6-15 所示为并网系统谐振抑制仿真图。同样地在 0.1s 时刻引入分别为 0.1mH、0.24mH 和 3.08mH 的电网侧阻抗。在加入多功能可调阻抗装置后，0.1s 前的并网电流谐波含量如图 6-16 所示，可以看出各次谐波含量明显下降，电流波形得到有效改善，THD 值为 0.32%。在 0.1s 后，面对弱电网环境电网阻抗的影响，PCC 点电压波形与并网电流波形如图 6-17(a)～(c)。实验表明，在电网阻抗达到先前的临界失稳值时，并网电流和电压仍保持稳定，即使在 L_g=3.08mH 的极弱电网环境下也未产生发散性振荡。

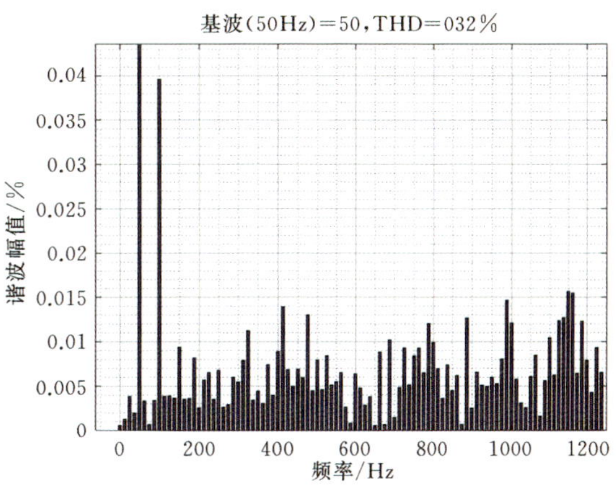

图 6-16 加入可调阻抗后的 0.1s 前并网电流频谱图

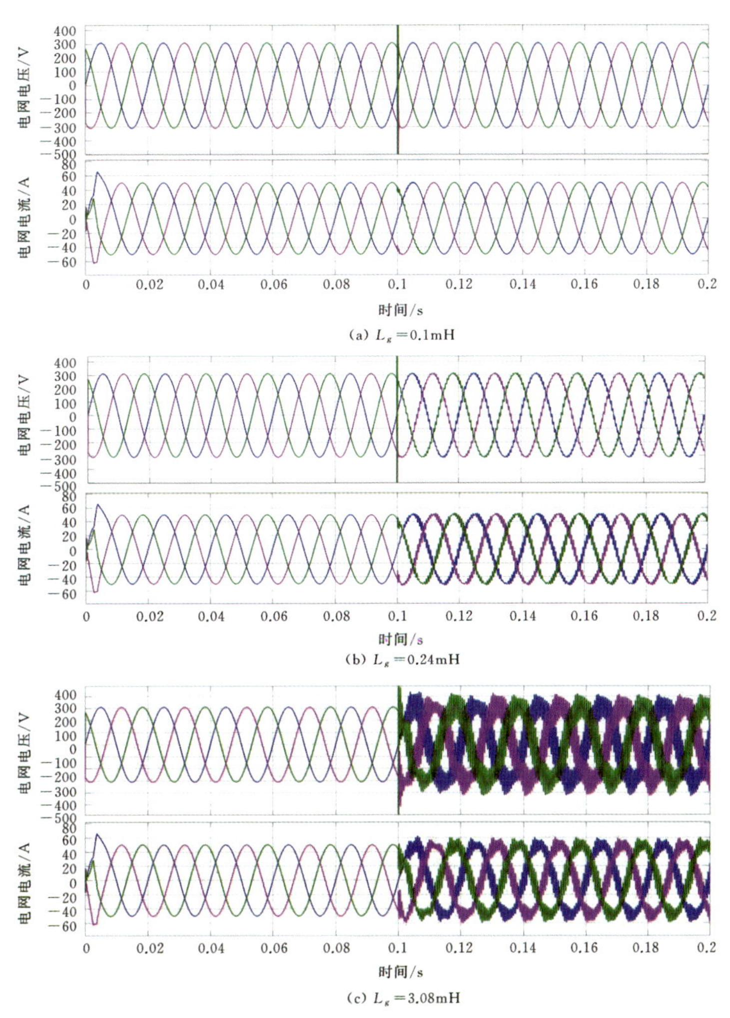

图 6-17 加入可调阻抗后并网电压与电流

此外，在并网系统已出现发散型振荡现象时，研究投入可调阻抗器的振荡抑制效果，仿真结果如图6-18所示。当电网阻抗 L_g 在0.1s时变化为1mH，随之出现并网电压电流振荡现象；而在0.15s时刻投入可调阻抗器，可以看出振荡现象得到了有效抑制，证明了可调阻抗的振荡抑制功能。

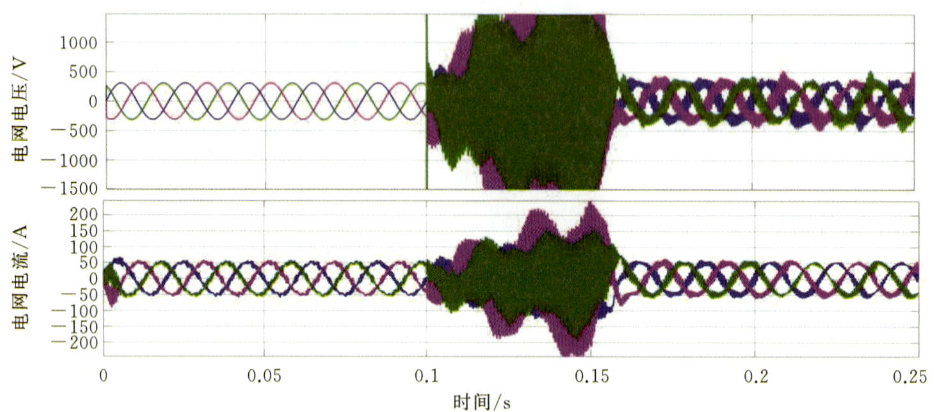

图6-18 可调阻抗器的振荡抑制波形图

第7章 基于多功能四象限可调阻抗光伏并网系统谐振抑制技术

在大型光伏并网系统中，受弱电网电网阻抗影响及多机并网拓扑结构的共同影响，谐波对并网系统中的危害显著加剧。这种危害不仅影响并网电能质量，更可能形成发散型振荡导致系统失稳。因此，设计一种可以有效隔离并网电流谐波与电网背景谐波的谐波隔离装置。本章提出一种改进型的谐波电流检测方法，并对该装置的结构参数进行设计。

7.1 基于改进型 i_p-i_q 算法的谐波检测原理

多功能可调阻抗器采用全谐波补偿策略，可实现任意次谐波阻抗幅值和相位的调节，可有效地抑制除基波以外的任意次谐波。然而，该方案只能对所有次谐波同时进行跟踪控制，导致电流控制器带宽要求较高，且高次谐波在控制系统中会产生噪声干扰、通信异常及半导体开关管发热等危害(罗梅健,2023)。根据电力系统谐波分布特性，单相系统中主要含 $2n\pm1(n=2,3,\cdots)$次谐波，三相系统中主要含 $6n\pm1(n=1,2,\cdots)$次谐波。随着谐波次数增加，谐波电流幅值迅速衰减，因而可以考虑仅对幅值较大的低次谐波进行治理，从而保证在减小电流控制器设计难度的同时增强系统稳定性。

目前，APF 中应用最多的谐波电流检测方法是 pq 法，其主要应用于三相 APF 中。但 pq 法要求电网三相电压完全对称，在电网电压发生畸变时存在较大误差。因此，在 pq 理论的基础上，又提出了一种 i_p-i_q 算法，即使电网电压出现畸变也不会存在较大误差，因此广泛应用于 APF 中。然而，i_p-i_q 算法进行谐波检测只能得到全谐波，并不能获得指定次谐波。针对这些技术瓶颈，现有研究提出了两种改进方案：一是对传统 i_p-i_q 算法变换矩阵进行改进，提出了一种改进的 i_p-i_q 电流平均值检测算法，可以对指定次谐波电流进行检测，但这种检测方法计算量比传统 i_p-i_q 算法更大，计算复杂；二是在 i_p-i_q 算法的基础上提出了一种基于基波正序提取器的电流检测方法，但该方法主要是对 i_p-i_q 算法在 $\alpha\beta$ 坐标系中无法反映零序电流从而导致零序漏电流误差进行改进，所以主要适用于三相四线制系统。为精确检测指定次谐波，本节将提出一种改进型 i_p-i_q 算法，可做到精准地检测任意次谐波，适用于实现故障限流和谐波隔离功能时对电流的检测。

7.1.1　传统 i_p-i_q 算法的谐波检测原理

图 7-1 所示为采用 i_p-i_q 算法的谐波检测方法原理框图。为便于后续引出改进型 i_p-i_q 算法的谐波检测方法，本节首先对 i_p-i_q 算法检测谐波的原理进行推导。

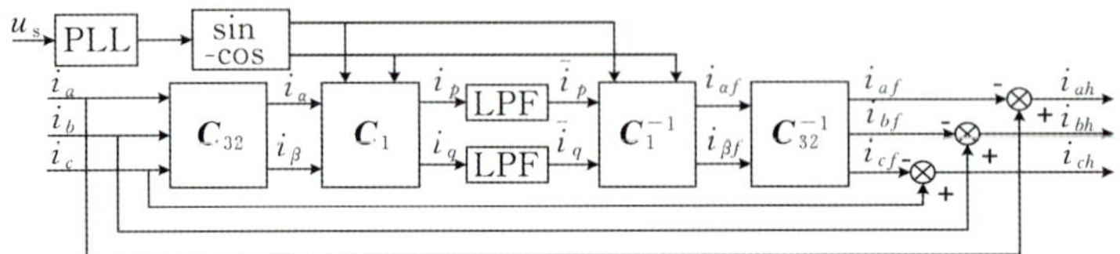

图 7-1　采用 i_p-i_q 算法的谐波检测方法原理框图

图中从 abc 坐标系变换到 $\alpha\beta$ 坐标系(Clarke 变换)的变换矩阵 $\boldsymbol{C}_{32}$ 及其反变换矩阵 $\boldsymbol{C}_{32}^{-1}$ 为

$$\boldsymbol{C}_{32}=\sqrt{\frac{2}{3}}\begin{bmatrix}1 & -1/2 & -1/2 \\ 0 & \sqrt{3}/2 & -\sqrt{3}/2\end{bmatrix},\ \boldsymbol{C}_{32}^{-1}=\boldsymbol{C}_{32}^{T}=\sqrt{\frac{2}{3}}\begin{bmatrix}1 & 0 \\ -1/2 & \sqrt{3}/2 \\ -1/2 & -\sqrt{3}/2\end{bmatrix} \tag{7-1}$$

式中，$\sqrt{\frac{2}{3}}$ 表示变换前后功率不变的情况，若是变为 2/3，则表示变换前后幅值不变的情况。变换矩阵 $\boldsymbol{C}_1$ 及其反变换矩阵 $\boldsymbol{C}_1^{-1}$ 为

$$\boldsymbol{C}_1=\boldsymbol{C}_1^{-1}=\begin{bmatrix}\sin\omega t & -\cos\omega t \\ -\cos\omega t & -\sin\omega t\end{bmatrix} \tag{7-2}$$

式中，ω 为电网电压角频率，由锁相环获取提供给检测模块。设三相电流表达式为

$$\begin{cases}i_a=\sum\limits_{h=1}^{\infty}[I_{mh}\cdot\sin(h\omega t+\theta_h)] \\ i_b=\sum\limits_{h=1}^{\infty}\{I_{mh}\cdot\sin[h(\omega t-120^\circ)+\theta_h]\} \\ i_c=\sum\limits_{h=1}^{\infty}\{I_{mh}\cdot\sin[h(\omega t+120^\circ)+\theta_h]\}\end{cases} \tag{7-3}$$

式中，$\theta_x(x=1,2,\cdots)$为 h 次谐波初相位。三相电流从 abc 坐标系变换到 $\alpha\beta$ 坐标系的表达式为

$$\begin{bmatrix}i_\alpha \\ i_\beta\end{bmatrix}=\boldsymbol{C}_{32}\begin{bmatrix}i_a \\ i_b \\ i_c\end{bmatrix}=\sqrt{\frac{3}{2}}\begin{bmatrix}\sum\limits_{h=1}^{\infty}[I_{mh}\cdot\sin(h\omega t+\theta_h)] \\ \mp\sum\limits_{h=1}^{\infty}[I_{mh}\cdot\cos(h\omega t+\theta_h)]\end{bmatrix} \tag{7-4}$$

式中，$h \neq 3k(k=1,2,\cdots)$，即电流$i\alpha$、$i\beta$不含 3 次及 3 的倍数次谐波，即不含零序谐波。当 $h=(3k-2)$，即为正序谐波时取负号；$h=(3k-1)$，即为负序谐波时取正号。将 $\alpha\beta$ 电流变为 pq 电流的表达式为

$$\begin{bmatrix} i_p \\ i_q \end{bmatrix} = \sqrt{\frac{3}{2}} \begin{bmatrix} I_{m1}\cos\theta_1 + \sin\omega t \sum_{h=2}^{\infty}[I_{mh}\sin(h\omega t+\theta_h)] \pm \cos\omega t \sum_{h=2}^{\infty}[I_{mh}\cos(h\omega t+\theta_h)] \\ -I_{m1}\sin\theta_1 - \cos\omega t \sum_{h=2}^{\infty}[I_{mh}\sin(h\omega t+\theta_h)] \pm \sin\omega t \sum_{h=2}^{\infty}[I_{mh}\cos(h\omega t+\theta_h)] \end{bmatrix} \tag{7-5}$$

式中，谐波为正序谐波时取正号，为负序谐波时取负号。其中的直流分量来源仅为原三相电流中的基波分量，经 LPF 滤波之后，得

$$\begin{bmatrix} \bar{i}_p \\ \bar{i}_q \end{bmatrix} = \sqrt{\frac{3}{2}} I_{m1} \begin{bmatrix} \cos\theta_1 \\ -\sin\theta_1 \end{bmatrix} \tag{7-6}$$

对式(7-6)进行上述变换的反变换，得

$$\begin{bmatrix} i_{af} \\ i_{bf} \\ i_{cf} \end{bmatrix} = \boldsymbol{C}_{32}^{-1}\boldsymbol{C}_1^{-1} \begin{bmatrix} \bar{i}_p \\ \bar{i}_q \end{bmatrix} = I_{m1} \begin{bmatrix} \sin(\omega t+\theta_1) \\ \sin(\omega t+\theta_1-120^\circ) \\ \sin(\omega t+\theta_1+120^\circ) \end{bmatrix} \tag{7-7}$$

式(7-7)中得到的仅为电网三相电流的基波分量，而最后得到的谐波分量是由电网三相电流减去得到的基波分量，即

$$\begin{bmatrix} i_{ah} \\ i_{bh} \\ i_{ch} \end{bmatrix} = \begin{bmatrix} i_a \\ i_b \\ i_c \end{bmatrix} - \begin{bmatrix} i_{af} \\ i_{bf} \\ i_{cf} \end{bmatrix} = \begin{bmatrix} \sum_{h=2}^{\infty}[I_{mh} \cdot \sin(h\omega t+\theta_h)] \\ \sum_{h=2}^{\infty}\{I_{mh} \cdot \sin[h(\omega t-120^\circ)+\theta_h]\} \\ \sum_{h=2}^{\infty}\{I_{mh} \cdot \sin[h(\omega t+120^\circ)+\theta_h]\} \end{bmatrix} \tag{7-8}$$

式(7-8)中包含 2 次及以上的谐波分量。在实际三相系统中，谐波次数通常为 $6n\pm1(n=1,2,\cdots)$次，即最后得到的是包含 5、7、11、13 等次谐波的全谐波。在实际中，谐波幅值随着其次数的增加而迅速衰减，因而可以考虑仅对幅值较大的低次谐波进行补偿，从而降低电流控制器设计难度，增强系统稳定性。因此，需要对 i_p-i_q 算法进行改进，在减小电流控制器带宽的同时精准检测指定次谐波分量，增强系统稳定性。

7.1.2 改进型 i_p-i_q 算法的谐波检测原理

上一小节对传统 i_p-i_q 算法进行了详细推导，证明了传统 i_p-i_q 算法只能检测基波和全谐波。为检测指定次谐波，本节提出一种改进型 i_p-i_q 算法，以下是理论推导过程。若式

(7-4)的第二项取正号，即谐波为负序谐波时，若令

$$\boldsymbol{C}_x=\begin{bmatrix}\sin(x\omega t) & \cos(x\omega t)\\ -\cos(x\omega t) & \sin(x\omega t)\end{bmatrix},\ \boldsymbol{C}_x^{-1}=\begin{bmatrix}\sin(x\omega t) & -\cos(x\omega t)\\ \cos(x\omega t) & \sin(x\omega t)\end{bmatrix} \tag{7-9}$$

式中，$x=2,5,8,\cdots$。则对于式(7-4)中的 h 次谐波，有

$$\begin{bmatrix}i_{px}\\ i_{qx}\end{bmatrix}=\boldsymbol{C}_x\begin{bmatrix}i_\alpha\\ i_\beta\end{bmatrix}=\sqrt{\frac{3}{2}}\begin{bmatrix}I_{mx}\cos\theta_x+\left\{\sin(x\omega t)\sum\limits_{h=2,5,8,\cdots,\ h\neq x}^{\infty}[I_{mh}\sin(h\omega t+\theta_h)]\right.\\ \left.+\cos(x\omega t)\sum\limits_{h=2,5,8,\cdots,\ h\neq x}^{\infty}[I_{mh}\cos(h\omega t+\theta_h)]\right\}\\ -I_{mx}\sin\theta_x+\left\{-\cos(x\omega t)\sum\limits_{h=2,5,8,\cdots,\ h\neq x}^{\infty}[I_{mh}\sin(h\omega t+\theta_h)]\right.\\ \left.+\sin(x\omega t)\sum\limits_{h=2,5,8,\cdots,\ h\neq x}^{\infty}[I_{mh}\cos(h\omega t+\theta_h)]\right\}\end{bmatrix} \tag{7-10}$$

对式(7-10)作进一步化简，得

$$\begin{bmatrix}i_{px}\\ i_{qx}\end{bmatrix}=\sqrt{\frac{3}{2}}\begin{bmatrix}I_{mx}\cdot\cos\theta_x+\left\{\sum\limits_{h=2,5,8,\cdots,\ h\neq x}^{\infty}I_{mh}\cdot\cos[(h-x)\omega t+\theta_h]\right\}\\ -I_{mx}\cdot\sin\theta_x-\left\{\sum\limits_{h=2,5,8,\cdots,\ h\neq x}^{\infty}I_{mh}\cdot\sin[(h-x)\omega t+\theta_h]\right\}\end{bmatrix} \tag{7-11}$$

由此可见，式(7-11)中的直流分量来源仅为原三相电流中的 x 次谐波，经低通滤波器 LPF 处理后，得

$$\begin{bmatrix}\bar{i}_{px}\\ \bar{i}_{qx}\end{bmatrix}=\sqrt{\frac{3}{2}}I_{mx}\begin{bmatrix}\cos\theta_x\\ -\sin\theta_x\end{bmatrix} \tag{7-12}$$

对式(7-12)进行反变换，得

$$\begin{bmatrix}i_{ax}\\ i_{bx}\\ i_{cx}\end{bmatrix}=\boldsymbol{C}_{32}^{-1}\boldsymbol{C}_x^{-1}\begin{bmatrix}\bar{i}_{px}\\ \bar{i}_{qx}\end{bmatrix}=\begin{bmatrix}I_{mx}\cdot\sin(x\omega t+\theta_x)\\ I_{mx}\cdot\sin[x(\omega t-120^\circ)+\theta_x]\\ I_{mx}\cdot\sin[x(\omega t+120^\circ)+\theta_x]\end{bmatrix},\ x=2,5,8,\cdots \tag{7-13}$$

综合上述分析，便可得到电网三相电流中的 $x(x=2,5,8,\cdots)$次谐波分量。同理，若式(7-4)的第二项取负号，即谐波为正序谐波时，若令

$$\boldsymbol{C}_x=\begin{bmatrix}\sin(x\omega t) & -\cos(x\omega t)\\ -\cos(x\omega t) & -\sin(x\omega t)\end{bmatrix},\ \boldsymbol{C}_x^{-1}=\begin{bmatrix}\sin(x\omega t) & -\cos(x\omega t)\\ -\cos(x\omega t) & -\sin(x\omega t)\end{bmatrix} \tag{7-14}$$

式中，$x=1,4,7,\cdots$。与上述同理，可得 dq 轴中的电流为

$$\begin{bmatrix}i_{px}\\ i_{qx}\end{bmatrix}=\sqrt{\frac{3}{2}}\begin{bmatrix}I_{mx}\cos\theta_x+\sum\limits_{h=1,4,7,\cdots,\ h\neq x}^{\infty}I_{mh}\cdot\cos[(h-x)\omega t+\theta_h]\\ -I_{mx}\sin\theta_x-\left\{\sum\limits_{h=1,4,7,\cdots,\ h\neq x}^{\infty}I_{mh}\cdot\sin[(h-x)\omega t+\theta_h]\right\}\end{bmatrix} \tag{7-15}$$

根据式(7-11)、式(7-15)可知，此时 dq 轴中的谐波次数为 $3n(n=1,2,\cdots)$次。式(7-15)反变换后的电流分量为

$$\begin{bmatrix} i_{ax} \\ i_{bx} \\ i_{cx} \end{bmatrix} = \begin{bmatrix} I_{mx} \cdot \sin(x\omega t+\theta_x) \\ I_{mx} \cdot \sin[x(\omega t-120^\circ)+\theta_x] \\ I_{mx} \cdot \sin[x(\omega t+120^\circ)+\theta_x] \end{bmatrix}, x=1,4,7,\cdots \tag{7-16}$$

基于以上分析可知，传统 i_p-i_q 算法的谐波检测原理仅为改进型 i_p-i_q 算法在 $x=1$，即检测基波分量时的一个特例。本节所提出的改进型 i_p-i_q 算法可以将任意指定次谐波变换成直流分量，经 LPF 滤波后，再通过反变换就能得到原三相电流中的指定次谐波分量，从而大大增加了谐波检测范围，可以精准检测指定次谐波。本节所提改进型 i_p-i_q 算法与传统 i_p-i_q 算法相比，主要区别是根据正、负序谐波的不同对变换矩阵 $\boldsymbol{C}_x$ 及其反变换矩阵 $\boldsymbol{C}_x^{-1}$ 做出了修改，利用计算机实现简单，不需要复杂的计算步骤。改进型 i_p-i_q 算法的谐波检测原理框图如图 7-2 所示，图中表示检测 x 次谐波，若需要检测多种次谐波，可在图 7-2 的基础上进行叠加即可。综合上述理论推导过程，需要再一次进行说明的是，不同次数的谐波变换矩阵 $\boldsymbol{C}_x$ 及 $\boldsymbol{C}_x^{-1}$ 不同。在实际三相系统中，电网电流仅含基波及 $6n\pm1(n=1,2,\cdots)$次谐波，这里将变换矩阵 $\boldsymbol{C}_x$ 及 $\boldsymbol{C}_x^{-1}$ 及其适用的谐波次数进行总结，如表 7-1 所示。需要注意的是，改进型 i_p-i_q 算法虽然能精准检测指定次谐波，但指定次谐波与变换矩阵 $\boldsymbol{C}_x$ 具有一一对应的关系。

有研究提出一种改进 i_p-i_q 算法的分频控制方法并给出了检测 5 次及 13 次谐波的原理图，但 5 次谐波的变换矩阵仍沿用了式(7-14)的形式，所以并不能正确地检测出 5 次谐波。

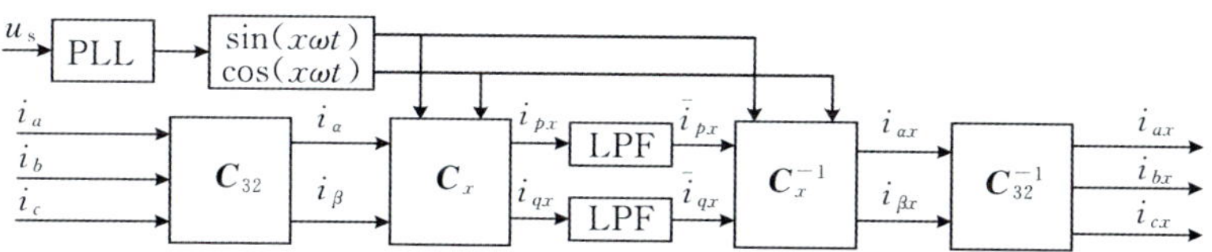

图 7-2 采用 i_p-i_q 算法的谐波检测方法原理框图

表 7-1 改进型 i_p-i_q 算法变换矩阵 $\boldsymbol{C}_x$ 及 $\boldsymbol{C}_x^{-1}$

谐波次数 x	三相系统谐波次数 x	变换矩阵 $\boldsymbol{C}_x$	反变换矩阵 $\boldsymbol{C}_x^{-1}$
$x=1$	$x=1$	$\begin{bmatrix} \sin\omega t & -\cos\omega t \\ -\cos\omega t & -\sin\omega t \end{bmatrix}$	$\begin{bmatrix} \sin\omega t & -\cos\omega t \\ -\cos\omega t & -\sin\omega t \end{bmatrix}$
$x=3n-1$ $(n=1,2,\cdots)$	$x=6n-1$ $(n=1,2,\cdots)$	$\begin{bmatrix} \sin(x\omega t) & \cos(x\omega t) \\ -\cos(x\omega t) & \sin(x\omega t) \end{bmatrix}$	$\begin{bmatrix} \sin(x\omega t) & -\cos(x\omega t) \\ \cos(x\omega t) & \sin(x\omega t) \end{bmatrix}$
$x=3n-2$ $(n=2,3\cdots)$	$x=6n+1$ $(n=1,2,\cdots)$	$\begin{bmatrix} \sin(x\omega t) & -\cos(x\omega t) \\ -\cos(x\omega t) & -\sin(x\omega t) \end{bmatrix}$	$\begin{bmatrix} \sin(x\omega t) & -\cos(x\omega t) \\ -\cos(x\omega t) & -\sin(x\omega t) \end{bmatrix}$

7.1.3 仿真验证

为验证本节所提出的改进型 i_p-i_q 算法的正确性，本节基于 MATLAB/Simulink 软件搭建仿真模型，并在两种电网情况下进行检测指定次谐波：一是电网电流谐波含量少时；二是电网电流谐波含量大时。结合之前的理论分析，5、7 次谐波的变换矩阵具有不同的形式，且三相系统中含 5、7 次谐波最多，因此这里检测 5、7 次谐波最具代表性。

7.1.3.1 电网电流谐波含量少、波形正弦性较好时

当电网谐波含量较少时，电流波形的正弦性较好，由仿真波形图 7-3 可看出，此时电网的 A 相电流波形接近正弦波，总谐波畸变率 THDi 仅为 4.16%。通过 FFT 分析，系统中含 5、7、11、13 次谐波较多，其中电流基波幅值为 26.85A；5 次谐波电流含量为 1.17%，幅值为 0.314A；7 次谐波电流含量为 0.86%，幅值为 0.232A。

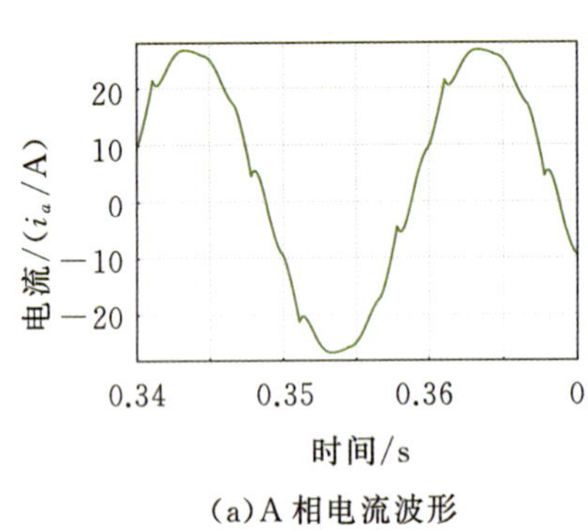

(a)A 相电流波形

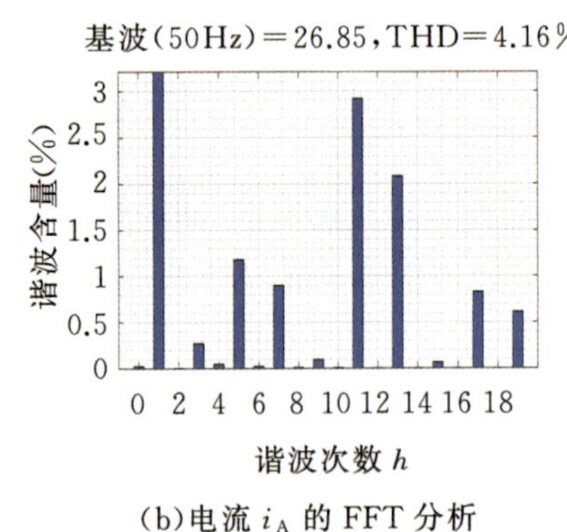

(b)电流 i_A 的 FFT 分析

图 7-3 谐波含量较少时，电网三相电流仿真波形及 FFT 分析

图 7-4 所示为使用改进型 i_p-i_q 算法时检测到的 5、7 次谐波。此时的波形由于存在直流分量而有所畸变，但整体波形仍呈现出较好的正弦性。通过 FFT 分析，基于改进型 i_p-i_q 算法检测到的 5 次谐波幅值为 0.328A，其中谐波含量 THDi=8.02%(FFT 分析时以 250Hz 为基波频率)；检测得到的 7 次谐波幅值为 0.247A，其中谐波含量为 THDi=11.08%(FFT 分析时以 350Hz 为基波频率)。与原 A 相电流中的 5、7 次幅值相比较，检测得到的 5 次谐波幅值偏差为 4.27%，7 次谐波幅值偏差为 6.07%，且由于原 A 相电流 5、7 次电流幅值本就很小，因此符合应用要求。

为验证上面所提方法对检测 5 次谐波是否有效，这里进行了仿真验证，结果如图 7-5。可以看到，此时检测得到的 A 相电流波形畸变十分严重。通过 FFT 分析(以 250Hz 为基波频率)可知，此时 THDi=85.84%，无法检测到 5 次谐波。

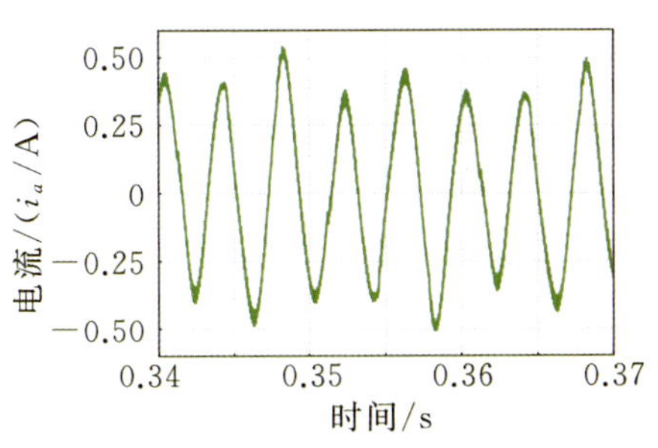

(a)检测得到的A相5次谐波电流波形

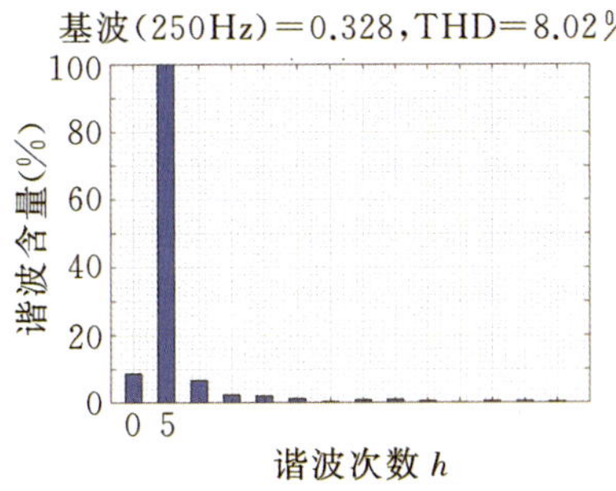

(b)检测后5次谐波电流的FFT分析

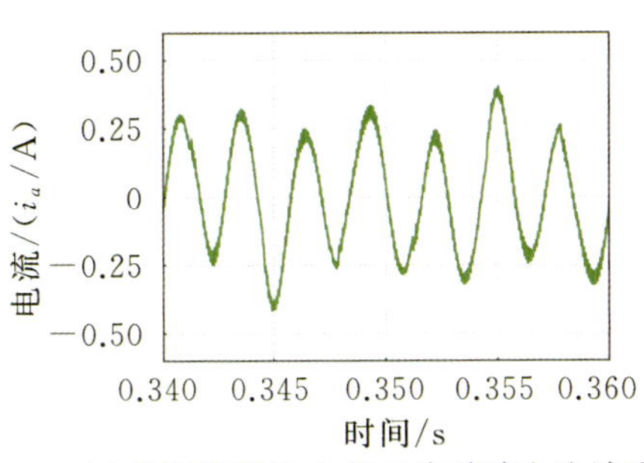

(c)检测得到的A相7次谐波电流波形

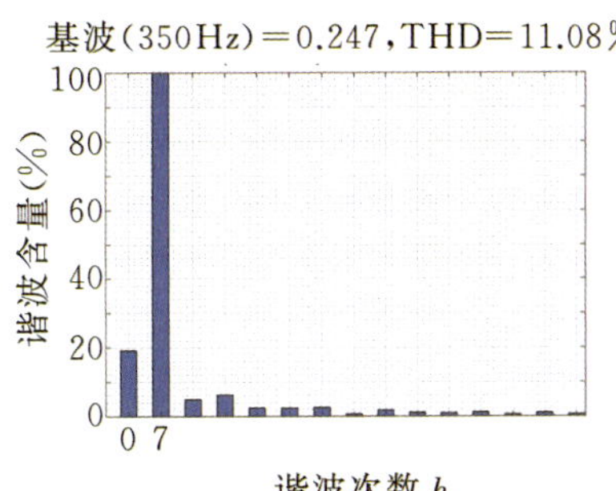

(d)检测后7次谐波电流的FFT分析

图 7-4 电网谐波含量较少时，基于改进型 i_p-i_q 算法检测到的5、7次谐波

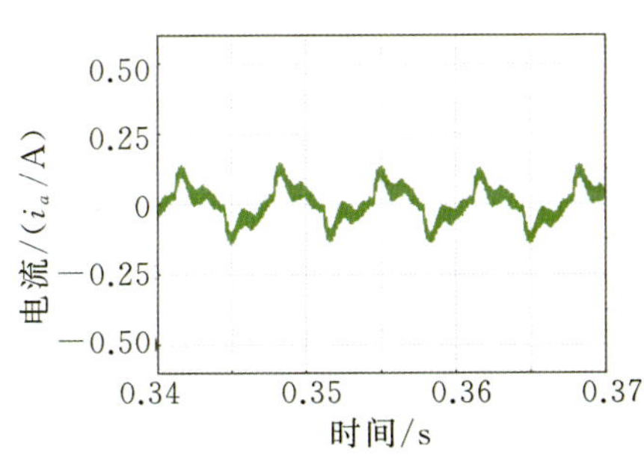

(a)检测得到的A相5次谐波电流波形

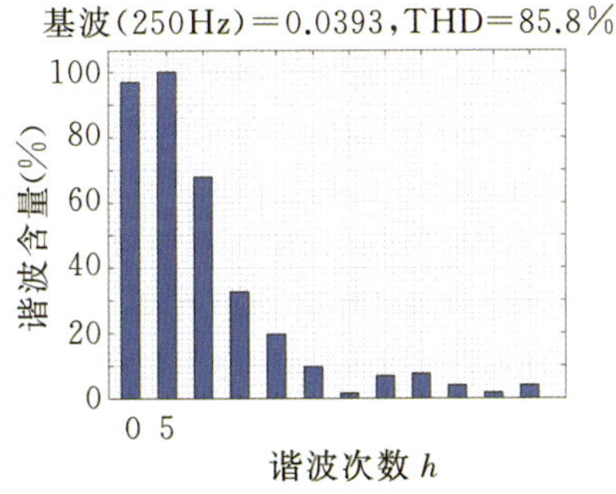

(b)检测后5次谐波电流的FFT分析

图 7-5 电网谐波含量较少时检测5次谐波仿真波形

7.1.3.2 电网电流谐波含量大、波形畸变严重

在实际的三相系统中，5、7次谐波含量远高于其余次谐波。为验证当5、7次谐波较大时基于改进型 i_p-i_q 算法的可行性，在系统电流中人为加入了大量的5、7次谐波。为了体现电网环境的恶劣，系统除了不含3次及3的整数倍次谐波外，甚至将偶数次谐波也一并添加了进去，图7-6所示为仿真波形。可以看到，此时系统A相电流波形畸变非常严重，总谐波畸变率THDi达到了70.62%，其中电流基波幅值为16.67A；5次谐波含量为54.24%，幅值为9.042A；7次谐波含量为27.57%，幅值为4.596A。

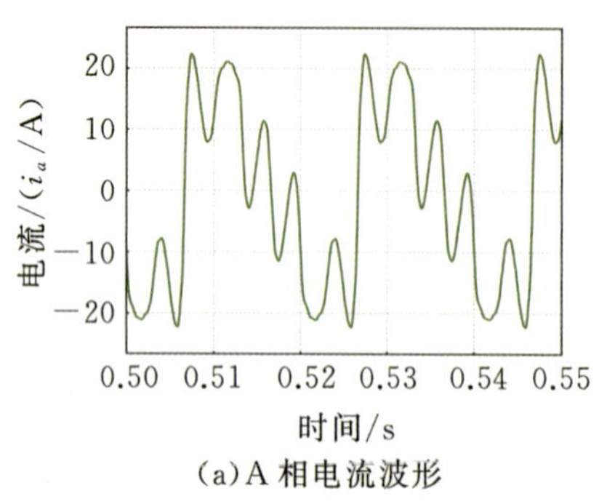

(a) A 相电流波形

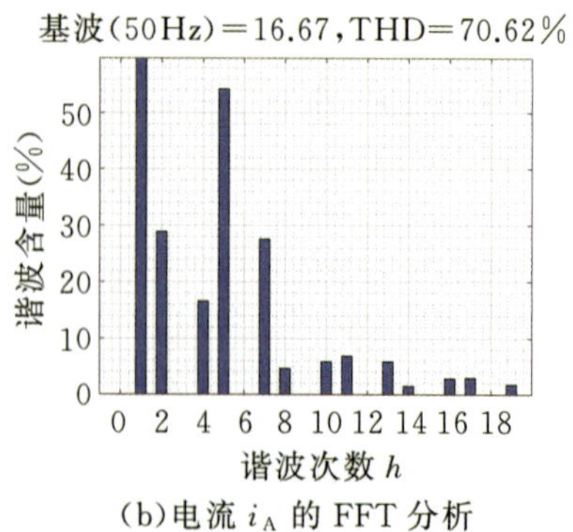

(b) 电流 i_A 的 FFT 分析

图 7-6　谐波含量较大时检测 5 次谐波仿真波形

图 7-7 所示是使用改进型 i_p-i_q 算法时检测到的 5、7 次谐波。从波形可以看到，电流波形的正弦性非常好，几乎接近理想的正弦波。通过 FFT 分析，基于改进型 i_p-i_q 算法检测得到的 5 次谐波幅值为 9.04A，其中谐波含量为 THDi=2.10%(FFT 分析时以 250Hz 为基波频率)；检测得到的 7 次谐波幅值为 4.585A，其中谐波含量为 THDi=4.37%(FFT 分析时以 350Hz 为基波频率)。与原 A 相电流中的 5、7 次幅值相比较，检测得到的 5 次谐波幅值偏差仅为 0.022%，7 次谐波幅值偏差为 0.24%。由此可见，基于改进型 i_p-i_q 算法检测指定次谐波，在恶劣电网情况下检测得到的 5、7 次谐波幅值偏差更小，检测结果更加精准。

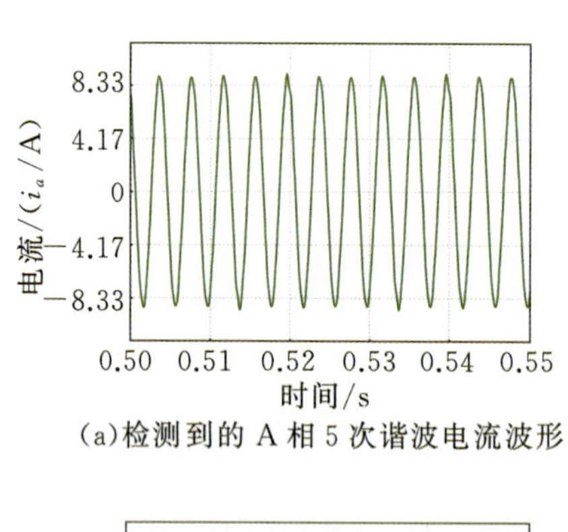

(a) 检测到的 A 相 5 次谐波电流波形

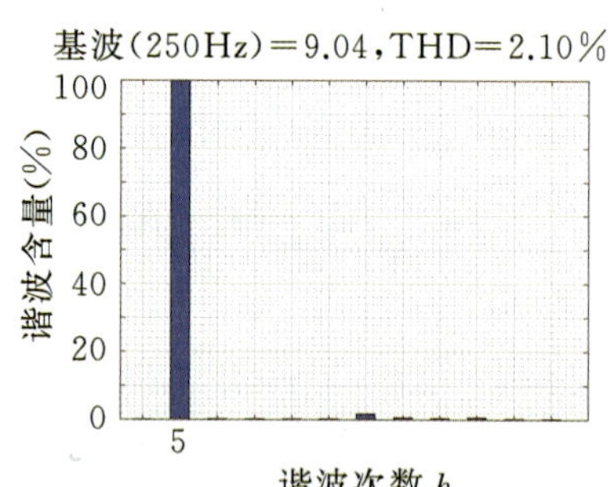

(b) 检测到的 5 次谐波电流的 FFT 分析

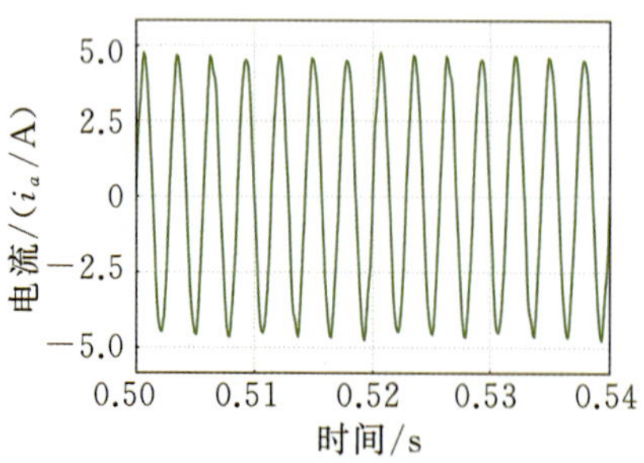

(c) 检测到的 A 相 7 次谐波电流波形

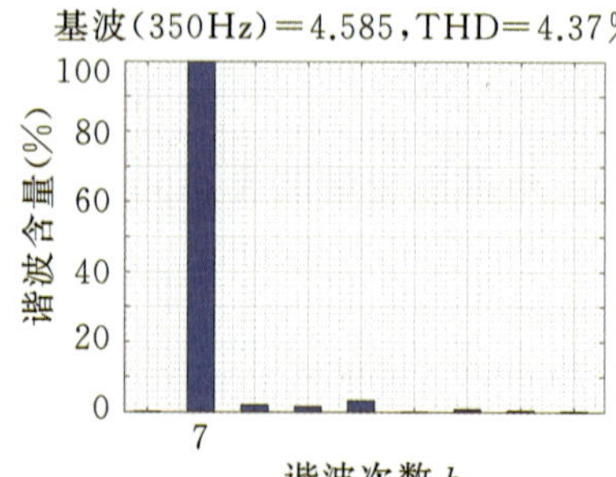

(d) 检测到的 7 次谐波电流的 FFT 分析

图 7-7　电网谐波含量较大时，基于改进型 i_p-i_q 算法检测到的 5、7 次谐波

检测到的 5 次谐波波形如图 7-8 所示。可以看到，此时无法检测 5 次谐波电流。结合图 7-5 所示的仿真结果，再一次表明了传统 i_p-i_q 的变换矩阵 C_x 无法检测出 5、11、17 等 $6n-1$ 次谐波。

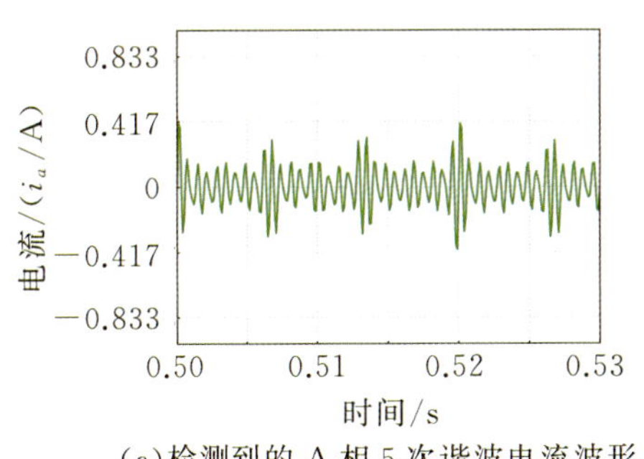

(a)检测到的 A 相 5 次谐波电流波形

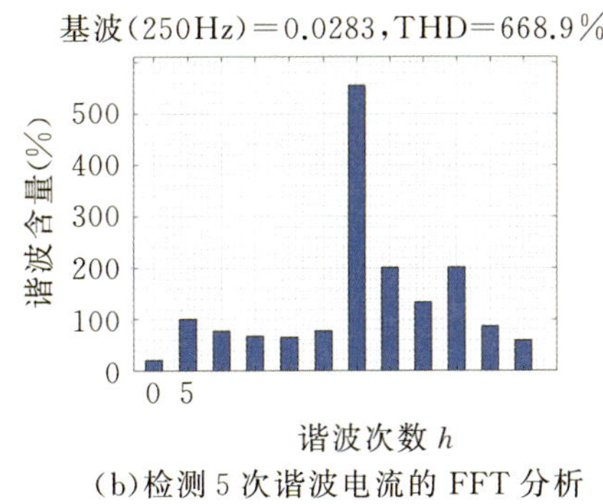

(b)检测 5 次谐波电流的 FFT 分析

图 7-8　电网谐波含量较大时，谢小荣等(2021)检测到的 5 次谐波

基于以上分析，当检测的指定次谐波含量较大时，其检测结果更加精准；而当检测的谐波含量较小时，由于其他次谐波的干扰，可能会造成一些误差，但均在可接受的范围内。本小节基于 MATLAB/Simulink 仿真验证了本节所提出的改进型 i_p-i_q 算法检测指定次谐波的可行性和有效性。

7.2　双级联优化型滑动平均滤波器

基于前面的分析，谐波电流检测需要使用 LPF 才能获得我们所需要的直流分量。LPF 的截止频率设置越小，获得的直流分量中谐波含量越小，因而谐波电流检测精度就越高，但这会导致动态响应时间过长，从而满足不了实时性的要求。为应对 LPF 带来的延时问题，最为常用的方法是采用延时信号对消法(delayed signal cancellation，DSC)和滑动平均滤波器(moving average filter，MAF)，以及在此基础进行改进的拓展算法改进或替代 LPF。相对而言，DSC 通过设置不同延迟因子的多个 DSC 进行级联(Cascaded DSC，CDSC)以实现检测特定频率的波形，而在 MAF 中通过改变窗口宽度来实现。通过对比 CDSC 和 MAF 在电网电流无 3 次及 3 的倍数次谐波的情况下，对有无直流偏置两种情况进行了对比，结果显示，无论是提取基波还是 5、7 次谐波，在有无直流偏置的两种情况下 CDSC 都比 MAF 表现出略快的动态响应，但 CDSC 会出现瞬时振荡现象。综合对比来看，MAF 的动态响应性能虽略差于 CDSC，但其实现更加简单，计算量小，在工程应用中更具优势。但 MAF 存在无法使动态响应时间最优的问题，因此需要对 MAF 进行改进。

7.2.1 传统滑动平均滤波器原理分析

想要对 MAF 进行改进，首先需要对其实现滤波的基本原理进行分析。MAF 本质上是一种线性相位有限冲击响应滤波器，其实现简单，对抑制周期性干扰信号十分有效，且易于数字化，所以被广泛应用于谐波滤除领域。MAF 的时域表达式为

$$y(t)=\frac{1}{T_{\mathrm{w}}}\int_{t-T_{\mathrm{w}}}^{t}x(\tau)\mathrm{d}\tau \tag{7-17}$$

式中，$x(t)$为 MAF 的输入，$y(t)$为输出，因此 MAF 相当于对$[t-T_{\mathrm{w}},t]$时间区间内的输入信号求了平均值；T_{w} 为积分的时间长度，也称为窗口宽度，若是需要滤除 h 次谐波，则 T_{w} 为 h 次谐波周期的整数倍。MAF 在 s 域的传递函数为

$$G_{\mathrm{MAF}}(s)=\frac{Y(s)}{X(s)}=\frac{1-\mathrm{e}^{-sT_{\mathrm{w}}}}{sT_{\mathrm{w}}} \tag{7-18}$$

由式(7-18)可以看出，MAF 经过滑动窗口长度 T_{w} 后系统才能达到稳态，窗口宽度 T_{w} 越大，延时就越大，响应速度也就越慢。根据式(7-18)可得 MAF 的频率响应特性为

$$G_{\mathrm{MAF}}(j\omega)=\frac{\sin(\omega T_{\mathrm{w}}/2)}{\omega T_{\mathrm{w}}/2}\mathrm{e}^{-j\frac{\omega T_{\mathrm{w}}}{2}}=\left|\frac{\sin(\omega T_{\mathrm{w}}/2)}{\omega T_{\mathrm{w}}/2}\right|\angle(-\omega T_{\mathrm{w}}/2) \tag{7-19}$$

从原理上看，MAF 的设计基于以下特性：三角函数在一个周期内积分值为 0，而常数(即直流分量)在一个周期内积分的平均值保持不变。因此，当 T_{w} 与想要滤除的 h 次谐波周期相等时，就能完全衰减该谐波。式(7-19)证明：①当 $\omega=0$ 时，MAF 对直流信号的增益为 1，即不放大也不衰减；②当 $\omega=2\pi/(T_{\mathrm{w}}/h)(h=1,2,\cdots)$，即 T_{w} 等于谐波周期的整数倍时，MAF 增益为零，可完全衰减该次谐波。MAF 在离散域中的表达式、传递函数及频率响应为

$$Y(k)=\frac{1}{N}\sum_{n=0}^{N-1}X(k-n) \tag{7-20}$$

$$G_{\mathrm{MAF}}(z)=\frac{Y(z)}{X(z)}=\frac{1}{N}\sum_{n=0}^{N-1}z^{-n}=\frac{1}{N}\frac{1-z^{-N}}{1-z^{-1}} \tag{7-21}$$

$$G_{\mathrm{MAF}}(\mathrm{e}^{j\omega T_{\mathrm{w}}})=\left|\frac{\sin(\omega NT_{s}/2)}{N\sin(\omega T_{s}/2)}\right|\angle-[\omega(N-1)T_{s}/2] \tag{7-22}$$

式中，$N=\mathrm{round}[T_{\mathrm{w}}\cdot f_{s}]$表示在一个窗口宽度 T_{w} 时间内的采样数；f_{s}表示采样频率；round[·]表示最近取整运算符。MAF 在连续域和离散域中的结构框图如图 7-9 所示。

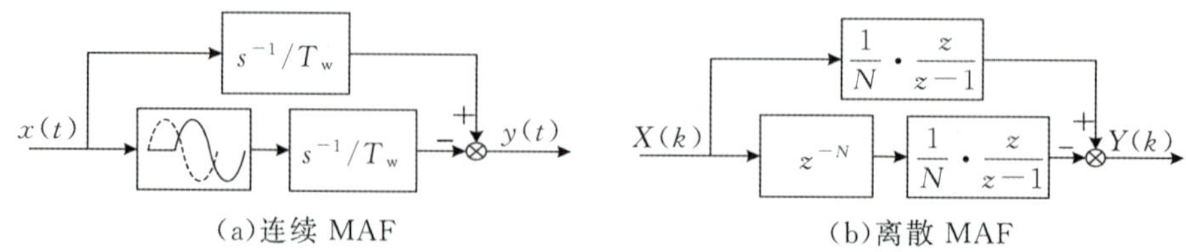

图 7-9 连续域及离散域中 MAF 的结构框图

当 $N=100$，$f_s=10\text{kHz}$，$T_w=0.01\text{s}$ 时，可得到如图 7-10 所示 MAF 的伯德图。从图中可以看出，在 100Hz 及其整数倍次谐波分量处的幅值响应大于 −300dB，增益接近于零；对直流分量无幅值及相位误差。因此，MAF 可以通过设置适当的窗口宽度 T_w 来滤除特定次数的谐波。

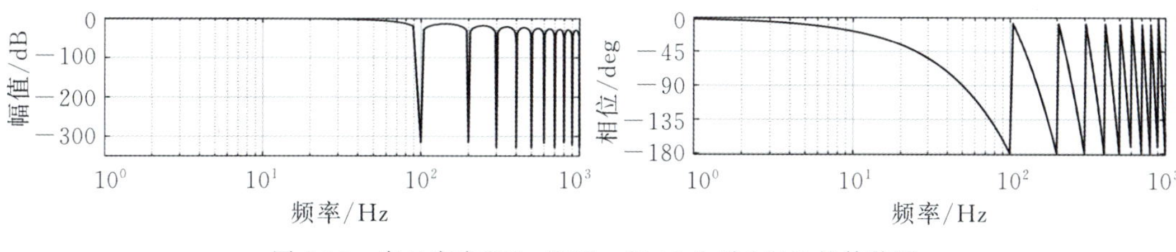

图 7-10　窗口宽度"T" _"W"="0.01s" 时 MAF 的伯德图

图 7-11 展示了 MAF 在连续域与离散域中滤波效果的对比图。设定信号中包含了直流分量及 100Hz 的谐波分量，MAF 窗口宽度 $T_w=0.01\text{s}$，离散 MAF 的采样频率为 2500Hz，则每个窗口宽度的时间区间内采样点数 N=25。从图中可以很直观地看到，无论是离散域还是连续域中，经 MAF 后滤波会有一个 0.01s 的延迟。显然，离散域 MAF 的采样频率越大，其滤波后的波形就越接近连续域 MAF 的滤波波形。

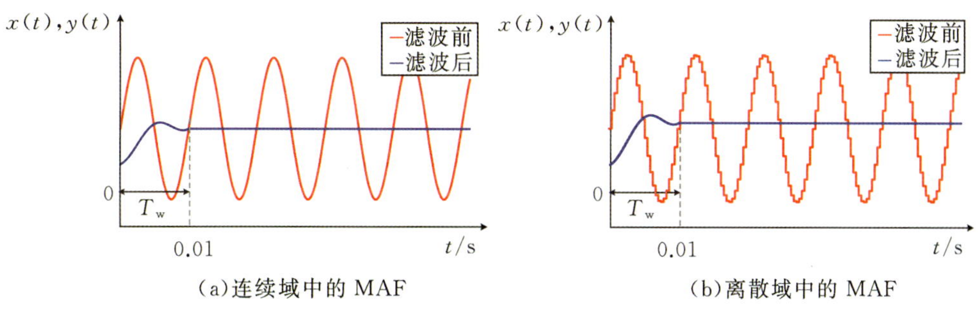

图 7-11　MAF 在连续域与离散域中的滤波效果对比

7.2.2　双级联优化型滑动平均滤波器

根据 MAF 基本原理可知，若窗口宽度 T_w 等于 h 次谐波的整数倍，则 MAF 可完全滤除 h 次谐波。为方便表达，用 MAF_h 表示滤除 h 次谐波的 MAF。则 MAF_h 的时域表达式为

$$y_h(t)=\frac{1}{T_h}\int_{t-T_h}^{t}x_h(\tau)\mathrm{d}\tau=0 \tag{7-23}$$

式中，T_h 表示 h 次谐波的周期，$T_h=T_w/n(n=1,2,\cdots)$，通常设置为 $T_h=T_w$，此时的 MAF_h 专门用于滤除 h 及 h 的整数倍次谐波。当采样时间 $T_s \ll T_h$ 时，式(7-23)可离散化为

$$Y_h(k)=\frac{1}{L_h}\sum_{i=k-L_h+1}^{k}X_h(i)=0,\ k\geqslant L_h \tag{7-24}$$

式中，$L_h=\text{round}[T_h/T_s]=\text{round}[T_w/(nT_s)]$表示一个谐波周期内的采样点数，又称为滑动长度。由此可见，当使用MAF滤除多次谐波时，可以有两种方式：

(1)只使用一个MAF，通过取合适的窗口宽度T_w，使T_w为所有多次谐波周期的最小公倍数，便可滤除一次性多次谐波。若MAF需要同时滤除$h_1,h_2,\cdots$等多次谐波，则此时MAF的延时为

$$T_{\text{MAF}}=[T_{h1},T_{h2},\cdots] \tag{7-25}$$

式中，$[\cdot]$表示取最小公倍数运算符。例如：当想要一次性滤除5、7次谐波时，取T_w为T_5、T_7的最小公倍数，即$T_w=[T_5,T_7]=T_1$，则可以同时滤除5、7次谐波。当想要滤除所有基波频率的整数倍谐波时，也可取$T_w=T_1$，T_1为基波周期。此时MAF的延时和滑动长度为

$$T_{\text{MAF}}=T_1 \tag{7-26}$$

$$L_{\text{MAF}}=\text{round}\left[\frac{T_1}{T_s}\right] \tag{7-27}$$

虽然这种方法只使用了一个MAF，结构简洁，但延时总为一个窗口宽度T_w；当滤除所有整数倍次谐波时，延时为T_1。

(2)使用多个不同的MAF_h进行级联，对谐波进行逐次滤除，即所谓的级联MAF(Cscaded MAF，CMAF)。当使用CMAF滤除5、7次谐波时，总延时$T_{\text{CMAF}}=T_5+T_7$，明显要小于上面只使用一个MAF进行滤除时的延时T_1。此时，CMAF的总延时为各个MAF_h的延时之和。如果想要滤除的谐波次数不大于N的话，则CMAF响应时间T_{CMAF}和滑动长度L_{CMAF}分别为

$$T_{\text{CMAF}}=\sum_{h=1}^{N}T_h \tag{7-28}$$

$$L_{\text{CMAF}}=\sum_{h=1}^{N}L_h=\text{round}\left[\frac{T_{\text{CMAF}}}{T_s}\right] \tag{7-29}$$

分析表明，T_{CMAF}随着想要滤除的谐波分量次数N的增加而变长。在极端的情况下，N不断增加会使T_{CMAF}趋于无穷大，过长的延时和巨大的数据量在实际工程中根本不可能实现。因此，CMAF只适合有限次谐波滤除。当使用CMAF滤除所有基波频率整数倍次谐波时，根据式(7-28)，总延时为

$$T_{\text{CMAF}}=\left(\frac{1}{2}+\frac{1}{3}+\frac{1}{4}+\cdots+\frac{1}{N}+\cdots\right)T_1 \tag{7-30}$$

显然，在同时滤除所有基波频率整数倍次谐波时，MAF要优于CMAF，所以CMAF只适用于有限次谐波滤除。在实际电力系统中，单相系统主要含$2n\pm1(n=2,3,\cdots)$次谐波，三相系统主要含$6n\pm1(n=1,2,\cdots)$次谐波，且随着谐波次数的增大其幅值迅速衰减，所以通常只需要对一些幅值较大的低次谐波进行滤除。同时，结合7.1及7.2节的分析，在

dq 坐标系中也会含有偶数次谐波。因此，为综合对比 MAF 和 CMAF 的动态响应性能，本节将二者在不同场景下滤除指定低次谐波所需的延时 T_{MAF} 和 T_{CMAF} 进行对比分析，结果汇总于表 7-2。表中的 T_1 与上面一样，表示基波周期。

表 7-2　滤除指定低次谐波时 MAF、CMAF 的延时

应用场景	需要同时滤除的低次谐波	T_{MAF}	T_{CMAF}
单相系统	3、5、7	T_1	$71T_1/105$
三相系统	5、7、11	T_1	$167T_1/385$
谐波电流检测的 dq 轴中	3、6、9	$T_1/3$	$11T_1/18$
谐波电压检测的 dq 轴中	2、4、6	$T_1/2$	$11T_1/12$

由表 7-2 可知，当应用于单相系统时，T_{MAF} 恒为 T_1，T_{CMAF} 随滤波次数的增加而增加；当应用于三相系统时也有同样的结论。而当应用于谐波电流检测的 dq 坐标系中时，T_{MAF} 恒为 $T_1/3$，而 T_{CMAF} 恒大于 $T_1/3$，并且需要滤除的谐波次数越多，T_{CMAF} 就越大。同样地，当应用于谐波电压检测(包括电压偏差检测)的 dq 轴中时，T_{MAF} 恒为 $T_1/2$，而 T_{CMAF} 恒大于 $T_1/2$，并且需要滤除的谐波次数越多，T_{CMAF} 就越大。

综上所述，可以得出结论：

(1)当应用于单、三相系统静止坐标系中时，系统中含有的谐波次数不成倍数关系，MAF 的动态响应时间为 $T_{\text{MAF}}=T_1$，CMAF 的动态响应时间 T_{CMAF} 为所要滤除的指定次谐波周期之和。在一定频率范围内，后者的动态性能优于前者，此时应选择 CMAF 才能使动态响应时间达到最优。随着需要滤除的指定低次谐波越多，二者的动态响应时间差距越小，最后 $T_{\text{MAF}}<T_{\text{CMAF}}$，此时前者的动态性能更优；

(2)当应用于 dq 旋转坐标系中的谐波电流检测及谐波电压检测时，系统中含有的谐波次数成倍数关系：谐波电流检测的 dq 轴中，均为 $3n(n=1,2,\cdots)$次谐波，MAF 的动态响应时间为 $T_{\text{MAF}}=T_1/3$；谐波电压检测的 dq 轴中，均为 $2n(n=1,2,\cdots)$次谐波，MAF 的动态响应时间为 $T_{\text{MAF}}=T_1/2$。而 CMAF 的动态响应时间 T_{CMAF} 仍为所要滤除的指定次谐波周期之和，且始终存在 $T_{\text{MAF}}<T_{\text{CMAF}}$，随着需要滤除的指定低次谐波越多，两者的动态响应时间相差越大。此时应选择 MAF 才能使动态响应时间达到最优。为了与 CMAF 进行区分，这里将获得最优动态响应时间的单个 MAF 命名为优化型 MAF(optimized MAF，OMAF)。

基于上述分析，将欲滤除的指定次谐波视作一个谐波组 $D=\{h_1,h_2,\cdots,h_N\}(h_1<h_2<\cdots<h_N)$。可分为以下情况讨论 MAF 的选择：

(1)设 $\lambda_h=h/h_1(h=h_1,h_2,\cdots,h_N)$，其含义为谐波组 D 中任意 h 次谐波次数与最低次谐波次数 h_1 的比值。若对于谐波组 D 所有次谐波均有 $\lambda_h\in\mathrm{N}^+$ 成立，则谐波组 D 应选用 OMAF 进行滤除，N^+ 为正整数符号。此时 OMAF 的滑动长度与延时为

$$\begin{cases}L_{\mathrm{OMAF}}=[L_{h1},L_{h2},\cdots,L_{hN}]=L_{h1}\\T_{\mathrm{OMAF}}=[T_{h1},T_{h2},\cdots,T_{hN}]=T_{h1}\end{cases}\tag{7-30}$$

式中，L_{h1} 和 T_{h1} 分别为谐波组 D 中最低次谐波的滑动长度和周期。

(2)设 $\lambda_{xy}=h_x/h_y(h_x,h_y=h_1,h_2,\cdots,h_N,h_x>h_y$ 且 $h_x\neq h_y)$，表示谐波组 D 中任意 h_x 次谐波的次数与任意 h_y 次谐波的次数的比值。若对于谐波组 D，$\lambda_{xy}\notin \mathrm{N}^+$ 恒成立，则谐波组 D 应选用 CMAF 滤除，此时 CMAF 滑动长度和延时为

$$\begin{cases}L_{\mathrm{CMAF}}=\sum\limits_{h=h1}^{hN}L_h\\T_{\mathrm{CMAF}}=\sum\limits_{h=h1}^{hN}T_h\end{cases}\tag{7-31}$$

(3)将谐波组 D 分为 n 个子谐波组，每个子谐波组中不同频率的谐波个数至少为 2 个。若谐波组 D 中既存在 $\lambda_h\in \mathrm{N}^+$ 的子谐波组 $\{D_1,D_2,\cdots,D_{n-1}\}$，也存在 $\lambda_{xy}\notin \mathrm{N}^+$ 的子谐波组 D_n，则对于满足 $\lambda_h\in \mathrm{N}^+$ 的子谐波组，应选用 OMAF 进行滤除，多个子谐波组 $\{D_1,D_2,\cdots,D_{n-1}\}$ 应级联多个 OMAF 进行滤除；对于满足 $\lambda_{xy}\notin \mathrm{N}^+$ 的子谐波组 D_n，应选用 CMAF 进行滤除。此时滤波环节的滑动长度和延时为

$$\begin{cases}L_{\mathrm{MAF}}=L_{\mathrm{OMAF}}+L_{\mathrm{CMAF}}=(L_{D1}+L_{D2}+\cdots+L_{D_{n-1}})+L_{D_n}=\sum\limits_{D=D1}^{D_n}L_D\\T_{\mathrm{MAF}}=T_{\mathrm{OMAF}}+T_{\mathrm{CMAF}}=(T_{D1}+T_{D2}+\cdots+T_{D_{n-1}})+T_{D_n}=\sum\limits_{D=D1}^{D_n}T_D\end{cases}\tag{7-32}$$

本章将这种级联 OMAF 与 CMAF 混合使用的滤波器称为双级联优化型滑动平均滤波器(double cascade optimized MAF，DCO-MAF)。可以看出，DCO-MAF 包含了 OMAF 和 CMAF 的应用场景：DCO-MAF 滤除的谐波组 D 中，子谐波组 $\{D_1,D_2,\cdots,D_{n-1}\}$ 中任一个都对应用 OMAF 滤除，子谐波组 D_n 对应用 CMAF 滤除。为方便表述，将子谐波组 $\{D_1,D_2,\cdots,D_{n-1}\}$ 称为规律谐波组，将子谐波组 D_n 称为无规律谐波组。当待滤波信号中仅含规律谐波组时，DCO-MAF 等价于 OMAF 或 COMAF；当待滤波信号中仅含无规律谐波组时，DCO-MAF 等价于 CMAF。显然，DCO-MAF 可滤除所有次数的谐波并使系统动态响应性能达到最优。DCO-MAF 滤波的原理框图如图 7-12 所示。

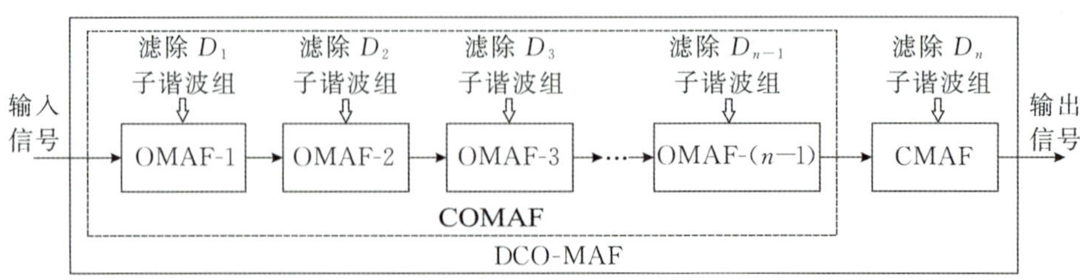

图 7-12　DCO-MAF 原理框图

7.2.3 仿真验证

下面将对 DCO-MAF 性能进行分析，主要通过对比不同的滤波器来突出 DCO-MAF 的优越性。采用纵向对比和横向对比分析方法：纵向对比是指对比 DCO-MAF 与 OMAF、CMAF 的性能优劣；横向对比是指对比 DCO-MAF 与 DSC 的性能优劣。

7.2.3.1 纵向对比分析

对于 DCO-MAF 与 OMAF、CMAF，主要从它们的动态响应性能进行对比。设待滤波信号为 x_i，分 3 种情况进行讨论：①x_i 中含有 $2n\pm1(n=2,3,\cdots)$次谐波，需滤除 25 次及以下的谐波；②x_i 中含有 $6n\pm1(n=2,3,\cdots)$次谐波，需滤除 35 次及以下的谐波；③x_i 中含有 $2n$、$3n(n=1,2,\cdots)$次谐波，需滤除 30 次及以下的谐波。仿真中幅值以标幺值表示，直流分量幅值为 1，各次谐波幅值与其次数成反比。

情况 1： 该情况的仿真结果如图 7-13 所示可以看到，此时 DCO-MAF 的延时最短，仿真结果为 17.672ms，将 3 种 MAF 在情况 1 时的理论延时、需要的 MAF 模块个数以及仿真延时列于表 7-3 中。

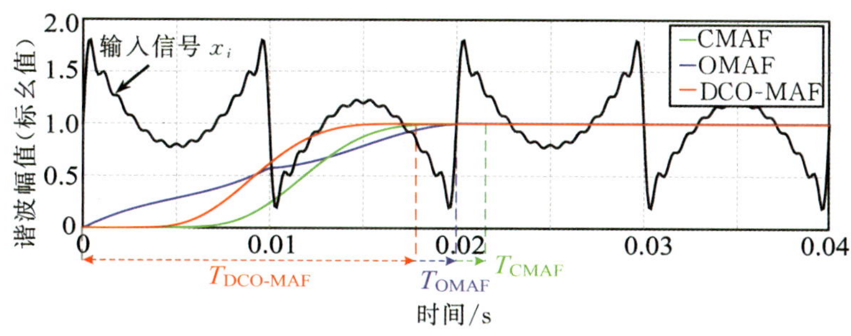

图 7-13 情况 1 仿真波形

表 7-3 情况 1 时 OMAF、CMAF、DCO-MAF 对比

滤波器类型	理论延时	MAF 模块个数	仿真延时
OMAF	T_1	1	20.051ms
CMAF	$947T_1/749$	12	21.153ms
DCO-MAF	$957T_1/958$	8	17.672ms

情况 2： 该情况的仿真结果如图 7-14 所示。在情况 2 时，此时同样是 DCO-MAF 的延时最短，仿真结果为 12.000ms，将 3 种 MAF 在情况 2 时的理论延时、需要的 MAF 模块个数以及仿真延时列于表 7-4 中。

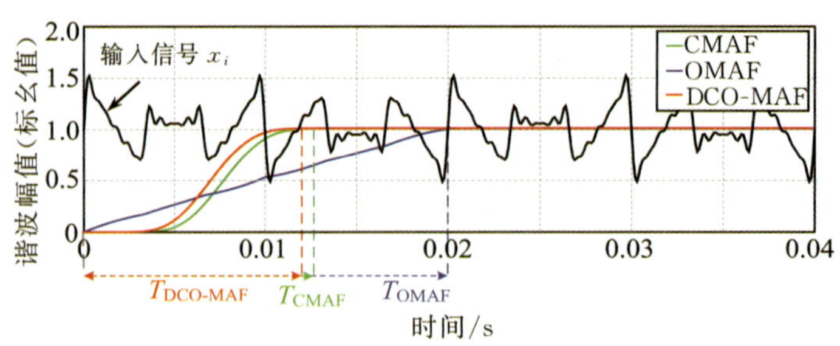

图 7-14　情况 2 仿真波形

表 7-4　情况 2 时 OMAF、CMAF、DCO-MAF 对比

滤波器类型	理论延时	MAF 模块个数	仿真延时
OMAF	T_1	1	20.058ms
CMAF	$1117T_1/1375$	11	12.776ms
DCO-MAF	$1007T_1/1375$	9	12.000ms

情况 3：该情况需要滤除的指定次谐波为 2 次到 35 次之间的 $2n$ 及 $3n$ 次谐波，仿真结果如图 7-15 所示。此时，DCO-MAF 的延时同样最短，仿真结果为 16.483ms；CMAF 的延时最长，仿真结果为 33.939ms；OMAF 延时居中，为 20.054ms。将 3 种 MAF 在情况 3 时的理论延时、需要的 MAF 模块个数以及仿真延时列于表 7-5 中。

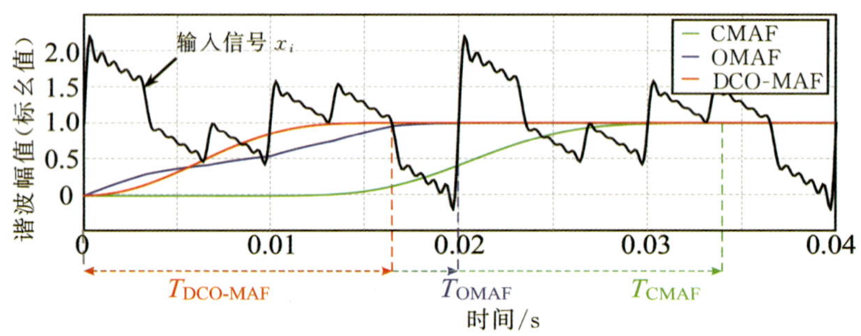

图 7-15　情况 3 仿真波形

表 7-5　情况 3 时 OMAF、CMAF、DCO-MAF 对比

滤波器类型	理论延时	MAF 模块个数	仿真延时
OMAF	T_1	1	20.054ms
CMAF	$7511T_1/2902$	20	33.939ms
DCO-MAF	$5T_1/6$	2	16.483ms

综上所述，在以上 3 种情况时，DCO-MAF 具有最优的动态响应性能，其滑动长度最短，因此在同等采样频率时数据量最小，减小了控制芯片的运算压力。同时，DCO-MAF

所需级联的 MAF 模块总是少于或等于 CMAF 级联模块数，因此在结构上比 CMAF 更简单。图 7-16 所示为三种 MAF 在情况 2 时的伯德图。

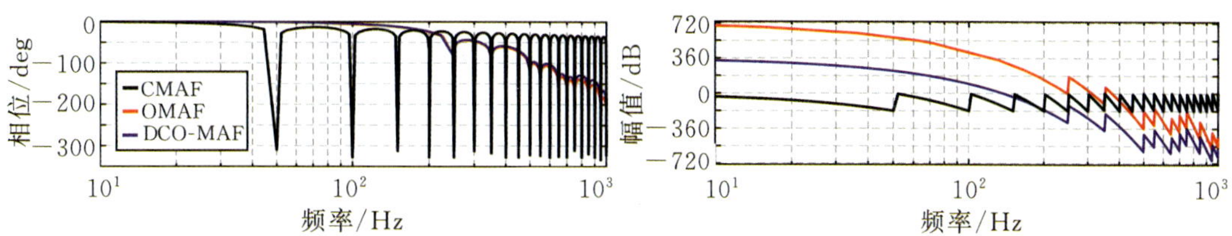

图 7-16 三种 MAF 在情况 2 时的伯德图

图中可见，DCO-MAF 的幅值裕度和相角裕度均大于零，此时系统可稳定工作。情况 1、情况 3 均有此结论，这里不再赘述。需要注意的是，图中没有给出频率为零(即信号为直流)时的部分，但 DCO-MAF、CMAF 对直流分量是无相位延迟的。

7.2.3.2 横向对比分析

为与 DCO-MAF 进行更好的对比，本小节先简要介绍 DSC 的基本原理。DSC 滤波利用了实际信号中的谐波具有中心对称的特性，先将原始信号进行延时处理，然后将获得的延时信号与原始信号叠加，便可使谐波对消。显然，叠加消除对直流分量并不会产生影响。将滤除 h 次谐波的 DSC 称为 DSC_h，其连续表达式和离散表达式为

$$y_h(t)=\frac{1}{2}\left[x_h(t)+x_h\left(t-\frac{T_h}{2}\right)\right]=0,\ t\geqslant\frac{T_h}{2} \tag{7-33}$$

$$Y_h(k)=\frac{1}{2}\left[X_h(k)+X_h\left(k-\frac{L_h}{2}\right)\right]=0,\ k\geqslant\frac{L_h}{2} \tag{7-34}$$

式中，$x_h(t)$和 $y_h(t)$分别为 DSC_h 的输入和输出信号；T_h 为 h 次谐波的周期；L_h 为延迟长度。由式(7-33)和式(7-34)可知，DSC_h 在连续域中的延时为 $T_h/2$，在离散域中的延迟长度为 $L_h/2$，与 CMAF 一样，CDSC 可以用于滤除多个指定次谐波，此时 CDSC 的总延时 T_{CDSC}为所有级联的 DSC 模块延时之和。当滤除所有整数倍次谐波时，$T_{\text{CDSC}}=1/(2T_{\text{CMAF}})$。然而，在谐波较多的场合，DSC 会存在较长延时和较大的数据量，这是限制其广泛应用的重要原因。将 CDSC 与本书所提出的 DCO-MAF 在不同滤波场景下的理论延时进行对比，结果如表 7-6 所示。

表 7-6 DCO-MAF 与 CDSC 在不同滤波场景下的对比

滤波器类型	滤波场景	理论延时
DCO-MAF	滤除 $2n$ 次谐波	$T_1/2$
	滤除 $2n\pm1$ 次谐波	T_1
	滤除 $6n\pm1$ 次谐波	T_1
	滤除所有次谐波	T_1

续表

滤波器类型	滤波场景	理论延时
CDSC	滤除 $2n$ 次谐波	$T_1/2$
	滤除 $2n\pm1$ 次谐波	$T_1/2$
	滤除 $6n\pm1$ 次谐波	T_1
	滤除所有次谐波	T_1

由表 7-6 可知，DCO-MAF 仅在滤除所有 $2n\pm1$ 次谐波的情景下，延时为 CDSC 的两倍，其余场合下两者的延时均一致。而在电力系统中，一般只要求滤除指定的低次谐波，如滤除 5、7、11 次谐波时，二者的理论延时相等。但 DSC 对一些高次谐波存在放大作用，所以在实际应用中，一般需要级联多个 DSC 模块确保对高次谐波有抑制作用。因此，CDSC 的所占用的内存和数据量都要显著大于 DCO-MAF，且结构上也更加复杂。综合各方面对比，DCO-MAF 的性能要优于 CDSC，更适用于实际的工程。采用 DCO-MAF 替代谐波电流检测算法和电压偏差检测算法中的 LPF 环节，可在保证滤波效果的同时显著减小延时，使系统更快速精准地检测到所需的同步信息。

7.3 改进型双二阶广义积分器锁相环

根据谐波电流检测算法及电压偏差检测算法的基本原理可知，多功能可调阻抗器的检测算法中必须具有电网的相位和频率参数，而锁相环 PLL 就是用于输出电网同步信息的一种相位同步控制技术。传统锁相环有同步坐标系 PLL，即 dqPLL，以及静止坐标系 PLL，即 $\alpha\beta$PLL。虽然这两种 PLL 结构简单且易实现，但在电网发生不平衡故障或电网电压存在谐波的情况下无法正常工作。针对这样的问题，许多文献提出了改进型的 PLL，如同步坐标系软件锁相环(SRF-PLL)、双二阶广义积分器锁相环(DSOGI-PLL)、正交锁相环(QPLL)和增强型锁相环(EPLL)。总的来说，各种改良的 PLL 都是以消除不良干扰为目的，使 PLL 在电网发生不平衡故障或存在谐波时也能精准快速地进行锁相。以上 4 种 PLL 的性能对比情况如表 7-7 所示。

综合对比来看，DSOGI-PLL 性能最好，但其缺点是在电网电压含有谐波的情况下滤波能力不足。在所有改良的 PLL 拓扑中可分为两类：一类是基于预计算或预滤波(pre-calculation or pre-filtering，PCPF)技术的 PLL，另一类是基于 LF 修正(LM modification，LFM)技术的 PLL。本节将基于 DCO-MAF 对传统 DSOGI-PLL 进行改进，使之在三相不平衡和含有谐波等情况下也能快速准确实现锁相。

表 7-7 4 种 PLL 在频率变化、存在谐波时及电压跌落的性能对比

PLL 类型	频率变化时	存在谐波时	电压跌落时
SRF-PLL	超调量最小，但延时较大，无振荡现象	谐波含量最高，滤波能力最差	所有 PLL 在电压跌落期间均未出现过调，且能在100ms 内快速适用，均未出现振荡
DSOGI-PLL	超调量较小，且延时较短，振荡较小	谐波含量较高，滤波能力不足	
QPLL	延时最短，但超调量最大，振荡较大	谐波含量较少，具有较好的滤波能力	
EPLL	延时最长，且超调量较大，振荡较大	谐波含量最少，滤波能力最强	

7.3.1 双二阶广义积分器锁相环

传统 DSGIO-PLL 结构框图如图 7-17 所示，接下来分析 DSGIO-PLL 工作原理。

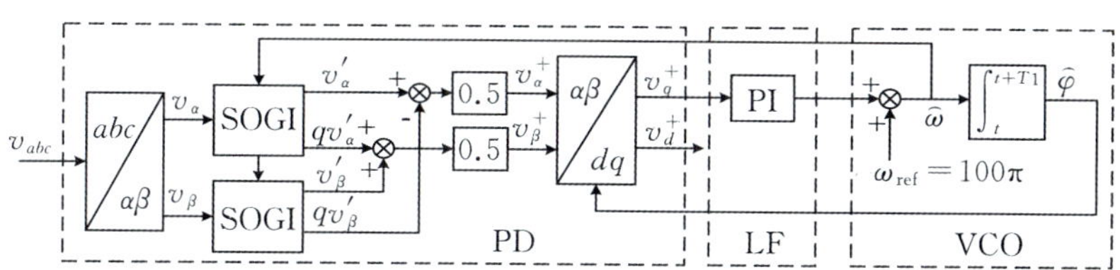

图 7-17 传统 DSGIO-PLL 系统结构框图

首先给出在 $\alpha\beta$ 坐标系中，将电压分解成正、负序分量的转换关系

$$\begin{bmatrix} v_\alpha^+ \\ v_\beta^+ \end{bmatrix} = \frac{1}{2}\begin{bmatrix} 1 & -q \\ q & 1 \end{bmatrix}\begin{bmatrix} v_\alpha \\ v_\beta \end{bmatrix} = T_{\alpha\beta}^+\begin{bmatrix} v_\alpha \\ v_\beta \end{bmatrix},\quad \begin{bmatrix} v_\alpha^- \\ v_\beta^- \end{bmatrix} = \frac{1}{2}\begin{bmatrix} 1 & q \\ -q & 1 \end{bmatrix}\begin{bmatrix} v_\alpha \\ v_\beta \end{bmatrix} = T_{\alpha\beta}^-\begin{bmatrix} v_\alpha \\ v_\beta \end{bmatrix} \tag{7-35}$$

式中，$T_{\alpha\beta}^+$、$T_{\alpha\beta}^-$ 分别表示在 $\alpha\beta$ 坐标系中将电压转换成正、负序分量的变换矩阵；$q=e^{-j90^\circ}$ 表示幅值相等但相位滞后 90°的运算。设三相电压信号为

$$\begin{cases} v_a = U_{m1}\cos(\omega_s t+\theta_1)+\sum\limits_{h=2}^{\infty}U_{mh}\cos(h\omega_s t+\theta_h) \\ v_b = U_{m1}\cos(\omega_s t+\theta_1-120^\circ)+\sum\limits_{h=2}^{\infty}U_{mh}\cos[h(\omega_s t-120^\circ)+\theta_h] \\ v_c = U_{m1}\cos(\omega_s t+\theta_1+120^\circ)+\sum\limits_{h=2}^{\infty}U_{mh}\cos[h(\omega_s t+120^\circ)+\theta_h] \end{cases} \tag{7-36}$$

使用幅值不变的 Clarke 变换，将三相电压从 abc 坐标系变换到 $\alpha\beta$ 坐标系

$$\begin{bmatrix} v_\alpha \\ v_\beta \end{bmatrix} = \frac{2}{3}\begin{bmatrix} 1 & -1/2 & -1/2 \\ 0 & \sqrt{3}/2 & -\sqrt{3}/2 \end{bmatrix}\begin{bmatrix} v_a \\ v_b \\ v_c \end{bmatrix} = T_{32} v_{abc} \tag{7-37}$$

式中，T_{32} 表示变换前后幅值不变的 Clarke 变换矩阵。由式(7-36)和式(7-37)可得

$$\begin{bmatrix} v_\alpha \\ v_\beta \end{bmatrix} = \begin{bmatrix} U_{m1}\cos(\omega_s t + \theta_1) + \sum_{h=2}^{\infty} U_{mh}\cos(h\omega_s t + \theta_h) \\ U_{m1}\sin(\omega_s t + \theta_1) \pm \sum_{h=2}^{\infty} U_{mh}\sin(h\omega_s t + \theta_h) \end{bmatrix}, h \neq 3k(k=1,2,\cdots) \tag{7-38}$$

式中，当 $h=3k-2(k=2,3,\cdots)$ 时，v_β 取正号；当 $h=3k-1(k=1,2,\cdots)$ 时，v_β 取负号。v_α、v_β 经过 SOGI 后，其中的高频分量被滤除，只余下其中的基波分量，且基波分量被分解成正序分量，从而得到两个正交信号 v' 和 qv'，即

$$\begin{bmatrix} v'_\alpha \\ qv'_\alpha \end{bmatrix} = \begin{bmatrix} U_{m1}\cos(\omega_s t + \theta_1) \\ qU_{m1}\cos(\omega_s t + \theta_1) \end{bmatrix}, \begin{bmatrix} v'_\beta \\ qv'_\beta \end{bmatrix} = \begin{bmatrix} U_{m1}\sin(\omega_s t + \theta_1) \\ qU_{m1}\sin(\omega_s t + \theta_1) \end{bmatrix} \tag{7-39}$$

因此可以得到

$$\begin{bmatrix} v_\alpha^+ \\ v_\beta^+ \end{bmatrix} = U_{m1}\begin{bmatrix} \cos(\omega_s t + \theta_1) \\ \sin(\omega_s t + \theta_1) \end{bmatrix} \tag{7-40}$$

式(7-40)经 Park 变换，可得将电压转换到 dq 坐标系，Park 变换矩阵如下：

$$T_{22} = \begin{bmatrix} \cos\hat{\varphi} & \sin\hat{\varphi} \\ -\sin\hat{\varphi} & \cos\hat{\varphi} \end{bmatrix} \tag{7-41}$$

式中，T_{22} 表示 Park 变换矩阵，$\hat{\varphi} = \hat{\omega}t + \hat{\theta}$，表示经输出端反馈回来的实时估计相角。因此，Park 变换表达式为

$$\begin{bmatrix} v_d^+ \\ v_q^+ \end{bmatrix} = T_{22}\begin{bmatrix} v_\alpha^+ \\ v_\beta^+ \end{bmatrix} = U_{m1}\begin{bmatrix} \cos(\omega_s t + \theta_1 - \hat{\varphi}) \\ \sin(\omega_s t + \theta_1 - \hat{\varphi}) \end{bmatrix} = U_{m1}\begin{bmatrix} \cos[(\omega_s - \hat{\omega})t + (\theta_1 - \hat{\theta})] \\ \sin[(\omega_s - \hat{\omega})t + (\theta_1 - \hat{\theta})] \end{bmatrix} \tag{7-42}$$

上式表明，当 $\hat{\varphi}$ 接近基波分量瞬时相角 $\omega_s t + \theta_1$，即 $\Delta\varphi = \omega_s t + \theta_1 - \hat{\varphi} \approx 0$ 时，v_q^+ 可表示为

$$v_q^+ = U_{1m}\sin(\omega_s t + \theta_1 - \hat{\varphi}) \approx U_{1m} \cdot \Delta\varphi \tag{7-43}$$

可以看出，v_q^+ 是 PI 环节的误差输入信号，除以基波电压信号幅值 U_{1m} 可将输入误差归一化，从而得到实际系统与估计值的相角差 $\Delta\varphi$。根据以上分析，可将 PI 环节及 VCO 的控制框图等效表示成如图 7-18 所示。

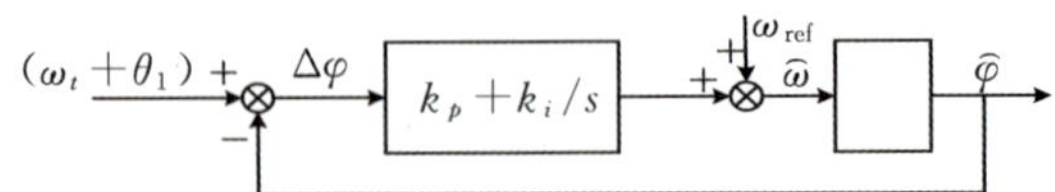

图 7-18　PI 及 VCO 环节的等效控制框图

当 $\Delta\varphi=0$ 时，估计频率 $\hat{\omega}=\omega_{\text{ref}}$，从而实现锁相；若 $\Delta\varphi\neq 0$，就会经过一个 PI 控制器进行调节，然后经过自动重置的积分环节生成新的相位直至锁相成功。

由此以上分析可知，SOIG 的作用有两个：一是将输入信号分解为两个正交信号；二是对输入信号进行滤波。SGIO 结构框图如图 7-19 所示，可将其视作一个滤波器，图中 ω_o为该滤波器的谐振频率，也即前面所提到的估计角频率 $\hat{\omega}$；SGIO 的作用是将输入信号进行滤波处理并输出两个正交信号 v'、qv'。

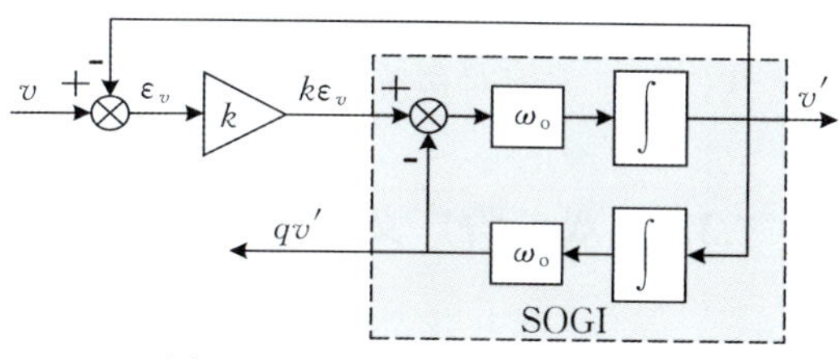

图 7-19　SOGI 系统结构框图

根据图 7-19 所示的系统结构框图，基于梅逊增益公式可得 SOGI 的传递函数(即图中框内的结构)为

$$\frac{v'}{k\varepsilon_v}(s)=\frac{\omega_o s}{s^2+\omega_o^2} \tag{7-44}$$

$$\frac{qv'}{k\varepsilon_v}(s)=\frac{\omega_o^2}{s^2+\omega_o^2} \tag{7-45}$$

根据式(7-44)和式(7-45)可知，输入信号经过 SOGI，相当于分别乘以 $\omega_o\cdot\cos(\omega_o t)$和 $\omega_o\cdot\sin(\omega_o t)$，输出两个信号为正交信号，即相位差为 90°。整个系统的传递函数为

$$G_d(s)=\frac{v}{v}(s)=\frac{k\omega_o s}{s^2+k\omega_o s+\omega_o^2} \tag{7-46}$$

$$G_q(s)=\frac{qv'}{v}(s)=\frac{k\omega_o^2}{s^2+k\omega_o s+\omega_o^2} \tag{7-47}$$

根据式(7-46)和式(7-47)可知，设谐振频率 $\omega_o=100\pi$ rad/s，当 k 取不同值时，可得 $G_d(s)$和 $G_q(s)$如图 7-20 所示的伯德图。从图中可以看出，$G_d(s)$为一个带通滤波器，只允许通过频率为谐振频率 ω_o的信号，可消除直流偏置的影响。$G_q(s)$表现为低通滤波器特性，当信号中存在直流偏置时，信号 qv'会受到干扰，从而影响锁相精度。k 为调节系统滤波能力的参数，较小的 k 值会使滤波器的带宽变窄，选择性变好，但此时的动态性能变差。

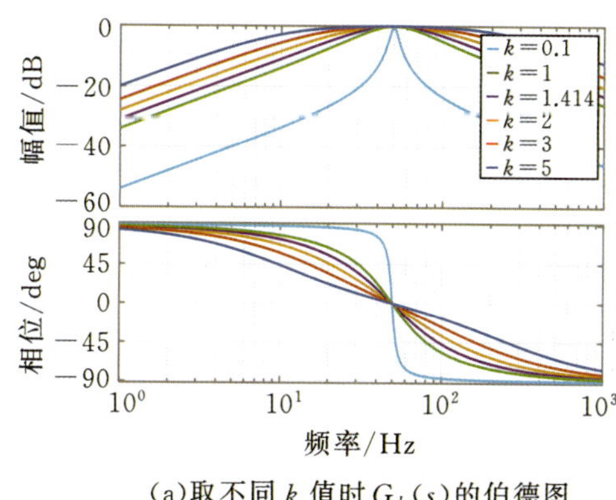

(a)取不同 k 值时 $G_d(s)$的伯德图

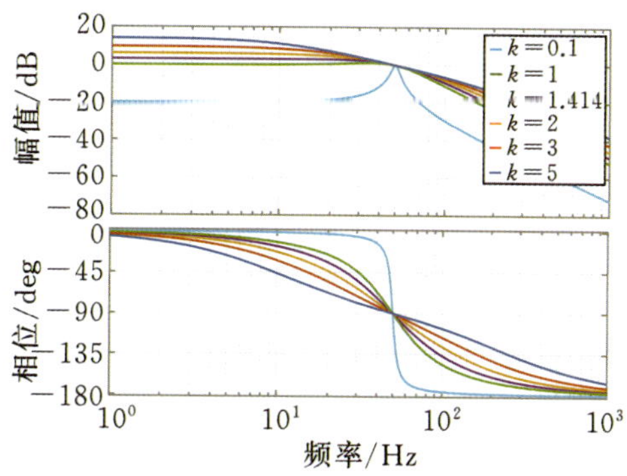

(b)取不同 k 值时 $G_q(s)$的伯德图

图 7-20　$G_d(s)$和 $G_q(s)$的伯德图

综上所述，可总结出传统 DSOGI-PLL 存在以下问题：①SOGI 的 $G_q(s)$表现为一个低通滤波器，虽能滤除高次谐波，但易受直流分量的影响，产生振荡误差；②SOGI 虽有滤波作用，但当电网电压出现不平衡故障或谐波含量较多时，其滤波效果并不理想。因此，本节将从这两个方面对传统 DSOGI-PLL 进行改进。

7.3.2　双二阶广义积分器锁相环改进方案

7.3.2.1　SOGI 改进方案

针对传统 SOGI 的 $G_q(s)$表现为一个低通滤波器，易受到直流分量的影响，可参考 $G_q(s)$的形式对其进行改进，使之表现为一个带通滤波器。对 $G_q(s)$改进的原则有两个：一是保证 SOGI 的正交环不变，即图 7-19 中灰色框内的结构，这样才能保证 v'和 qv'为正交信号；二是保证 $G_d(s)$不变，因为 $G_d(s)$已经为一个带通滤波器，不需要再进行变动。根据图 7-19 可得如图 7-21 所示的信号流图。

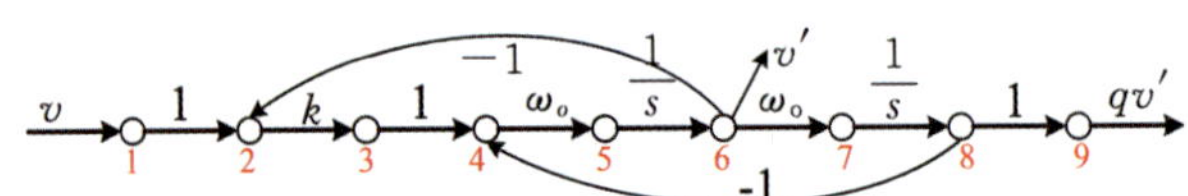

图 7-21　SOGI 系统信号流图

令回路 L_1：2→3→4→5→6→2，回路 L_2：4→5→6→7→8→4。若要保持 SOGI 的正交环不变，则回路 L_2 须保持不变，即添加的支路不可与回路 L_2 有接触；若要保证 $G_d(s)$不变，则不可在从信号 v 到信号 v'的前向通路(1→2→3→4→5→6)上添加新的回路。因此可得如图 7-22(a)所示的改进后的 SOGI 系统信号流图。此时 SOGI 系统的结构框图如图 7-22(b)所示。

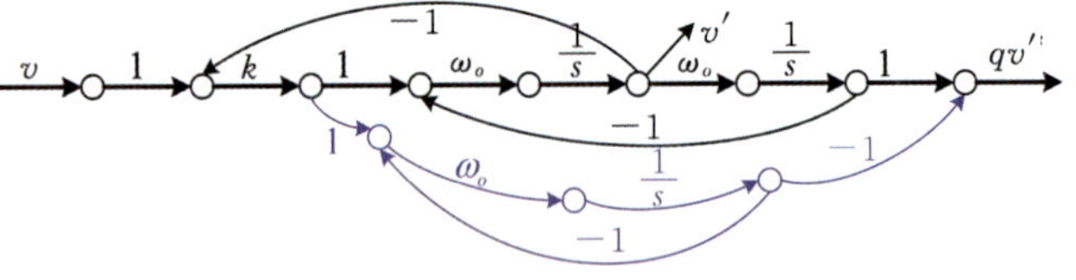

(a)改进后 SOGI 系统信号流图

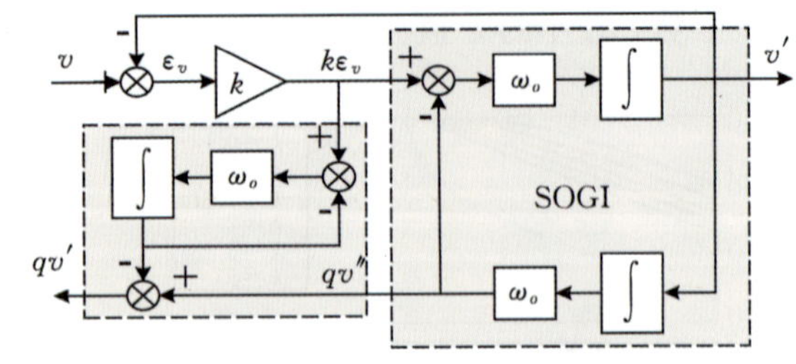

(b)改进后的 SOGI 系统结构框图

图 7-22　SOGI 改进方案

根据图 7-22(b)，SOGI 正交环并无任何变动，所以仍可构造出两个正交信号；新增环节并未对信号 v'造成影响，所以改进后的 $G'_d(s)=G_d(s)$。而改进后的 $G'_q(s)$为

$$G'_q(s)=\frac{qv'}{v}(s)=\frac{k\omega_o s(\omega_o-s)}{s^3+(k+1)\omega_o s^2+(k+1)\omega_o^2 s+\omega_o^3} \tag{7-48}$$

当 $k=2$，$\omega_o=100\pi$ rad/s，由式(7-47)、式(7-48)可得 SOGI 改进前后 $G_q(s)$、$G'_q(s)$的伯德图，如图 7-23(a)所示。

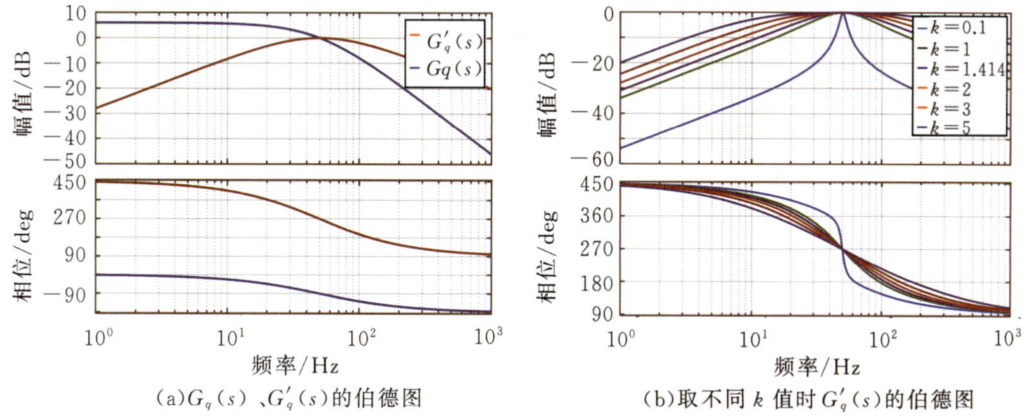

(a)$G_q(s)$、$G'_q(s)$的伯德图　　(b)取不同 k 值时 $G'_q(s)$的伯德图

图 7-23　$G_q(s)$、$G'_q(s)$的伯德图

可以看到，改进后的 $G'_q(s)$已经表现为一个带通滤波器，对低频和高频均有较强的抑制能力，虽然较 $G_q(s)$的延时稍长，但完全克服了 $G_q(s)$无法抑制低频分量的弊端。当 k 取不同值时，$G'_q(s)$的滤波特性不同。由图 7-23(b)可知，k 取值越小，其选择性越好，但延时也就越长。综合考虑滤波效果和响应速度，可取 k 为 1～2。

7.3.2.2　基于 DCO-MAF 的 DSOGI-PLL

针对 DSOGI-PLL 滤波能力不足的问题，将本节提出的 DCO-MAF 与之结合，以增强其滤波能力。在极端情况下，假设 SOGI 无滤波能力。当 $h=3k-2(k=2,3,\cdots)$时，根据式(7-47)可得到 SOGI 输出的两个正交信号的谐波表达式为

$$\begin{bmatrix} \bar{v}'_\alpha \\ q\bar{v}'_\alpha \end{bmatrix}=\begin{bmatrix} \sum\limits_{h=3k-2}^{\infty} U_{mh}\cos(h\omega_s t+\theta_h) \\ q\sum\limits_{h=3k-2}^{\infty} U_{mh}\cos(h\omega_s t+\theta_h) \end{bmatrix},\quad \begin{bmatrix} \bar{v}'_\beta \\ q\bar{v}'_\beta \end{bmatrix}=\begin{bmatrix} \sum\limits_{h=3k-2}^{\infty} U_{mh}\sin(h\omega_s t+\theta_h) \\ q\sum\limits_{h=3k-2}^{\infty} U_{mh}\sin(h\omega_s t+\theta_h) \end{bmatrix} \tag{7-49}$$

根据式(7-49)，进而可得$\bar{v}_d^+$、$\bar{v}_q^+$ 的表达式为

$$\begin{bmatrix} \bar{v}_d^+ \\ \bar{v}_q^+ \end{bmatrix}=T_{22}\begin{bmatrix} \bar{v}_\alpha^+ \\ \bar{v}_\beta^+ \end{bmatrix}=\begin{bmatrix} \sum\limits_{h=3k-2}^{\infty} U_{mh}\cos[(h\omega_s-\hat{\omega})t+(\theta_h-\hat{\theta})] \\ \sum\limits_{h=3k-2}^{\infty} U_{mh}\sin[(h\omega_s-\hat{\omega})t+(\theta_h-\hat{\theta})] \end{bmatrix} \tag{7-50}$$

式中，当 $\hat{\omega}=\omega_s$ 时，谐波均为 $3k(k=1,2,\cdots)$次谐波。同理，当 $h=3k-1(k=1,2,\cdots)$时，根据式(7-47)可知，此时的$\bar{v}_d^+$、$\bar{v}_q^+$ 均为零。

基于上述分析，当 SOGI 滤波能力不足时，在$\bar{v}_d^+$、$\bar{v}_q^+$ 中只会存在 3 及 3 的倍数次谐波。若是三相系统，电压主要含 $6k\pm1(k=1,2,\cdots)$次谐波，则$\bar{v}_d^+$、$\bar{v}_q^+$ 中含有 $6k(k=1,2,\cdots)$次谐

波。因此，DCO-MAF 只需一个 OMAF 模块，设置最优窗口长度 $T_w=0.02\text{s}/6=3.33\text{ms}$，即可滤除$\tilde{v}_q^+$ 中的所有 $6n$ 次谐波。改进后的 DSOGI-PLL 结构框图如图 7-24 所示。

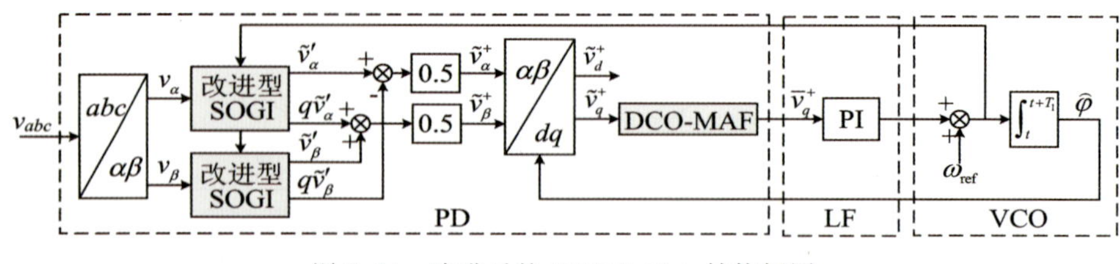

图 7-24　改进后的 DSOGI-PLL 结构框图

综上所述，对传统 DSOGI-PLL 做出两点改进：一是改进 SOGI 环节使得改进后的 $G'_q(s)$具有带通滤波器特性；二是加入 DCO-MAF，在保证动态响应性能的同时增强 DSOGI-PLL 的滤波能力。

7.3.3　仿真验证

为验证所设计的改进型 DSOGI-PLL 能在复杂电网情况迅速实现锁相功能，基于 Simulink 仿真软件对三相电压不平衡、电压暂降、频率突变及含有谐波四种恶劣电网条件进行仿真，并与传统 DSOGI-PLL 进行比较分析，以体现本书方案的优越性。

为简单起见，仿真中的电压幅值均以标幺值表示；φ 和 f 分别表示传统 DSOGI-PLL 得到电网电压实时相位和频率，φ' 和 f' 分别表示改进型 DSOGI-PLL 得到的实时相位和频率。

7.3.3.1　三相电压不平衡

仿真参数设置：$k=1$，$k_p=30$，$k_i=0.01$；正常三相电压幅值均为 1；在 $t=0.5\text{s}$ 时，v_b 幅值变为 0.8，v_c 幅值变为 0.9，v_a 不变；电网频率为 50Hz。图 7-25 所示为仿真结果。由图可见，当改进型 DSOGI-PLL 与传统型的参数设置完全一致时，在三相电压不平衡时，二者皆可瞬时完成锁相，但改进型具有更小的超调量和更快的响应速度。

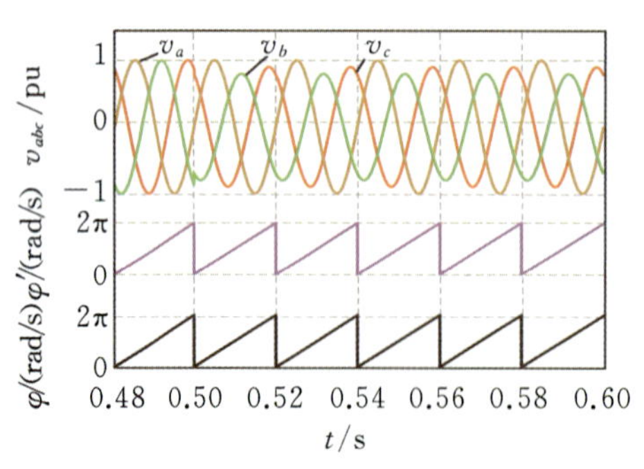

(a)三相电压 v_{abc} 和 PLL 输出的实时相位

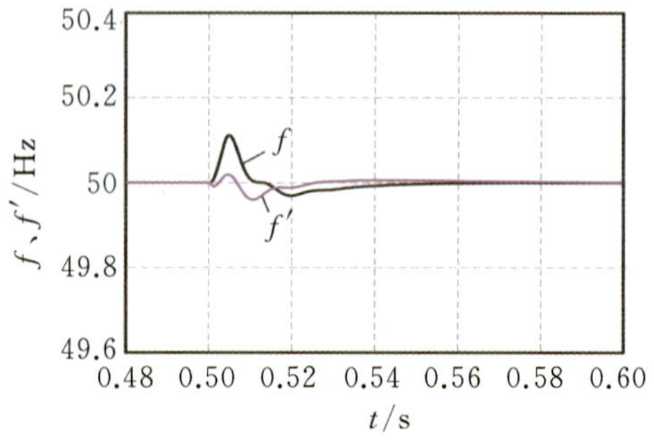

(b)PLL 实时输出的频率

图 7-25　三相不平衡时 DSOGI-PLL(黑色)和改进型 DSOGI-PLL(粉红色)仿真结果

图 7-26 所示为在 $t=0.5\text{s}$ 时在 A 相加入 30%的直流偏置仿真结果。在这种情况下，二者皆可快速完成锁相，但从图 7-26(b)中可以清楚地看到，当输入存在直流偏置时，传统 DSOGI-PLL 输出的频率会存在振荡误差，而改进型 DSOGI-PLL 无振荡存在，这表明对 SOGI 环节进行改进，使 $G_q(s)$表现为一个带通滤波器可以消除直流偏置的影响，提高锁相精度。

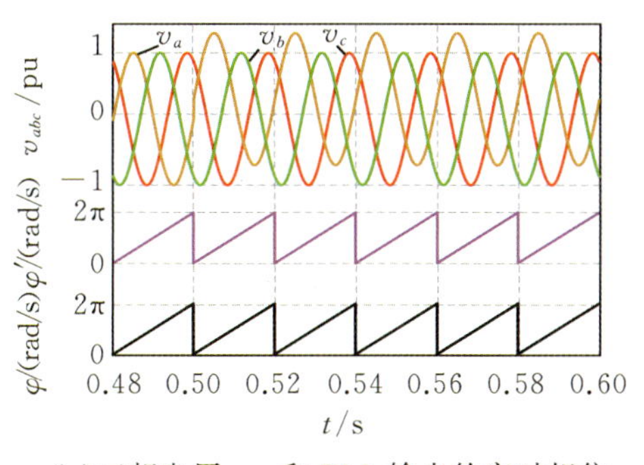

(a)三相电压 v_{abc} 和 PLL 输出的实时相位

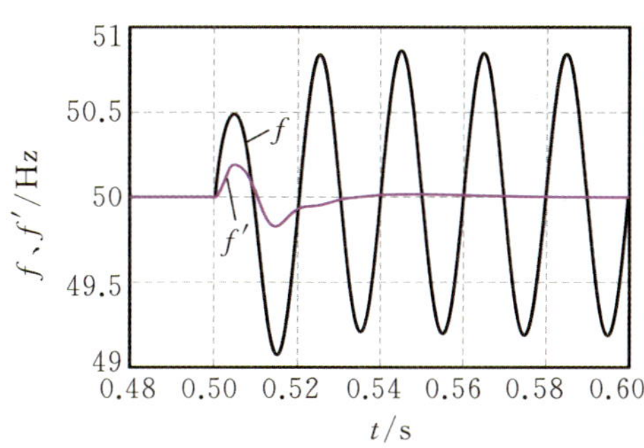

(b)PLL 实时输出的频率

图 7-26　有直流偏置时 DSOGI-PLL(黑色)和改进型 DSOGI-PLL(粉红色)仿真结果

7.3.3.2　电压暂降

仿真参数设置：$k=1$，$k_p=50$，$k_i=0.1$；正常三相电压幅值均为 1，在 $t=0.5\text{s}$ 跌落 20%，在 $t=0.54\text{s}$ 回升，仿真结果如图 7-27 所示。由图可知，在电压暂降的情况下，传统 DSOGI-PLL 与改进型 DSOGI-PLL 均能将频率波动抑制在极小的范围内，且能迅速实现锁相。相较而言，改进型 DSOGI-PLL 具有更小的超调量和更快的响应速度。

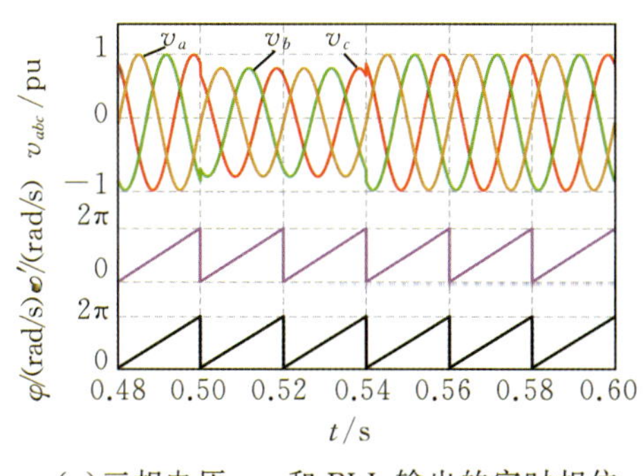

(a)三相电压 v_{abc} 和 PLL 输出的实时相位

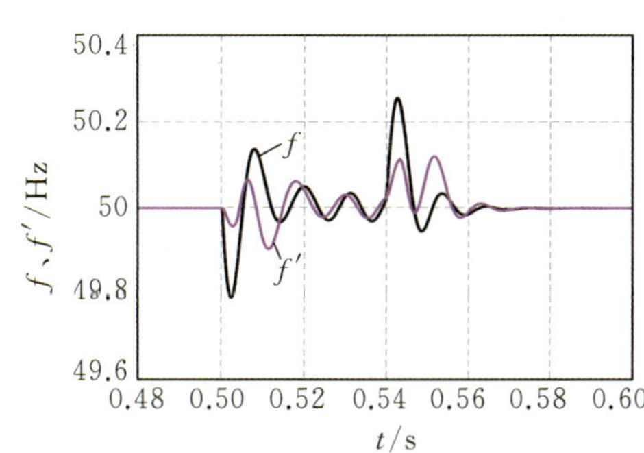

(b)PLL 实时输出的频率

图 7-27　电压暂降时 DSOGI-PLL(黑色)和改进型 DSOGI-PLL(粉红色)仿真结果

7.3.3.3　频率突变

当频率波动较大时，仿真参数设置：$k=1$，$k_p=100$，$k_i=1$；三相电压幅值均为 1；当 t

$>$ 0.5s 后，频率从 50Hz 突变至 45Hz，仿真结果如图 7-28 所示。可以看到，当频率波动较大时，改进型 DSOGI-PLL 能更快实现锁相，且超调量更小。

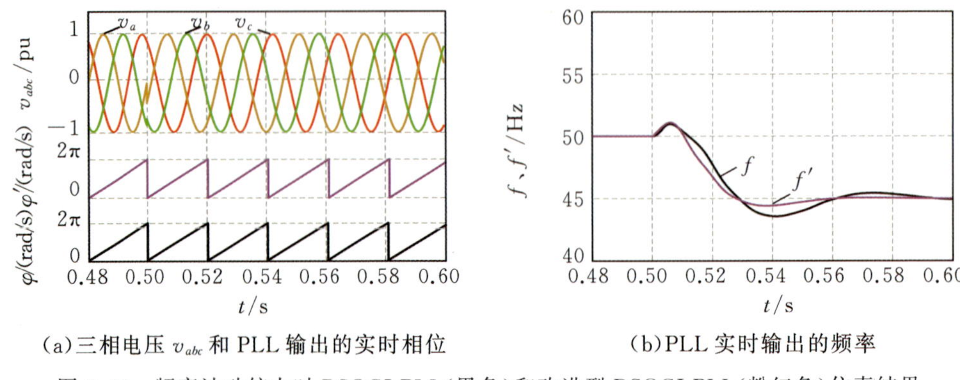

(a)三相电压 v_{abc} 和 PLL 输出的实时相位　　(b)PLL 实时输出的频率

图 7-28　频率波动较大时 DSOGI-PLL(黑色)和改进型 DSOGI-PLL(粉红色)仿真结果

需要注意的是，在实际电网中并不会出现如此大幅度的频率波动，因此本节还对频率波动较小时的情况进行了仿真，结果如图 7-29 所示。仿真中设置当 $t>$ 0.5s 后，频率从 50Hz 突变至 49.5Hz。从仿真结果可以看出，当频率波动较小时，二者均能快速进行锁相；相较而言，改进型 DSOGI-PLL 响应速度更快，超调量也更小。

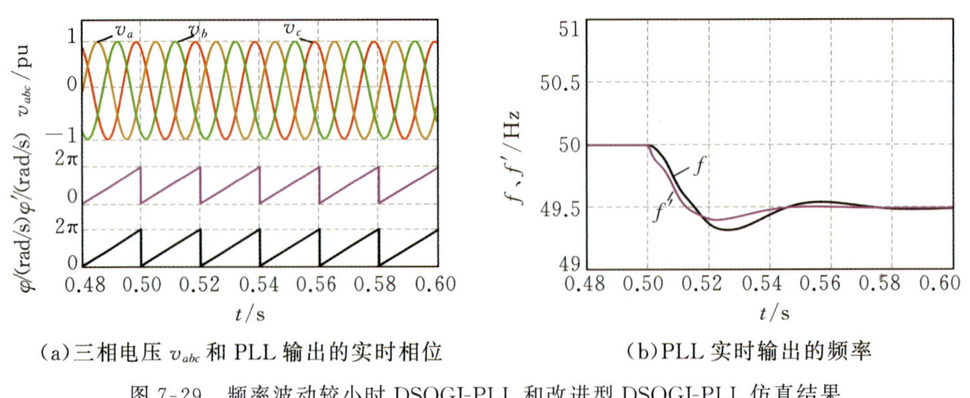

(a)三相电压 v_{abc} 和 PLL 输出的实时相位　　(b)PLL 实时输出的频率

图 7-29　频率波动较小时 DSOGI-PLL 和改进型 DSOGI-PLL 仿真结果

7.3.3.4　电网电压存在谐波

仿真参数设置：$k=1$，$k_p=35$，$k_i=0.01$；三相电压幅值均为 1；当 $t=0.5$s 时，电压中突然加入 5、7、11、13 次谐波，且谐波幅值与其次数成反比，结果如图 7-30 所示。可以看到，当突然加入谐波时，传统 DSOGI-PLL 的频率出现振荡，而改进型 DSOGI-PLL 基本无振荡，表明 DCO-MAF 对电网电压谐波存在较强的抑制作用。

表 7-8 给出了 DCO-MAF 滤波器前后 $\bar{v}_q^+$ 和 $\bar{v}_q^+$ 的各次谐波含量，滤波前 $\bar{v}_q^+$ 主要含 6 及 12 次谐波，滤波后 6 及 12 次谐波完全衰减，且对各次谐波也具有一定的衰减作用。仿

真验证了式(7-58)的正确性，当三相系统的电网电压存在谐波时，$\bar{v}_q^+$ 中仅含 $6k(k=1,2,\cdots)$次谐波。基于此特性，DCO-MAF 只需一个窗口宽度为 $T_1/6$ 的 OMAF 模块即可实现谐波滤除，从而显著提高 PLL 的精度。

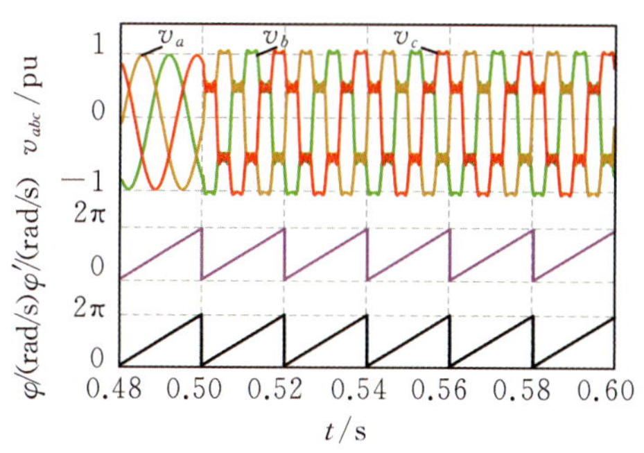

(a)三相电压 v_{abc} 和 PLL 输出的实时相位

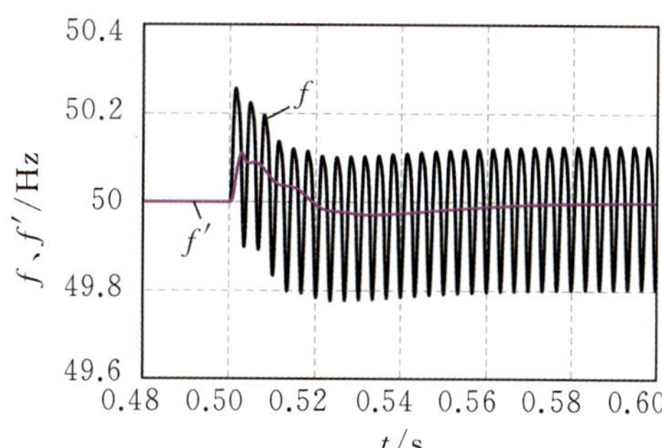

(b)PLL 实时输出的频率

图 7-30 电网电压存在谐波时 DSOGI-PLL 和改进型 DSOGI-PLL 仿真结果

表 7-8 DCO-MAF 滤波器前后 $\bar{v}_q^+$ 和 v_q^+ 的各次谐波含量

谐波次数 h	前 $\bar{v}_q^+$	后 $\bar{v}_q^+$
1 次	100%	100%
2 次	109.38%	50.6%
3 次	128.22%	33.81%
4 次	169.68%	25.37%
5 次	298.56%	20.30%
6 次	720445.37%	64.12%
7 次	218.38%	14.54%
8 次	86.86%	12.71%
9 次	42.26%	11.29%
10 次	38.63%	10.16%
11 次	105.49%	9.23%
12 次	187393.35%	33.55%
13 次	156.60%	7.84%

综上所述，仿真验证了本节所提出的改进型 DSOGI-PLL 在三相电压不平衡(包括存在直流偏置的情况)、电压暂降、频率突变、存在谐波的恶劣电网环境下都能有效应对。相比传统 DSOGI-PLL，改进型 DSOGI-PLL 具有更优的动态性能和更强的滤波能力。通过以上分析可知，改进型 DSOGI-PLL 在输入存在直流偏置和含有谐波的情况下更具优越性，抗干扰能力更强，能快速准确地获取电网相位和频率参数。

基于本节及前一节所述，将改进型 DSOGI-PLL 与 DCO-MAF 应用于改进型 i_p-i_q 算法中，便可快速获得指定次谐波电流(包括基波电流)以及电压偏差(包括谐波电压)信号。基于此，可得如图 7-31 所示的多功能可调阻抗器检测算法的总原理框图。

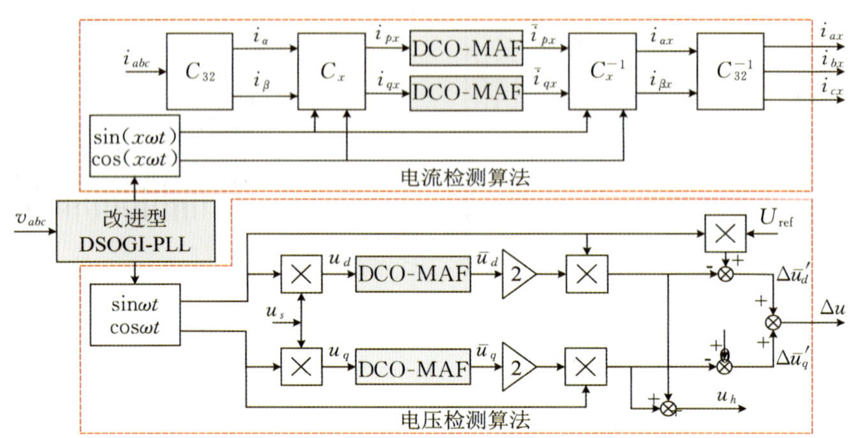

图 7-31　多功能可调阻抗器检测算法总原理框图

7.4　振荡抑制功能仿真验证

为验证可调阻抗接入并网系统的功能，在 MATLAB/Simulink 中搭建仿真模型进行验证。在并网系统 LCL 滤波电路后，串联接入可调阻抗器。可调阻抗器的二次侧注入一次侧电流基波反向补偿与谐波正向补偿组合后的控制信号，其示意图如图 7-32 所示。

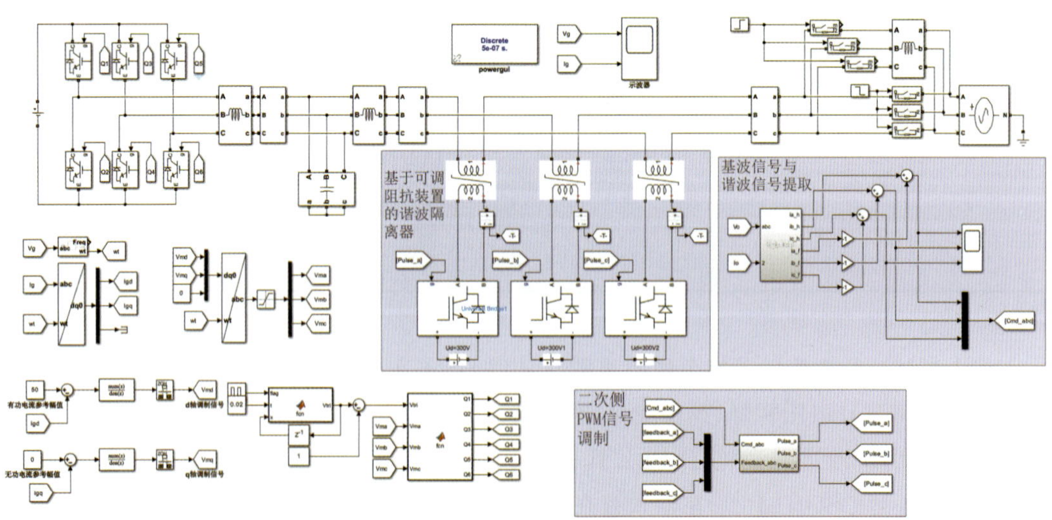

图 7-32　并网系统谐振抑制仿真图

同样的，在 0.1s 时刻引入电网侧阻抗分别为 0.1mH，0.24mH，3.08mH。加入可调阻抗装置后，0.1s 前的并网电流谐波含量如图 7-33 所示，可以看出各次谐波含量明显下降，电流波形得到有效改善，THD 值为 0.32%。在 0.1s 后，面对弱电网环境电网阻抗影响下，PCC 点电压波形与并网电流波形如图 7-33(a)～(c)所示。实验结果表明，在电网阻抗达到先前的临界失稳值时，并网电流电压仍保持稳定，在L_g=3.08mH 的极弱电网环境中仍未产生发散性振荡。

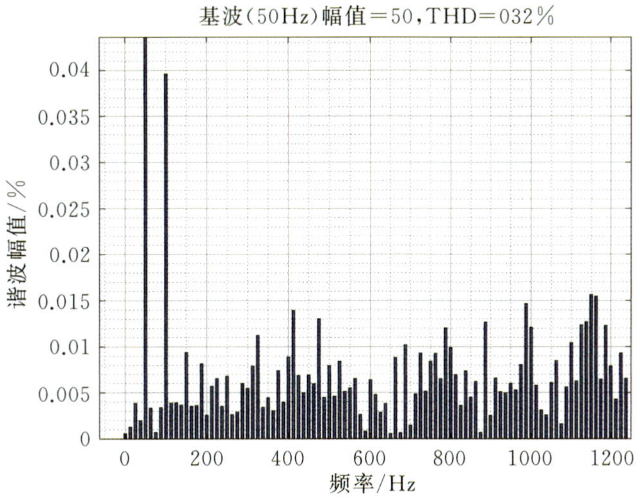

图 7-33 加入可调阻抗后的 0.1s 前并网电流频谱图

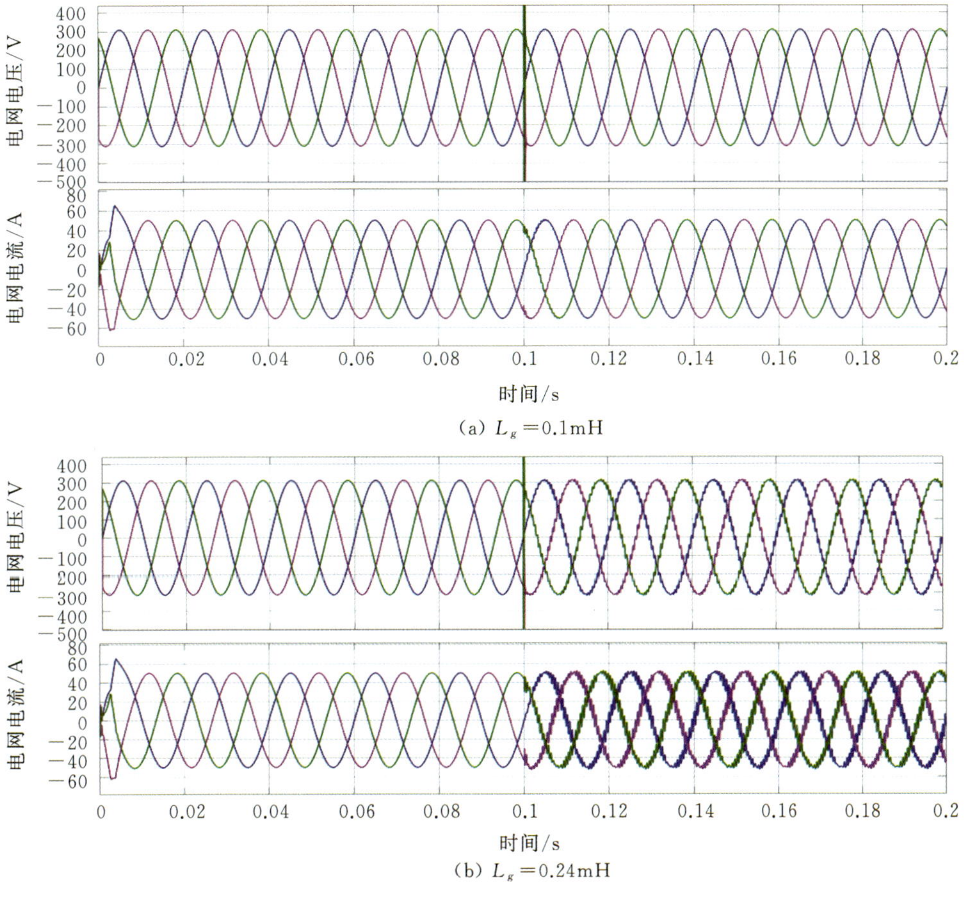

(a) L_g=0.1mH

(b) L_g=0.24mH

图 7-34 加入可调阻抗后并网电压与电流(1)

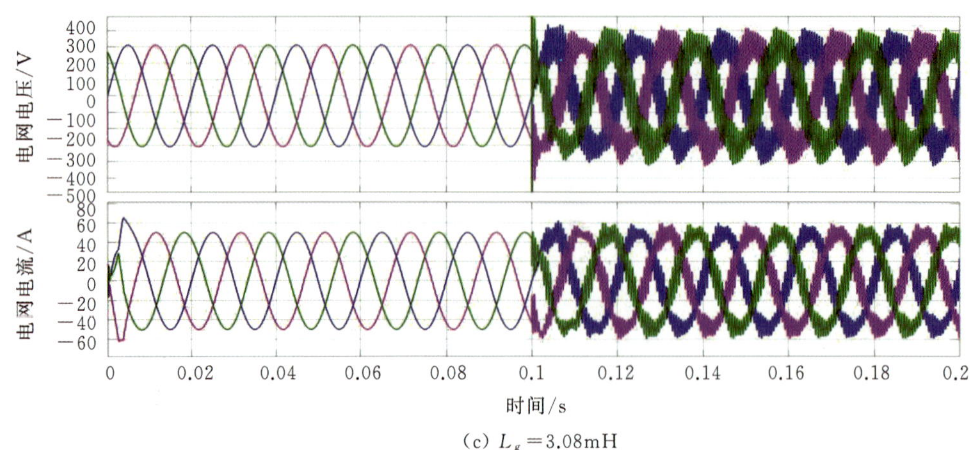

(c) $L_g=3.08$mH

图 7-34　加入可调阻抗后并网电压与电流(2)

此外，在并网系统已出现发散型振荡现象时，研究投入可调阻抗器的振荡抑制效果，开展仿真实验。结果如图 7-35 所示，图中电网阻抗 L_g 在 0.1s 时变化为 1mH，随之出现并网电压电流振荡现象。在 0.15s 时刻投入可调阻抗器，可以看出振荡现象得到了有效抑制，这证明了可调阻抗的振荡抑制功能。

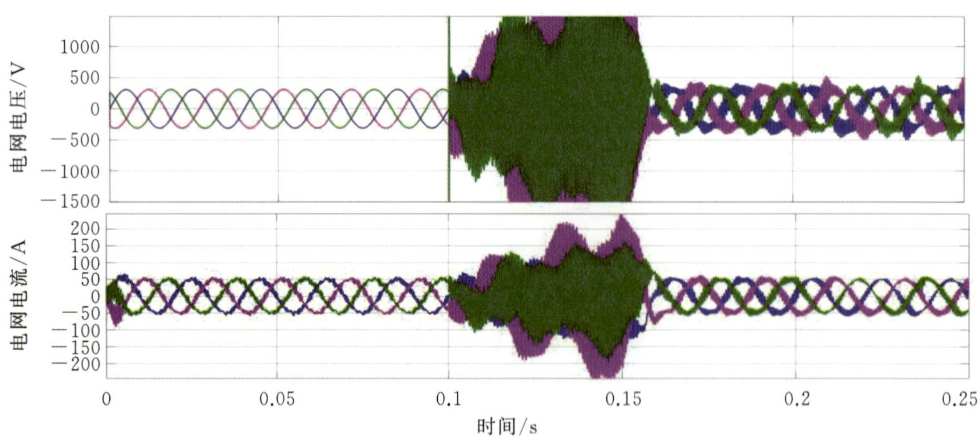

图 7-35　可调阻抗器的振荡抑制波形图

第8章 新型分布式潮流控制技术

随着新能源发电接入规模的不断扩大，大容量电源分层接入电网后的潮流控制与新能源灵活消纳问题日益突出。当前电网运行过程中普遍存在潮流波动大、分布不均衡等问题，造成重要及关键供电断面限额偏低/偏高，这成为电网供电能力制约的瓶颈，并大幅度降低了电网的运行效率。

目前，国内外电网解决供电瓶颈及断面潮流超限问题的主要方式为加强电网建设，部分地区采取了静止同步串联补偿器(static synchonous series compensator，SSSC)、统一潮流控制器等集中式灵活交流输电设备(flexible alternative current transmission system，FACTS)的应对措施。然而，由于集中式FACTS存在建设周期长、投资高、占地大等问题，其综合效益无法兼顾电网运行与投资回报，因此至今仍没有被大范围推广应用。

分布式潮流控制器是一种采取低压、高功率密度电力电子器件组成的新型柔性调控装置，其可分布式安装在线路或杆塔上，并根据电网规划需求进行分批分期建设，具备比传统集中式FACTS更佳的灵活性与经济性。通过特定的控制策略，DPFC可满足多种不同的电网调控需求，充分发挥线路走廊资源，增强系统网架结构和承载力，提升区域电网抵御故障及风险的能力，很好地体现了多元融合高弹性电网“降冗余促安全”的核心内涵(Duan et al.，2016)。

8.1 分布式潮流控制技术研究现状

D-FACTS的概念最早由美国佐治亚理工大学Divan D.M.教授于2004年IEEE电力电子年会上提出。其典型代表有：分布式串联阻抗(distributed series impedance，DSI)、分布式串联电抗(distributed series reactor，DSR)、分布式统一潮流控制器(distributed unified power flow controller，DUPFC)以及分布式潮流控制器(distributed power flow controller，DPFC)。下面简要介绍DSI、DSR、DUPFC与DPFC的发展现状。

1.DSI发展现状

DSI作为最早被研究的D-FACTS装置，其主要由电能存储装置、单相逆变器以及开关电路组成。由于DSI的等效输出为纯阻性阻抗，因此要求储能装置具备双向功率交换的功能，对储能装置的类型与控制具备很高的要求，至今尚未有相关工程应用实例。

2.DSR 发展现状

DSR 主要由单匝耦合变压器、取能电路、励磁电抗及控制开关等组成。其可根据预设的阻抗目标值控制开关，实现励磁电抗的投入或退出，从而直接控制接入阻抗大小并强制改变线路潮流。在工程应用领域，美国在 2011 年投入了世界首例 DSR 工程，2013 年在两条 115kV 输电线路安装了 33 个 DSR 单元，2015 年乔治亚州电力公司在某线路又安装了 66 个 DSR 单元。

3.DUPFC 发展现状

DUPFC 是一种基于 UPFC 演变过来的串并联混合型 D-FACTS，其分布式体现在串联侧，其由多个 DPFC 单元组成。DPFC 通过非基次谐波与基波的功率交换原理实现了串并联侧之间的能量交换，使其不仅具备 STATCOM 的无功补偿与电压控制功能，还能实现对线路潮流的四象限调控。但由于 DUPFC 串并联能量交换需要特殊的系统结构，且应用场景特殊，因此，为了使 DUPFC 更具备普适性，有相关文章开始尝试改变 DUPFC 的拓扑，使 DUPFC 不再需要 3 次谐波即可实现串并联的能量交换(Davies et al., 2009)。此外，现有的基于 dSPACE 与 ADPSS 的数模混合仿真平台，为后续 DUPFC 工程样机的研制与调试提供了可靠的试验环境。

4.DPFC 发展现状

在理论研究领域，武汉理工大学一直从事于 DPFC 模型、拓扑、控制策略等方面的研究，着重解决 DPFC 的控制与仿真技术；华中科技大学着重于 DPFC 控制保护装置的研究，为 DPFC 控制保护的硬件与软件提供了技术解决方案；武汉大学主要研究分析 DPFC 对电网运行效能的影响，并围绕 DPFC 的选址定容方法展开了一系列研究，西安交通大学研究了 DPFC 对电气阻尼的作用，初步证明了 DPFC 的阻尼特性。

在工程示范领域内，美国 Smart Wire Grid 公司投入了 2 项 DPFC 相关工程，分别为美国南方电力公司田纳西州的 161kV 工程(2012 年)与美国南方电网公司 Powerline Guardian 工程(2013 年)。其中，美国南方电力公司在田纳西州的 161kV 线路成功装设了 99 个工作于电感模式的 DSSC 单元(实质为感性工作模式的 DPFC 单元)；美国南方电网公司的 Powerline Guardian 工程装设了 66 个可工作在容性模式的 Power Router 单元(实质为容性工作模式的 DPFC 单元)。南瑞集团中电普瑞科技有限公司研制了国内首套 DSR 控制单元，成功研制了原理样机(类似于只能工作于感性模式的 DPFC 单元)，电压等级达到 220kV、等效电感值达 50μH；之后，该公司又研制了国内首套通过串联耦合变压器接入的 DPFC 单元，电压等级达到 220kV、电流 500A，实现了±20kvar 串联补偿输出；浙江省在 2020 年先后投运了 2 项 DPFC 工程，其中，杭州地区安装的 DPFC 额定容量达 23MVar，可使该地区电网输电能力提升约 147MW，湖州地区安装的 DPFC 额定容量达 51.8MVar，可使该地区电网输电能力提升约 100MW。

浙江 DPFC 工程是我国分布式柔性调控技术的里程碑。然而，随着其系统联调试验的

开展，目前仍存在以下难题：

(1)当 DPFC 工作于电流限额模式后，即使 DPFC 所在线路电流已恢复到安全范围，DPFC 仍将电流钳位置预设极限值，无法自动退出工作状态。

(2)当 DPFC 在进行工作模式切换时，DPFC 的暂态过渡过程会对系统造成较大的冲击，从而降低了供电的可靠性。

(3)由于 DPFC 的出力分配策略为均分出力策略，当系统调控需求较小时，每个 DPFC 单元不仅工作效率不高，而且由于电力电子器件在轻载状态也会不断被耗损，因此使得 DPFC 整体寿命减少。

(4)由于当前未有 DPFC 阻尼控制策略相关的研究，因此无法开展相关联调试验。

由此表明，目前的 DPFC 控制策略仍无法完美切合工程实际，亟须相关理论研究进行技术补充与完善。

5.DPFC 控制策略发展现状

DPFC 控制技术是分布式柔性调控功能实现的关键，目前已有文献所涉及的相关研究有：

(1)DUPFC 在 ADPSS 平台上的电磁暂态建模方法，其包含了 STATCOM 与 DPFC 的电磁暂态建模，提出了基于 dSPACE 与 ADPSS 的数模混合仿真平台构建方法。其可适用于多柔性单元实时仿真领域，有利于对 DPFC 控制策略的验证。

(2)针对 DPFC 的结构及原理进行了分析，提出了一种简化的稳态功率模型。结合 DPFC 单元运行时的容量限制，给出含 DPFC 线路的潮流可行域，然后在此基础上采用了对初值选取不敏感的半定规划法建立了含 DPFC 的系统最优潮流模型，并选用了原对偶内点法进行求解。该文章所提的最优潮流控制涉及 DPFC 系统级控制策略的设计，论证了 DPFC 可依据全网网损最小为目标自适应满足系统的最优潮流调控需求。

(3)提出了一种基于等效电压源的 DPFC 等效模型构建方法及控制策略。由于其模型结构简单，便于实现，可适用于对 DPFC 内部特性不关注的研究场合。

(4)结合 DPFC 单元直流电容电压、注入电压以及线路潮流限制等约束，提出了一种考虑多种约束条件的 DPFC 多目标协调控制策略。但因为该策略需要采集多种非本地状态量参与，对远方通信的实时性与准确性提出了较高的要求，所以仍有待优化。

(5)对 DPFC 的损耗和补偿能力进行了分析，并提出了一种基于效率最高的集群控制策略。该方法弥补了 DPFC 均分出力分配策略的缺点，但其仅能确定需要分配的 DPFC 单元个数，无法确定需要工作的 DPFC 单元。

8.2 新型分布式潮流控制器的系统结构

新型分布式潮流控制器是由若干个分散直接串联在三相输电线路上、输出电压可控的

电压源换流器单元构成，以灵活的安装、控制方式达到与静止同步串联补偿器(SSSC)相同的潮流优化功能。组成新型分布式潮流控制器的子模块可以直接串联接入电网，节省了串联耦合变压器，具有功率密度高、重量轻、体积小等优势。此外，它解决了大功率电力电子设备布置灵活性差、成本高的难题，可按实际选点挂网、分批建设，有效节省占地面积，减少一次投资。分布式潮流控制器接入系统的单线图如图 8-1 所示。

分布式潮流控制器子模块最核心的工作单元为 H 桥电压源换流器。换流器出口会连接滤波装置以滤除高次谐波，同时由于子模块直接串联接入电网且未配置隔离变压器，其保护系统需包含：可靠的旁路开关和限压器。这些保护装置共同保障子模块的安全运行与快速投切控制。子模块具体的拓扑结构如图 8-2 所示。

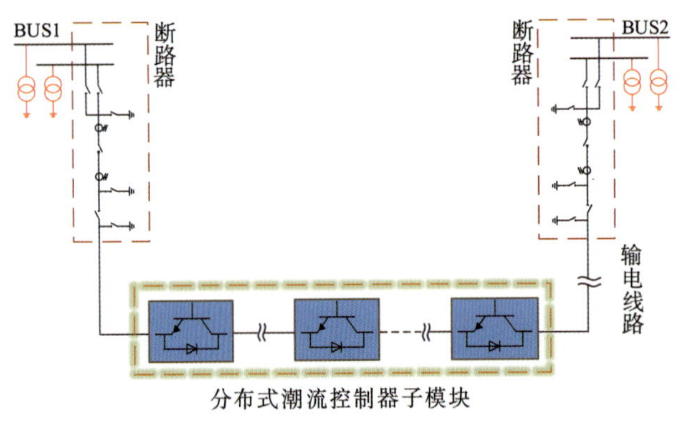

图 8-1 DPFC 子模块系统接入方式示意图

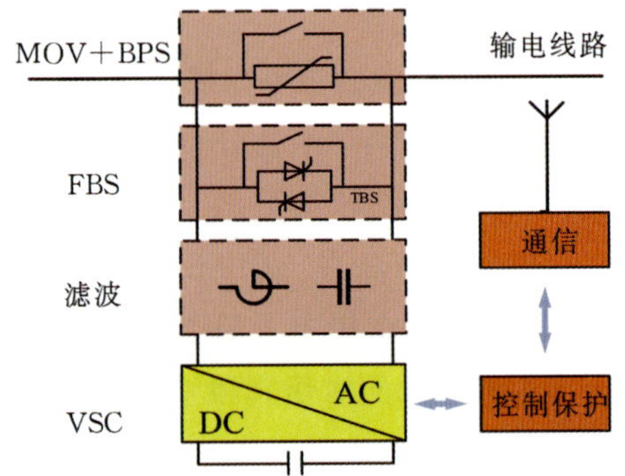

图 8-2 DPFC 子模块内部结构示意图

每个子模块均具备独立的控制器，可独立实现对变流器直流电压的控制以及集控层电抗、注入电压指令的跟踪。此外，可在不改变集控层控制架构的情况下进行串联单元的扩展。系统层面上分布式布置的子模块，可根据调度层以及各集控层间的优化约束需求对全网结构参数进行重塑，协调多个子模块共同参与电网的综合调控。

由于分布式潮流控制器具备分布式、小型化的特点，工程布置时可根据实际情况选择变电站安装、杆塔安装(耐张杆塔的跳线安装、智能杆塔安装)、直线安装及车载移动方式安装等多种安装方式。这些安装方式示意图如图 8-3 所示。

其中目前应用较多的为图 8-3(a)所示的变电站安装方式。集中式的站内布置使得通信及控制的处理更为简单，且多个子模块组合功率等级可以达到很高的水平，可以适用于变电站场地充足的场景。图 8-3(b)和图 8-3(c)所示为安装于不同类型杆塔的布置方式，图 8-3(d)所示为分布式潮流控制器子单元最经典的安装方式，最能体现其分布式的灵活特性，这 3 种安装方式都需要考虑杆塔或者线路的受力问题。图 8-3(e)所示为移动车载式安装，在这种安装方式下，分布式潮流控制器通过拖车可灵活移动，作用于不同的线路，经济效益极高。

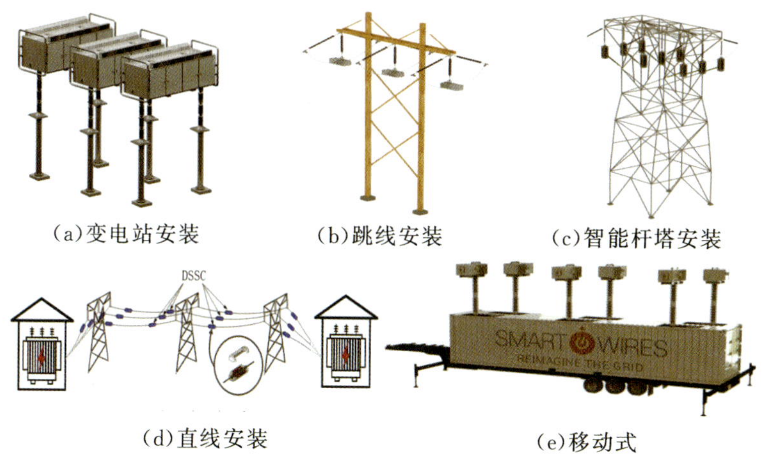

(a)变电站安装　(b)跳线安装　(c)智能杆塔安装

(d)直线安装　(e)移动式

图 8-3　DPFC 工程安装方式示意图

分布式潮流控制器的拓扑结构具有其占地需求少、调度灵活性高和应用场景丰富的特点。当前分布式潮流控制器子单元的容量已经可以达到 1MVA 级别，随着电力电子器件技术的持续突破，开关元件的耐压和耐流水平将不断提高，未来分布式潮流控制器的功能会更强大，在柔性电网建设中起到重要作用。

8.3　新型分布式潮流控制器原理与特性分析

8.3.1　新型分布式潮流控制器的工作原理

本节选用如图 8-4 所示的简化电力线路来进行潮流调控原理分析。由于 DPFC 多用于中高压输配电网，相比于电感，电阻可以忽略不计，因而一般采用纯电感线路进行分析。

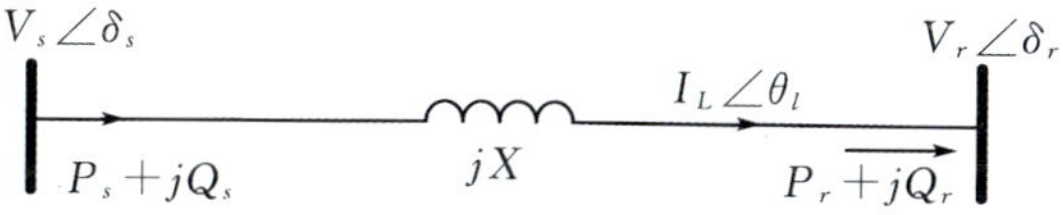

$V_s\angle\delta_s$　$V_r\angle\delta_r$　$I_L\angle\theta_l$　P_s+jQ_s　jX　P_r+jQ_r

图 8-4　简化电力线路

在图 8-4 中，$V_s\angle\delta_s$、$V_r\angle\delta_r$ 分别为潮流调控设备所在支路首末端电压，$I_L\angle\theta_I$ 为线路电流，jX 为线路电抗，P_s、P_r、Q_s、Q_r 分别为线路首末端有功功率与无功功率。以末端电压相位为参考相位，记 $\delta_{sr}=\delta_s-\delta_r$，则线路末端初始有功潮流和无功潮流分别为

$$P_r=\mathrm{Re}[\dot{V}_r\dot{I}_L^*]=\frac{V_sV_r\sin\delta_{sr}}{X} \tag{8-1}$$

$$Q_r = \mathrm{Im}[\dot{V}_r \dot{I}_L^*] = \frac{V_s V_r \cos\delta_{sr} - V_r^2}{X} \tag{8-2}$$

通过分析上式，我们可以改变的参数为相角差和线路阻抗。改变首末端电压相角差时，认为其可变范围为−90°～90°。此时可以改变线路有功的传输方向，同时有功的大小也是可控的，而反观线路传输的无功功率则只有大小是可控的；改变输电线路的等效阻抗时，认为其幅值可以在零到无穷大范围内变化，而特性可以在容性与感性之间变化，此时线路的传输的有功与无功的大小和方向都可以被改变。但是可以看出无论改变哪一种参数，有功与无功都会同时发生变化。

分布式潮流控制器正是这样一种可以改变线路等效参数的串联装置，其通过直流电容逆变出可控电压。在没有外部装置功能时，分布式潮流控制器无法在正常工作时给线路提供长时间的有功支撑，会导致直流电容电压不稳。因此，一般默认其只会逆变出一个相位超前或滞后线路电流 90°的电压。这样一个串接在线路上的电压可以等效为一个电抗器或者电容器，从而改变线路参数进而改变线路潮流分布。

在图 8-5 中，V_{rc}为注入容性电压时的支路受端电压，V_{rx}为注入感性电压时的支路受端电压。实际工程中，分布式潮流控制器工作时还会伴有一些损耗的产生，例如滤波装置、组成 H 桥臂的 IGBT 以及电容，这会导致线路向其提供一定的有功，因而分布式潮流控制器输出的电压不会完全垂直于线路电流，而是一个略大于 90°的钝角，具体如图 8-6 所示。

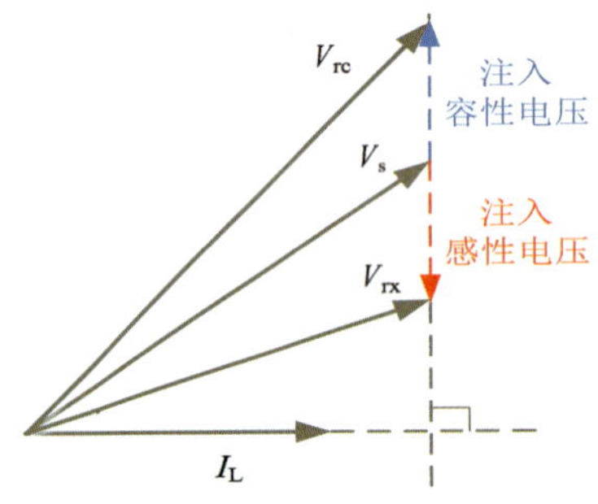

图 8-5　DPFC 工作向量分析图

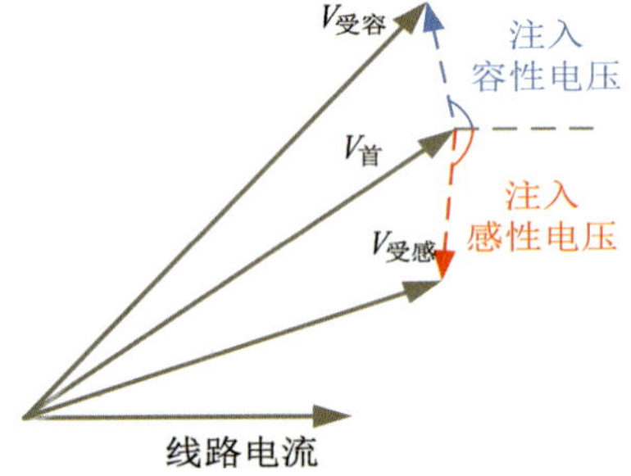

图 8-6　DPFC 单元实际工作相量图

分布式潮流控制器经滤波装置输出电压的结构如图 8-7 所示。其中，I_1 为线路流入分布式潮流控制器子模块的电流，同时也是线路电流。I_2 为流过滤波电感的电流，V_{se}为滤波电容处电压，同时也是分布式潮流控制器子模块的输出电压。V_{out}为 H 桥式电压源变流器输出的调制电压，V_{dc}为直流电容电压，C_f 为分布式潮流控制器子模块交流滤波电容，L_f 为分布式潮流控制器子模块滤波电感，R_f 为分布式潮流控制器子模块的等效电阻，C_{dc}为直流电容。

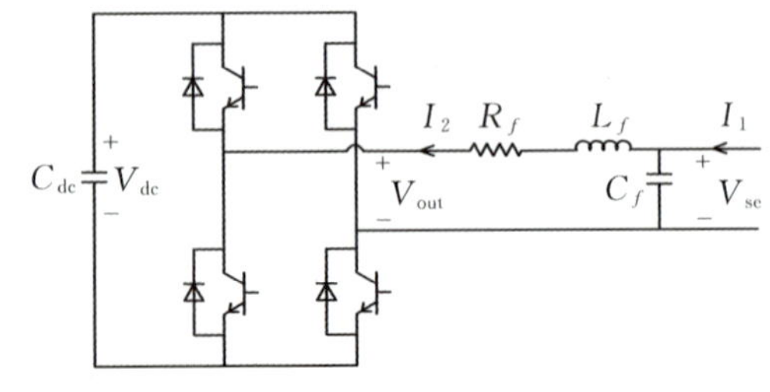

图 8-7　DPFC 输出电压原理图

通过对图 8-7 的输出电压回路进行分析，可得回路方程如下：

$$\begin{cases} C_f \dfrac{\mathrm{d}V_{se}}{\mathrm{d}t}=I_1-I_2 \\ L_f \dfrac{\mathrm{d}I_2}{\mathrm{d}t}=V_{se}-V_{out}-R_f I_2 \end{cases} \tag{8-3}$$

以线路电流 I_1 的正弦旋转角度为参考角度，则子模块输出在 dq 同步旋转坐标系下的回路方程为

$$\begin{cases} C_f \dfrac{\mathrm{d}V_{se,d}}{\mathrm{d}t}=\omega C_f V_{se,q}+I_{1d}-I_{2d} \\ C_f \dfrac{\mathrm{d}V_{se,q}}{\mathrm{d}t}=-\omega C_f V_{se,d}+I_{1q}-I_{2q} \end{cases} \tag{8-4}$$

$$\begin{cases} L_f \dfrac{\mathrm{d}I_{2d}}{\mathrm{d}t}=-R_f I_{2d}+\omega L_f I_{2q}+V_{se,d}-V_{out,d} \\ L_f \dfrac{\mathrm{d}I_{2q}}{\mathrm{d}t}=-R_f I_{2q}-\omega L_f I_{2d}+V_{se,q}-V_{out,q} \end{cases} \tag{8-5}$$

式中，ω 为工频角频率；下标 d 和 q 分别表示变量的 d 轴、q 轴分量。单个子模块输出的等效阻抗为

$$X_{se}=\frac{V_{se}}{I_1} \tag{8-6}$$

理想情况下 V_{se} 垂直于线路电流 I_1，故在 dq 同步坐标系下该式可改写为

$$X_{se}=\frac{V_{se,q}}{I_{1d}} \tag{8-7}$$

8.3.2 新型分布式潮流控制器潮流调控特性

潮流控制模式是分布式潮流控制器最常用的工作模式。在这种工作模式下，分布式潮流控制器可以精准的调控断面潮流分布。在进行潮流调控时，可以根据所要调节到的潮流目标值与未调节的初始潮流计算出功率差值，进而计算出所要输出的电压幅值。分布式潮流控制器安装在线路上的数学模型可以看作多个受控电压源相连接的等效模型，如图 8-8 所示。

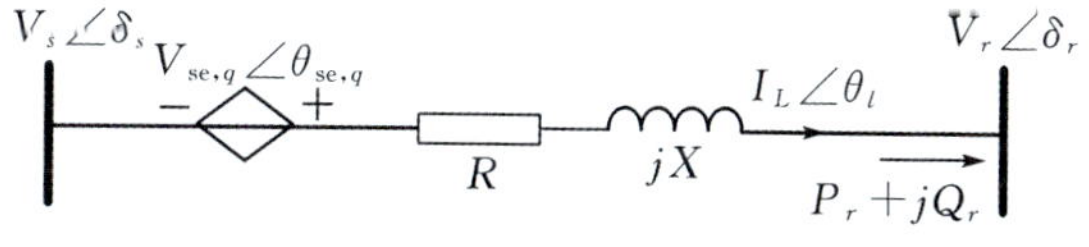

图 8-8 直串型分布式潮流控制器串入线路等效模型

分布式潮流控制器投入前后，线路末端有功变化 ΔP_r 与无功潮流变化 ΔQ_r 的量值可由下式计算得到

$$\Delta P_r=P_r-P_{r0}=\frac{V_r V_{se,q} X}{R^2+X^2} \tag{8-8}$$

$$\Delta Q_r = Q_r - Q_{r0} = \frac{-V_r V_{se,q} R}{R^2 + X^2} \tag{8-9}$$

投入后线路首端的无功功率为

$$Q_s = \frac{V_s^2 X - V_s V_r (R\sin\delta_{sr} + X\cos\delta_{sr}) + V_s V_{se,q}(R\cos\delta_{sr} - X\sin\delta_{sr})}{R^2 + X^2} \tag{8-10}$$

此时输电线路首末两端的无功功率之差为

$$Q_{sr} = \frac{(V_s^2 - V_r^2)X - 2V_s V_r R\sin\delta_{sr} + V_{se,q}(V_s R\cos\delta_{sr} + V_r R - V_s X\sin\delta_{sr})}{R^2 + X^2} \tag{8-11}$$

输电线路阻抗产生的无功损耗为

$$Q_X = \dot{I}'_L \times X \times \dot{I}'^{*}_L = X\left|\frac{V_s\cos\delta_{sr} - V_r + j(V_s\sin\delta - V_{se,q})}{R + jX}\right|^2 \tag{8-12}$$

分布式潮流控制器子模块给输电线路注入的无功功率为

$$Q_{se} = \frac{V_{se,q}[V_s(R\cos\delta_{sr} + X\sin\delta_{sr}) - V_r R - V_{se,q} X]}{R^2 + X^2} \tag{8-13}$$

线路电阻的存在使得简化计算存在误差，分布式潮流控制器输出电压将不能完全垂直于线路电流。在忽略线路电阻时，分布式潮流控制器输出电压将与线路阻抗电压平行，此时该输出电压将以一定比例影响线路电流和潮流，由三角余弦公式可得该比例为

$$\varepsilon = \frac{V_{se}}{V_X} = \frac{V_{se}}{\sqrt{V_s^2 + V_r^2 - 2V_s V_r \cos\delta_{sr}}} \tag{8-14}$$

式中，V_X 为原本线路阻抗上的电压。可知，对于线路原本阻抗参数较小、潮流水平小的情况，分布式潮流控制器控制潮流的能力将越强。同样以线路末端电压幅值为基准，可近似得到分布式潮流控制器改变线路潮流能力同其输出，以及首末端电压相位差 δ_{sr} 的关系如图 8-9 所示。

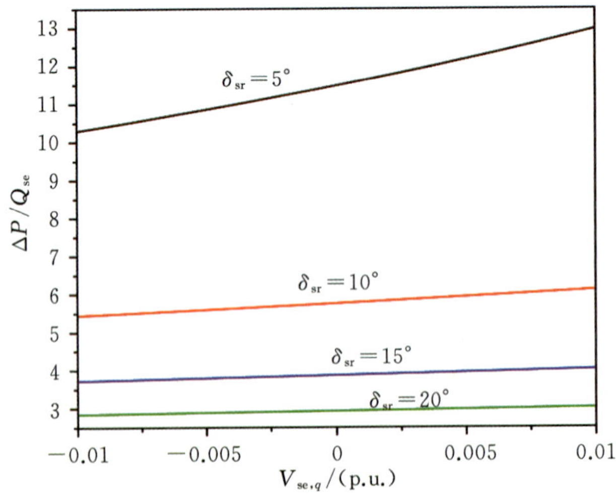

图 8-9　分布式潮流控制器潮流撬动能力与系统参数之间的关系

8.3.3 新型分布式潮流控制器电压调控特性

分布式潮流控制器的电压调节模式是其最基本的工作模式。在这种工作模式下，分布式潮流控制器可以等效为一个串联在线路上的可控电压源，可以优化系统电压，实现电网电压治理，也可以间接改变线路潮流。电压控制模式下分布式潮流控制器可以等效为受控电压源，含分布式潮流控制器的支路等值电路如图 8-10 所示。

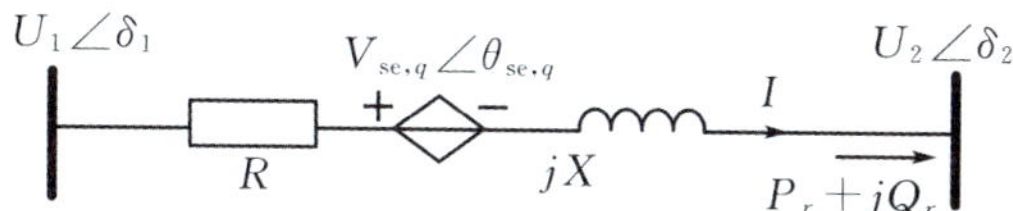

图 8-10 电压控制模式下含分布式潮流控制器的支路等值电路

在忽略变流器损耗的条件下，装置补偿电压 $V_{se,q}$ 与线路电流垂直，即 $\theta_{se,q}=90°+\delta_2-\theta$，对应电压补偿矢量图如图 8-11 所示。其中，$\dot{V}_{XR}$ 为线路阻抗上的压降。由于系统主要传输有功功率，功率因数很高(即 θ 很小)，因此近似认为 $\dot{V}_{se,q}$ 与 $\dot{U}_2$ 垂直。当分布式潮流控制器运行于电压控制模式下，线路电流为

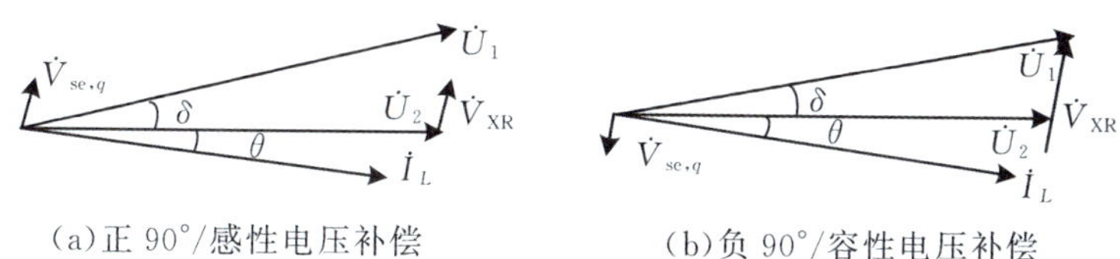

图 8-11 分布式潮流控制器感性/容性电压补偿矢量图

$$\dot{I}_v=\frac{\dot{U}_1-\dot{U}_2-\dot{V}_{se,q}}{R+jX}=\frac{U_1\cos\delta-U_2+j(U_1\sin\delta-V_{se,q})}{R+jX} \tag{8-15}$$

对应线路末端有功、无功潮流分别为

$$P_{r|v}=\frac{U_2[R(U_1\cos\delta-U_2)+X(U_1\sin\delta-V_{se,q})]}{R^2+X^2} \tag{8-16}$$

$$Q_{r|v}=\frac{U_2[X(U_1\cos\delta-U_2)-R(U_1\sin\delta-V_{se,q})]}{R^2+X^2} \tag{8-17}$$

分布式潮流控制器吸收的无功功率为

$$S_{se}=\dot{V}_{se,q}\dot{I}_v^* \tag{8-18}$$

结合前述阻抗控制模式分析结果，电压控制模式下：

(1)当运行于容性范围：$V_{se,q1\max}=jX_{se,\max1}\times I_{se,\max}=-j0.0162$(p.u.)；

(2)当运行于感性范围：$V_{se,q2\max}=jX_{se,\max1}\times I_{se,\min}=j0.0239$(p.u.)。

电压控制模式下调节范围如图 8-12 所示，左侧为容性工作区域，随着等效补偿容性电

压的增大，线路有功功率将增大。右侧为感性工作区域，此时随着等效补偿感性电压的增大，线路有功功率将减小。记电压调节系数为 $k_v=-\Delta P_r/\Delta V_{se,q}$，则对应调节特性曲线如图 8-13 所示。

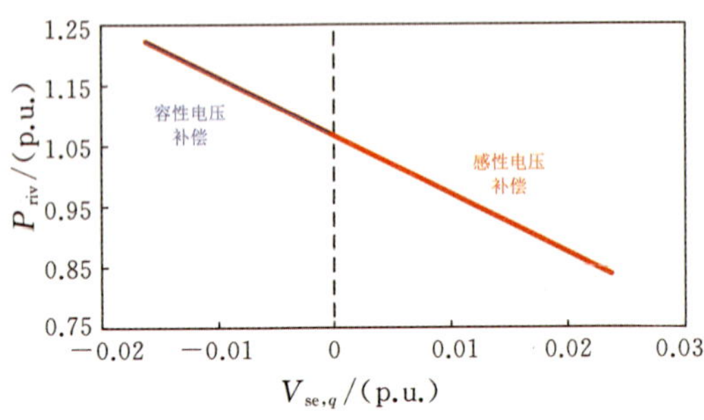

图 8-12　电压控制模式调节范围

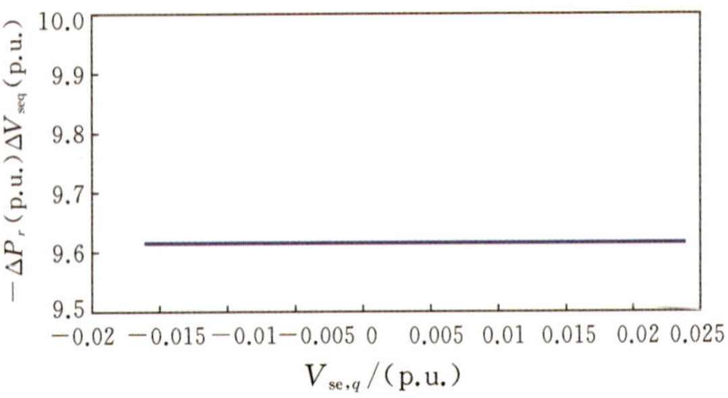

图 8-13　电压调节特性曲线

在系统参数确定的条件下，分布式潮流控制器电压调节系数为恒定值，该特性与其工作状态及装置使用容量无关。然而，在 S_{se}保持恒定时，可补偿的感性电压范围大于容性电压范围。

8.3.4　分布式潮流控制器阻抗调节特性

分布式潮流控制器安装在线路上的数学模型可以看作多个可变电抗相连接的等效模型，如图 8-14 所示。其中，$X_{se,i}$为第 i 个分布式潮流控制器单元输出的等值阻抗，可得分布式潮流控制器阻抗表达式为

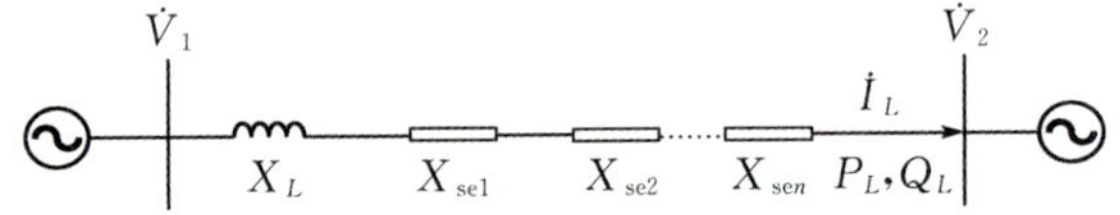

图 8-14　分布式潮流控制器电抗数学模型

$$\sum_{i=1}^{n}X_{se,i}=\frac{\sum_{i=1}^{n}V_{se,i}\angle(\theta_L\mp 90^\circ)}{I_L\angle\theta_L}=\mp\frac{X_L}{\sqrt{V_1^2+V_2^2-2V_1V_2\cos\theta_{12}}\pm 1} \tag{8-19}$$

当分布式潮流控制器工作在无补偿工作模式时，$V_{se,i}=0$，此时等效输入阻抗 $X_{se,i}=0$。当分布式潮流控制器工作于容性状态时，等效阻抗公式为

$$\sum_{i=1}^{n}X_{se,i}=-j\frac{X_L}{\sqrt{V_1^2+V_2^2-2V_1V_2\cos\theta_{12}}+1} \tag{8-20}$$

此时，随着各分布式潮流控制器单元注入电压幅值 $V_{se,i}$的不断增大，等效阻抗会不断减小，且无限收敛于基波谐振点。

当分布式潮流控制器工作在感性状态时，等效阻抗公式为

$$\sum_{i=1}^{n} X_{se,i} = j \frac{X_L}{\sqrt{V_1^2 + V_2^2 - 2V_1V_2\cos\theta_{12}} - 1} \tag{8-21}$$

此时，分布式潮流控制器等效阻抗与被控线路阻抗方向相同。此外，随着各分布式潮流控制器单元注入电压幅值 $V_{se,i}$ 的增加，感抗不断增加，具体关于分布式潮流控制器的阻抗特性如图 8-15 所示。

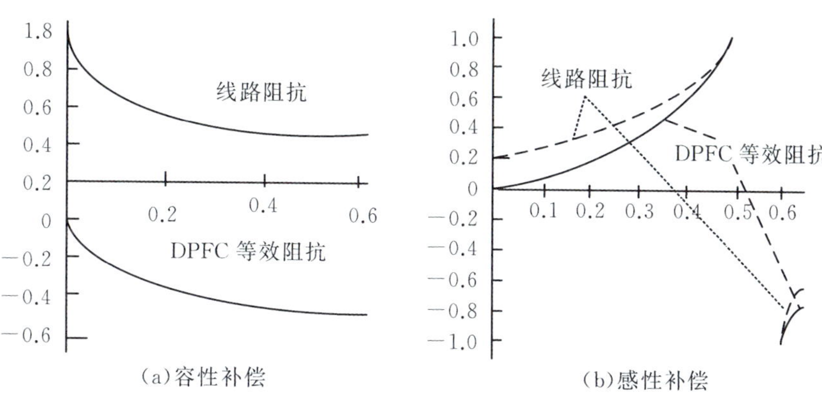

图 8-15 分布式潮流控制器阻抗特性

8.4 新型分布式潮流控制器参数设计

8.4.1 新型分布式潮流控制器容量确定

DPFC 装置容量设计不仅需要考虑所安装线路电压、电流、调控目标等参量，还需结合电力系统相关导则与标准，使得所设计的 DPFC 装置容量在满足电力系统相关标准与调控需求的前提下具有较高的利用率。

DPFC 装置总容量大小直接影响 DPFC 对所在支路进行有功功率或无功功率潮流调节能力。此外，DPFC 实现不同功能对应所需的装置容量也会不同。

设线路首端电压为 $\dot{V}_s = V_s\angle\theta_s$，受端电压为 $\dot{V}_r = V_r\angle\theta_r$，线路阻抗为 $Z_L = R + jX$。由于输电线路中 $X \gg R$，因此线路有功、无功功率近似为

$$P_L = \frac{V_sV_r\sin(\theta_s - \theta_r)}{X_L} \tag{8-22}$$

$$Q_L = \frac{V_sV_r}{X}\cos(\theta_s - \theta_r) - \frac{V_r^2}{X} \tag{8-23}$$

令

$$\delta = \theta_s - \theta_r \tag{8-24}$$

根据电力系统安全稳定导则(DL755—2001)，正常运行下按功角判据电力系统静态稳定储备系数 K_p 应满足：

$$15\% \leqslant K_p \leqslant 20\% \tag{8-25}$$

$$K_p = \frac{P_j - P_z}{P_z} \tag{8-26}$$

式中，P_j 为输电线路的极限传输功率，此时 δ 为 90°。

一般而言，线路首末端电压较小，设线路额定运行时首末端相角差 δ_1 为 11.4°，对应有功、无功功率分别为 P_N、Q_N。以 DPFC 所在支路的额定输送功率 P_N 为正常运行功率，根据相关工程实例参数，设有功潮流调节范围为 $\pm 25\% P_N$。

DPFC 所安装支路首末端电压与 DPFC 等效补偿电压 $\dot{V}_{se1}$ 之间的向量关系可近似表示为图 8-16，其中，其中 V' 为补偿后线路末端等效电压，δ_2 为补偿后线路首末端相角差。

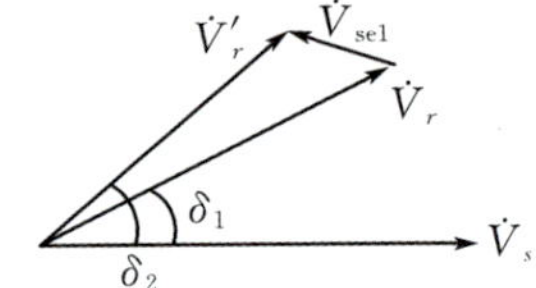

图 8-16　首末端电压与 DPFC 等效补偿电压向量图

根据余弦定理，可得 $\dot{V}_{se1}$ 的幅值为

$$V_{se1} = \sqrt{(V'_r)^2 + V_r^2 - 2V'_r V_r \cos\delta'} \tag{8-27}$$

式中，$\delta' = \delta_2 - \delta_1$。假设保持 Q_L 不变，则有功潮流为 $1.25P_N$ 时，计算可得 $V'_r = 0.99V_r$，对应 $\delta_{max} = \delta_2 = 13.9°$。

被控线路有功功率为 $1.25P_N$ 时对应电流为

$$I_{max} = \frac{\sqrt{1.5625P_N^2 + Q_N^2}}{V'_r} = \frac{0.241V_r}{X} \tag{8-28}$$

则所需最大等效补偿电压 $V_{se1,m}$ 为

$$V_{se1,m} = 0.0445V_r \tag{8-29}$$

此时总容量为

$$S_{se1} = \frac{V_{se1,m} I_{max}}{\sqrt{3}} = \frac{0.0107V_r^2}{\sqrt{3}X} \tag{8-30}$$

且有

$$S_{se1} = P_{se1} + jQ_{se1} \tag{8-31}$$

式中，P_{se1} 为基频有功功率；Q_{se1} 为基频无功功率。

各组变流器在输电线路上等距离布置，布置方式如图 8-17 所示，n 为变流器组数(a、b、c 相 3 个单相变流器为一组)。

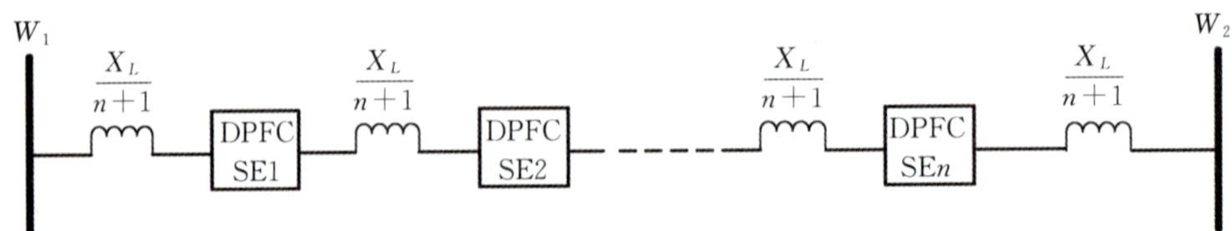

图 8-17　DPFC 布置示意图

由实际经验与上述理论分析，可知 DPFC 主要提供无功功率，为简化设计，近似认为单个变流器输出容量为

$$S_{se1}=\frac{V_{se1,m}I_{max}}{\sqrt{3}}=\frac{0.0107V_r^2}{\sqrt{3}X} \tag{8-32}$$

8.4.2 直流电容设计

8.4.2.1 直流电容电压设计

DPFC 的直流侧等效电路如图 8-18 所示。DPFC 稳态运行时直流电容电压 V_{dc} 主要影响变流器的补偿性能，而 DPFC 的稳态运行的前提是维持直流电容电压稳定。变流器直流侧出口电压，对于建立稳态输出电压方程，实现潮流调控有着重要的支撑意义。

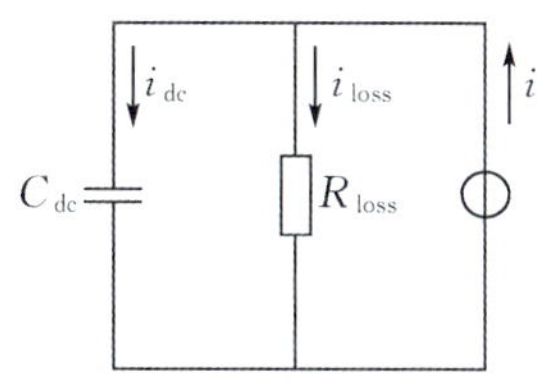

图 8-18　直流侧等效电路

对于其三相分相分散式单元的直流侧出口电压按照最大相电压设计，所以要充分考虑到各种电压损耗和偏差。结合实际工况，k 为耦合变压器的变比，k_1 为假设线路的等效电感占阻抗标幺值的百分数，k_2 为电感的误差率，变流器最大的输出电压满足

$$V_{se,max}=\frac{[1+k_1(1+k_2)]U_N}{k} \tag{8-33}$$

式中，考虑变压器的漏抗和滤波器的等效电抗，取 $k_1=15\%$，$k_2=\pm5\%$。

由于控制直流侧电容充放电时，电容电压存在有稳态误差 k_3 与逆变过程产生的电压纹波 k_4，设定稳态误差 $k_3=\pm3\%$，电容纹波 $k_4=10\%$，依据变流器运行输出电压与直流侧电容电压关系时可得输出电压为

$$V_{se}=\frac{\sqrt{3}mV_{dc}}{2(1-k_3-k_4)} \tag{8-34}$$

式中，m 为单相变流器输出调制比，依据以上两式可确定电容直流电压，其表达式为

$$V_{dc}=\frac{2V_{se,max}}{\sqrt{3}m(1-k_3-k_4)}=\frac{2[1+k_1(1+k_2)]U_N}{\sqrt{3}mk(1-k_3-k_4)} \tag{8-35}$$

式中，$V_{se,max}$ 为 DPFC 最大输出电压，而 $V_{se,max}$ 给定时，m 与直流电压 V_{dc} 成反比关系，保证变流器与线路正常交换功率时，直流侧电流 I 取决于调制比 m。m 越大则直流侧电流偏大，会在电容充放电过程造成电压失稳波动，反之，较小的 m 值有利于电容的稳定控制，DPFC 的调制比小于 1，属于欠调制。

8.4.2.2 电容大小设计

直流侧电容在 DPFC 中起重要作用：一方面支撑直流电压，确保补偿性能；另一方面

在充放电过程中存储和释放电能。在DPFC启动时，直流电容与线路进行功率交换，达到给定直流电压时DPFC便可投入系统运行。当电容值设计较小时，启动环节所积累的电能无法支撑系统所需的补偿电压。反之，电容设计较大时，使直流侧的电压纹波波动较小，具有较好的补偿性能但不满足经济性的前提，造成制造材料的浪费。因此，选择合适的直流侧电容值能够均衡补偿性能和制造成本之间的关系。

DPFC的直流侧的控制目标是维持电容的电压稳定。在DPFC启动时，通过直流电容和线路交换有功功率，给单相变流器直流侧电容两端充能，直到直流电容两端电压准确无误达到参考值。完成后充电，取能元件只需交换很小的有功功率就能维持电压V_{dc}稳定控制。

DPFC的直流电容需要与IGBT开关管的限额参数相匹配。而无功功率会造成直流电容电压的纹波波动，而不会干扰到所设定的直流电容电压值，故直流电容参数设计时以变流器与线路进行无功功率交换的最大值来考虑。

通过对DPFC中单相换流器的运行特性分析可知，半个周期内单相全桥直流侧电容充能最大，此时直流侧电容电压变化达到最大值。可依据线路电流、电压的有效值，假设交流侧电流、电压的表示式为

$$i(t)=\sqrt{2}I_N\sin(\omega t+\phi) \tag{8-36}$$

$$u(t)=\sqrt{2}U_N\sin(\omega t) \tag{8-37}$$

而DPFC的交流侧瞬时功率为

$$P_{ac}=u(t)i(t) \tag{8-38}$$

由式(8-36)、式(8-37)代入交流侧瞬时功率可得

$$P_{ac}=U_NI_N\cos\phi+U_NI_N\sin(2\omega t-\phi) \tag{8-39}$$

由此可见，直流侧电容存在二倍频的波动分量，由直流侧与交流侧功率守恒原理，电容的纹波功率为

$$C_{dc}V_{dc}\frac{\mathrm{d}v_{dc}}{\mathrm{d}t}=U_NI_N\sin(2\omega t-\phi) \tag{8-40}$$

对式(8-40)两端进行积分可得，电容二倍频纹波为

$$v_{dc}(t)=-\frac{U_NI_N}{2\omega C_{dc}V_{dc}}\cos(2\omega t-\phi) \tag{8-41}$$

式中，U_N、I_N为额定电压、电流；C_{dc}为直流侧电容值；U_{dc}为直流侧电压，若直流电压波动为ΔU_{dc}，直流电容的最小取值约束需要满足如下关系

$$\frac{U_NI_N}{2\omega C_{dc,\min}V_{dc}}=\frac{\Delta V_{dc}}{2} \tag{8-42}$$

由式(8-42)可求出

$$C_{dc,\min}=\frac{U_NI_N}{\omega V_{dc}\Delta V_{dc}} \tag{8-43}$$

电容的纹波波动取值

$$C_{dc,min}=\frac{U_N I_N}{\omega V_{dc}\Delta V_{dc}} \tag{8-44}$$

式中，ΔU_{dc}为直流侧电容电压波动值，不超过10%的直流电压U_{dc}波动。从理论上讲，直流电容值取得越大越好，但直流电容值越大则价格也就越高，所以在经济性考虑的前提下，选择最小的电容值，并考虑留有一定的安全余量。

8.4.3 滤波器设计

以采用双极性调制的单相子模块为例，提出一种满足交流电流脉动要求和控制性能要求的滤波电感设计方法。变流器输出电流脉动如图8-19所示。其中，T_1和T_2分别为正向桥臂的导通和关断时间，$T_s=T_1+T_2$为一个开关周期的时间，ΔI_{L1}和ΔI_{L2}分别为正向桥臂导通和关断时交流侧电流I_L的脉动量。

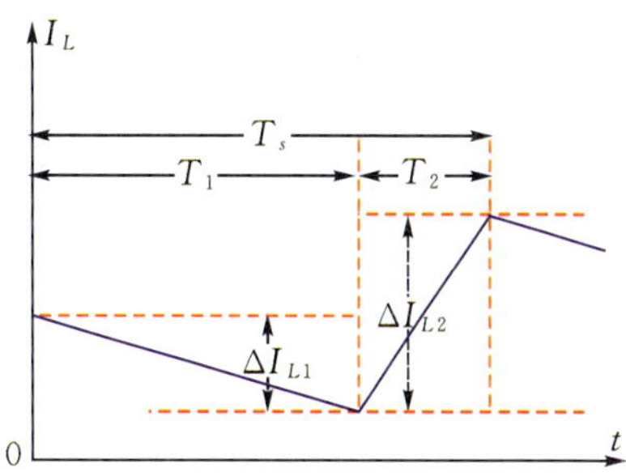

图8-19 变流器输出电流脉动示意图

在一个开关周期内，当开关频率很高时，滤波电感上的电压可描述为

$$V_L(t)=V_{se}(t)-V_{out}(t)=\begin{cases}V_{se}\sin\omega t-V_{dc}, & t\in[0,\ T_1]\\ V_{se}\sin\omega t+V_{dc}, & t\in(T_1,\ T_s]\end{cases} \tag{8-45}$$

子模块交流侧电流可描述为

$$I_L(t)=\begin{cases}\dfrac{V_{se}\sin\omega t-V_{dc}}{L}t+I_L(t=0), & t\in[0,\ T_1]\\[2ex] \dfrac{V_{se}\sin\omega t+V_{dc}}{L}t+I_L(t=T_1), & t\in(T_1,\ T_s]\end{cases} \tag{8-46}$$

交流电流脉动幅值为

$$\begin{cases}\Delta I_{L1}=I_L(t=T_1)-I_L(t=0)=\dfrac{V_{se}\sin\omega t-V_{dc}}{L}T_1\\[2ex] \Delta I_{L2}=I_L(t=T_s)-I_L(t=T_1)=\dfrac{V_{se}\sin\omega t+V_{dc}}{L}T_2\end{cases} \tag{8-47}$$

当DPFC子模块输出电压起始为0时

$$\begin{cases}\Delta I_{L1}=\dfrac{-V_{dc}}{L}T_1\\[2ex] \Delta I_{L2}=\dfrac{V_{dc}}{L}T_2\end{cases} \tag{8-48}$$

此时交流电流实际值与指令值不相等，要满足电流环的跟踪速率时有

$$\frac{|\Delta I_{L1}-\Delta I_{L2}|}{T_s}\geqslant\frac{I_{se}\sin\omega T_s}{T_s}\approx\omega I_{se} \tag{8-49}$$

式中，I_{se}为电流指令幅值。可得滤波电感应满足

$$L \leqslant \frac{V_{\mathrm{dc}}}{\omega I_{\mathrm{se}}} \tag{8-50}$$

对于电流脉动量的峰值，需考虑稳态时的交流电流峰值情况。即 $\sin\omega t=1$ 时，$|\Delta I_{L1}|=|\Delta I_{L2}|$，交流电流脉动峰值为

$$\frac{V_{\mathrm{dc}}-V_{\mathrm{se}}}{L}T_1=\frac{V_{\mathrm{se}}+V_{\mathrm{dc}}}{L}(T_s-T_1) \tag{8-51}$$

令交流电流的最大允许脉动量为 $\Delta I_{L\max}$，可得滤波电感应满足

$$L \geqslant \frac{(V_{\mathrm{dc}}^2-V_{\mathrm{se}}^2)T_s}{2V_{\mathrm{dc}}\Delta I_{L\max}} \tag{8-52}$$

8.5 新型分布式潮流控制器控制系统

8.5.1 新型分布式潮流控制器系统级控制策略

单个分布式潮流控制器单元的电压控制是实现多模式工作的基础。通过结合不同的系统级控制策略，使分布式潮流控制器具备潮流调控、潮流限额以及阻抗补偿等工作模式。

8.5.1.1 潮流调控控制策略

DPFC单元的控制策略目标为每个DPFC单元的直流电容电压与注入系统的电压。其中，注入电压的给定指令需要根据上层潮流控制策略来确定。

当输入指令为有功功率潮流指令时，可反推得到DPFC所需补偿的阻抗值为

$$X_{\mathrm{se,sum}}=\frac{V_1V_2\sin\delta_{12}}{P_{L,\mathrm{ref}}}-X_L \tag{8-53}$$

此时线路电流 $|I_L|$ 有效值为

$$|I_L|=\frac{\sqrt{(V_1-V_2\cos\delta_{12})^2+(V_2\sin\delta_{12})^2}}{X_L+X_{\mathrm{se,sum}}} \tag{8-54}$$

由此可计算所有工作中的DPFC单元注入的总电压 $V_{\mathrm{se,sum}}$ 为

$$V_{\mathrm{se,sum}}=|I_L|X_{\mathrm{se,sum}} \tag{8-55}$$

由式(8-53)～式(8-55)算出的DPFC总注入电压指令 $V_{\mathrm{se,sum}}$ 精度依赖于对 X_L、$\dot{V}_1$、$\dot{V}_2$ 采样的准确性，在实际应用中，上述参数会随着实际工况而改变，从而导致DPFC无法使被控线路达到预期潮流值。虽然可以根据实际情况添加一个修正系数以修正误差，但该系数一般依赖于运行经验，在系统运行工况复杂、变化频繁的情境下将难以达到良好效果。

为解决该问题，本节提出了一种可以基于PI控制器的潮流控制策略：以线路有功功率潮流给定值 P_L^* 与其实际值的偏差信号 P_L 作为输入，通过PI控制器动态计算出DPFC单

元的总注入电压指令 $V_{se,sum}$。具体 DPFC 潮流调控控制框图如图 8-20 所示。

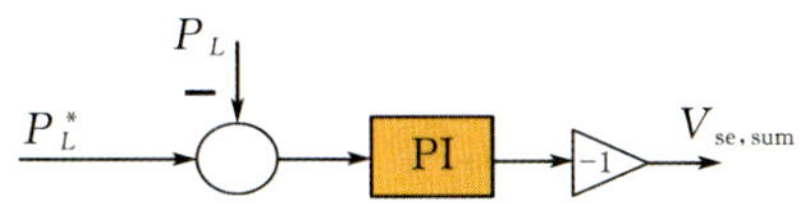

图 8-20 DPFC 潮流调控控制框图

通过反馈控制机制可使 DPFC 持续改变出力状态，最终达到零静差的稳定状态。

8.5.1.2 电流限额控制策略

电流限额控制的目的为：在线路电流没有越过上下限时使 DPFC 处于热备用状态，当线路电流越过上限或下限时，使 DPFC 按照上下限电流指令进行跟踪。

为便于说明其控制原理，本节以图 8-21 的多支路断面进行说明。图中表示的是含 n 条支路的潮流断面，其中，X_{Li} 为第 i 条支路的线路阻抗，I_{Li} 为第 i 条支路的电流，$I_{断面}$ 为该潮流断面的总电流，DPFC 安装在其中一条支路上。若定义第 i 条支路的分流比为 k_i，则满足：

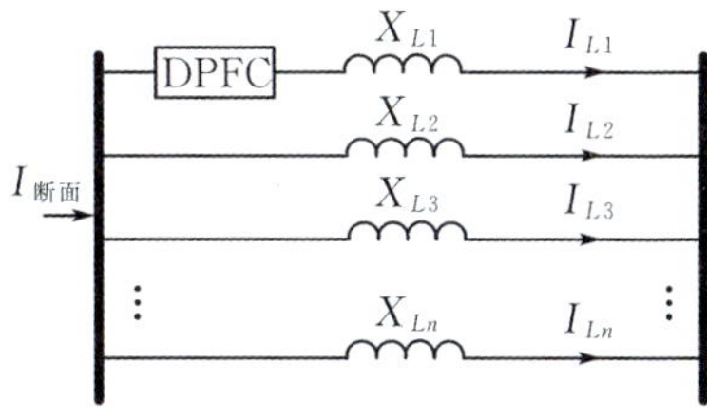

图 8-21 含 DPFC 的潮流断面

$$\sum_{i=1}^{n} k_i = 1 \tag{8-56}$$

$$\frac{k_i}{k_j} = \frac{X_{Lj}}{X_{Li}} \tag{8-57}$$

则第 i 条支路流过的电流计算值为

$$I_{Li} = k_i I_{断面} \tag{8-58}$$

假设支路 1 安装了 DPFC，且当 I_{L1} 满足约束条件

$$I_{L1,\min} \leqslant I_{L1} \leqslant I_{L1,\max} \tag{8-59}$$

DPFC 保持热备用状态，其输出电压为 0。其中，$I_{L1,\min}$ 与 $I_{L1,\max}$ 分别为预设的支路电流最小限值与最大限值。

当 I_{L1} 不满足式(8-59)的条件，则 DPFC 将执行对电流指令的跟踪，具体控制策略如图 8-22 所示。

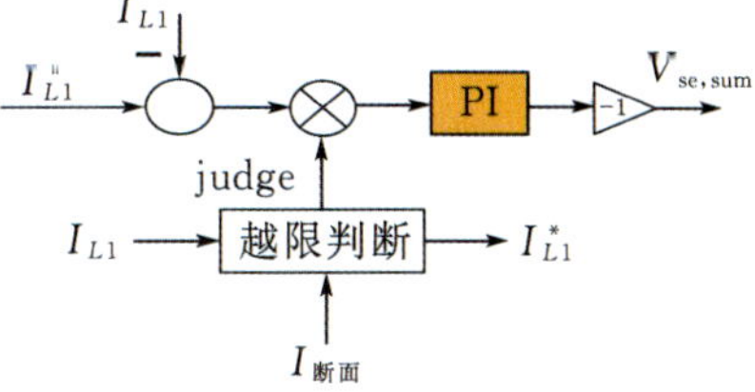

图 8-22 DPFC 的电流控制策略

由图可见，该策略主要由电流控制环节与越限判断环节组成，本本将以支路 1 安装 DPFC 为例作说明。

电流控制环节的作用：以支路 1 电流的最小限值 $I_{L1,\min}$ 或最大限值 $I_{L1,\max}$ 作为 DPFC 的给定指令 I_{L1}^*，给定指令与支路 1 反馈过来的电流作差得到偏差信号，并以此驱动 PI 控制器输出。当偏差信号为正时，PI 控制器输出的值会增大，通过一个比例为－1 的增益模块后转化为输出向负方向增大的信号 $V_{se,sum}$，其会减少线路等效阻抗，从而增大电流，使偏差信号趋于 0；当偏差信号为负时同理，由于其会令所得信号 $V_{se,sum}$ 向正方向增大，从而等效为增大线路等效阻抗，线路电流减小，以此使实际电流 I_{L1} 跟踪给定指令 I_{L1}^*。

越限判断模块的作用为：通过式(8-58)计算出支路 1 线路电流 I_{L1}，并使其与实测的支路 1 线路电流 I_{L1} 作为判断线路是否满足越限条件的参量，以此决定电流控制环节的给定值以及控制器的输出，其主具体判断逻辑如下：

(1) $k_1 I_{断面} > I_{L1,\max}$ 或 $I_{L1} > I_{L1,\max}$ 同时成立时，judge=1，判断越限模块将输出电流给定信号 $I_{L1}^* = I_{L1,\max}$；

(2) $k_1 I_{断面} < I_{L1,\max}$ 或 $I_{L1} < I_{L1,\min}$ 同时成立时，judge=1，判断越限模块将输出电流给定信号 $I_{L1}^* = I_{L1,\min}$；

(3) 当 I_{L1} 不满足(1)或(2)中的条件时，judge=0，对电流控制器的积分器进行清零。

当 DPFC 已经工作在电流跟踪模式时，该线路会因 DPFC 工作而一直使电流钳位在最小限值 $I_{L1,\min}$ 或最大限值 $I_{L1,\max}$，I_{L1} 将失去作为判断条件的意义。而 $I_{断面}$ 可以基于线路结构决定的分支系数 k_i 求取无 DPFC 影响下的支路 1 电流，以此弥补实测电流 I_{L1} 失效的情况。另一方面，当 DPFC 未工作时，由于支路 1 电流处于自由状态，因此仅需判断实测的支路 1 电流 I_{L1} 是否越限即可。

8.5.2　新型分布式潮流控制器装置级控制策略

DPFC 单元作用于线路的变量为注入电压 V_{se}，而由式(8-4)可知，在对 V_{se} 进行 Park 变换后，注入电压 V_{se} 的 d 轴分量与 q 轴分量存在耦合关系，无法实现解耦控制。因此，本节将采取前馈解耦控制的方法，令

$$\begin{cases} C_f \dfrac{\mathrm{d}V_{se,d}}{\mathrm{d}t} = K_{p1}(V_{se,d}^* - V_{se,d}) + K_{i1}\displaystyle\int (V_{se,d}^* - V_{se,d})\,\mathrm{d}t \\ C_f \dfrac{\mathrm{d}V_{se,q}}{\mathrm{d}t} = K_{p1}(V_{se,q}^* - V_{se,q}) + K_{i1}\displaystyle\int (V_{se,q}^* - V_{se,q})\,\mathrm{d}t \end{cases} \tag{8-60}$$

将上式转换为 s 函数表达式，则

$$\begin{cases} sC_f V_{se,d} = \left(K_{p1} + \dfrac{K_{i1}}{s}\right)(V_{se,d}^* - V_{se,d}) \\ sC_f V_{se,q} = \left(K_{p1} + \dfrac{K_{i1}}{s}\right)(V_{se,q}^* - V_{se,q}) \end{cases} \tag{8-61}$$

则可分别推导出 DPFC 单元注入电压 d 轴分量 $V_{se,d}$ 与 q 轴分量 $V_{se,q}$ 的闭环控制传递函数为

$$\begin{cases} V_{se,d} = \dfrac{sK_{p1} + K_{i1}}{s^2 C_f + sK_{p1} + K_{i1}} V_{se,d}^* \\ V_{se,q} = \dfrac{sK_{p1} + K_{i1}}{s^2 C_f + sK_{p1} + K_{i1}} V_{se,q}^* \end{cases} \tag{8-62}$$

由式(8-62)可见，$V_{se,d}$ 与 $V_{se,q}$ 可由其对应的给定指令独立控制，并且其形式为一个二

阶闭环表达式，通过控制 K_{p1}、K_{i1} 的大小即可改变其动态响应特性。

此时，式(8-4)可改写为

$$\begin{cases} I_{2d}=I_{1d}-\left(K_{p1}+\dfrac{K_{i1}}{s}\right)(V_{se,d}^{*}-V_{se,d})+\omega C_f V_{se,q} \\ I_{2q}=I_{1q}-\left(K_{p1}+\dfrac{K_{i1}}{s}\right)(V_{se,q}^{*}-V_{se,q})-\omega C_f V_{se,d} \end{cases} \tag{8-63}$$

式(8-63)所求得的 I_{2d} 与 I_{2q} 将作为内环电流跟踪指令 I_{2d}^{*} 与 I_{2q}^{*}，并令

$$\begin{cases} sL_f I_{2d}=\left(K_{p2}+\dfrac{K_{i2}}{s}\right)(I_{2d}^{*}-I_{2d}) \\ sL_f I_{2q}=\left(K_{p2}+\dfrac{K_{i2}}{s}\right)(I_{2q}^{*}-I_{2q}) \end{cases} \tag{8-64}$$

可得 DPFC 单元交流侧滤波电感电流的闭环传递函数为

$$\begin{cases} I_{2d}=\dfrac{sK_{p2}+K_{i2}}{s^2L_f+sK_{p2}+K_{i2}}I_{2d}^{*} \\ I_{2q}=\dfrac{sK_{p2}+K_{i2}}{s^2L_f+sK_{p2}+K_{i2}}I_{2q}^{*} \end{cases} \tag{8-65}$$

此时，式(8-5)可改写为

$$\begin{cases} V_{out,d}=V_{se,d}-\left(K_{p2}+\dfrac{K_{i2}}{s}\right)(I_{2d}^{*}-I_{2d})+\omega L_f I_{2q} \\ V_{out,q}=V_{se,q}-\left(K_{p2}+\dfrac{K_{i2}}{s}\right)(I_{2q}^{*}-I_{2q})-\omega L_f I_{2q} \end{cases} \tag{8-66}$$

则 DPFC 单元整体控制策略框图可用如图 8-23 所示的框图表示。

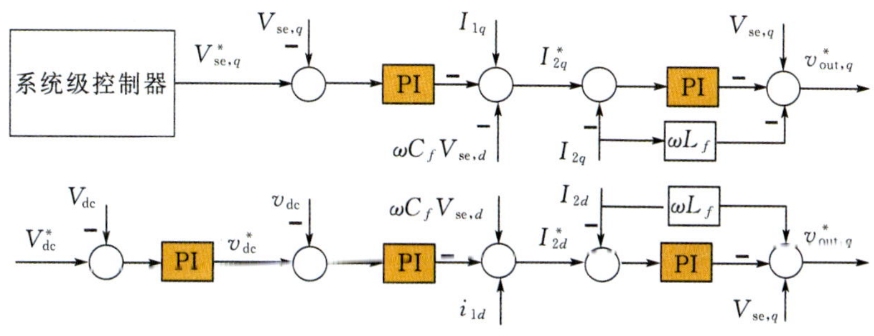

图 8-23 DPFC 单元三环控制策略控制框图示意图

由图 8-23 可见，DPFC 单元交流侧输出电压 d 轴分量的控制包含 3 个环节，具体为：直流电压控制环节、注入电压 d 轴分量的控制、滤波电感电流 d 轴分量的控制，其具体控制流程为

(1) 给定 DPFC 单元直流电压目标值 V_{dc}^{*}，通过与反馈的直流电压实测值 V_{dc} 作差得到偏差信号，偏差信号将通过 PI 控制器得到 DPFC 单元注入电压的 d 轴控制目标值 $V_{se,d}^{*}$；

(2) 所得 DPFC 单元输出电压的 d 轴控制目标值 $V_{se,d}^*$ 将与其对应的实测反馈量 $V_{se,d}$ 作差，从而得到偏差信号，并以此作为 PI 控制器的输入，结合式(8-63)得到滤波电感电流 d 轴分量的控制目标值 I_{1d}^*；

(3) 所得滤波电感电流 d 轴分量控制目标值 I_{1d}^* 将与其实测反馈量 I_{1d} 进行作差，所得偏差信号将通过 PI 控制器得到对应控制量，结合式(8-66)最终得到 DPFC 单元交流侧输出电压 d 轴分量 $V_{out,d}^*$。

DPFC 单元交流侧输出电压 q 轴分量的控制包含 3 个环节，包括系统级控制器的计算环节、注入电压 q 轴分量的控制、滤波电感电流 q 轴分量的控制，其具体流程为

(1) 系统级控制器根据调控需求求取 DPFC 单元注入电压的 q 轴控制目标值 $V_{se,q}^*$，并将其下达至各 DPFC 单元；

(2) 所得 DPFC 单元输出电压的 q 轴控制目标值 $V_{se,q}^*$ 将与其对应的实测反馈量 $V_{se,q}$ 作差，从而得到偏差信号，并以此作为 PI 控制器的输入，结合式(8-63)得到滤波电感电流 q 轴分量的控制目标值 I_{1q}^*；

(3) 所得滤波电感电流 q 轴分量控制目标值 I_{1q}^* 将与其实测反馈量 I_{1q} 进行作差，所得偏差信号将通过 PI 控制器得到对应控制量，结合式(8-66)最终得到 DPFC 单元交流侧逆变电压 d 轴分量 $V_{out,q}^*$。

8.5.3　新型分布式潮流控制器控制模式切换策略

DPFC 的系统级控制器应包括计算模块、模式控制模块(指潮流调控模块、电流限额模块与阻抗补偿模块)、模式切换模块及处理分配模块，具体如图 8-24 所示。

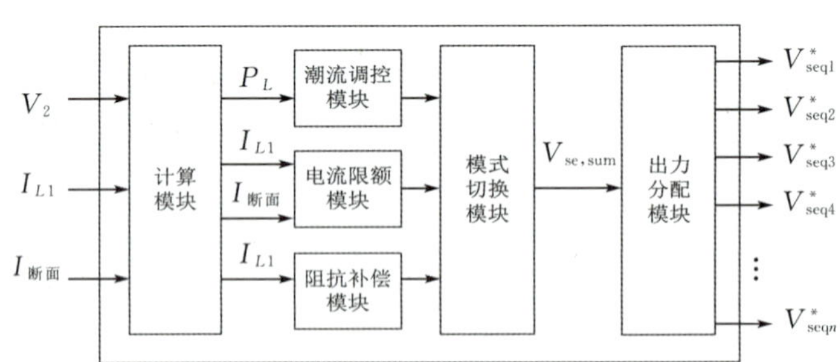

图 8-24　DPFC 系统级控制器示意图

由图 8-24 可见，无论 DPFC 工作在哪种工作模式，最终控制器输出均为 DPFC 输出电压 q 轴分量的给定值。潮流调控控制器与电流限额控制器均为 PI 控制器，但因为其被控目标不同，导致量纲存在较大的差别，不同模式下的控制器对偏差信号的响应差异较大；且在模式切换时，由于控制器积分值瞬间跳变，DPFC 的输出电压会发生急剧变化，可能会引起线路振荡。

为了解决上述问题，本节提出了 DPFC 单元多模式切换策略：

(1)DPFC 潮流调控控制器与 DPFC 电流限额控制器的统一。因为 DPFC 潮流调控控制器与 DPFC 电流限额控制器具备一样的结构形式，所以本节令其共用同一套 PI 控制器，这两种工作模式的切换指令仅会切换输入至 PI 控制器的偏差信号 Δerr，具体如图 8-25 所示。

由图 8-25 可知，通过切换偏差选择开关即可选择不同工作模式下的偏差信号，以此实现潮流调控模式与电流限额模式间的切换。为保证偏差信号 Δerr 在一个数量等级下变化，需要对 DPFC 的输入给定指令与反馈信号进行归一化处理。

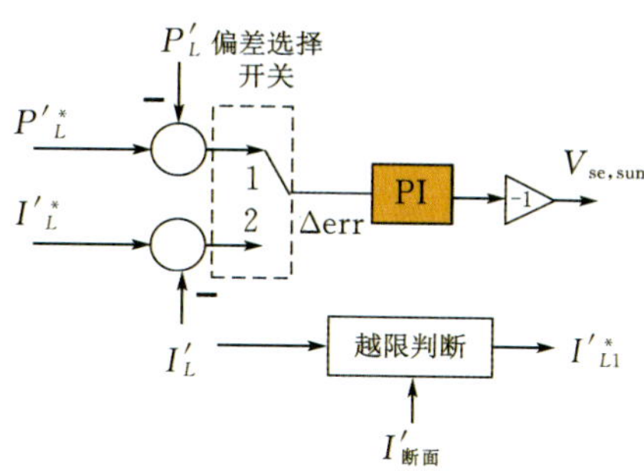

图 8-25 DPFC 的多工作模式切换控制框图

对于潮流输入给定值 P_L^* 与潮流反馈值 P_L，使

$$P'^*_L = \frac{P_L^*}{P_{L,\mathrm{nom}}} \tag{8-67}$$

$$P'_L = \frac{P_L}{P_{L,\mathrm{nom}}} \tag{8-68}$$

式中，$P_{L,\mathrm{nom}}$ 表示线路的额定潮流(V_{nom} 为线路系统的额定相电压有效值)，其对应的额定电流给定值与反馈值为

$$I'^*_L = \frac{V_{\mathrm{nom}} I_L^*}{P_{L,\mathrm{nom}}} \tag{8-69}$$

$$I'_L = \frac{V_{\mathrm{nom}} I_L}{P_{L,\mathrm{nom}}} \tag{8-70}$$

当归一化后，由于两种工作模式在切换时所得到的偏差信号 Δerr 在同一数量级，可避免 PI 控制器产生过激的比例作用与积分作用，从而使 DPFC 实现两种工作模式间的平滑切换。

(2)DPFC 潮流调控模式、DPFC 电流限额模式与阻抗控制模式的切换策略。为方便下文对切换策略的阐述，此处以一个两位二进制数决定 DPFC 的工作模式，00 为无工作状态(模式 0)，01 为潮流调控模式(模式 1)，10 为电流限额模式(模式 2)，11 为阻抗补偿模式(模式 3)。

结合前文所提出的 DPFC 工作模式，本节提出了一种可实现多模式切换的 DPFC 控制器结构，具体如图 8-26 所示。

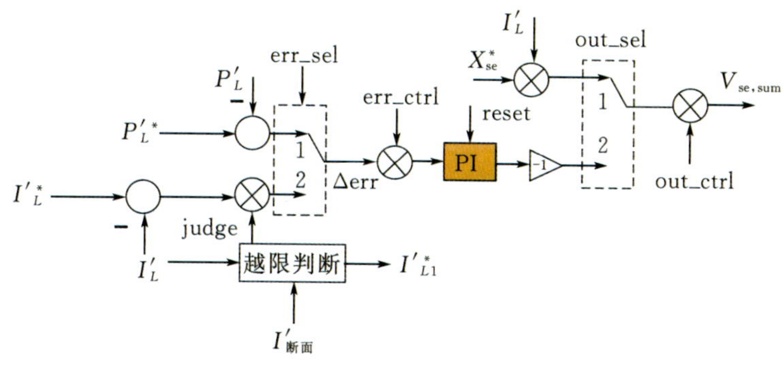

图 8-26 可实现多模式切换的 DPFC 控制器结构

其中 err_sel、err_ctrl、out_sel、out_ctrl 以及 reset 为 DPFC 多模式切换的辅助信号。err_sel 决定偏差输出通道的信号，当其值为 1 时，选择功率偏差值，当其值为 0 时，选择电流偏差值；err_ctrl 为控制偏差信号输出的信号，当其值为 1 时，允许偏差信号输出，当其值为 0 时，输入至 PI 控制器的偏差信号为 0；out_sel 为决定控制器输出通道的信号，当其值为 1 时，选择 PI 控制器的输出，当其值为 0 时，选择阻抗控制器的输出；out_ctrl 为控制 V_{se} 输出的信号，当其输出为 1 时，$V_{se,sum}$ 为控制器输出，当其值为 0 时，V_{se} 为 0；reset 为重置 PI 控制器积分器的信号，当其值为 1 时，重置 PI 控制器积分器初值，当其值为 0 时，不需要重置 PI 控制器积分器初值。在不同模式间切换时，这 5 个辅助信号的变化逻辑如下：

(1)当 DPFC 处于无工作状态时 err_ctrl=0，out_ctrl=0；

(2)当 DPFC 由无工作状态切换至其他工作模式时，reset=0，out_ctrl=1，而 err_sel，out_sel 根据工作模式的不同而不同；

(3)当 DPFC 由潮流调控模式切换至电流限额模式时，reset=1，err_sel=0，out_sel=1，out_ctrl=1；

(4)当 DPFC 由潮流调控模式切换至阻抗补偿模式时，reset=1，err_sel=0/1，out_sel=0，out_ctrl=1；

(5)当 DPFC 由电流限额模式切换至潮流调控模式时，reset=0，err_sel=0，out_sel=1，out_ctrl=1；

(6)当 DPFC 由电流限额模式切换至阻抗模式时，reset=1，err_sel=0/1，out_sel=1，out_ctrl=1；

(7)当 DPFC 由阻抗控制模式切换至潮流调控模式时，reset=1，err_sel=1，out_sel=1，out_ctrl=1；

(8)当 DPFC 由阻抗控制模式切换至电流限额模式时，reset=1，err_sel=0，out_sel=1，out_ctrl=1。

则 DPFC 的多模式间的切换策略如图 8-27 所示。

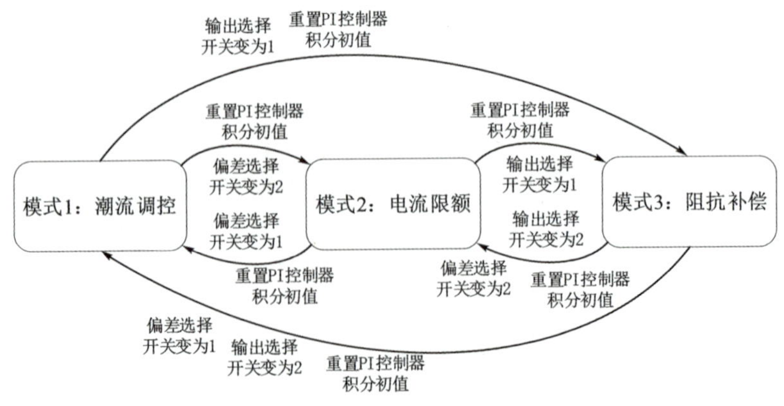

图 8-27　DPFC 多模式状态切换示意图

若以变量 AB 表示工作模式的二进制数，则可得 err_sel、err_ctrl、out_sel、out_ctrl 以及 reset 与模式切换的逻辑关系，具体如表 8-1 所示。

表 8-1 DPFC 多模式切换辅助信号逻辑

$A_{(n-1)}$	$B_{(n-1)}$	$A_{(n)}$	$B_{(n)}$	err_sel	err_ctrl	out_sel	out_ctrl	reset
0	0	0	0	*	0	*	0	0
0	0	0	1	1	1	1	1	0
0	0	1	0	0	1	1	1	0
0	0	1	1	*	0	0	1	0
0	1	0	0	*	0	*	0	1
0	1	0	1	1	1	1	1	0
0	1	1	0	0	1	1	1	1
0	1	1	1	*	0	0	1	1
1	0	0	0	*	0	*	0	1
1	0	0	1	1	1	1	1	0
1	0	1	0	0	1	1	1	0
1	0	1	1	*	0	0	1	1
1	1	0	0	*	0	*	0	0
1	1	0	1	1	1	1	1	0
1	1	1	0	0	1	1	1	0
1	1	1	1	*	0	0	1	0

由表 8-1 可得各辅助信号的逻辑表达式为

$$\begin{cases} \text{err\_sel}=B_{(n)} \\ \text{err\_ctrl}=(A_{(n)}\oplus B_{(n)}) \\ \text{out\_sel}=A'_{(n)}+B'_{(n)} \\ \text{out\_ctrl}=A_{(n)}+B_{(n)} \\ \text{reset}=(A_{(n-1)}A'_{(n)}B_{(n)})+[(A_{(n)}\oplus B_{(n)})(A_{(n-1)}\oplus B_{(n-1)})'] \end{cases} \tag{8-71}$$

一般情况下，PI 控制器的积分器初值重置值为 0。但当 DPFC 由阻抗模式切换至潮流调控模式或电流限额模式时，如果此时使 PI 控制器的积分器初值为 0，$V_{se,sum}$ 会先变为 0 后再重新通过积分模块达到新的稳态，从而可能导致 DPFC 发生反向调控现象。若保留阻抗控制器的输出 $V_{se.sum.ini}$ 作为 PI 控制器的积分初值，在 DPFC 进行模式切换后，PI 控制器将在 $V_{se.sum.ini}$ 的基础上进行积分，相比前者，DPFC 更能平滑过渡到新的状态。因此，本节将选用采取这种方式作为模式切换时 PI 控制器初值的重置策略，并以 ini_sel 作为 PI 控制器初值选择的判断信号。

当 ini_sel 为 1 时，积分初值为阻抗控制器的输出 $V_{se.sum.ini}$；ini_sel 为 0 时，积分初值为 0，对应逻辑关系如表 8-2 所示。

表 8-2　积分初值选择判断信号逻辑

$A_{(n-1)}$	$B_{(n-1)}$	$A_{(n)}$	$B_{(n)}$	ini_sel
0	0	0	0	*
0	0	0	1	0
0	0	1	0	0
0	0	1	1	0
0	1	0	0	0
0	1	0	1	*
0	1	1	0	0
0	1	1	1	0
1	0	0	0	0
1	0	0	1	0
1	0	1	0	*
1	0	1	1	0
1	1	0	0	*
1	1	0	1	1
1	1	1	0	1
1	1	1	1	*

由表 8-2 可得，ini_sel 的表达式为

$$\text{ini\_sel}=(A_{(n-1)}\oplus B_{(n-1)})A_{(n)}B_{(n)} \tag{8-72}$$

8.5.4　新型分布式潮流控制器出力控制策略

出力分配策略是 DPFC 系统级控制器的最后环节，可直接决定每个 DPFC 单元的出力。

如今，DPFC 一般采取平均分配的出力策略，当注入电压需求很小的时候，每个 DPFC 单元的实际出力很小，直流电压利用率很低(即调制深度很低)。由于 DPFC 单元为一个电压源型变流器，在其调制深度较小时，其逆变电压的谐波含量大，波形畸变严重，工作效率

不高。因此，为提高每个 DPFC 单元的工作效率，最好保证每个 DPFC 单元的逆变电压为额定电压的 80%以上。

同时，在选取 DPFC 单元投入工作之前，若能选取可靠性较高的 DPFC 单元作为控制目标跟踪的执行环节，则能大大提升整体系统运行的可靠性。为了能量化 DPFC 单元的可靠性指标，本节采取了以下策略。

因为 DPFC 单元为由 IGBT 组成的电力电子产品，假设其平均无故障工作时间为 $1/\lambda$，则其寿命分布符合参数为 λ 的指数分布，其故障概率为

$$F(t)=P\{X\leqslant t\}=1-\mathrm{e}^{-\lambda t},t\geqslant 0 \tag{8-73}$$

则 DPFC 单元可靠性可表达为一个与变流器运行总时长相关的函数 $\rho(t)$。

$$\rho(t)=1-F(t)=\mathrm{e}^{-\lambda t} \tag{8-74}$$

在该函数的约束下，DPFC 单元的故障概率随着时间的增长而增大，同时也意味着长时间工作的 DPFC 单元伴随着更大的失效风险。当需要进行下一次任务分配时，累积工作时长越大的 DPFC 单元越不容易分配到任务，则能使得运行时间较少的 DPFC 单元有更多投入工作的机会。这不仅保证线路全部 DPFC 单元的使用率相对平均，还能减少单个 DPFC 发生故障的概率。为实现这种功能，本节提出了一种可自主交替工作的 DPFC 单元出力策略，其主要分两个步骤来决定 DPFC 单元的出力。

(1)出力分配模块接收模式控制模块发出的 DPFC 注入电压指令 $V_{\mathrm{se,sum}}$，若每个 DPFC 单元的额定输出电压为 $V_{\mathrm{se,nom}}$，为保证每个 DPFC 单元的逆变电压不小于额定电压的 80%，则需要投入的 DPFC 单元个数 n 为

$$n=\left\lceil\frac{V_{\mathrm{se,sum}}}{0.8\times V_{\mathrm{se,nom}}}\right\rceil \tag{8-75}$$

且应满足

$$V_{\mathrm{se,sum}}-n\times V_{\mathrm{se,nom}}\leqslant 0 \tag{8-76}$$

上式表示 DPFC 总注入电压 $V_{\mathrm{se,sum}}$需小于 n 个 DPFC 单元输出的额定电压之和，进而可求出每个 DPFC 单元的输出电压(此处用调制深度表示)为

$$V_{\mathrm{se},qi}=\left(\frac{V_{\mathrm{se,sum}}-0.8\times n\times V_{\mathrm{se,nom}}}{n}+0.8\times V_{\mathrm{se,nom}}\right)/V_{\mathrm{se,nom}} \tag{8-77}$$

若所求 $V_{\mathrm{se},qi}>1$，则会超出 DPFC 单元调制范围。因此，在这种情况下需添加补偿 DPFC 单元(该单元不包含在数量 n 里面)，使其出力为

$$\Delta V_{\mathrm{se},qi}=(V_{\mathrm{se},qi}-1)\times n \tag{8-78}$$

则修正后的每个 DPFC 单元的输出电压为

$$V_{\mathrm{se},qi}=\frac{V_{\mathrm{se,sum}}-\Delta V_{\mathrm{se},qi}}{n} \tag{8-79}$$

(2)获取所需工作的 DPFC 单元个数 n 与出力量 $V_{\mathrm{se},qi}$，并从已投入工作的 DPFC 单元中筛选出上一轮工作时间 ΔT 不足周期(本节以 24 小时作为周期)的单元个数 m，并形成该 DPFC 单元编号的集合 M。考虑各 DPFC 单元的运行总时长 t_{run}较小时，由式(8-75)算出

的值非常小，即使采用双精度的数据类型也很难精确表达。因此，本节直接用 DPFC 单元的运行总时长 t_{run} 作为判别其可靠性的指标。

① 令上一轮工作中的 DPFC 单元个数为 n_0，当 $n \geqslant n\_0$ 时，先将集合 M 以外的 DPFC 单元以运行总时长大小进行排序，并取运行总时长 t_{run} 较小的 n_real（$n\_\text{real}=n-m$）个作为补充的 DPFC 单元，然后再向这 n 个 DPFC 单元下达出力指令 $V_{\text{se},qi}$。

②当 $n<n\_0$ 时，若 $m \geqslant n$，则仅需从集合 M 中筛选出运行总时长 t_{run} 较小的 n 个作为下一轮工作的 DPFC 单元即可；若 $m<n$，则需将集合 M 以外的 DPFC 单元以运行总时长大小进行排序，并取运行总时长 t_{run} 较小的 n_real（$n\_\text{real}=n-m$）个作为补充的 DPFC 单元，最后向这 n 个 DPFC 单元下达出力指令 $V_{\text{se},qi}$。具体出力分配策略流程图如图 8-28 所示。

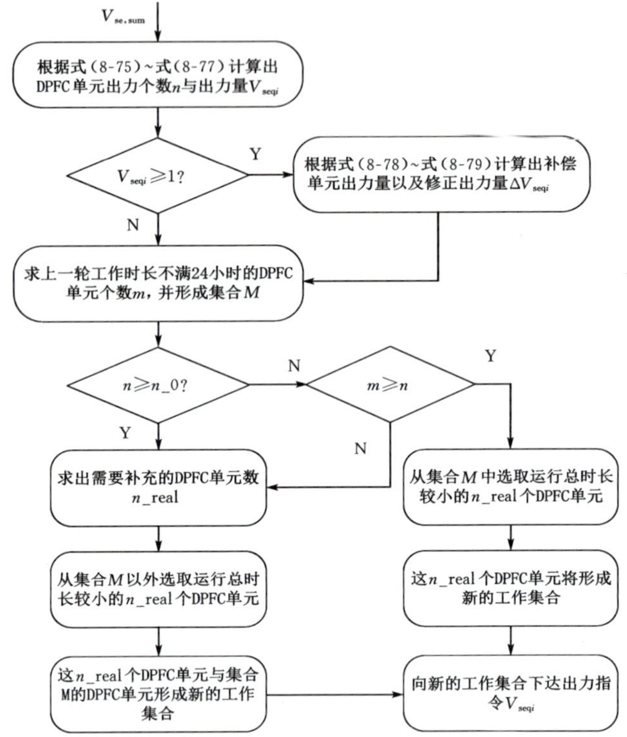

图 8-28　DPFC 出力分配策略流程图

本节所提出的 DPFC 单元出力分配策略可根据 DPFC 单元的可靠性与工作效率，自主且合理地安排所需投入的 DPFC 单元个数及出力；同时，所采取的轮班机制可有效避免 DPFC 出力需求变化时引起的 DPFC 单元大量切换的问题，可减少大规模 DPFC 单元投切引起的扰动问题，保证被控线路运行的安全性与可靠性。

8.6　新型分布式潮流控制器建模与仿真

电力电子暂态仿真可分为离线仿真和实时在线仿真两大类，离线仿真工具主要有 PSCAD/EMTDC、MATLAB/Simulink 等，实时仿真工具主要包括 ADPASS、RTDS 等。其中，PSCAD/EMTDC 是世界上应用最广泛的电磁暂态仿真软件之一，本节基于 PSCAD/EMTDC 软件介绍 DPFC 的电磁暂态建模仿真技术。

DPFC 的一次系统模型、控制系统模型均可利用 PSCAD 中自带的软件库及自定义模块功能实现。

采用如图 8-29 所示的 10kV 仿真系统结构，线路具体参数如下干路阻抗 Z_{sum} 为 0.

615＋j9.778Ω(感性阻抗 j14.667，容性阻抗 $-j$4.889Ω)，支路 1 阻抗 Z_1 为 0.182＋j4.346Ω，支路 2 阻抗 Z_2 为 0.109＋j2.607Ω。

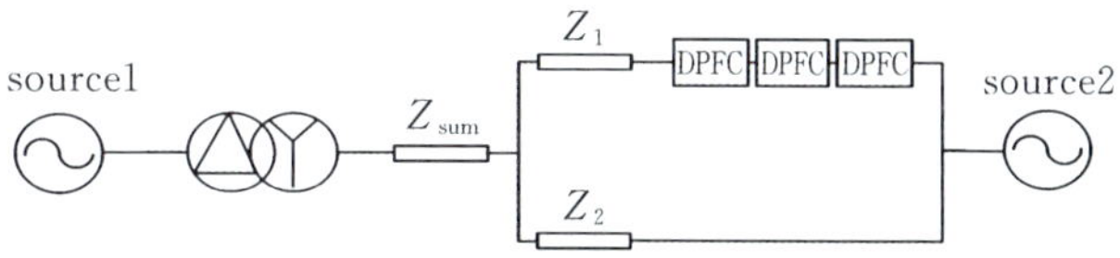

图 8-29 含 DPFC 电力系统仿真结构图

支路 1 上安装 3 组 DPFC，其仿真模型如图 8-30 所示。DPFC 单元交流侧滤波电感取值为 0.1mH，滤波电容为 300μF，DPFC 直流电容大小为 5000μF，直流电容电压给定值为 0.1kV。

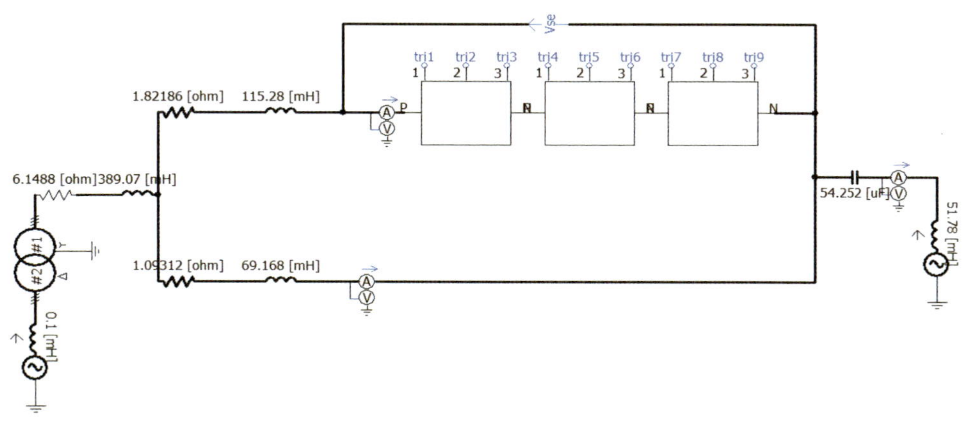

图 8-30 基于 PSCAD/EMTDC 的含 DPFC 电力系统仿真模型

当 DPFC 未投入时，干路有功功率潮流为 15.5MW/相，支路 1 有功功率潮流为 5.8MW/相，支路 2 有功功率潮流为 9.7MW/相。根据前文所述的控制策略构建 DPFC 单元控制器仿真模型，在 PSCAD/EMTDC 软件中搭建的模型如图 8-31 所示。

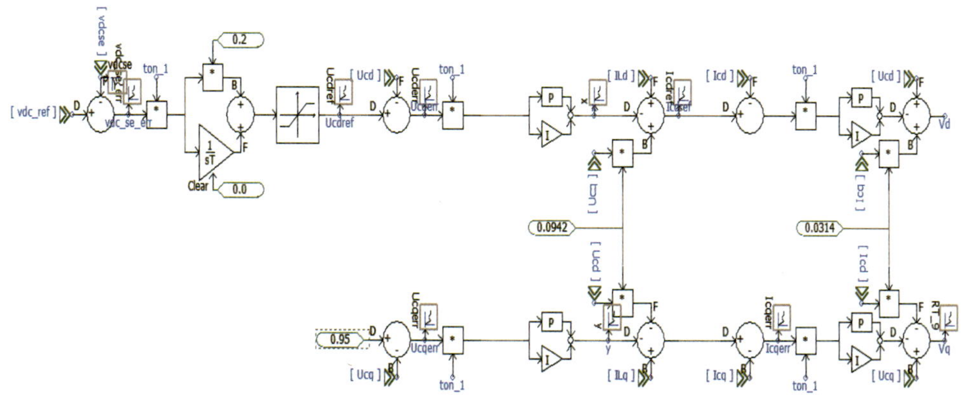

图 8-31 基于 PSCAD/EMTDC 的 DPFC 单元控制器模型

为测试 DPFC 输出最大电压时的调节效果，本节将通过给定 DPFC 单元输出电压的 q 轴分量指令为 0.95 和－0.95(该值为以基准电压 0.1kV 转化的标幺值)以测试 DPFC 的调节范围。

首先，在 1s 时投入 4 组 DPFC 单元，并开始进行电容充电，所得波形如图 8-32 所示。

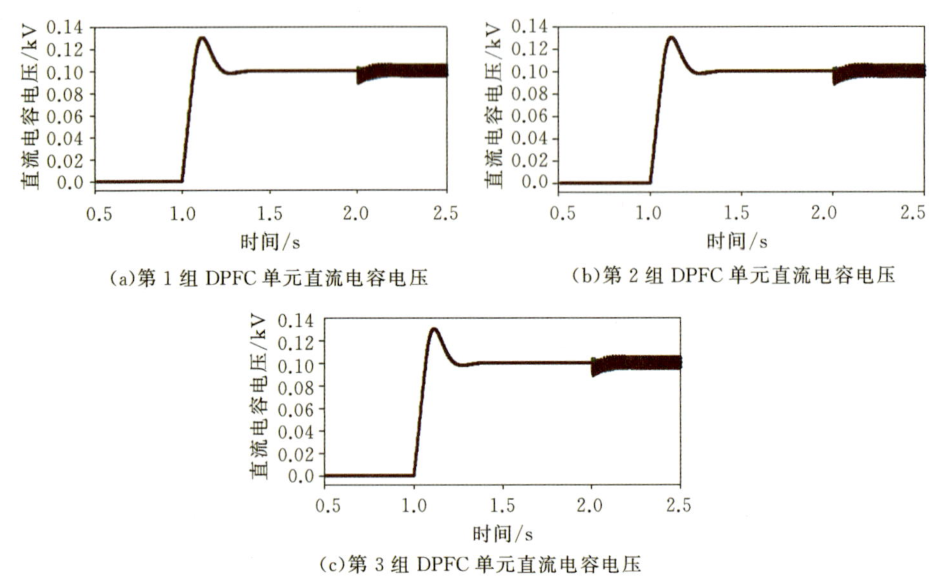

(a)第 1 组 DPFC 单元直流电容电压

(b)第 2 组 DPFC 单元直流电容电压

(c)第 3 组 DPFC 单元直流电容电压

图 8-32　DPFC 单元直流电容电压

由图 8-32 可知，3 组各相 DPFC 单元直流电容电压均能在接收控制指令后约 0.4s 达到给定值 0.1kV。因为在 2s 时向各 DPFC 单元给定了输出电压 q 轴分量指令，所以直流电压在 2s 时产生了一个小扰动。又由于 DPFC 此时与系统交换无功功率，因此直流电容包含 1 个振幅为±0.05kV、频率为 120Hz 的振荡(即存在±5%的振荡误差)。若没有额外的泄能电路，该振荡量的幅值将随着直流电容的增大而减小。

另外，由图 8-32 可知，由于每个 DPFC 单元的结构参数与控制参数均一致，故每个 DPFC 单元的响应基本一致。因此，下面所展现的波形均以其中 1 组 DPFC 或某个 DPFC 单元为例进行展示。

在 2s 时，向各 DPFC 单元下达输出电压 q 轴分量指令。当指令值为 0.95 时，DPFC 单元输出电压与 DPFC 整体输出电压分别如图 8-33 与图 8-34 所示。

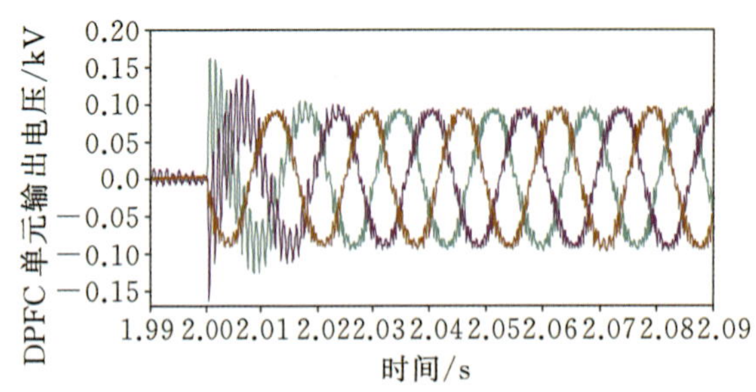

图 8-33　第 1 组各相 DPFC 单元输出电压

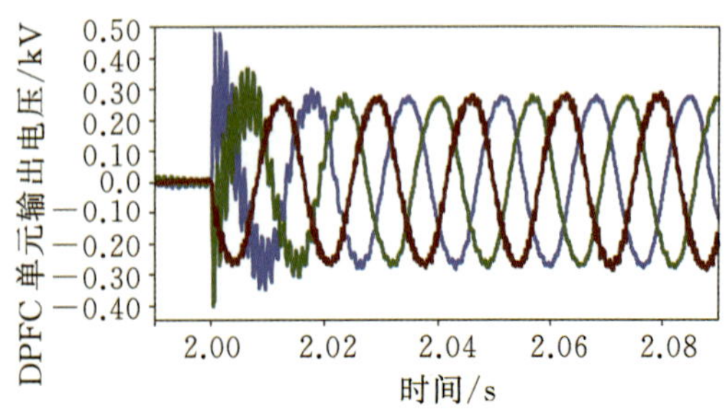

图 8-34　3 组 DPFC 整体输出电压

由图 8-33 可知，各 DPFC 单元可在 30ms 内稳定输出电压幅值至约 0.95kV；由图 8-34 可知，3 组 DPFC 单元整体输出电压可达约 2.85kV。此时安装 DPFC 支路(支路 1)的电流与 DPFC 输出电压的关系如图 8-35 所示。

由图 8-35 可见，线路电流相角滞后 DPFC 输出电压 90°，即 DPFC 输出电压为感性电压，各支路潮流将强制重新分配，仿真结果如图 8-36 所示。

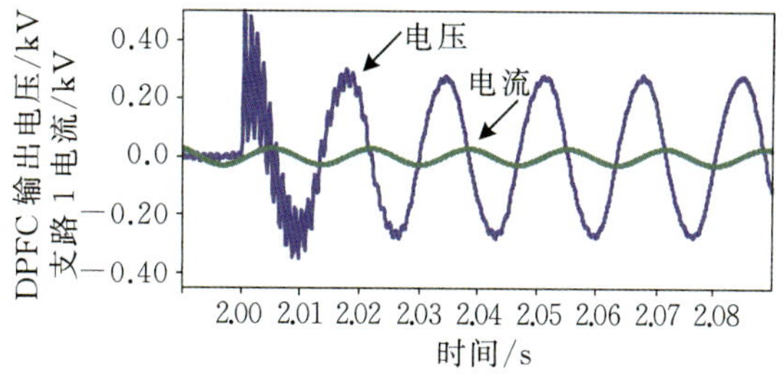

图 8-35 支路 1 电流与 DPFC 输出电压的关系

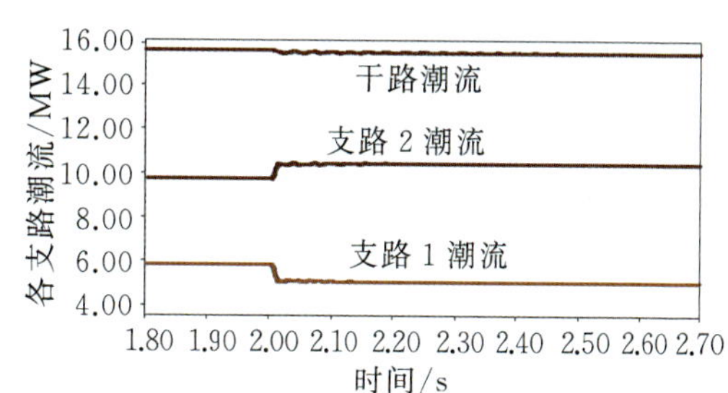

图 8-36 DPFC 注入感性电压后各支路潮流变化情况

DPFC 开始输出电压后，干路潮流在 2s 受到扰动后稳定至 15.4MW/相，支路 1 潮流在 2s 后调整至 5MW/相，支路 2 潮流 2s 后调整至 10.4MW/相。相比初始潮流，干路潮流增量为 0.1MW/相，支路 1 潮流增量为−0.8MW/相，支路 2 潮流增量为 0.7MW/相，由此证明 DPFC 输出感性电压时会改变线路的分流系数，从而对线路潮流或电流进行了强制重新分配。

若在 2s 时向各 DPFC 单元下达输出电压 q 轴分量指令值为−0.95 时，由于其与指令值为 0.95 时的主要区别在于 DPFC 输出电压与电流的关系以及对各支路潮流的影响，因此下面仅展现这两种波形，分别如图 8-37 和图 8-38 所示。

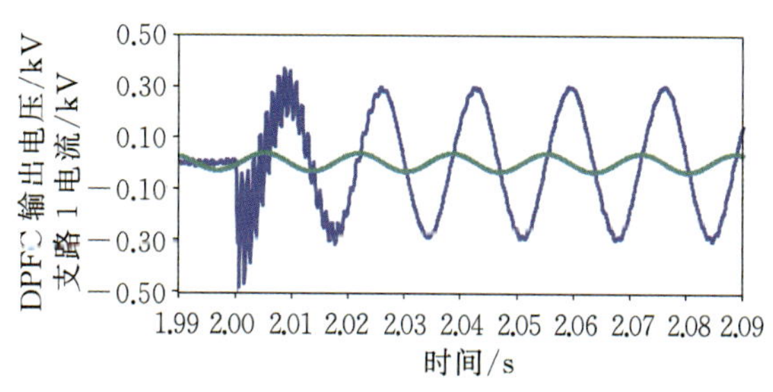

图 8-37 支路 1 电流与 DPFC 输出电压的关系

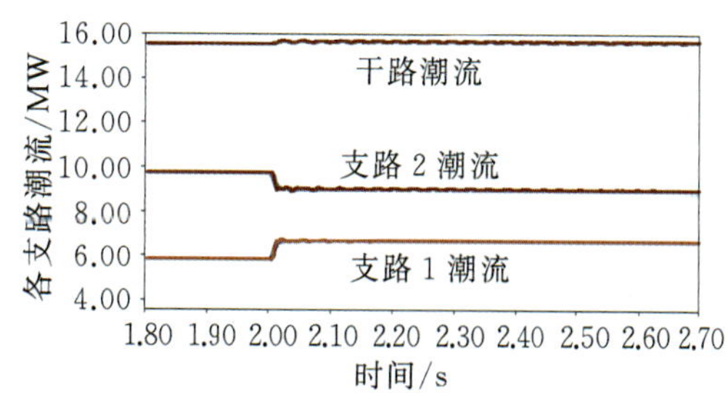

图 8-38 DPFC 注入容性电压后各支路潮流变化情况

由图 8-37 可知，支路 1 电流相位超前 DPFC 输出电压 90°，表明 DPFC 输出电压为容性电压，其等效为容性阻抗，可减少线路阻抗，改变分流系数，从而使图 8-38 中干路潮流增加至 15.6MW/相、支路 1 潮流增加至 6.6MW/相、支路 2 潮流减少至 9.1MW/相。相比初始潮流，干路潮流增量为 1.5MW/相、支路 1 潮流增量为 0.85MW/相、支路 2 潮流增量为－0.7MW/相。结合图 8-36 的仿真结果分析可知，DPFC 对其所在支路（支路 1）的潮流调整增量范围为－8～8.5MW/相，即调整比例为－13.7%～14.7%。

8.6.1　DPFC 潮流调控仿真

根据前文所述的潮流调控控制策略，可在 PSCAD/EMTDC 软件中搭建控制器模型如图 8-39 所示。

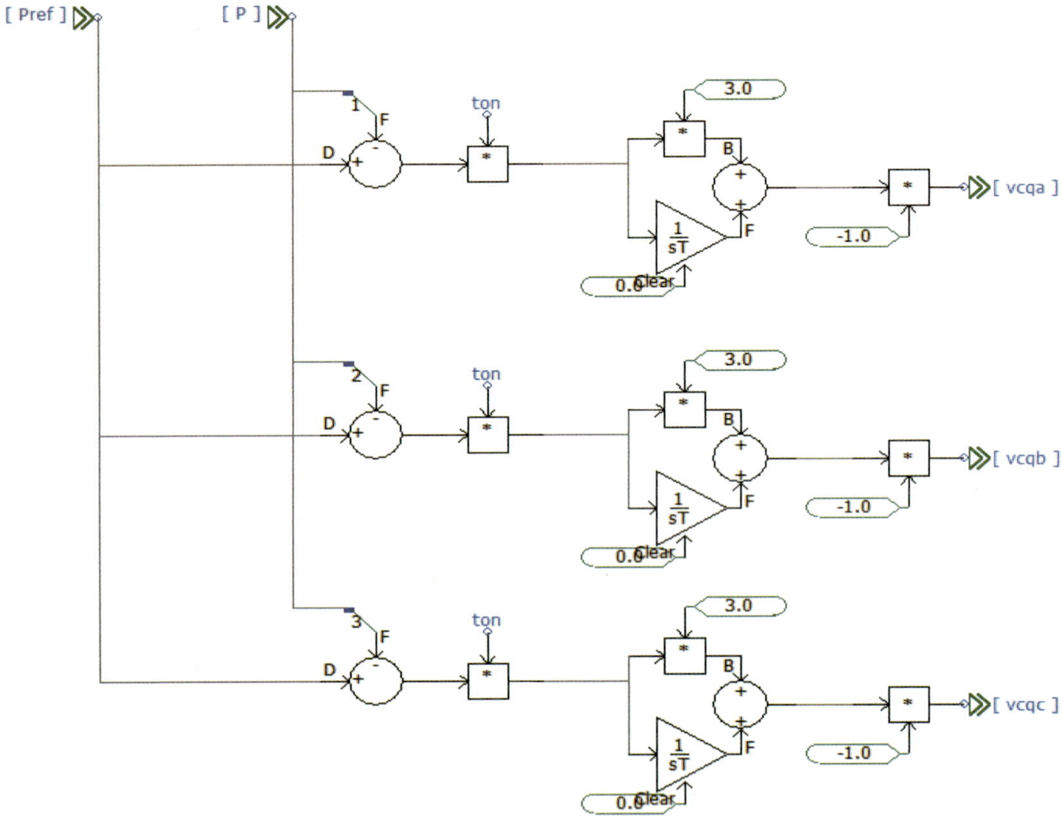

图 8-39　基于 PSCAD/EMTDC 的 DPFC 潮流调控控制模型

在图 8-39 中，[Pref]表示有功功率潮流给定值，[P]表示线路实际的潮流，仿真设置在 2s 时，给定有功功率潮流给定指令 6.65MW，支路 1 潮流变化如图 8-40 所示。

由图 8-40 可知，三相的潮流均在接受指令后经约 0.3s 调整至目标值 6.65MW。为进一步验证 DPFC 对线路潮流的调控能力，输入多个潮流阶跃指令以检验 DPFC 是否具备误差跟踪潮流指令的能力。

在 2s 时给定 DPFC 潮流给定指令 5MW，然后再 2.5s 时给定潮流增量阶跃指令 0.4MW，

且每隔 0.5s 给定一次，重复 4 次，则 2.5s、3s、3.5s、4s 时刻对应的潮流指令值分别为 5.4MW、5.8MW、6.2MW、6.6MW，所得仿真结果如图 8-41 所示。

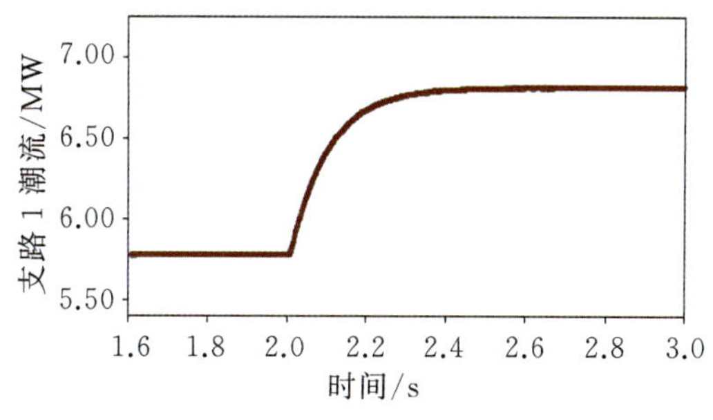

图 8-40 DPFC 调控下的支路 1 潮流变化

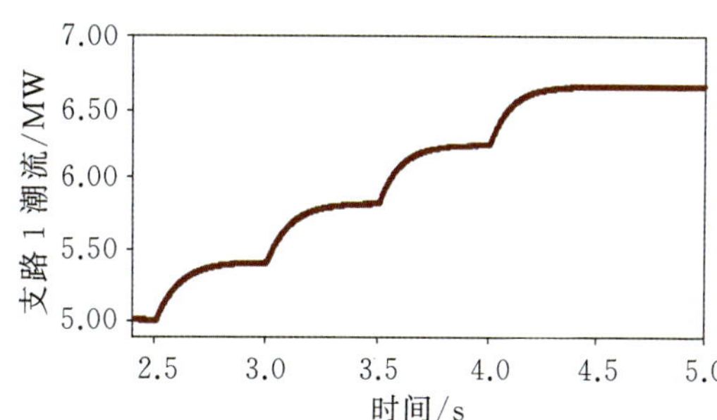

图 8-41 多阶跃下的支路 1 潮流变化

由图 8-41 可知，支路 1 潮流可按照预设的潮流指令值在对应的时间实现对线路潮流的调控，且均能在 0.4s 内无差追踪指令值。

8.6.2 DPFC 电流限额控制仿真分析

DPFC 电流限额控制需要先求出线路的分流比。根据图 8-29 的系统可知，支路 1 的分

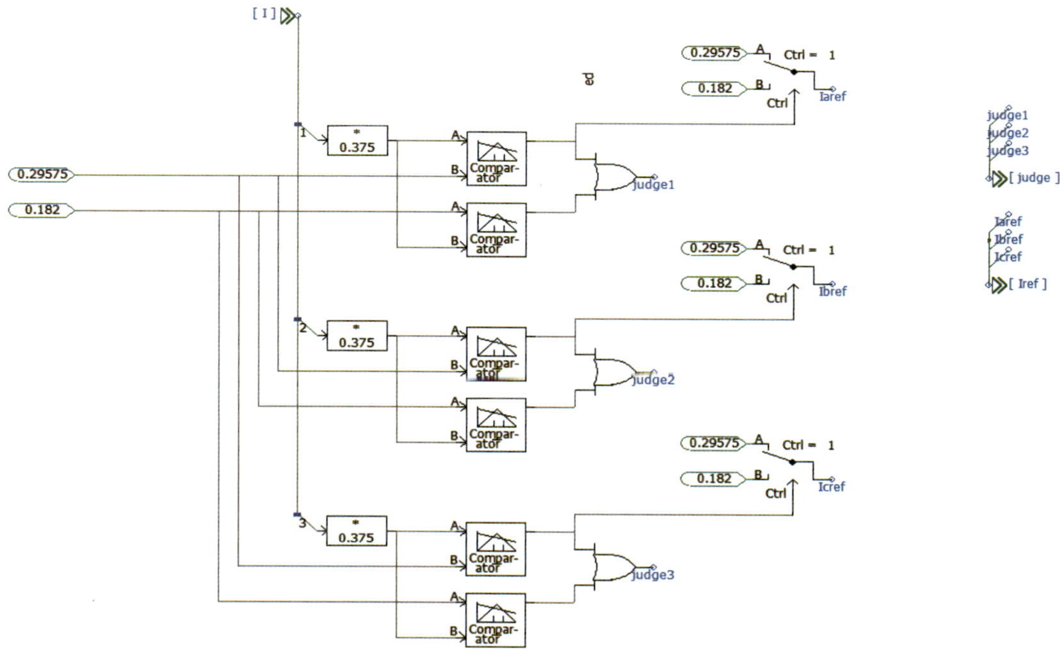

(a)电流越限判断模块

图 8-42 基于 PSCAD/EMTDC 的 DPFC 电流限额控制模型(1)

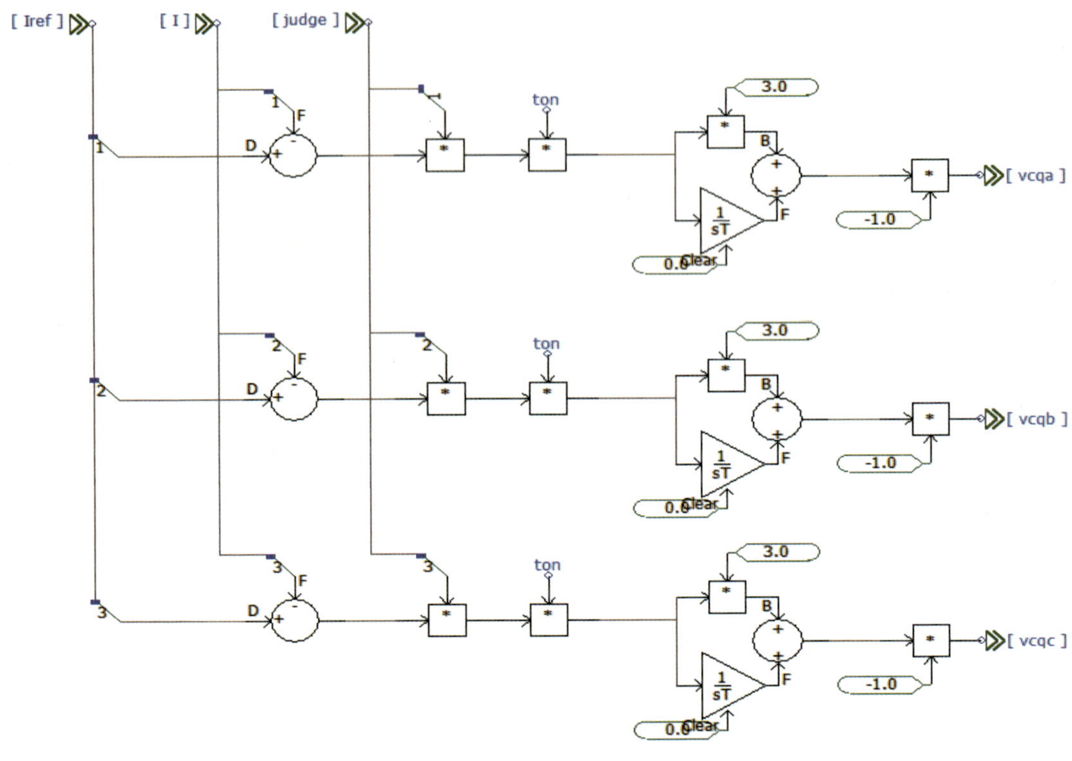

(b)电流控制模块

图 8-42　基于 PSCAD/EMTDC 的 DPFC 电流限额控制模型(2)

流比为 $k_1=0.375$，支路 2 的分流比为 $k_2=0.625$。根据控制策略搭建的电流限额控制模型分为两大模块：电流越限判断模块和电流控制模块。

(1) 线路电流超越上限仿真。将 DPFC 的电流上限设置为 0.295kA，图 8-43 为有/无 DPFC 限流控制器的支路 1 线路电流对比图。

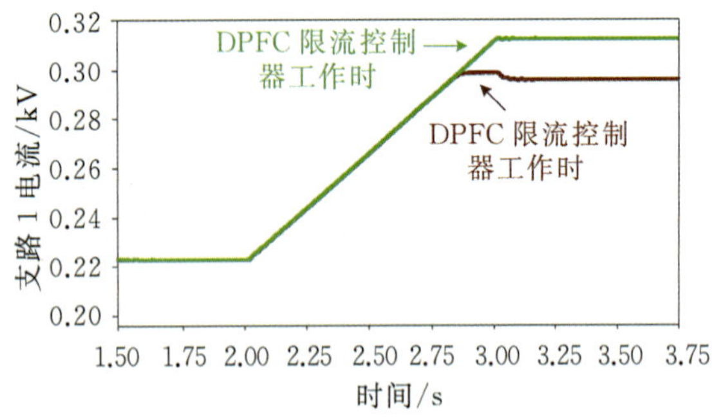

图 8-43　有/无 DPFC 限流控制器的支路 1 线路电流对比图(电流超过上限)

由图 8-43 可知，在没有 DPFC 限流控制器的情况下，支路 1 线路电流在 2s 开始由 0.223kA 逐渐上升至 0.313kA；当 DPFC 限流控制器投入后，支路 1 线路电流在 2s 开始由 0.223kA 逐渐上升，在约 2.65s 时到达 0.298kA，持续约 0.35s 后平缓下降至 0.295kA，短期越限量约为 1%，表明 DPFC 可根据电流上限值对电流进行钳位。

(2) 线路电流超越下限仿真。将 DPFC 的电流上限设置为 0.182kA，图 8-44 为有/无

DPFC限流控制器的支路1线路电流对比图。

由图8-44可知，在没有DPFC限流控制器的情况下，支路1线路电流在2s开始由0.223kA逐渐下降至0.168kA；当DPFC限流控制器投入后，支路1线路电流在2s开始由0.223kA逐渐下降，在约2.65s时到达0.18kA，持续约0.35s后平缓过渡至0.182kA，短期越限量约为1%，表明DPFC可根据电流下限值对电流进行钳位。

(3)线路电流由"正常→越限→正常"仿真。因为当电流越限后，DPFC便处于恒流跟踪模式，为进一步验证DPFC能否实现仅在越限时工作的功能，此处以"线路电流超越下限仿真"为基础，在4s时使支路1电流下降至允许范围内，所得支路1电流如图8-45所示。

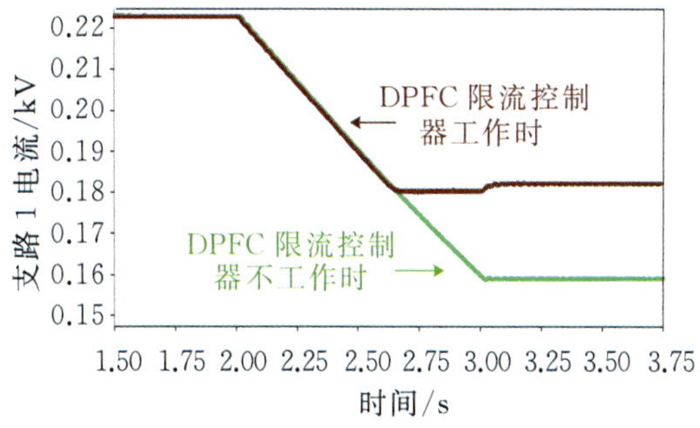

图8-44 有/无DPFC限流控制器的支路1线路电流对比图(电流低于下限)

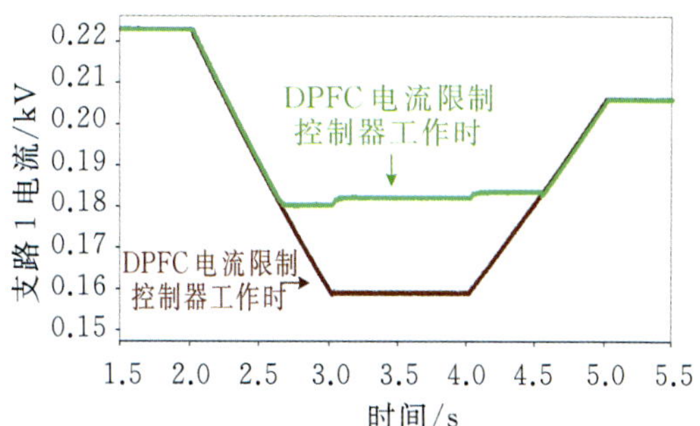

图8-45 有/无DPFC限流控制器的支路1线路电流对比图(电流"正常→越限→正常")

3s以前的现象与"线路电流超越下限仿真"一致。当4s开始增大线路电流时，无DPFC的支路1电流由0.168kA增大至0.206kA；含DPFC的支路1电流先从0.182kA上升至0.183kA，直到4.5s后再线性增加至0.206kA。

上述仿真结果表明，DPFC可有效保证DPFC在预设的上下限范围内工作，且仅在线路电流准备越限时工作，瞬间越限量不超过1%；当线路电流水平回到预设范围内时，DPFC会自动退出工作。但其中有一个特别的现象，当电流接近上/下限时，DPFC不是立刻将电流锁定在预设的上下限值，而是先稳定在与其相差约1%的电流值，持续约0.35s后再过渡至预设限值。这是由于电流在3s前仍然在线性增长，PI控制器的无法完全实现无差跟踪，但因为该值与被控目标值仅差1%，因此可忽略不计。

8.7 新型分布式潮流控制器控制保护系统

含DPFC线路的保护分为两部分，线路保护和DPFC单元内部保护，如图8-46所示。其保护系统的配置主要包含机械旁路开关、晶闸管旁路开关、金属氧化物限压器等。当故障发生时，由开关刀闸经一定的动作时序将 DPFC 单元可靠退出。

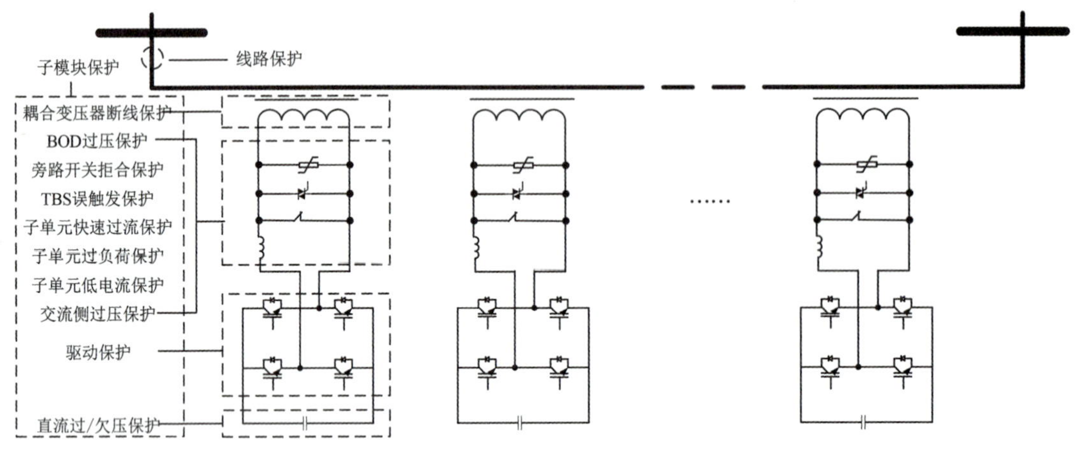

图 8-46　含 DPFC 单元内部保护示意图

8.7.1　新型分布式潮流控制器对交流保护的影响

当发生故障时若 DPFC 未退出，由于 DPFC 所输出的电压具有容性或者感性等效阻抗特性，会对保护系统监测到的阻抗大小产生一定影响。在实际工程中，DPFC 的输出阻抗范围为线路阻抗的±10%～30%。

以图 8-47 中所示的 DPFC 接入输电线路阻感模型为例进行说明。图中线路保护装置安装于母线 b 处，f_1 表示线路上发生故障，f_2 表示线路送端母线上发生故障，U_a 与 i_a 分别为故障时 a 处的电压电流瞬时值，U_b 与 i_b 分别为故障时 b 处的电压电流瞬时值，Lline 为被保护线路全长，x 为故障点 f_1 与 b 端之间的距离，r 与 l 分别为保护安装处至故障点的线路单位长度等效电阻与电感。

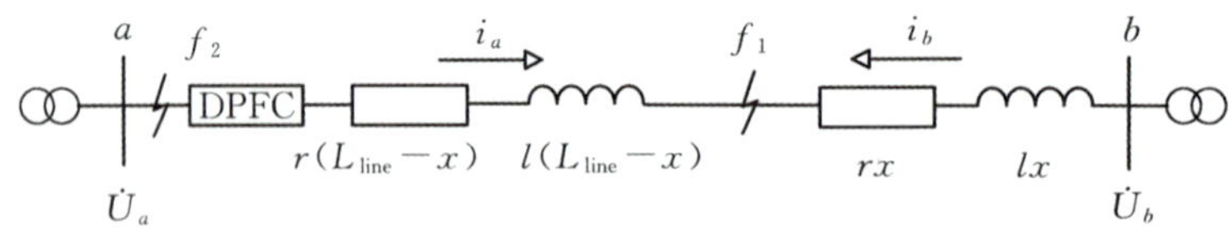

图 8-47　含 DPFC 的输电线路阻感模型

b 端保护安装处采集到的电压瞬时值为

$$U_B = U_b \sin(\omega t + \alpha) \tag{8-80}$$

式中，U_b 为系统电压的幅值；ω 为工频角速度，在 50Hz 交流频率下为 100πrad/s；α 为 b 端系统电压的初相角。

如图 8-47 所示，当线路 f_1 处发生故障时，我们可以得到 b 端保护安装处的电压电流

关系满足下式：

$$U_B = x\left(ri + l\frac{\mathrm{d}i}{\mathrm{d}t}\right) \tag{8-81}$$

式中，i 为 DPFC 所在线路电流。

可以求得故障电流的解析式为

$$i(t) = \frac{U_b \sin(\omega t + \alpha)}{\sqrt{(rx)^2 + (\omega lx)^2}} - \left[\frac{U_b \sin(\alpha - \delta)}{\sqrt{(rx)^2 + (\omega lx)^2}}\right]\mathrm{e}^{-\frac{t}{\tau}} \tag{8-82}$$

式中，$\tau = \frac{l}{r}$；$\delta = \arctan\frac{\omega l}{r}$。

当故障点位于 DPFC 之后如图中 f_2 处时，DPFC 注入的电压为

$$U_{\mathrm{SE}} = U_{\mathrm{se}} \sin(\omega t + \alpha + \beta) \tag{8-83}$$

式中，β 为注入电压与 b 端系统电压的初始相角差。此时 b 端系统等效电压为

$$U_{\mathrm{EQ}} = \sqrt{U_b^2 + U_{\mathrm{se}}^2 + 2U_b U_{\mathrm{se}} \cos\beta}\, \sin(\omega t + \alpha + \delta_1) \tag{8-84}$$

其中，$\delta = \arccos\frac{U_B + U_{\mathrm{se}}\cos\beta}{\sqrt{U_b^2 + U_{\mathrm{se}}^2 + 2U_b U_{\mathrm{se}}\cos\beta}}$。

此时的故障电流解析式为

$$i(t) = \frac{U_{\mathrm{eq}} \sin(\omega t + \alpha + \delta_1 - \delta)}{\sqrt{(rx)^2 + (\omega lx)^2}} - \left[\frac{U_{\mathrm{eq}} \sin(\alpha + \delta_1 - \delta)}{\sqrt{(rx)^2 + (\omega lx)^2}}\right]\mathrm{e}^{-\frac{t}{\tau}} \tag{8-85}$$

式中，$U_{\mathrm{eq}} = \sqrt{U_b^2 + U_{\mathrm{se}}^2 + 2U_b U_{\mathrm{se}}\cos\beta}$。

由式(8-85)可见，DPFC 接入线路后，故障电流中的工频稳态分量和衰减暂态分量幅值均受到 DPFC 串联注入电压的影响。此外，由于 DPFC 串联注入电压在故障时变化状态较为复杂，此时如利用保护安装处采集到的电压与故障电流计算测量阻抗，传统距离保护可能发生误动。

当发生故障时，若 DPFC 已退出，则不再输出等效阻抗。在工程配置的 DPFC 快速过流保护中，旁路开关动作时间为百微秒级，远快于线路保护动作时间，对于线路保护无影响。因此，本书重点分析 DPFC 装置本身的故障保护策略。

8.7.2 新型分布式潮流控制器站内集中保护

由于 DPFC 各级单元模组直接串联接入交流线路，线路电流直接流经模组的电力电子功率器件。因此，DPFC 配置的保护功能主要与线路电流相关，包括快速过电流保护、过负荷保护和启停保护。

8.7.2.1 快速过电流保护

保护范围：对应线路的所有串联模组。

保护目的：在交流线路发生短路故障时快速退出并闭锁 DPFC 各级串联模组，用以防止线路短路故障电流损坏 DPFC 串联模组。

保护工作原理和策略：快速过电流保护为百微秒级保护，通过使用交流线路电流 I_{Line}，当电流瞬时值超过保护定值 I_{SET_I}并持续一段时间 T_{SET_I}（百微秒级）后，触发保护动作。快速过电流保护的逻辑图如图 8-48 所示。

8.7.2.2　过负荷保护

保护范围：对应线路的所有串联模组。

保护目的：当线路严重过负荷运行时退出 DPFC 各级串联模组，用以防止线路长期过负荷运行引起模组损坏。

保护工作原理和策略：过电流保护为秒级保护，同样使用交流电路电流 I_{Line}，当电流有效值 I_{Line_rms}大于保护定值 I_{SET_II}并持续一段时间 T_{SET_II}（秒级）后，触发保护动作。过负荷保护的逻辑图如图 8-49 所示。

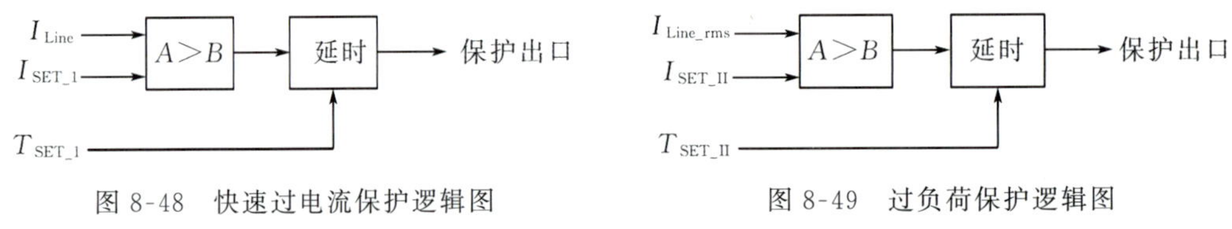

图 8-48　快速过电流保护逻辑图　　　图 8-49　过负荷保护逻辑图

8.7.3　新型分布式潮流控制器子单元模组保护

DPFC 配置的保护功能主要与模组电流和直流电压相关。DPFC 的单元子模组配置有交流 CT，检测流过单元模组的电流（线路电流）；配置有直流 PT，用于检测模组电容电压。其保护功能包括：超快速过电流保护、过负荷保护，以及单元模组过压/欠压保护。

1.超快速过电流保护

保护范围：单元模组本身。

保护目的：在交流线路发生短路故障、或模组内部发生故障时快速退出并闭锁单元模组，防止故障电流损坏 DPFC 单元模组。

保护工作原理和策略：超快速过电流保护为十微秒级保护，通过使用模组电流 I_{sub}，当电流瞬时值超过保护定值 I_{SET_I}并持续一段时间 T_{SET_I}（十微秒级）后，触发保护动作。

超快速过电流保护的逻辑如图 8-48 所示。

2.过电流保护

保护范围：单元模组本身。

保护目的：当线路严重过负荷运行时退出 DPFC 单元模组，用以防止线路长期过负荷运行引起模组损坏。

保护工作原理和策略：过电流保护为秒级保护，同样使用交流电路电流 I_{sub}，当电流有效值 I_{sub_rms} 大于保护定值 I_{SET_II} 并持续一段时间 T_{SET_II}（秒级）后，触发保护动作。

过负荷保护的逻辑同图 8-49 所示。

3.单元模组过压/欠压保护

保护范围：单元模组本身。

保护目的：通过过压/欠压保护，在 DPFC 单元模组内部故障或交流系统故障导致模组电压异常时，以最快速的将晶闸管和 KM 旁路开关合闸，保护 DPFC 阀模组的安全。

过压/欠压保护使用单元模组直流电压的瞬时值，保护定值的基准值为单元模组的额定直流电压；欠压保护功能只有在模组解锁情况下该保护功能才投入，过压保护功能默认一直投入。

保护工作原理和策略：模组过压/欠压保护为百微秒级保护，使用单元模组的直流电压 U_{dc} 的瞬时值；当单元模块直流电压大于保护定值 U_{dc_SET1} 并持续一段时间 $U_{dc\_SET\_I}$ 后，触发保护动作；当单元模块直流电压小于保护定值 U_{dc_SET2} 并持续一段时间 $U_{dc\_SET\_II}$ 后，触发保护动作。保护定值的基准值为单元模组的额定直流电压；欠压保护功能只有在模组解锁情况下投入，而过压保护功能默认持续投入。

4.启停保护

为防止 DPFC 子模块投切对线路造成过大冲击，将 DPFC 子模块的启动和退出分为两个阶段。在子模块的出口会串有一个启动电阻。在子模块刚开始工作时，通过交流线路对子模块进行不控整流充电；当子模块电压达到额定电压的一定倍数时，旁路开关将子模块解锁并进行完全充电；在子模块即将切除时，将先闭锁子模块电力电子部分，通过串接电阻将直流电容的能量耗尽后再通过旁路开关切除整个 DPFC 子模块。

此外，在子模块启停过程中设置保护策略，在启停期间监测子模块的输出电压、电流以及电压变化率和电流变化率。一旦发现检测值超出整定值，则终止操作。

8.7.4　新型分布式潮流控制器子模块故障保护策略

DPFC 配置有三类旁路设备：每相 DPFC 装置配备分相旁路开关 BPS，每个子模块配备有两个旁路开关（KM1、KM2）。上述旁路设备中任一设备合闸失灵时，均不会影响 DPFC 设备的安全性和系统的正常运行。

1.子模块旁路开关故障

若子模块两个旁路开关 KM1 和 KM2 均合闸失灵，则会影响 DPFC 设备的整体运行；若子模块两个旁路开关 KM1 和 KM2 中的一个以及分相旁路开关 BPS 均合闸失灵，虽然并不影响 DPFC 设备的整体运行，但是此时设备不再具备冗余备份的旁路设备。具体流程如图 8-50 所示。

若子模块内部元件发生故障，导致故障子模块永久闭锁旁路(经检修排除故障后方可再次投入)，而其余子模块正常运行，例如子模块桥臂故障、旁路开关分闸失灵、直流电容欠压等时，需判断 DPFC 注入电压的大小，来决定其余非故障 DPFC 的出力情况。

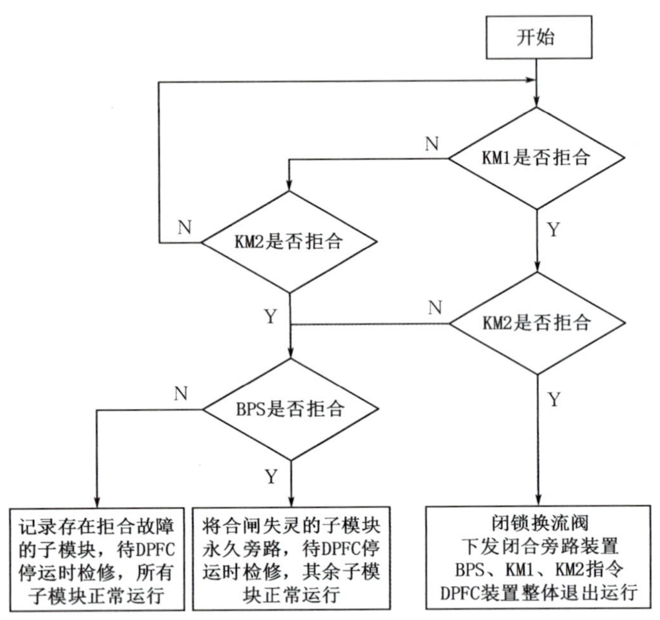

图 8-50　子模块旁路开关故障

2.部分子模块内部元件故障

若 DPFC 注入电压控制指令 V_2 小于 DPFC 剩余在运子模块的最大注入电压 $(N-a)V_1$ 时，DPFC 的控制指令不变，故障相每个子模块的注入电压为 $V_2/(N-a)$，非故障相每个子模块的注入电压为 V_2/N。

若 DPFC 注入电压控制指令 V_2 大于 DPFC 剩余在运子模块的最大注入电压 $(N-a)V_1$ 时，DPFC 的控制指令调整为 $(N-a)V_1$，故障相每个子模块的注入电压为 V_1，非故障相每个子模块的注入电压为 $(N-a)V_1/N$。具体保护控制流程如图 8-51 所示。

3.子模块暂态类故障

当 DPFC 子模块电气量保护、通信类故障及暂态类故障时，若故障消失，允许子模块自动重新投入运行，例如子模块过流、交流侧过压、直流侧过压、旁路开关通信故障等。此类故障发生后，系统将闭锁故障子模块的 IGBT，触发旁路晶闸管 TBS，并闭合子模块旁路开关 KM1 和 KM2，子模块暂时闭锁，待故障消失后子模块自动重投。具体保护流程如图 8-52 所示。

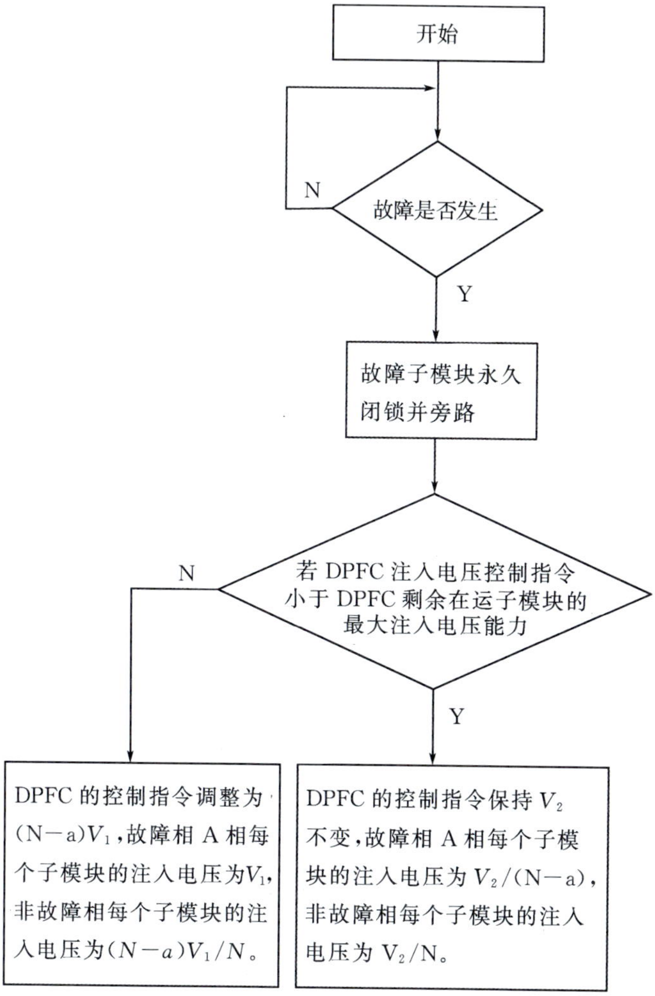

图 8-51　部分子模块内部元件故障保护

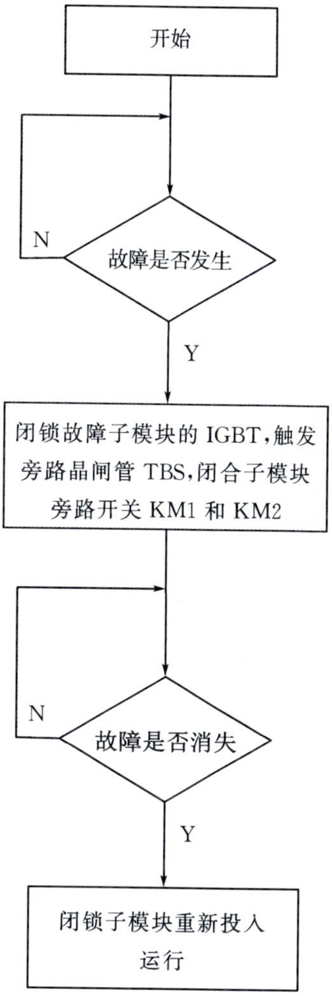

图 8-52　子模块故障消失后重新投入

第9章
新型柔性配电变压器技术

9.1　柔性配电变压器技术研究现状

混合式电力变压器的概念最早在21世纪初由美国得克萨斯A&M大学的E.C.Aeloiza教授所提出，当时被命名为下一代配电变压器(next generation distribution transformer，NGDT)。在该NGDT的拓扑结构中，电力变压器的副边相比于普通变压器增加了1个绕组，并在该绕组中配置了AC/AC换流器，使得NGDT能够通过AC/AC换流器输出补偿电压来抑制负载电压的跌落或骤升，同时能够减少负载电压的谐波。基于E.C.Aeloiza教授及其团队的工作，已有部分国内外的研究团队开始对混合式电力变压器进行研究。

目前，国外关于混合式电力变压器的研究及硬件研制仍处于实验室样机阶段。例如，研究人员提出一种新的混合式电力变压器的拓扑结构，采用矩阵变换器来替代AC/AC换流器，并详细介绍了该拓扑结构下混合式电力变压器的控制方法。此外，可通过在混合式电力变压器中采用AC/DC/AC换流器，得到了一种全新拓扑结构的混合式电力变压器，并分析了该拓扑结构下的混合式电力变压器在电压补偿和功率因数校正方面的性能，同时展示了混合式电力变压器的实验样机。通过对比混合式电力变压器的不同类型和功能，研究人员设计制造混合式电力变压器的试验样机，并对不同拓扑结构在损耗、体积和造价等方面进行了对比分析。

国内研究主要由部分高等院校、电力公司及电科院等机构开展，重点聚集混合式电力变压器拓扑结构优化。通过改善并设计混合式电力变压器的不同拓扑结构，以实现混合式电力变压器在电压调节、电能治理以及多源接入等更多的功能。另外，从节约成本的角度，研究人员提出了一种采用原副边并联结构的混合式电力变压器的拓扑结构，从而能够完全旁路变压器以节约运行成本。

针对国内外各研究团队对混合式电力变压器拓扑结构的研究成果，得到一种具有多功能的混合式电力变压器的拓扑结构，该拓扑由一个六桥臂换流器和一个三相桥式换流器组成，其中六桥臂换流器通过磁耦合串联联结在变压器所在的线路上，三相桥式换流器则通过磁耦合并联在联结在变压器所在的节点上。基于该拓扑结构，混合式电力变压器具备电

压调节、无功补偿和潮流调控的能力，能充分适应新型电力系统的调控需求。因此，本节将在此拓扑结构的基础上对混合式电力变压器在不同工作模式下的控制策略进行研究。

9.2 新型柔性配电变压器的工作原理与特性分析

在分析新型柔性配电变压器的工作原理时，可以忽略换流器内部的电力电子开关的具体情况，同时在不计损耗时，则可将换流器等效为理想受控电压源或者电流源，进而简化分析过程。根据前文分析，调控换流器主要用于逆变补偿电压，因此可以将其等效为一个理想受控电压源；取能换流器主要用于稳定直流侧电压，其控制目标通常为注入变压器取能绕组的电流，因此可以等效为一个理想受控电流源。为了进一步简化新型柔性配电变压器的等效电路，将新型柔性配电变压器中的电磁变压器视为理想变压器，单相等效电路如图 9-1 所示。

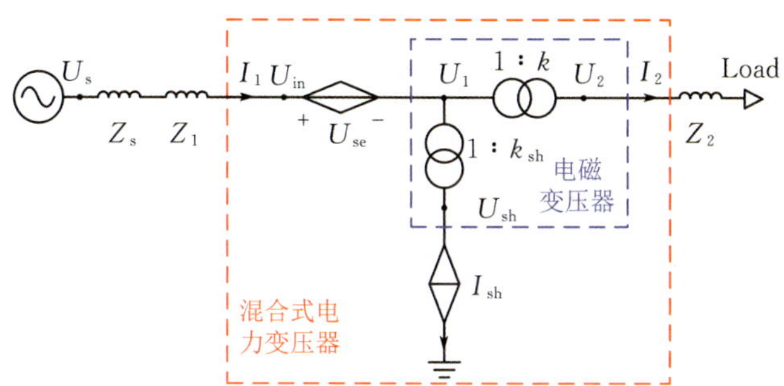

图 9-1　新型柔性配电变压器的简化电路图

在图 9-1 中，U_{in}表示新型柔性配电变压器实际一次侧母线上的电压，U_1 表示新型柔性配电变压器中电磁变压器一次侧绕组上的电压，U_2 表示电磁变压器二次侧绕组上的电压，U_{sh}表示电磁变压器取能绕组侧的电压，k 代表电磁变压器一、二次侧绕组间的电压变比，k_{sh}代表电磁变压器一次侧绕组和取能绕组间的电压变比，I_1 表示电磁变压器一次侧绕组上流过的电流，I_2 表示电磁变压器二次侧绕组上流过的电流，U_{se}表示调控换流器的输出电压，I_{sh}表示取能换流器的输出电流，Z_1、Z_2 代表线路阻抗，U_s、Z_s 分别表示系统电源电压和系统阻抗，后文中使用 $\dot{X}$ 代表某一变量 X 的相量值。

首先，对于电磁变压器部分的各电气量，根据电磁感应定律和磁链守恒定律有以下关系：

$$\begin{cases}\dot{U}_1=\dfrac{\dot{U}_2}{k}=\dfrac{\dot{U}_{sh}}{k_{sh}}\\ \dot{I}_1=k\dot{I}_2+k_{sh}\dot{I}_{sh}\end{cases} \tag{9-1}$$

为便于分析新型柔性配电变压器中各电气量的关系，以相量 $\dot{U}_1$ 为参考相量，设置 $\dot{U}_1 = U_1\angle 0°$，$\dot{I}_1 = I_1\angle\theta_1$，那么就有 $\dot{U}_2 = U_2\angle 0°$，$\dot{U}_{sh} = U_{sh}\angle 0°$，然后调控换流器输出电压 $\dot{U}_{se}$，以及取能换流器输出电流 $\dot{I}_{sh}$ 分别可以表示为 $U_{se}\angle\theta_{se}$ 和 $I_{sh}\angle\theta_{sh}$。因此，新型柔性配电变压器中各电气量的相量关系可以由图 9-2 所示。

新型柔性配电变压器在不配置储能装置时，其无法与电力系统长期交换有功功率。因此，新型柔性配电变压器需要平衡调控换流器与取能换流器的有功功率，由图 9-2 可得调控换流器从电力系统吸收的有功功率为

$$P_{se} = U_{se} I_1 \cos(\theta_{se} - \theta_1) \tag{9-2}$$

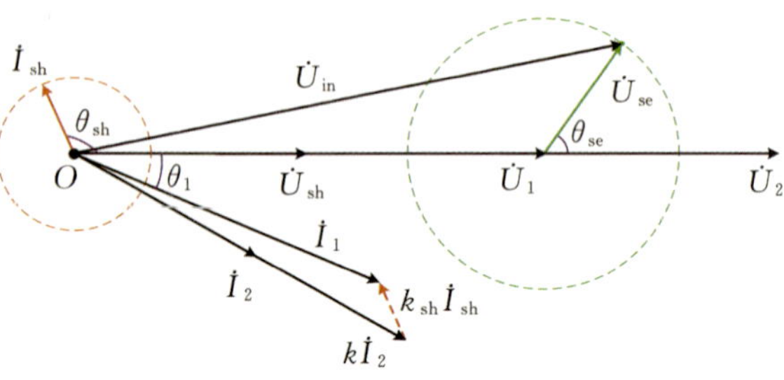

图 9-2　新型柔性配电变压器相量图

取能换流器从电力系统吸收的有功功率为

$$P_{sh} = U_{sh} I_{sh} \cos(\theta_{sh}) \tag{9-3}$$

在新型柔性配电变压器运行时，调控换流器的输出电压与取能换流器的输出电流需要满足约束条件，有

$$U_{se} I_1 \cos(\theta_{se} - \theta_1) + U_{sh} I_{sh} \cos(\theta_{sh}) = 0 \tag{9-4}$$

式(9-4)为新型柔性配电变压器稳定运行的基本条件，在此基础上，新型柔性配电变压器可以改变调控换流器与取能换流器的输出，从而实现电压调节、无功补偿与潮流调控的目的，下面将简单地介绍实现上述功能的基本工作原理。

9.2.1　电压调节工作原理及特性

由图 9-2 和上述公式可知，由于调控换流器输出电压 $\dot{U}_{se}$ 的存在，使得新型柔性配电变压器实际一次侧的电压 $\dot{U}_{in}$ 相对于电磁电力变压器的一次侧的电压 $\dot{U}_1$ 幅值相角均产生了变化。这表明新型柔性配电变压器可以通过改变调控换流器输出电压 $\dot{U}_{se}$ 来改变变比，从而达到调节电压的目的。新型柔性配电变压器实际的一、二次侧电压之比可定义为

$$k_r = \left|\frac{\dot{U}_2}{\dot{U}_{in}}\right| \tag{9-5}$$

根据图 9-2 所示，新型柔性配电变压器一次侧实际母线电压 $\dot{U}_{in}$ 可表示为

$$\dot{U}_{in} = (U_1 + U_{se}\cos\theta_{se}) + jU_{se}\sin\theta_{se} \tag{9-6}$$

将式(9-1)和式(9-6)代入式(9-5)，即可进一步得到新型柔性配电变压器实际变比 k_r 的表达式为

$$k_r = k\sqrt{\frac{U_1^2}{U_1^2 + U_{se}^2 + 2U_1U_{se}\cos\theta_{se}}} \tag{9-7}$$

设定 m 为调控换流器输出电压的幅值 U_{se} 与电压 $\dot{U}_1$ 的幅值之比，那么有

$$U_{se}=mU_1 \tag{9-8}$$

将式(9-8)代入式(9-7)，式(9-7)可改写为

$$\frac{k_r}{k}=\frac{1}{\sqrt{1+m^2+2m\cos\theta_{se}}} \tag{9-9}$$

由式(9-9)可知，基于新型柔性配电变压器中电磁变压器一次侧电压 $\dot{U}_1$ 的幅值大小，可以改变调控换流器输出电压的幅值 U_{se} 和相角 θ_{se}，就能够改变新型柔性配电变压器的变比。根据式(9-9)可得调控换流器输出电压 $\dot{U}_{se}$ 对新型柔性配电变压器电压变比特性的影响，特性曲线如图 9-3 所示。

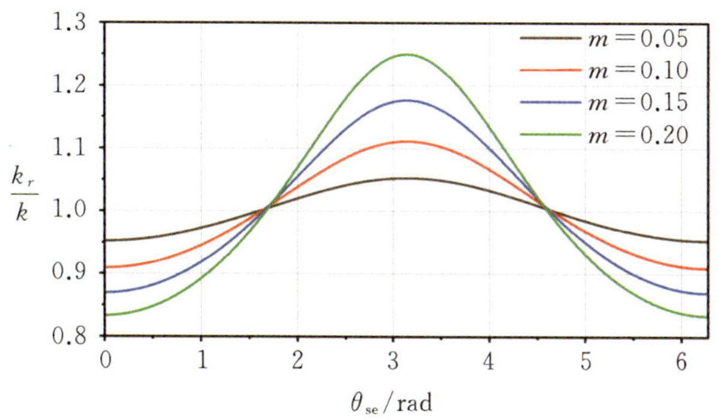

图 9-3　新型柔性配电变压器电压变比特性曲线

由图 9-3 可知，改变调控换流器输出电压的幅值与相角均能改变新型柔性配电变压器的实际变比。另外，调控换流器输出电压的幅值决定了新型柔性配电变压器变比的上下限。若要使新型柔性配电变压器的变比可调幅度变大，则需要配置能输出更大输出电压的调控换流器。

9.2.2　无功补偿工作原理及特性

基于电压源换流器结构，新型柔性配电变压器的调控换流器和取能换流器均具备独立的无功补偿能力，可以向电力系统注入需要的无功功率。由图 9-2 可得新型柔性配电变压器向系统注入的无功功率表达式为

$$Q_{inj}=-U_{se}I_1\sin(\theta_{se}-\theta_1)+U_{sh}I_{sh}\sin(\theta_{sh}) \tag{9-10}$$

式(9-10)表明了新型柔性配电变压器具备一定的无功补偿能力，但新型柔性配电变压器的这种无功补偿能力会受到式(9-4)的约束，新型柔性配电变压器在进行电压调节时会降低自身额外的无功补偿能力。新型柔性配电变压器在不进行电压调节时。可输出最大的无功补偿容量为

$$Q_{inj}^{\max}=U_{se}I_1+U_{sh}I_{sh} \tag{9-11}$$

设定 n 为取能换流器输出电流的幅值 I_{sh} 的 k_{sh} 倍与电流 $\dot{I}_1$ 的幅值之比，那么表达式为

$$k_{sh}I_{sh}=nI_1 \tag{9-12}$$

将式(9-12)与式(9-8)代入式(9-11)可得

$$Q_{inj}^{\max}=(m+n)U_1I_1 \tag{9-13}$$

由式(9-13)可知，新型柔性配电变压器的无功补偿能力取决于调控换流器与取能换流器输出电压或输出电流的幅值。因此，为获得更大的无功补偿能力，需要配置能输出更高电压的调控换流器与能输出更大电流的取能换流器。

9.2.3　潮流调控工作原理及特性

新型柔性配电变压器通过调节调控换流器的输出电压，可改变线路上的有功功率和无功功率。以下从等效阻抗的角度分析其潮流调控的工作原理：设 Z_{se} 为新型柔性配电变压器调控换流器输出的等效阻抗，则调控换流器的输出电压可表示为

$$\dot{U}_{se}=Z_{se}\dot{I}_1 \tag{9-14}$$

由图 9-1 可得电流 $\dot{I}_1$ 的表达式为

$$\dot{I}_1=\frac{\dot{U}_s-\dot{U}_1-\dot{U}_{se}}{Z_s+Z_1} \tag{9-15}$$

联立式(9-14)与式(9-15)，可求解得到电流 $\dot{I}_1$ 的表达式为

$$\dot{I}_1=\frac{\dot{U}_s-\dot{U}_1}{Z_s+Z_1+Z_{se}} \tag{9-16}$$

定义 Z_{eq} 为整个线路的等效阻抗，$\Delta\dot{U}$ 为线路两端的电压相量差，于是有

$$\begin{cases}\dot{U}_1=U_1\\ \Delta\dot{U}=\Delta U\angle\delta_U=\dot{U}_s-\dot{U}_1\\ Z_{eq}=|Z_{eq}|\angle\delta_{eq}=Z_s+Z_1+Z_{se}\end{cases} \tag{9-17}$$

线路上的有功功率 P_L 与无功功率 Q_L 可表示为

$$\begin{cases}P_L=\dfrac{U_1\Delta U}{|Z_{eq}|}\cos(\delta_{eq}-\delta_U)\\ Q_L=\dfrac{U_1\Delta U}{|Z_{eq}|}\sin(\delta_{eq}-\delta_U)\end{cases} \tag{9-18}$$

由式(9-18)可知，改变线路等效阻抗的幅值 $|Z_{eq}|$ 与相角 δ_{eq} 的大小就可以改变线路上的有功功率与无功功率，而 $|Z_{eq}|$ 与 δ_{eq} 的大小则可以通过改变新型柔性配电变压器的输出等效阻抗 Z_{se} 而改变，线路等效阻抗 Z_{eq} 与新型柔性配电变压器的输出等效阻抗 Z_{se} 的关系可以由图 9-4 表示。

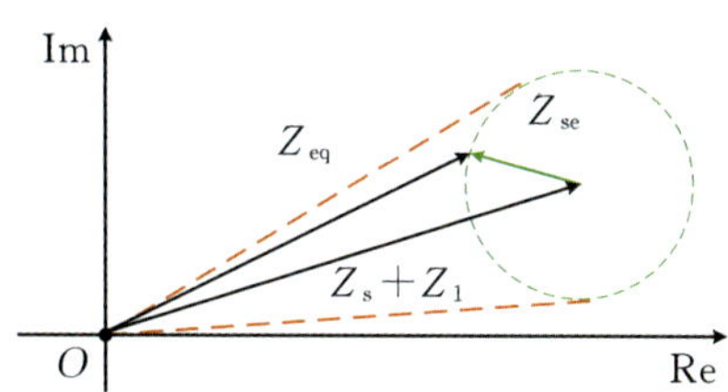

图 9-4 新型柔性配电变压器的输出等效阻抗与线路等效阻抗的相量图

图 9-4 展示了新型柔性配电变压器改变线路等效阻抗的能力。通过改变调控换流器的输出等效阻抗，从而改变线路等效阻抗，进而在一定范围内对线路有功功率和无功功率进行调控。

9.3 新型柔性配电变压器控制系统

新型柔性配电变压器的稳态控制策略将采用一种分层控制策略，其包括处于下层的装置级控制策略和处于上层的多模式控制策略，分层控制策略的具体结构如图 9-5 所示。其中，装置级控制策略的目标为控制新型柔性配电变压器中调控换流器的输出电压和取能换流器的输出电流；多模式控制策略的目标是根据电力系统的电压调节、无功补偿和潮流调控等调控要求，输出相应的调控换流器的输出电压指令值和取能换流器的输出电流指令值。

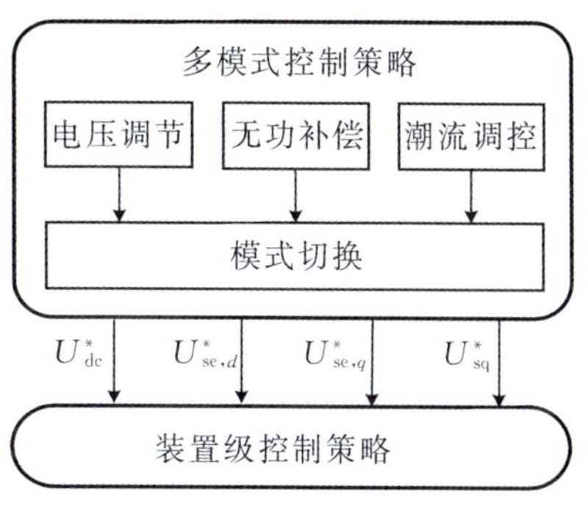

图 9-5 新型柔性配电变压器稳态控制策略结构图

9.3.1 新型柔性配电变压器取能变流器控制系统

新型柔性配电变压器的装置级控制策略可以分为调控换流器的控制策略和取能换流器的控制策略。取能换流器的控制策略为通过控制其输出电流从而维持直流电容电压稳定，并输出一定的无功功率。由此可得取能换流器从电网吸收的有功功率 P_{sh} 和无功功率 Q_{sh} 在同步旋转坐标系下的表达式为

$$\begin{cases} P_{sh}=\dfrac{3}{2}(U_{sh,d}I_{sh,d}+U_{sh,q}I_{sh,q}) \\ Q_{sh}=\dfrac{3}{2}(U_{sh,q}I_{sh,d}-U_{sh,d}I_{sh,q}) \end{cases} \tag{9-19}$$

以电网电压矢量为参考相量时，一般有 $E_q=0$，因此式(9-19)可以改写为

$$\begin{cases} P_{sh}=\dfrac{3}{2}U_{sh,d}I_{sh,d} \\ Q_{sh}=-\dfrac{3}{2}U_{sh,d}I_{sh,q} \end{cases} \tag{9-20}$$

由式(9-20)可知，取能换流器从电网吸收的有功功率与无功功率是解耦的，因此分别控制输出电流的 d 轴分量 $I_{sh,d}$ 和 q 轴分量 $I_{sh,q}$ 即可独立地控制取能换流器与电网交换的有功功率与无功功率，从而能控制直流侧电容电压与输出的无功功率。为此，可以将对输出电流的控制作为内环控制，而将直流侧电容电压与输出的无功功率的控制作为外环控制。

由拉普拉斯变换，可以得到三相逆变器输出的调制电压 $U_{rsh,d}$、$U_{rsh,q}$ 与输出电流 $I_{sh,d}$、$I_{sh,q}$ 的传递函数为

$$\begin{cases} U_{rsh,d}=-(R_{sh}+sL_{sh})I_{sh,d}+\omega L_{sh}I_{sh,q}+U_{sh,d} \\ U_{rsh,q}=-(R_{sh}+sL_{sh})I_{sh,q}-\omega L_{sh}I_{sh,d}+U_{sh,q} \end{cases} \tag{9-21}$$

由式(9-21)可知，输出电流的 d 轴分量 $I_{sh,d}$ 与 q 轴分量 $I_{sh,q}$ 存在耦合关系，无法实现独立控制。因此，本节采取一种前馈解耦控制的方法，令三相逆变器输出的调制电压为

$$\begin{cases} U_{rsh,d}=-G_1(s)\cdot(i^*_{sh,d}-I_{sh,d})+\omega L_{sh}I_{sh,q}+U_{sh,d} \\ U_{rsh,q}=-G_2(s)\cdot(i^*_{sh,q}-I_{sh,q})-\omega L_{sh}I_{sh,d}+U_{sh,q} \end{cases} \tag{9-22}$$

式中，$G_1(s)$、$G_2(s)$为控制器的传递函数；$i^*_{sh,d}$、$i^*_{sh,q}$为输出电流 d 轴分量与 q 轴分量的指令值。

联立式(9-21)与式(9-22)，可以得到输出电流 $I_{sh,d}$、$I_{sh,q}$ 的传递函数的表达式为

$$\begin{cases} I_{sh,d}=\dfrac{G_1(s)}{R_{sh}+sL_{sh}+G_1(s)}i^*_{sh,d} \\ I_{sh,q}=\dfrac{G_2(s)}{R_{sh}+sL_{sh}+G_2(s)}i^*_{sh,q} \end{cases} \tag{9-23}$$

由式(9-23)可以看到，通过式(9-22)的解耦方法实现了输出电流 d 轴分量与 q 轴分量的解耦控制。在控制器选择 PI 控制器时，式(9-23)可以写为

$$\begin{cases} I_{sh,d}=\dfrac{sK_{P1}+K_{I1}}{s^2L_{sh}+s(K_{P1}+R_{sh})+K_{I1}}i^*_{sh,d} \\ I_{sh,q}=\dfrac{sK_{P2}+K_{I2}}{s^2L_{sh}+s(K_{P2}+R_{sh})+K_{I2}}i^*_{sh,q} \end{cases} \tag{9-24}$$

式中，K_{P1}、K_{P2}为 PI 控制器的比例系数；K_{I1}、K_{I2}为 PI 控制器的积分系数。

由式(9-24)可知，输出电流 $I_{sh,d}$、$I_{sh,q}$ 的传递函数均为二阶闭环表达式，通过改变 PI 控制器的比例系数和积分系数，可以调整其动态响应特性。因此，取能换流器控制策略的电流内环控制策略可以设计为

$$\begin{cases} U_{rsh,d}=-\left(K_{P1}+\dfrac{K_{I1}}{s}\right)\cdot(i^*_{sh,d}-I_{sh,d})+\omega L_{sh}I_{sh,q}+U_{sh,d} \\ U_{rsh,q}=-\left(K_{P2}+\dfrac{K_{I2}}{s}\right)\cdot(i^*_{sh,q}-I_{sh,q})-\omega L_{sh}I_{sh,d}+U_{sh,d} \end{cases} \tag{9-25}$$

式(9-25)中得到的 $U_{\mathrm{rsh},d}$、$U_{\mathrm{rsh},q}$ 可以经过 dq 逆变换后作为 SVPWM 的调制电压，使得三相逆变器逆变出相应的调制电压，从而得到相应的输出电流。

直流电容电压的上升需要取能换流器向电网吸收有功功率，直流电容电压的下降则需要取能换流器向电网发出有功功率，因此可以将直流电容电压外环控制策略的输出作为输出电流 d 轴分量 $I_{\mathrm{sh},d}$ 的指令值 $i^*_{\mathrm{sh},d}$。在采用 PI 控制器时，直流电容电压的外环控制策略为

$$i^*_{\mathrm{sh},d}=\left(K_{\mathrm{P3}}+\frac{K_{\mathrm{I3}}}{s}\right)(U^*_{\mathrm{dc}}-U_{\mathrm{dc}}) \tag{9-26}$$

式中，U^*_{dc} 为直流电容电压的指令值；K_{P3}、K_{I3} 为 PI 控制器的比例系数和积分系数。

由式(9-20)可知，取能换流器输出电流的 q 轴分量决定了其从电力系统吸收无功功率 Q_{sh} 的多少，因此输出电流 q 轴分量 $I_{\mathrm{sh},q}$ 的指令值 $i^*_{\mathrm{sh},q}$ 通常由新型柔性配电变压器的多模式控制策略给出。在无额外控制要求时，对于输出电流 q 轴分量 $I_{\mathrm{sh},q}$ 的指令值 $i^*_{\mathrm{sh},q}$ 通常有

$$i^*_{\mathrm{sh},q}=0 \tag{9-27}$$

式(9-25)、式(9-26)及式(9-27)构成了取能换流器的装置级控制策略，控制策略框图如图 9-6 所示。

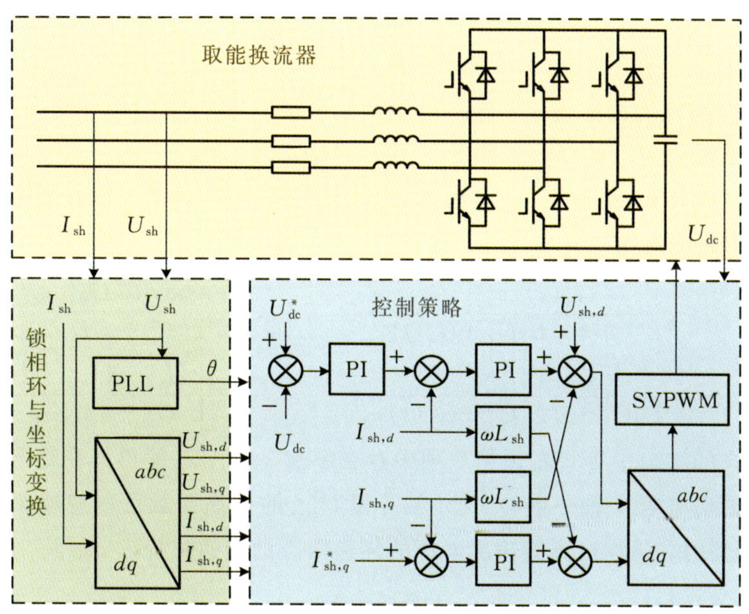

图 9-6　取能换流器的控制策略框图

9.3.2　新型柔性配电变压器调控变流器控制系统

调控换流器的控制策略：根据上层控制策略输出的电压指令值，改变单相逆变器的 SPWM 调制电压，从而使得调控换流器的输出电压能够跟随电压指令值，以实现调控换流

器的各项功能。

由拉普拉斯变换，可以得到调控换流器在同步旋转坐标系下的各电气量在 s 域的回路方程为

$$\begin{cases} U_{\mathrm{rse},d}=-(R_f+sL_f)I_{Ld}+\omega L_f I_{Lq}+U_{\mathrm{se},d} \\ U_{\mathrm{rse},q}=-(R_f+sL_f)I_{Lq}-\omega L_f I_{Ld}+U_{\mathrm{se},q} \end{cases} \tag{9-28}$$

$$\begin{cases} I_{Ld}=-sC_f U_{\mathrm{se},d}+\omega C_f U_{\mathrm{se},q}+I_{1d} \\ I_{Lq}=-sC_f U_{\mathrm{se},q}-\omega C_f U_{\mathrm{se},d}+I_{1q} \end{cases} \tag{9-29}$$

联立式(9-28)与式(9-29)，忽略电阻 R_f，可以得到调控换流器系统的传递函数为

$$\begin{cases} U_{\mathrm{rse},d}=(1-\omega^2 L_f C_f+s^2 L_f C_f)U_{\mathrm{se},d}-2s\omega L_f C_f U_{\mathrm{se},q}-sL_f I_{1d}+\omega L_f I_{1q} \\ U_{\mathrm{rse},q}=(1-\omega^2 L_f C_f+s^2 L_f C_f)U_{\mathrm{se},q}+2s\omega L_f C_f U_{\mathrm{se},d}-sL_f I_{1q}-\omega L_f I_{1d} \end{cases} \tag{9-30}$$

式(9-30)中存在交叉耦合项 $-2s\omega L_f C_f U_{\mathrm{se},q}$、$2s\omega L_f C_f U_{\mathrm{se},d}$，但由于其表达式中存在微分算子 s，使得交叉耦合项在稳态时其值为零，因此设计调控换流器的控制策略时可以只需考虑采取带有前馈项的闭环控制方法，那么可以令调控换流器中单相逆变器输出的调制电压为

$$\begin{cases} U_{\mathrm{rse},d}=G_3(s)\cdot(U_{\mathrm{se},d}^*-U_{\mathrm{se},d})+\omega L_f I_{1q} \\ U_{\mathrm{rse},q}=G_4(s)\cdot(U_{\mathrm{se},q}^*-U_{\mathrm{se},q})-\omega L_f I_{1d} \end{cases} \tag{9-31}$$

式中，$U_{\mathrm{se},d}^*$、$U_{\mathrm{se},q}^*$ 分别为调控换流器输出电压 d 轴分量、q 轴分量的指令值；$G_3(s)$、$G_4(s)$ 为控制器的传递函数。

将式(9-31)代入式(9-30)，可以得到调控换流器输出电压 d 轴分量 $U_{\mathrm{se},d}$、q 轴分量 $U_{\mathrm{se},q}$ 与指令值之间的传递函数为

$$\begin{cases} U_{\mathrm{se},d}=\dfrac{G_3(s)}{1-\omega^2 L_f C_f+s^2 L_f C_f+G_3(s)}\cdot U_{\mathrm{se},d}^*+\dfrac{s\cdot(2\omega L_f C_f U_{\mathrm{se},q}+L_f I_{1d})}{1-\omega^2 L_f C_f+s^2 L_f C_f+G_3(s)} \\ U_{\mathrm{se},q}=\dfrac{G_4(s)}{1-\omega^2 L_f C_f+s^2 L_f C_f+G_4(s)}\cdot U_{\mathrm{se},q}^*-\dfrac{s\cdot(2\omega L_f C_f U_{\mathrm{se},d}-L_f I_{1d})}{1-\omega^2 L_f C_f+s^2 L_f C_f+G_4(s)} \end{cases} \tag{9-32}$$

可以看到式(9-32)中等式右边第二项中存在零点 $s=0$，这使得其在稳态时值为零，因此调控换流器输出电压 d 轴分量 $U_{\mathrm{se},d}$、q 轴分量 $U_{\mathrm{se},q}$ 的传递函数可以忽略第二项，在控制器采用 PI 控制器时，调控换流器输出电压的传递函数的表达式为

$$\begin{cases} U_{\mathrm{se},d}=\dfrac{sK_{\mathrm{P4}}+K_{\mathrm{I4}}}{s^3 L_f C_f+(1-\omega^2 L_f C_f+K_{\mathrm{P4}})s+K_{\mathrm{I4}}}\cdot U_{\mathrm{se},d}^* \\ U_{\mathrm{se},q}=\dfrac{sK_{\mathrm{P5}}+K_{\mathrm{I5}}}{s^3 L_f C_f+(1-\omega^2 L_f C_f+K_{\mathrm{P5}})s+K_{\mathrm{I5}}}\cdot U_{\mathrm{se},q}^* \end{cases} \tag{9-33}$$

式中，K_{P4}、K_{P5} 为 PI 控制器的比例系数；K_{I4}、K_{I5} 为 PI 控制器的积分系数。

式(9-33)所示的传递函数是一个三阶的闭环表达式，调控换流器输出电压 d 轴分量 $U_{\mathrm{se},d}$、q 轴分量 $U_{\mathrm{se},q}$ 在稳态时等于其指令值。因此，通过式(9-33)所示的控制策略可以实现调控换流器的输出电压跟随其指令值。在使用 PI 控制器时，调控换流器的装置级控制策略

具体为

$$
\begin{cases}
U_{\mathrm{rse},d}=\left(K_{\mathrm{P4}}+\dfrac{K_{\mathrm{I4}}}{s}\right)\cdot(U_{\mathrm{se},d}^{*}-U_{\mathrm{se},d})+\omega L_{f}I_{1q} \\
U_{\mathrm{rse},q}=\left(K_{\mathrm{P5}}+\dfrac{K_{\mathrm{I5}}}{s}\right)\cdot(U_{\mathrm{se},q}^{*}-U_{\mathrm{se},q})-\omega L_{f}I_{1d}
\end{cases}
\tag{9-34}
$$

在确定调控换流器输出电压的指令值后，可以通过式(9-34)计算出调控换流器中单相逆变器需要输出的调制电压，然后通过 *SPWM* 调制方法，即可使得单相逆变器逆变出相应的调制电压，从而使得调控换流器输出相应的输出电压。调控换流器的控制策略框图如图 9-7 所示。

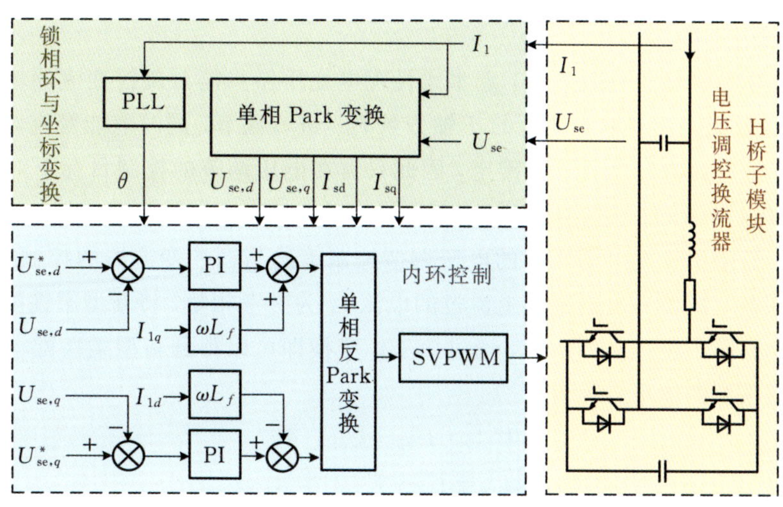

图 9-7　调控换流器的控制策略框图

9.3.3 新型柔性配电变压器电压调节控制策略

由原理图中的新型柔性配电变压器的相量图可以看到，基于一次侧电流 $\dot{I}_1$ 的特性，调控变流器的输出电压 $\dot{U}_{\mathrm{se}}$具有四象限可调特性。因此，对于新型柔性配电变压器的实际一次侧电压 $\dot{U}_1'$ 而言，在调节其至某一幅值时，需要调控变流器输出的输出电压 $\dot{U}_{\mathrm{se}}$并不唯一。由前文的研究内容可知，输出电压 $\dot{U}_{\mathrm{se}}$相对于一次侧电流 $\dot{I}_1$ 具有“垂直”方向分量与“平行”方向分量，这两个方向上的分量均可以独立控制。但为了简化控制器的设计，可以选择仅控制一个方向上的分量进行电压调节。输出电压 $\dot{U}_{\mathrm{se}}$的不同方向上的分量在新型柔性配电变压器电压调节过程中的影响也是不同的。其中，调节“垂直”方向上的分量将会直接影响到新型柔性配电变压器向系统注入的无功功率，从而影响到整个电力系统的无功功率分布，带来非预期的影响；调节“平行”方向上的分量则不会直接影响到新型柔性配电变压器向系统注入的无功功率，对整个电力系统的无功功率分布影响也会较小。

基于上述分析，新型柔性配电变压器的电压调节控制策略：保持输出电压 $\dot{U}_{se}$ 的“垂直”分量为零，即调控变流器输出电压的 q 轴分量 $U_{se,q}$ 的指令值 $U^{*}_{se,q}$ 保持为零；控制输出电压 $\dot{U}_{se}$ 的“平行”分量进行电压调节，即根据调节要求计算并输出调控变流器输出电压的 d 轴分量 $U_{se,d}$ 的指令值 $U^{*}_{se,d}$。因此，新型柔性配电变压器在进行电压调节时，对于调控变流器的输出电压有

$$U_{sh,q}=0 \tag{9-35}$$

同时在电压调节工作模式下，取能变流器只需稳定直流电容电压，通常不需要进行额外的无功输出，为此取能变流器输出电流的 q 轴分量 $I_{sh,q}$ 的指令值 $i^{*}_{sh,q}$ 保持为零。因此，新型柔性配电变压器在进行电压调节时，对于取能变流器的输出电流有

$$I_{sh,q}=0 \tag{9-36}$$

考虑到在电压调节工作模式下，新型柔性配电变压器只需对调控变流器输出电压的 d 轴分量 $U_{se,d}$ 与取能变流器输出电流的 d 轴分量 $I_{sh,d}$ 进行调节，同时取能变流器输出电流的 d 轴分量 $I_{sh,d}$ 由直流电容电压外环确定，因此只需在电压调节的控制目标下对调控变流器输出电压的 d 轴分量 $U_{se,d}$ 进行控制。

为了便于新型柔性配电变压器的电压调节控制策略与调控变流器的控制策略相配合，以新型柔性配电变压器一次侧绕组上流过的电流 $\dot{I}_1$ 为参考相量，将新型柔性配电变压器的数学模型变换到同步旋转坐标系下，通过该坐标变换即可以得到新型柔性配电变压器在该同步旋转坐标系下的电路方程为

$$\begin{cases}U_{in,d}=U_{1d}+U_{se,d}\\ I_{1d}=I_{2d}+I'_{sh,d}\\ U_{1d}=U_{2d}-X_{T2}I_{2q}\\ U_{1d}=U'_{sh,d}-X_{T3}I'_{sh,q}\end{cases} \tag{9-37}$$

$$\begin{cases}U_{in,q}=U_{1q}\\ U_{1q}-X_{T1}I_{1d}=U_{2q}+X_{T2}I_{2d}\\ U_{1q}-X_{T1}I_{1d}=U'_{sh,q}+X_{T3}I'_{sh,d}\\ I_{2q}+I'_{sh,q}=0\end{cases} \tag{9-38}$$

新型柔性配电变压器满足的功率约束方程则变换为

$$\frac{1}{2}(U'_{sh,d}I'_{sh,d}+U'_{sh,q}I'_{sh,q})+\frac{1}{2}I_{1d}U_{se,d}=0 \tag{9-39}$$

为与取能变流器控制策略中的变量作区分，在式(9-37)、式(9-38)和式(9-39)中，使用 $U'_{sh,d}$、$U'_{sh,q}$ 分别代表新型柔性配电变压器取能绕组侧电压 U_{sh} 在以一次侧绕组上电流 I_1 为参考相量的同步旋转坐标系下的 d 轴分量和 q 轴分量，使用 $I'_{sh,d}$、$I'_{sh,q}$ 分别代表取能绕组上流过的电流 I_{sh} 在该同步旋转坐标系下的 d 轴分量和 q 轴分量。

联立式(9-37)和式(9-38)，可以得到新型柔性配电变压器的实际一次侧电压 U_{in} 与二次侧电压 U_2 的关系表达式为

$$\begin{cases} U_{2d} = U_{\text{in},d} - U_{\text{se},d} - X_{T2} I'_{\text{sh},q} \\ U_{2q} = U_{\text{in},q} - (X_{T1} + X_{T2}) I_{1d} + X_{T2} I'_{\text{sh},d} \end{cases} \tag{9-40}$$

由取能变流器的控制策略可知，在不进行额外无功输出时，取能绕组侧电压 U_{sh} 与取能绕组侧电流 I_{sh} 同相位，因此可以设

$$\begin{cases} I'_{\text{sh},d} = g U'_{\text{sh},d} \\ I'_{\text{sh},q} = g U'_{\text{sh},q} \end{cases} \tag{9-41}$$

式中，g 为定义的中间变量。

联立式(9-37)、式(9-38)和式(9-41)，可求解得到取能绕组上的电流 I_{sh} 在该同步旋转坐标系下的表达式为

$$\begin{cases} I'_{\text{sh},d} = \dfrac{g^2 X_{T3} (U_{\text{in},q} - X_{T1} I_{1d}) + g (U_{\text{in},d} - U_{\text{se},d})}{1 + g^2 X_{T3}^2} \\ I'_{\text{sh},q} = \dfrac{g (U_{\text{in},q} - X_{T1} I_{1d}) - g^2 X_{T3} (U_{\text{in},d} - U_{\text{se},d})}{1 + g^2 X_{T3}^2} \end{cases} \tag{9-42}$$

根据式(9-42)可以看到变量 g 与 $U_{\text{se},d}$ 之间为非线性关系，下面拟将式(9-42)线性化以求取变量 g 与 $U_{\text{se},d}$ 之间的线性表达式。变量 g 与 $U_{\text{se},d}$ 均可以看作是数值在零附近且变化很小的变量，而对于多元函数 $F(x, y)$ 来说，其在(0，0)处的线性化函数可表示为

$$F(x, y) \approx F(0, 0) + x \cdot \left.\frac{\partial F}{\partial x}\right|_{(0, 0)} + y \cdot \left.\frac{\partial F}{\partial y}\right|_{(0, 0)} \tag{9-43}$$

将式(9-42)代入式(9-43)可得 g 与 $U_{\text{se},d}$ 之间的线性表达式为

$$\begin{cases} g = -G U_{\text{se},d} \\ G = \dfrac{I_{1d}}{U_{\text{in},d}^2 + (U_{\text{in},q} - X_{T1} I_{1d})^2} \end{cases} \tag{9-44}$$

在得到变量 g 的表达式后，将式(9-44)代入式(9-41)可得取能绕组上的电流 I_{sh}，关于 $U_{\text{se},d}$ 的表达式为

$$\begin{cases} I'_{\text{sh},d} = \dfrac{G^2 X_{T3} (U_{\text{in},q} - X_{T1} I_{1d}) U_{\text{se},d}^2 - G U_{\text{in},d} U_{\text{se},d} + G U_{\text{se},d}^2}{1 + G^2 X_{T3}^2 U_{\text{se},d}^2} \\ I'_{\text{sh},q} = \dfrac{-G (U_{\text{in},q} - X_{T1} I_{1d}) U_{\text{se},d} - G^2 X_{T3} (U_{\text{in},d} - U_{\text{se},d}) U_{\text{se},d}^2}{1 + G^2 X_{T3}^2 U_{\text{se},d}^2} \end{cases} \tag{9-45}$$

变量 $U_{\text{se},d}$ 可以看作数值在零附近且变化很小的变量，而对于一元函数 $F(x)$ 来说，其在 $x=0$ 处的线性化函数可表示为

$$F(x) \approx F(0) + x \cdot \left.\frac{\mathrm{d}F}{\mathrm{d}x}\right|_{x=0} \tag{9-46}$$

将式(9-45)代入式(9-46)可得电流 I_{sh} 关于 $U_{\text{se},d}$ 的线性表达式为

$$\begin{cases} I'_{\text{sh},d} = -\dfrac{I_{1d} U_{\text{in},d}}{U_{\text{in},d}^2 + (U_{\text{in},q} - X_{T1} I_{1d})^2} U_{\text{se},d} \\ I'_{\text{sh},q} = -\dfrac{I_{1d} (U_{\text{in},q} - X_{T1} I_{1d})}{U_{\text{in},d}^2 + (U_{\text{in},q} - X_{T1} I_{1d})^2} U_{\text{se},d} \end{cases} \tag{9-47}$$

继而将式(9-47)代入式(9-40)可以得到新型柔性配电变压器的实际一次侧电压 U_{in} 与调控变流器输出电压的 d 轴分量 $U_{se,d}$ 的关系表达式为

$$\begin{cases} U_{2d}=U_{in,d}-\left[1-\dfrac{X_{T2}I_{1d}(U_{in,q}-X_{T1}I_{1d})}{U_{in,d}^2+(U_{in,q}-X_{T1}I_{1d})^2}\right]U_{se,d} \\ U_{2q}=U_{in,q}-(X_{T1}+X_{T2})I_{1d}-\dfrac{X_{T2}I_{1d}U_{in,d}}{U_{in,d}^2+(U_{in,q}-X_{T1}I_{1d})^2}U_{se,d} \end{cases} \tag{9-48}$$

由式(9-48)可以看到新型柔性配电变压器的实际一次侧电压 U_{in} 的 d 轴分量和 q 轴分量均会随着调控变流器输出电压的 d 轴分量 $U_{se,d}$ 的改变而改变。设 $U_{2,rms}$ 为二次侧绕组电压的有效值，则二次侧绕组电压的有效值与二次侧绕组电压的 d 轴分量和 q 轴分量的关系表达式为

$$U_{2,rms}^2=\frac{U_{2d}^2+U_{2q}^2}{2} \tag{9-49}$$

将式(9-48)代入式(9-49)可求得新型柔性配电变压器的二次绕组侧电压 U_2 的有效值的表达式为

$$(U_{2,rms})^2=\frac{U_{in,d}^2+[U_{in,q}-(X_{T1}+X_{T2})I_{1d}]^2}{2}-U_{in,d}\left[1-\frac{X_{T2}^2I_{1d}^2}{U_{in,d}^2+(U_{in,q}-X_{T1}I_{1d})^2}\right]U_{se,d} \tag{9-50}$$

式(9-50)中去掉了 $U_{se,d}$ 的平方项。

对于 $X_{T1}I_{1d}$ 和 $X_{T2}I_{1d}$ 而言，其代表着新型柔性配电变压器损失在漏抗上的电压，这一部分远远小于新型柔性配电变压器的端电压，因此有

$$\begin{cases} 1-\dfrac{X_{T2}^2I_{1d}^2}{U_{in,d}^2+(U_{in,q}-X_{T1}I_{1d})^2}\approx 1 \\ [(X_{T1}+X_{T2})I_{1d}]^2\approx 0 \end{cases} \tag{9-51}$$

在式(9-51)的前提下，式(9-49)可简化为

$$(U_{2,rms})^2=(U_{in.rms})^2-(X_{T1}+X_{T2})I_{1d}U_{in,q}-U_{in,d}U_{se,d} \tag{9-52}$$

式(9-52)中 $U_{in.rms}$ 为实际一次侧绕组电压的有效值。

式(9-52)揭示了实际一次侧电压有效值 $U_{in.rms}$、二次侧绕组电压有效值 $U_{2,rms}$ 和调控变流器输出电压 d 轴分量 $U_{se,d}$ 之间的关系，通过控制调控变流器输出电压的 d 轴分量 $U_{se,d}$ 的大小，可以改变新型柔性配电变压器实际一次侧电压或者二次侧绕组电压的有效值大小。新型柔性配电变压器的电压调节可以有两种模式，分别为恒变比模式和恒电压模式。其中，恒变比模式的控制目标为保持实际一次侧电压和二次侧绕组电压之间的变比不变；恒电压模式的控制目标为稳定实际一次侧电压或者二次侧绕组电压。

在恒变比模式中，控制目标为新型柔性配电变压器的实际变比 k_r，设实际变比 k_r 的指令值为 k_r^*，为实现该控制目标，需要调控变流器输出的输出电压 d 轴分量 $U_{se,d}$ 的稳态值表达式为

$$U_{se,d}=-\frac{(k_r^*)^2-(k_r)^2}{U_{in,d}}-\frac{(X_{T1}+X_{T2})I_{1d}U_{in,q}}{U_{in,d}}+\frac{(U_{in.rms})^2-(U_{2,rms})^2}{U_{in,d}} \tag{9-53}$$

在恒电压模式中，在稳压目标为新型柔性配电变压器的实际一次侧电压有效值 $U_{in.rms}$ 时，设控制目标的指令值为 $U_{in.rms}^*$。为实现该控制目标，需要调控变流器输出的输出电压 d 轴分量 $U_{se,d}$ 的稳态值表达式为

$$U_{se,d}=\frac{(U_{in.rms}^*)^2-(U_{in.rms})^2}{U_{in,d}}-\frac{(X_{T1}+X_{T2})I_{1d}U_{in,q}}{U_{in,d}}+\frac{(U_{in.rms})^2-(U_{2,rms})^2}{U_{in,d}} \tag{9-54}$$

在恒电压模式中，在稳压目标为新型柔性配电变压器的二次侧绕组电压有效值 $U_{2,rms}$ 时，设控制目标的指令值为 $U_{2,rms}^*$。为实现该控制目标，需要调控变流器输出的输出电压 d 轴分量 $U_{se,d}$ 的稳态值表达式为

$$U_{se,d}=-\frac{(U_{2,rms}^*)^2-(U_{2,rms})^2}{U_{in,d}}-\frac{(X_{T1}+X_{T2})I_{1d}U_{in,q}}{U_{in,d}}+\frac{(U_{in.rms})^2-(U_{2,rms})^2}{U_{in,d}} \tag{9-55}$$

为保证对控制目标的无差控制，可以在式(9-53)、式(9-54)和式(9-55)中加入 PI 控制器，因此新型柔性配电变压器电压调节的控制策略为

$$U_{se,d}^*=\Delta+\begin{cases}-\dfrac{1}{U_{in,d}}\left(K_{P6}+\dfrac{K_{I6}}{s}\right)[(k_r^*)^2-(k_r)^2]\\ \dfrac{1}{U_{in,d}}\left(K_{P7}+\dfrac{K_{I7}}{s}\right)[(U_{in.rms}^*)^2-(U_{in.rms})^2]\\ -\dfrac{1}{U_{in,d}}\left(K_{P8}+\dfrac{K_{I8}}{s}\right)[(U_{2,rms}^*)^2-(U_{2,rms})^2]\end{cases} \tag{9-56}$$

式中，K_{P6}、K_{P7}、K_{P8} 为比例环节的增益；K_{I6}、K_{I7}、K_{I8} 为积分环节的增益；Δ 的表达式为

$$\Delta=-\frac{(X_{T1}+X_{T2})I_{1d}U_{in,q}}{U_{in,d}}+\frac{(U_{in.rms})^2-(U_{2,rms})^2}{U_{in,d}} \tag{9-57}$$

基于式(9-56)和式(9-57)，在确定新型柔性配电变压器在电压调节模式下的控制目标和控制指令值之后，即可计算出调控变流器所需要输出的输出电压 d 轴分量的指令值，从而使得调控变流器通过 SPWM 调制逆变出相应的输出电压以实现新型柔性配电变压器的电压调节功能。

调控变流器由三个单相全桥换流器组成，其控制均为单相独立控制，为此式(9-56)和式(9-57)中所有变量均为单相变量，同时式(9-56)和式(9-57)中所有变量均需转化为标幺值。下面将分析新型柔性配电变压器中上述变量有名值与标幺值之间的转换。设新型柔性配电变压器的额定容量有名值为 S_N，一次侧绕组、二次侧绕组、取能侧绕组的额定线电压有名值分别为 U_{1N}、U_{2N}、U_{3N}，对于新型柔性配电变压器各侧漏抗的标幺值 X_{T1}、X_{T2}、X_{T3} 可以直接由变压器厂商给出的参数求出。

对于新型柔性配电变压器实际一次侧绕组电压的有效值、二次侧绕组电压的有效值以及实际一、二次绕组电压变比而言，从有名值到标幺值的转换公式为

$$
\begin{cases}
\overline{U}_{\text{in.rms}} = \dfrac{\sqrt{3}}{U_{1N}} U_{\text{in.rms}} \\
\overline{U}_{2,\text{rms}} = \dfrac{\sqrt{3}}{U_{2N}} U_{2,\text{rms}} \\
\overline{k}_r = \dfrac{U_{1N}}{U_{2N}} k_r
\end{cases}
\tag{9-58}
$$

式中，$\overline{X}$ 表示某一变量 X 的标幺值，下文同。

对于以一次侧绕组电流为参考相量的同步旋转坐标系下的各变量而言，从有名值到标幺值的转换公式为

$$
\begin{cases}
\overline{U}_{\text{in},d} = \dfrac{\sqrt{3}}{U_{1N}} U_{\text{in},d} \\
\overline{U}_{\text{in},q} = \dfrac{\sqrt{3}}{U_{1N}} U_{\text{in},q} \\
\overline{I}_{1d} = \dfrac{\sqrt{3} U_{1N}}{S_N} I_{1d} \\
\overline{U}_{\text{se},d} = \dfrac{\sqrt{3}}{U_{1N}} U_{\text{se},d}
\end{cases}
\tag{9-59}
$$

对于指令值 k_r^*、$U_{\text{in.rms}}^*$ 和 $U_{2,\text{rms}}^*$ 而言，使用标幺值则符合电力系统的习惯，其从标幺值到有名值的转换公式为

$$
\begin{cases}
k_r^* = \overline{k}_r^* \dfrac{U_{2N}}{U_{1N}} \\
U_{\text{in.rms}}^* = \overline{U}_{\text{in.rms}}^* \dfrac{U_{1N}}{\sqrt{3}} \\
U_{2,\text{rms}}^* = \overline{U}_{2,\text{rms}}^* \dfrac{U_{2N}}{\sqrt{3}}
\end{cases}
\tag{9-60}
$$

由上述研究内容可以得到新型柔性配电变压器在电压调节的具体流程为：首先确定控制目标和指令值，其次根据各个变量测量的有名值代入式(9-58)、式(9-59)和式(9-60)计算各变量的标幺值，然后代入式(9-56)计算得到输出电压 d 轴分量指令值的标幺值，最后通过式(9-59)将该标幺值转化为调控变流器输出电压 d 轴分量指令值的有名值。新型柔性配电变压器电压调节控制策略的控制框图如图 9-8 所示。

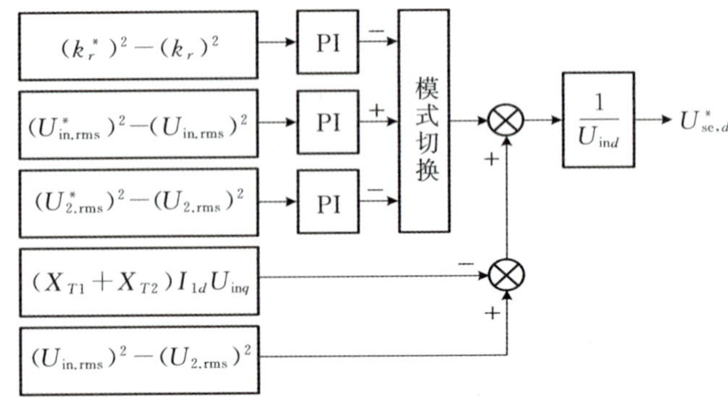

图 9-8　新型柔性配电变压器电压调节控制策略框图

9.3.4 新型柔性配电变压器无功补偿控制策略

新型柔性配电变压器中的调控变流器与取能变流器都是基于电压源型换流器的结构，因此新型柔性配电变压器天然具备无功补偿的功能。同时，调控变流器与取能变流器输出的无功功率是相互独立的，可以分别独立地控制二者向系统注入的无功功率。其中，调控变流器从电力系统吸收的无功功率 Q_{se} 在同步旋转坐标系下的表达式为

$$Q_{se}=\frac{3}{2}U_{se,q}I_{1d} \tag{9-61}$$

可以得到新型柔性配电变压器向系统注入的无功功率 Q_{inj} 在同步旋转坐标系下的表达式为

$$Q_{inj}=-(Q_{sh}+Q_{se})=\frac{3}{2}U_{sh,d}I_{sh,q}-\frac{3}{2}U_{se,q}I_{1d} \tag{9-62}$$

由式(9-62)可知，新型柔性配电变压器向电力系统注入的无功功率受到调控变流器输出电压 q 轴分量以及取能变流器输出电流 q 轴分量的影响。因此，控制调控变流器输出电压 q 轴分量以及取能变流器输出电流 q 轴分量,即可实现对新型柔性配电变压器注入电力系统无功功率的控制。

设需要新型柔性配电变压器向电力系统注入的无功功率的指令值为 Q_{inj}^{*}，当该值为正值时，代表向电力系统注入正的感性无功功率；该值为负值时，代表其向电力系统注入负的感性无功功率。在新型柔性配电变压器进行无功补偿时，优先选择取能变流器进行无功功率的输出，在无功功率的指令值 Q_{inj}^{*} 不超过取能变流器的无功输出容量范围时，此时无功功率的输出可由取能变流器全部承担。此时，调控变流器输出电压 q 轴分量以及取能变流器输出电流 q 轴分量的稳态值表达式为

$$\begin{cases}I_{sh,q}=\dfrac{2}{3U_{sh,d}}Q_{inj}^{*}\\U_{se,q}=0\end{cases} \tag{9-63}$$

设取能变流器无功输出容量的上、下限为 Q_{sh}^{max}、Q_{sh}^{min}。在无功功率的指令值 Q_{inj}^{*} 超过了取能变流器的无功输出容量范围时，此时需要调控变流器承担一部分无功功率输出的任务。在 Q_{inj}^{*} 超过了上限 Q_{sh}^{max} 时，调控变流器输出电压 q 轴分量以及取能变流器输出电流 q 轴分量的稳态值表达式为

$$\begin{cases}I_{sh,q}=\dfrac{2}{3U_{sh,d}}Q_{sh}^{max}\\U_{se,q}=-\dfrac{2}{3I_{1d}}(Q_{inj}^{*}-Q_{sh}^{max})\end{cases} \tag{9-64}$$

在 Q_{inj}^* 超过了下限 Q_{sh}^{min} 时，调控变流器输出电压 q 轴分量以及取能变流器输出电流 q 轴分量的稳态值表达式为

$$\begin{cases} I_{sh,q}=\dfrac{2}{3U_{sh,d}}Q_{sh}^{min} \\ U_{se,q}=-\dfrac{2}{3I_{1d}}(Q_{inj}^*-Q_{sh}^{min}) \end{cases} \tag{9-65}$$

设调控变流器无功输出容量的上、下限为 Q_{se}^{max}、Q_{se}^{min}。在无功功率的指令值 Q_{inj}^* 超过了取能变流器和调控变流器共同的无功输出容量范围时，为保证新型柔性配电变压器能够安全运行，此时取能变流器和调控变流器只能各自输出自身无功输出容量的上限或下限。在 Q_{inj}^* 超过了上限 $Q_{sh}^{max}+Q_{se}^{max}$ 时，调控变流器输出电压 q 轴分量以及取能变流器输出电流 q 轴分量的稳态值表达式为

$$\begin{cases} I_{sh,q}=\dfrac{2}{3U_{sh,d}}Q_{sh}^{max} \\ U_{se,q}=-\dfrac{2}{3I_{1d}}Q_{se}^{max} \end{cases} \tag{9-66}$$

为了实现无功补偿的无差控制，可以在调控变流器输出电压 q 轴分量以及取能变流器输出电流 q 轴分量的指令值表达式中加入 PI 控制器。因此，对于取能变流器的输出电流 q 轴分量的控制策略有

$$i_{sh,q}^*=\frac{2}{3U_{sh,d}}\left(K_{P9}+\frac{K_{I9}}{s}\right)\cdot\begin{cases} (Q_{sh}^{max}+Q_{sh}), & Q_{inj}^*\geqslant Q_{sh}^{max} \\ (Q_{inj}^*+Q_{sh}), & Q_{sh}^{min}\leqslant Q_{inj}^*\leqslant Q_{sh}^{max} \\ (Q_{sh}^{min}+Q_{sh}), & Q_{inj}^*\leqslant Q_{sh}^{min} \end{cases} \tag{9-67}$$

式中，K_{P9} 为比例系数；K_{I9} 为积分系数。

对于调控变流器的输出电压 q 轴分量的控制策略有

$$U_{se,q}^*=-\frac{2}{3I_{1d}}\left(K_{P10}+\frac{K_{I10}}{s}\right)\cdot\begin{cases} (Q_{se}^{max}+Q_{se}), & Q_{inj}^*\geqslant Q_{sh}^{max}+Q_{se}^{max} \\ (Q_{inj}^*-Q_{sh}^{max}+Q_{se}), & Q_{sh}^{max}\leqslant Q_{inj}^*\leqslant Q_{sh}^{max}+Q_{se}^{max} \\ 0, & Q_{sh}^{min}\leqslant Q_{inj}^*\leqslant Q_{sh}^{max} \\ (Q_{inj}^*-Q_{sh}^{min}+Q_{se}), & Q_{sh}^{min}+Q_{se}^{min}\leqslant Q_{inj}^*\leqslant Q_{sh}^{min} \\ (Q_{se}^{min}+Q_{se}), & Q_{inj}^*\leqslant Q_{sh}^{min}+Q_{se}^{min} \end{cases} \tag{9-68}$$

式中，K_{P10} 为比例系数；K_{I10} 为积分系数。

式(9-67)和式(9-68)为修正后的新型柔性配电变压器的无功补偿控制策略。基于式(9-67)和式(9-68)，在确定新型柔性配电变压器向电力系统注入的无功功率的指令值 Q_{inj}^* 后，可以计算出取能变流器输出电流 q 轴分量指令值以及调控变流器输出电压 q 轴分量指令值，继而使得新型柔性配电变压器逆变出相应的输出电压和输出电流，从而实现新型柔性配电变压器的无功补偿功能。新型柔性配电变压器的无功补偿控制策略的控制框图如图

9-9 所示。

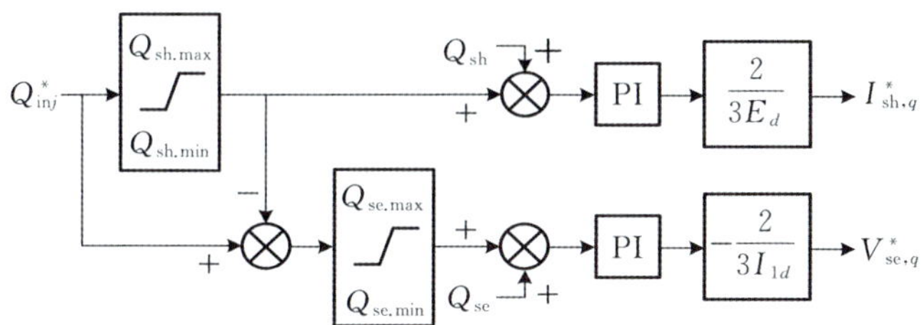

图 9-9 新型柔性配电变压器无功补偿控制策略框图

9.3.5 新型柔性配电变压器潮流调控控制策略

新型柔性配电变压器中的调控变流器串联在线路中，其能输出不同幅值和相角的输出电压以等效地改变线路的阻抗。通过改变电力系统的阻抗分布，可调节电力系统有功功率和无功功率的分布，因此该变压器具有潮流调控的功能。

新型柔性配电变压器在潮流调控模式时，其具有两种控制模式：恒阻抗模式和恒功率模式。恒阻抗模式为控制调控变流器输出电压的等效阻抗恒定，即输出电压与线路电流形成的“阻抗”为恒定值；恒功率模式为控制线路的有功功率和无功功率为定值。

根据新型柔性配电变压器输出等效阻抗的定义，可以得到新型柔性配电变压器输出的等效阻抗在同步旋转坐标系下的表达式为

$$Z_{se}=\frac{U_{se,d}}{I_{1d}}+j\frac{U_{se,q}}{I_{1d}} \tag{9-69}$$

式(9-69)可进一步表示为

$$Z_{se}=R_{se}+jX_{se} \tag{9-70}$$

式中，R_{se}为新型柔性配电变压器输出的等效电阻；X_{se}为新型柔性配电变压器输出的等效电抗。

设需要新型柔性配电变压器输出的等效阻抗指令值的表达式为

$$Z_{se}^*=R_{se}^*+jX_{se}^* \tag{9-71}$$

式中，Z_{se}^*为新型柔性配电变压器输出的等效阻抗Z_{se}的指令值；R_{se}^*为新型柔性配电变压器输出的等效电阻R_{se}的指令值；X_{se}^*为新型柔性配电变压器输出的等效电抗X_{se}的指令值。

联立式(9-69)、式(9-70)与式(9-71)可以得到新型柔性配电变压器中调控变流器的输出电压d轴分量与q轴分量为

$$\begin{cases}U_{se,d}^*=I_{1d}\cdot R_{se}^*\\U_{se,q}^*=I_{1d}\cdot X_{se}^*\end{cases} \tag{9-72}$$

为保证对输出阻抗的无差控制，可以加入 PI 控制器，于是有：

$$\begin{cases} U_{se,d}^{*}=I_{1d}\left(K_{P11}+\dfrac{K_{I11}}{s}\right)(R_{se}^{*}-R_{se}) \\ U_{se,q}^{*}=I_{1d}\left(K_{P12}+\dfrac{K_{I12}}{s}\right)(X_{se}^{*}-X_{se}) \end{cases} \tag{9-73}$$

式中，K_{P11}、K_{P12} 为 PI 控制器的比例系数；K_{I11}、K_{I12} 为 PI 控制器的积分系数。

式(9-73)即为新型柔性配电变压器潮流调控中恒阻抗模式的控制策略，通过式(9-73)可以在确定恒阻抗模式下的控制目标后，计算出调控变流器输出电压的指令值，使得调控变流器能够逆变出相应的输出电压，从而实现新型柔性配电变压器输出恒定阻抗的功能。

前文已经简单地分析了新型柔性配电变压器在潮流调控的工作原理，为了便于设计新型柔性配电变压器在恒功率模式下的控制策略，下面将分析调控变流器输出电压的 d 轴分量 $U_{se,d}$ 及 q 轴分量 $U_{se,q}$ 对线路上有功功率 P_L 与无功功率 Q_L 的影响。为了体现输出电压的 d 轴分量 $U_{se,d}$ 与线路电流平行以及 q 轴分量 $U_{se,q}$ 与线路电流垂直的约束条件，对于调控变流器的输出电压采用式(9-74)所示的等效阻抗模型，可以得到存在调控变流器的输出电压时线路电流的表达式为

$$\dot{I}_1=\frac{\dot{U}_s-\dot{U}_1}{Z_s+Z_1+R_{se}+jX_{se}} \tag{9-74}$$

通常对于电力系统而言，线路上的电阻远远小于电抗，因此可以忽略线路上的电阻，于是式(9-74)中的线路电流的表达式可以简化为

$$\dot{I}_1=\frac{\dot{U}_s-\dot{U}_1}{R_{se}+j(X_L+X_{se})} \tag{9-75}$$

式中，X_L 为系统电抗与线路电抗之和。

令 $\dot{U}_1=U_1$，$\dot{U}_s=U_s\angle\theta_s$，可以求得有功功率 P_L 和无功功率 Q_L 的表达式为

$$\begin{cases} P_L=U_1\dfrac{(U_s\cos\theta_s-U_1)R_{se}+U_s(X_L+X_{se})\sin\theta_s}{R_{se}^2+(X_L+X_{se})^2} \\ Q_L=-U_1\dfrac{U_sR_{se}\sin\theta_s-(U_s\cos\theta_s-U_1)(X_L+X_{se})}{R_{se}^2+(X_L+X_{se})^2} \end{cases} \tag{9-76}$$

线路上传输的有功功率远大于其传输的无功功率，因此有

$$\frac{U_1U_s\sin\theta_s}{X_L}\gg\frac{U_1(U_s\cos\theta_s-U_1)}{X_L} \tag{9-77}$$

由式(9-77)可知，有功功率 P_L 对等效电抗 X_{se} 的变化率较大，而无功功率 Q_L 对等效电阻 R_{se} 的变化率较大。因此，可以通过调整新型柔性配电变压器的输出等效电抗 X_{se} 来对线路上的有功功率 P_L 进行控制，通过调整新型柔性配电变压器的输出等效电阻 R_{se} 来对线路上的无功功率 Q_L 进行控制。基于此，新型柔性配电变压器潮流调控中恒功率模式下的

控制策略可以设计为

$$\begin{cases} U_{\mathrm{se},d}^{*}=-I_{1d}\cdot\left(K_{P13}+\dfrac{K_{I13}}{s}\right)(Q_{L}^{*}-Q_{L}) \\ U_{\mathrm{se},q}^{*}=-I_{1d}\cdot\left(K_{P14}+\dfrac{K_{I14}}{s}\right)(P_{L}^{*}-P_{L}) \end{cases} \tag{9-78}$$

式中，P_L^*、Q_L^* 分别为线路上有功功率 P_L 和无功功率 Q_L 的指令值；K_{P13}、K_{P14} 为 PI 控制器的比例系数；K_{I13}、K_{I14} 为 PI 控制器的积分系数。

通过式(9-78)中所示的控制策略，在确定线路有功功率和无功功率的指令值后即可以计算出新型柔性配电变压器中调控变流器输出电压 d 轴分量与 q 轴分量的指令值，从而逆变出相应的输出电压以实现新型柔性配电变压器对线路的恒功率控制功能。

基于所提出的恒阻抗模式和恒功率模式，新型柔性配电变压器的潮流调控的控制策略控制框图如图 9-10 所示。

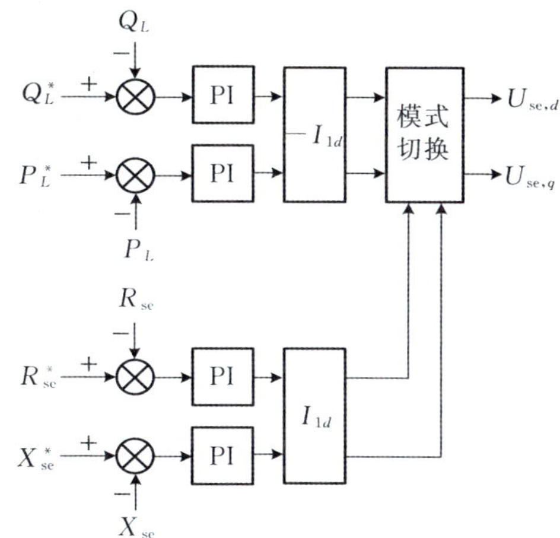

图 9-10 新型柔性配电变压器的潮流调控控制策略框图

9.4 新型柔性配电变压器建模与仿真

9.4.1 主变压器仿真模型构建

新型柔性配电变压器主变压器仿真模型如图 9-11 所示，采用 PSCAD/EMTDC 软件中 3 个单相三绕组变压器(single phase 3-winding transformer)构建三相三绕组变压器作为主变压器。3 个单相三绕组变压器的一次侧为 Y 接法、二次侧为 Y 接法、三次侧为△接法，构成主变压器一次绕组＃1 和二次绕组＃2 为 Y 接法、三次绕组＃3 为△接法。

主变压器一次绕组＃1 表示主变压器的中压侧，与三相交流系统相连，调控变流器串联接入一次绕组＃1 的中性点侧。二次绕组＃2 表示主变压器的高压侧，与负载相连，二次绕组＃2 的中性点侧经电阻接地。三次绕组＃3 表示主变压器的低压侧，作为取能绕组与取能变流器并联相接，为取能变流器的直流电容器供能，使调控变流器能够实现对所控交流母线电压的控制。

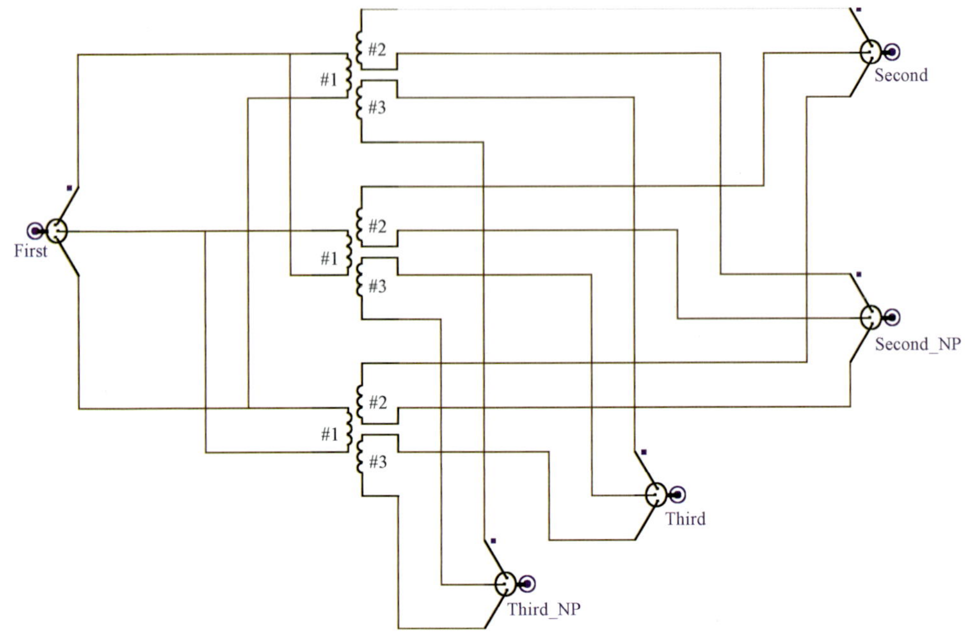

图 9-11　新型柔性配电变压器主变压器仿真模型

主变压器仿真模型中需要设置的关键参数包括：变压器三相额定容量、各侧绕组连接方式、变压器正序漏抗和各绕组额定线电压有效值。表 9-1 所示为主变压器仿真模型主要参数设置。

表 9-1　主变压器仿真模型主要参数设置

参　　数	取　　值
变压器三相额定容量/kVA	100
绕组 #1 连接方式	Y
绕组 #2 连接方式	Y
绕组 #3 连接方式	Y
绕组 #1 额定线电压有效值/kV	10
绕组 #2 额定线电压有效值/kV	0.22
绕组 #3 额定线电压有效值/kV	0.14
绕组 #1-绕组 #2 的短路阻抗/p.u.	0.01928
绕组 #1-绕组 #3 的短路阻抗/p.u.	0.02
绕组 #2-绕组 #3 的短路阻抗/p.u.	0.00072

图 9-12 所示为 PSCAD/EMTDC 软件中单相三绕组变压器模型参数设置对话框。其中，变压器容量、绕组额定电压和短路阻抗等参数可根据表 9-1 直接输入；而涡流损耗、绕组铜损和磁化电流等参数需根据表 9-1 参数进行计算。

Single Phase 3 Winding Transformer

Configuration

General	
Transformer MVA	0.0333 [MVA]
Base operation frequency	50.0 [Hz]
Leakage reactance (#1-#2)	0.01928 [pu]
Leakage reactance (#1-#3)	0.02 [pu]
Leakage reactance (#2-#3)	0.00072 [pu]
Eddy current losses	0.0 [pu]
Copper losses (#1-#2)	0
Copper losses (#1-#3)	0
Copper losses (#2-#3)	0
Ideal transformer model	No
Tap changer on winding	None
Graphics Display	Windings
Winding Voltages	
Winding #1 voltage (RMS)	10 [kV]
Winding #2 voltage (RMS)	0.22 [kV]
Winding #3 voltage (RMS)	0.014 [kV]

图 9-12　单相三绕组变压器模型参数设置对话框

9.4.2　取能变流器仿真模型构建

取能变流器主电路仿真模型的构建首先构建三相桥式变流器，再将三相桥式变流器与两绕组变压器连接后，并联接入主变压器的三次侧绕组 # 3 即取能绕组上，形成取能变流器主电路仿真模型。取能变流器主电路仿真模型构建的具体步骤如下：

9.4.2.1　构建三相桥式变流器仿真模型

三相桥式变流器仿真模型如图 9-13 所示。该模型采用 PSCAD/EMTDC 软件中电力电子开关 IGBT 和二极管、直流电容构建三相桥式变流器。在三相桥式变流器仿真模型中，shunt_g1、shunt_g2、shunt_g3、shunt_g4、shunt_g5、shunt_g6 表示全控功率开关器件 IGBT 输入控制信号，Ud4 表示直流电容电压。

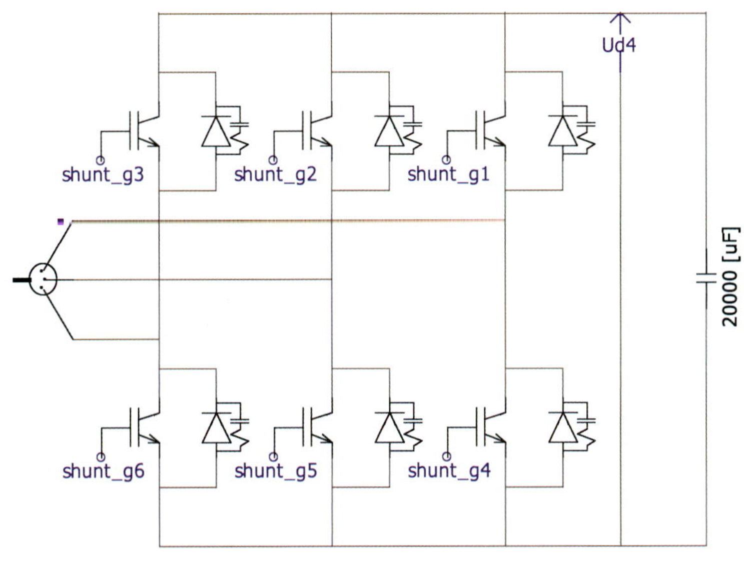

图 9-13　三相桥式变流器仿真模型

9.4.2.2　构建取能变流器主电路仿真模型。

取能变流器主电路仿真模型如图 9-14 所示，将构建的三相桥式变流器模型并联接入主变压器取能绕组♯3，形成投入交流系统运行的取能变流器主电路。其中，V_g 表示三相桥式变流器并网点电压，I_g 表示并网连接线路电流，I_L 表示经滤波电路后的连接线电流。

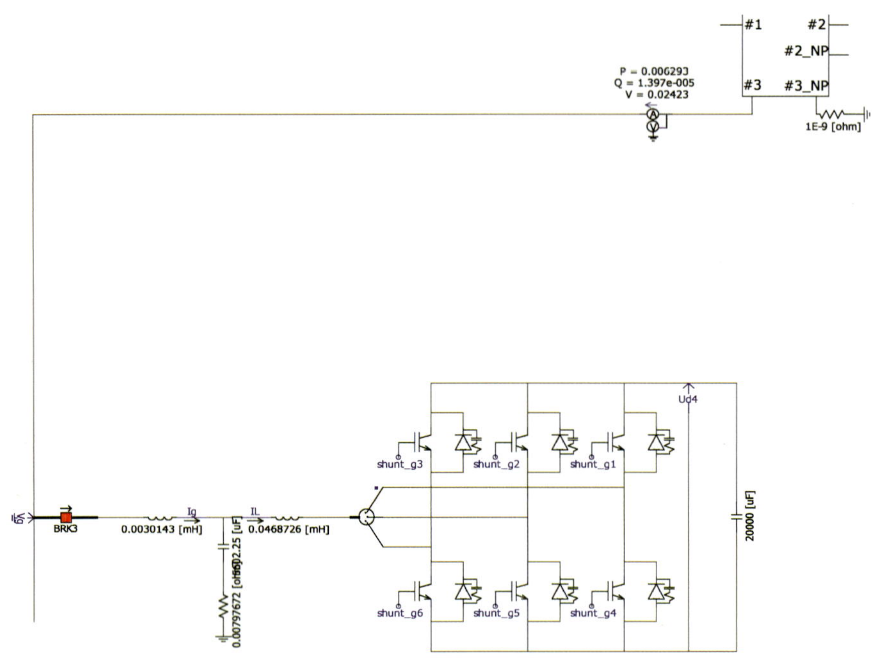

图 9-14　取能变流器主电路仿真模型

图 9-15 所示为二极管模型参数设置对话框，图 9-16 所示为 IGBT 模型参数设置对话框。

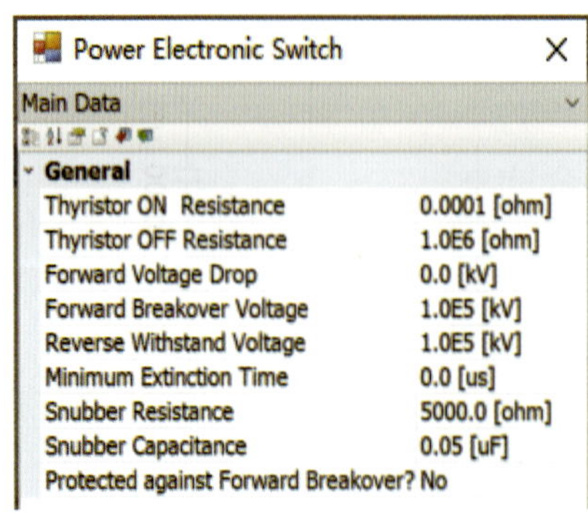

图 9-15　二极管模型参数设置对话框

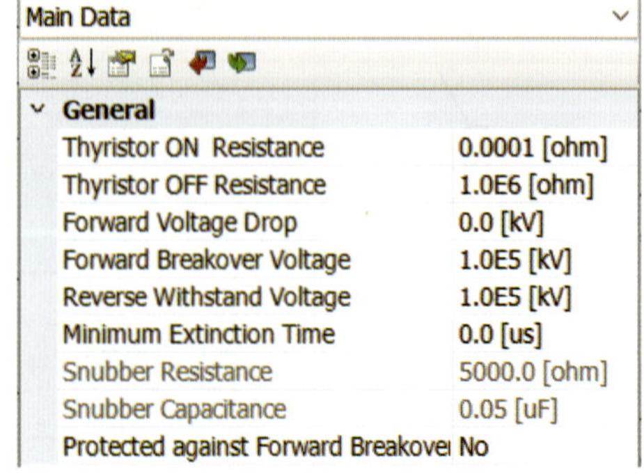

图 9-16　IGBT 模型参数设置对话框

取能变流器主电路主要参数设置如表 9-2 所示。

表 9-2 取能变流器主要参数设置

参　数	取　值
反并联二极管和 IGBT 的通态电阻/Ω	0.001
反并联二极管和 IGBT 的关断电阻/Ω	1×10^{6}
反并联二极管和 IGBT 的正向击穿电压/kV	1×10^{5}
反并联二极管和 IGBT 的反向击穿电压/kV	1×10^{5}
高频电感/mH	0.0468726
工频电感/mH	0.0030143
滤波电容/μF	20000

9.4.3 取能变流器控制电路仿真模型的构建

基于 PSCAD/EMTDC 仿真平台构建取能变流器控制电路仿真模型，包含控制环模块和 SVPWM 调制模块。取能变流器控制电路仿真模型具体的构建步骤如下：

9.4.3.1 构建取能变流器控制环模块仿真模型

取能变流器控制环仿真模型如图 9-17 所示。

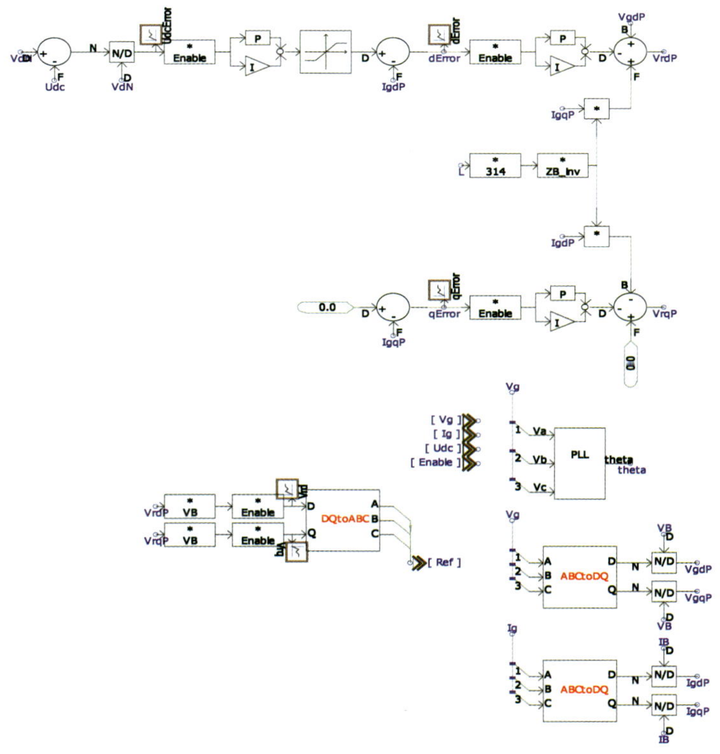

图 9-17 取能变流器控制环仿真模型

控制环模块包括锁相环模块、ABC to DQ 模块、dq 轴计算模块和 DQ to ABC 模块。

锁相环模块采用 PSCAD/EMTDC 软件中锁相环，将三相桥式变流器并网点电压信号 V_g 作为锁相环模块的输入量，采用相位矢量技术产生斜坡信号 theta。

电气信号的 abc-dq 坐标变换利用自封装的 ABC to DQ 模块实现，输入量为三相桥式变流器并网点电压信号 V_g 和并网连接线路电流信号 I_g，得到 d、q 轴分量分别为并网点电压 d 轴信号 V_{gd}、并网点电压 q 轴信号 V_{gq}、并网连接线路电流 d 轴信号 I_{Ld}、并网连接线路电流 q 轴信号 I_{Lq}。

dq 轴计算模块采用 PSCAD/EMTDC 软件中 PI 控制器(PI Controller)，在稳定直流电压控制环中，取能变流器直流电容电压测量信号 U_{d4} 与直流侧电压指令值 V_{dN} 作差后传入 PI 控制器，并网连接线路电流 d 轴信号 I_{Ld} 与 PI 控制器输出的 d 轴分量参考值的差值作为内环 PI 控制器的输入量，内环 PI 控制器输出的电压信号加上交叉耦合项和并网点电压 d 轴信号 V_{gd}，得到电压 d 轴参考量 V_{rd}；在电流 q 轴信号控制环中，并网连接线路电流 q 轴参考值设定为 0，与并网连接线路电流 q 轴信号 I_{Lq} 的差值输入线路电流内环 PI 控制器，线路电流 d 轴信号 I_{Ld} 与内环 PI 控制器输出量的差值作为电压 q 轴参考量 V_{rq}。

电气信号的 dq-abc 坐标变换利用自封装的 DQ to ABC 模块实现，输入量为来自 dq 轴计算模块的电压 d 轴参考信号 V_{rd} 和电压 q 轴参考信号 V_{rq}，输出量为取能变流器直流电容电压参考信号 Ref。

上述控制模块封装于如图 9-18 所示的 Grib Control 模块中，模块输入量为并网点电压信号 V_g、并网连接线路电流信号 I_g、直流电容电压信号 U_{d4} 和使能信号 Enable；输出量为取能变流器直流电容电压参考信号 Ref。

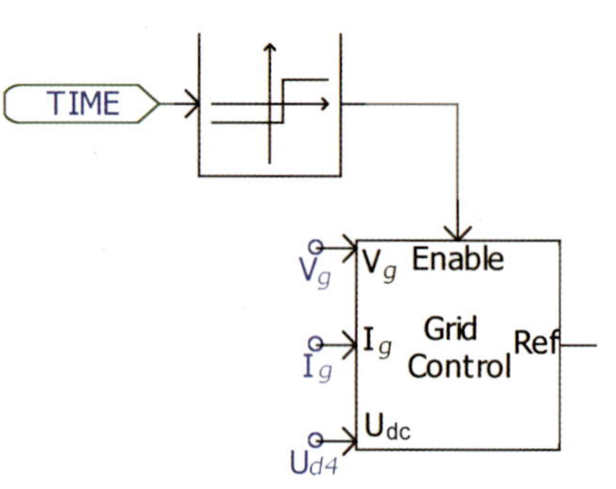

图 9-18　Grib Control 模块仿真模型

9.4.3.2　构建取能变流器 SVPWM 调制仿真模型

取能变流器控制电路中 SVPWM 调制模块仿真模型如图 9-19 所示，采用 PSCAD/EMTDC 软件中插补采样元件(interpolating sampler)、直角坐标变换元件(rectangular coordinate converter)和求模函数(modulo function)。

将取能变流器直流电容电压输入采样元件，获得按周期 f_s 阶跃变化的电容电压采样量 V_{d1}，取能变流器直流电容电压参考信号输入自封装的三相-两相坐标变换模块，经过采样器和直角坐标变换元件，获得 $\alpha\beta$ 坐标下输出量的幅值 V 和相角 theta。调制比 m 通过调制波基波峰值 V 除以载波基波峰值 V_{d1} 乘以系数 $\sqrt{3}$ 获得。相角 theta 通过自定义模块 ChooseSector 确定扇区，输出相量 V_1 和 V_2 的位置。扇区中 V_1 和 V_2 的作用时间依靠 T_1、T_2 和 T_0 确定。将相量 V_1 和 V_2 的位置和作用时间输入自定义模块 OutVector 中输出 6 维脉冲序列，作为取能变流器开关器件 IGBT 的控制信号 shunt_g1、shunt_g2、shunt_g3、

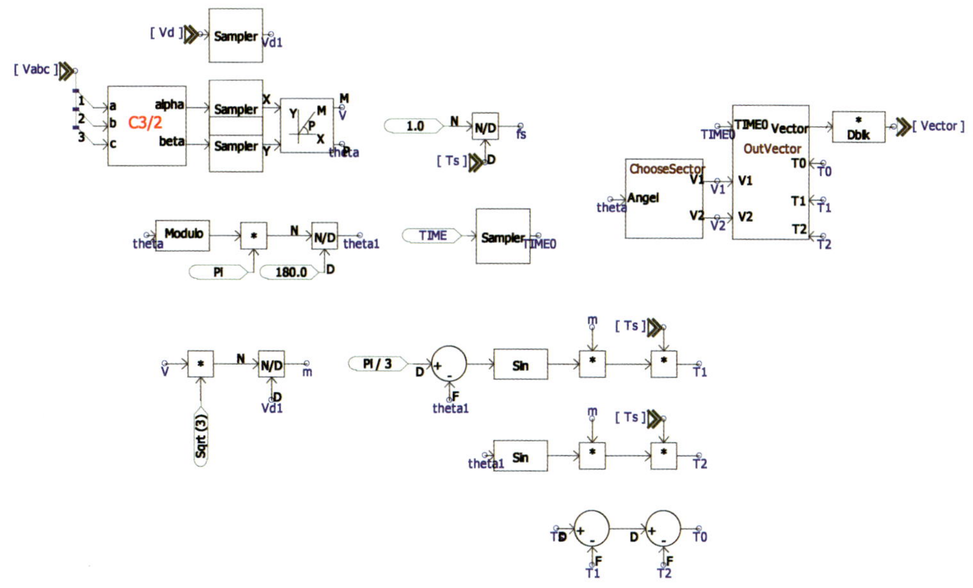

图 9-19　取能变流器 SVPWM 调制模块仿真模型

shunt_g4、shunt_g5、shunt_g6。

上述控制模块封装于如图 9-20 所示的 SVPWM 模块中，模块输入量为调制波信号 V_{abc}、直流电压信号 V_d 和使能信号 D_{blk}；模块输出量为取能变流器开关器件 IGBT 的控制信号 shunt_g1、shunt_g2、shunt_g3、shunt_g4、shunt_g5、shunt_g6。

9.4.3.3　构建取能变流器控制电路仿真模型

如图 9-21 所示，Grib Control 模块与 SVPWM 模块相连，构建了取能变流器控制电路仿真模型。

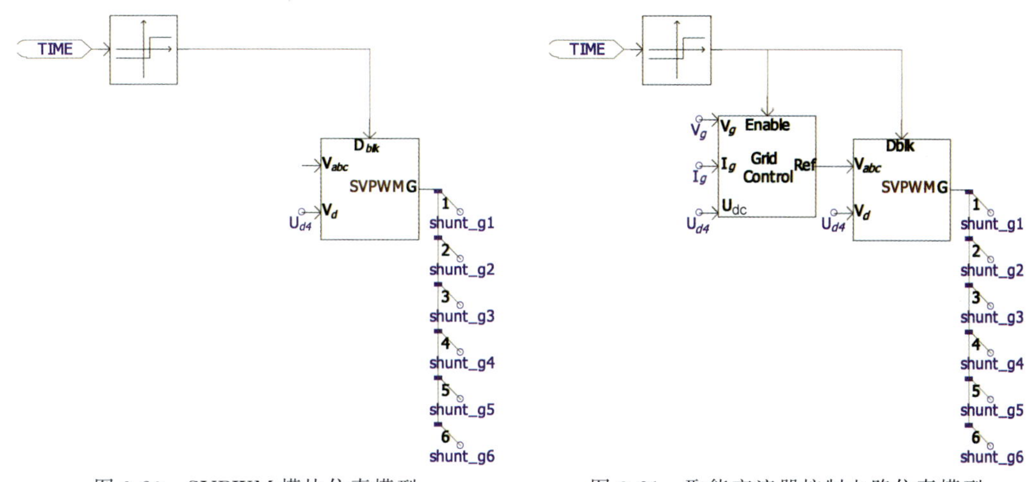

图 9-20　SVPWM 模块仿真模型　　　　图 9-21　取能变流器控制电路仿真模型

9.4.4 调控变流器仿真模型构建

调控变流器主电路仿真模型的构建步骤如下：首先构建H桥子模块，然后将H桥子模块接口串联接入三相交流系统。3个串联于三相交流系统的H桥子模块A、H桥子模块B和H桥子模块C共同构成调控变流器仿真模型。

9.4.4.1 构建 H 桥子模块仿真模型

H桥子模块A仿真模型如图9-22所示，采用PSCAD/EMTDC软件中电力电子开关IGBT和二极管。在H桥子模A块中，SeA_G1、SeA_G2、SeA_G3、SeA_G4表示全控功率开关器件IGBT控制信号。

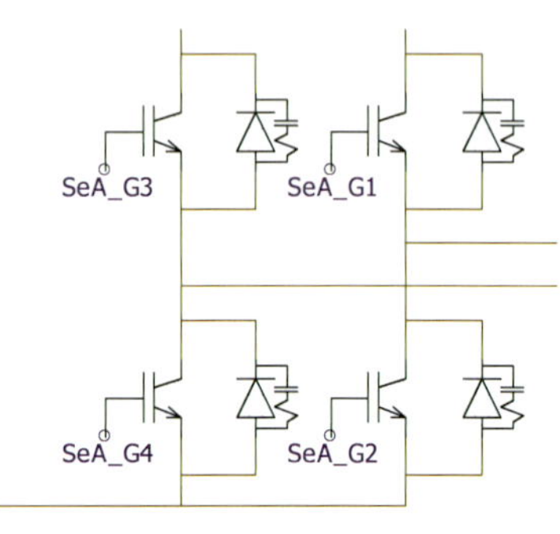

图9-22 H桥子模块A仿真模型

将H桥子模块A仿真模型中接入直流电容、滤波器等构成调控变流器主电路A仿真模型如图9-23所示。U_{d1}表示直流电容电压，I_{d2A}为H桥子模块直流侧电流，SeA_{Ig}表示H桥子模块串联连接线路电流信号，$SeAV_{se}$表示H桥子模块串联接入点两端电压信号，SeA_{IL}表示经滤波电路后的连接线电流信号。

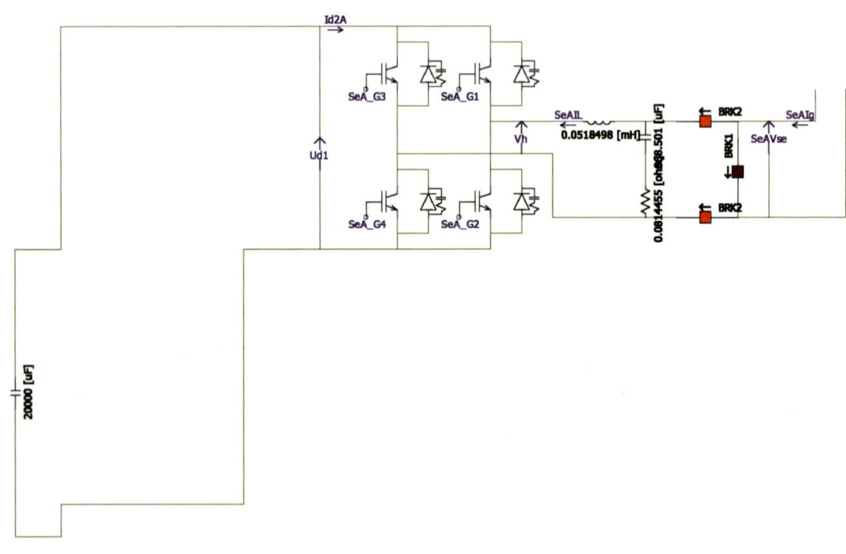

图9-23 调控变流器主电路A仿真模型

9.4.4.2 构建调控变流器主电路仿真模型

调控变流器主电路仿真模型如图9-24所示。H桥子模块B和H桥子模块C主电路仿真模型按照步骤搭建，通过构建三个串联于交流系统的 H 桥子模块 A、H 桥子模块 B 和 H 桥子模块 C，完成所述调控变流器仿真模型的建立。H 桥子模块 A 串联连接线分别与三相交流系统 A 相和主变压器一次绕组 ♯2 的 A 相相连；H 桥子模块 B 串联连接线分别与三相交流系统 B 相和主变压器一次绕组 ♯2 的 B 相相连；H 桥子模块 C 串联连接线分别与三相交流系统 C 相和主变压器一次绕组 ♯2 的 C 相相连。通过以上步骤形成与主变压器和三相电源侧相连的调控变流器主电路仿真模型。

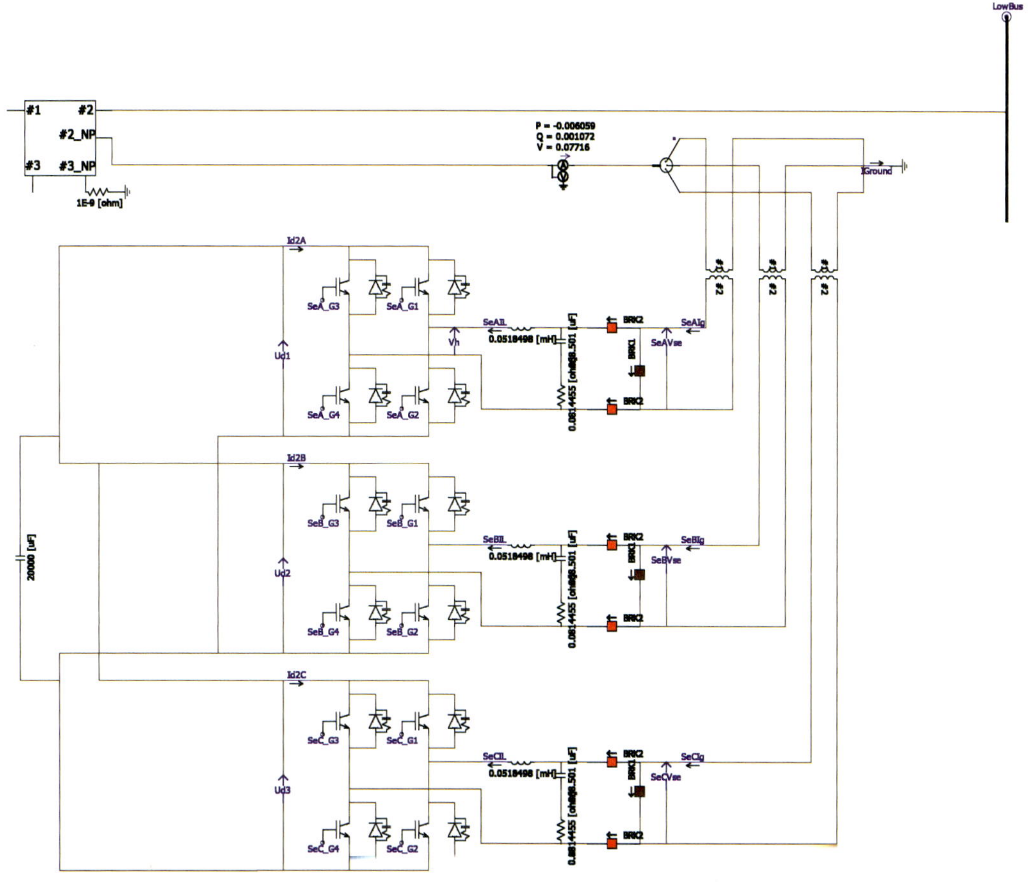

图 9-24　调控变流器主电路仿真模型

调控变流器主电路主要参数设置如表 9-3 所示。

表 9-3　调控变流器主要参数设置

参　　数	取　　值
反并联二极管和 IGBT 的通态电阻/Ω	0.001
反并联二极管和 IGBT 的关断电阻/Ω	1×10^{6}

续表

参 数	取 值
反并联二极管和IGBT的正向击穿电压/kV	1×10^5
反并联二极管和IGBT的反向击穿电压/kV	1×10^5
滤波电感/mH	0.0518498
滤波电容/μF	868.501
两绕组变压器三相额定容量/kVA	100
绕组#2额定线电压有效值/kV	0.14

9.4.5 调控变流器控制电路仿真模型的构建

调控变流器控制电路仿真模型的构建步骤如下：该模型包含控制环模块和SPWM调制模块。

9.4.5.1 构建调控变流器控制环模块仿真模型

调控变流器控制电路中控制环仿真模型如图9-25所示。控制环模块包括锁相环模块、X to DQ模块、*dq*轴计算模块和DQ to X模块。

锁相环模块采用PSCAD/EMTDC软件中锁相环，将调控变流器串联连接线路电流信号SeA_{Ig}作为锁相环模块的输入量，采用相位矢量技术产生斜坡信号theta。

电气信号的*abc-dq*坐标变换利用自封装的X to DQ模块实现，输入量为串联连接线路电流信号SeA_{Ig}和串联接入点两端电压信号$SeAV_{se}$，得到*d*、*q*轴分量分别为串联连接线路电流*d*轴信号Ig_d、串联连接线路电流*q*轴信号Ig_q、串联接入点两端电压*d*轴信号V_{sed}、串联接入点两端电压*q*轴信号V_{seq}。

*dq*轴计算模块采用PSCAD/EMTDC软件中PI控制器(PI Controller)，所控交流母线电压有效值作为*dq*轴计算模块的输入信号d_{REF}，输入信号d_{REF}与串联接入点两端电压*d*轴信号V_{sed}的差值经过PI控制器，输出电压*d*轴参考信号V_{rd}；控制环*q*轴参考信号q_{REF}设定为0，与串联接入点两端电压*q*轴信号V_{seq}作差后经过PI控制器，输出电压*q*轴参考信号V_{rq}。

电气信号的*dq-abc*坐标变换利用自封装的DQ to X模块实现，输入量为来自*dq*轴计算模块的电压*d*轴参考信号V_{rd}和电压*q*轴参考信号V_{rq}，输出量为串联连接线路两端电压参考信号Ref。

将上述模块封装在控制环controller中，则控制环仿真模型所输出的串联连接线路两端电压参考信号Ref即为SeARef、SeBRef、SeCRef。

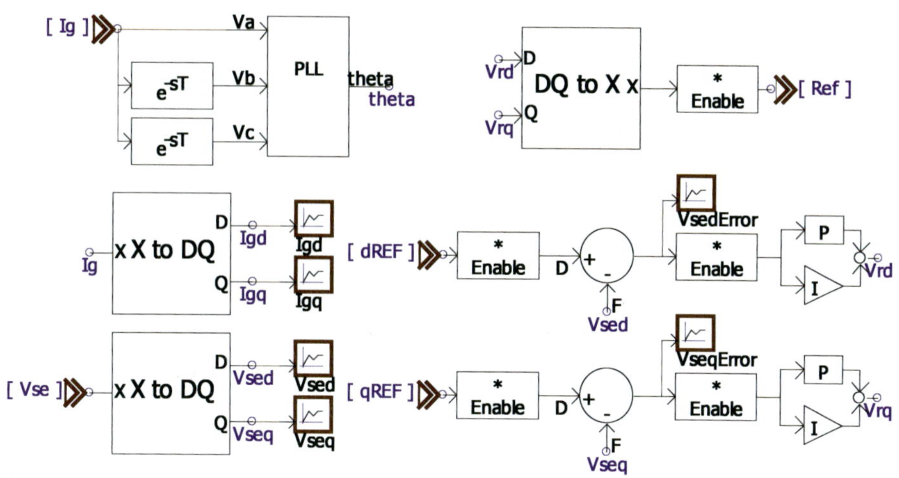

图 9-25　调控变流器控制环模块仿真模型

9.4.5.2　构建调控变流器 *SPWM* 调制仿真模型

调控变流器控制电路中 SPWM 调制模块仿真模型如图 9-26 所示，采用 PSCAD/EMTDC 软件中信号发生器(Signal Generator)作为三角载波信号发生器。

控制环仿真模型所输出的电压参考信号 SeARef、SeBRef、SeCRef 输入到 SPWM 调制模块中，电压参考信号 SeARef、SeBRef、SeCRef 与调控变流器直流侧受控电压源外部控制信号 V_{d2} 的商作为 SPWM 的调制波。一定频率的三角载波和调制波进行比较后，输出调控变流器中 IGBT 的控制信号 SeA_G1、SeA_G2、SeA_G3、SeA_G4；SeB_G1、SeB_G2、SeB_G3、SeB_G4；SeC_G1、SeC_G2、SeC_G3、SeC_G4。

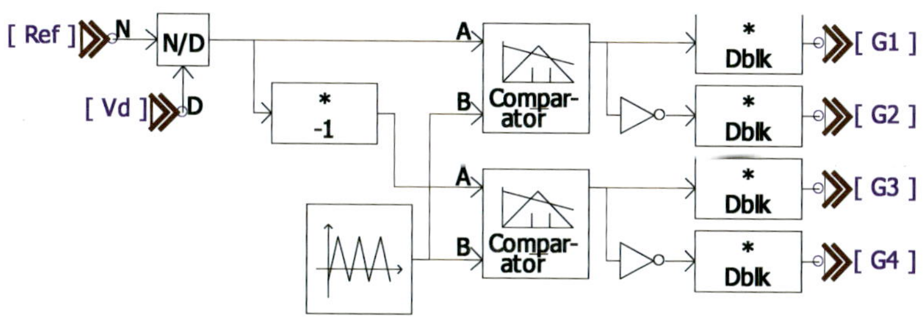

图 9-26　调控变流器 SPWM 调制仿真模型

9.4.5.3　构建调控变流器控制电路仿真模型

调控变流器控制电路仿真模型如图 9-27 所示。将上述步骤中所构建的控制环仿真模型和 SPWM 调制模块仿真模型分别进行封装，形成调控变流器控制电路。控制环仿真模型对应 controller 封装模块，SPWM 调制仿真模型对应 single SPWM 封装模块。

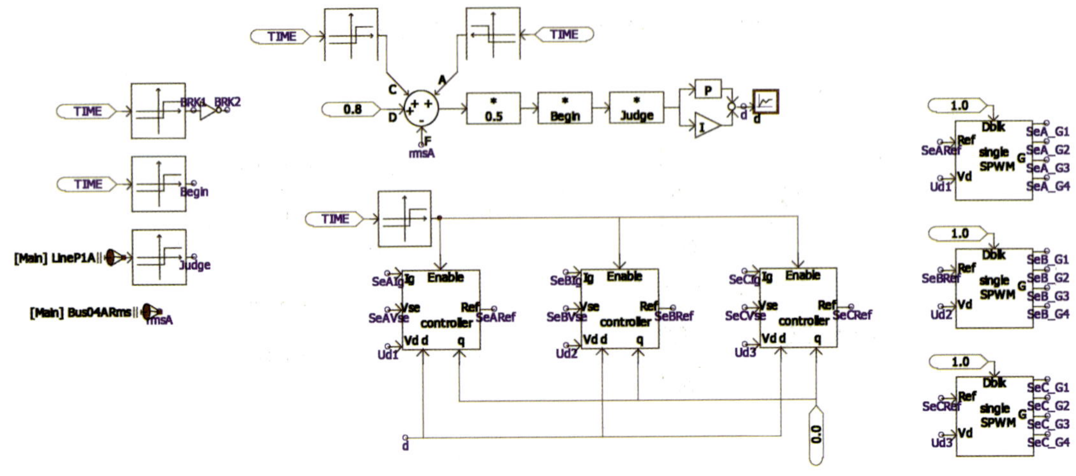

图 9-27　调控变流器控制电路仿真模型

9.5　新型柔性配电变压器仿真测试

9.5.1　新型柔性配电变压器系统稳压效果仿真测试

本节构建了新型柔性配电变压器投入交流配电网运行的仿真模型。如图 9-28 所示，该仿真模型在新型柔性配电变压器系统的换流母线处连接等值的交流电网系统，该系统包含三相交流电源、架空输电线路、新型柔性配电变压器和负荷。

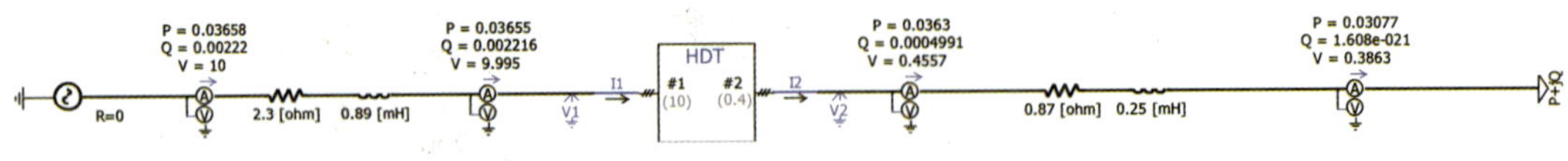

图 9-28　新型柔性配电变压器投入交流电网运行的仿真模型

采用 PSCAD/EMTDC 软件中三相电压源模型 2(three-phase voltage source model 2)作为三相交流电源、单一电路的 PI 线路段(PI-sections single circuit)模拟架空线路和线对地固定负载(fixed load)模拟负荷。三相交流电源通过输电线路与新型柔性配电变压器高压侧相连，新型柔性配电变压器低压侧与输电线路相连后接入负载，形成新型柔性配电变压器投入交流电网运行的仿真模型。交流电网仿真模型主要参数设置如表 9-4 所示。

表 9-4　交流电网仿真模型主要参数设置

参　　数	取　　值
三相交流系统电压/kV	10
新型柔性配电变压器取能绕组母线电压/kV	0.14
新型柔性配电变压器低压母线电压/kV	0.22
新型柔性配电变压器高压母线电压/kV	10
新型柔性配电变压器高压母线侧线路阻抗/Ω	2.3+j0.2796
新型柔性配电变压器低压母线侧线路阻抗/Ω	0.87+j0.07854
负载稳态单相有功功率/MW	0.1

9.5.1.1　恒定负载工况新型柔性配电变压器稳压仿真测试

为验证新型柔性配电变压器系统电磁暂态仿真模型的稳压效果，基于 PSCAD/EMTDC 仿真软件和表 9-3 的仿真参数设置，对所构建的新型柔性配电变压器仿真模型低压侧 *A* 点电压进行稳压效果的仿真测试。仿真拓扑结构如图 9-29 所示，恒定负载工况仿真测试模型如图 9-30 所示。

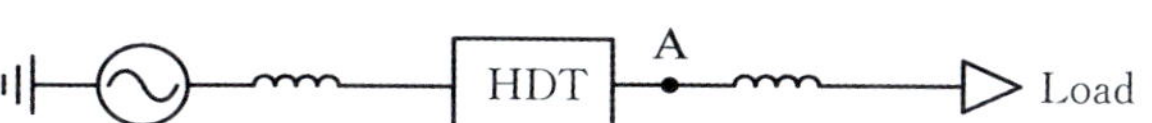

图 9-29　新型柔性配电变压器系统稳压效果仿真拓扑结构

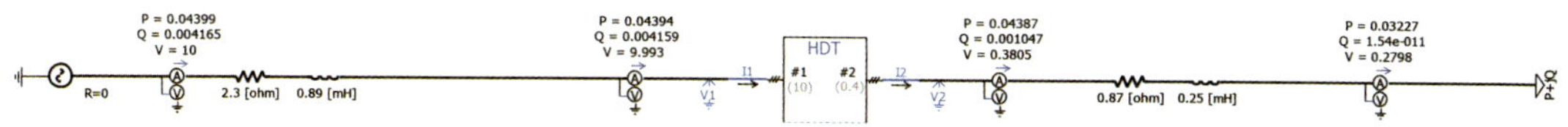

图 9-30　恒定负载工况仿真测试模型图

图 9-31 至图 9-33 所示为新型柔性配电变压器工作在恒定负载工况条件下的波形图。

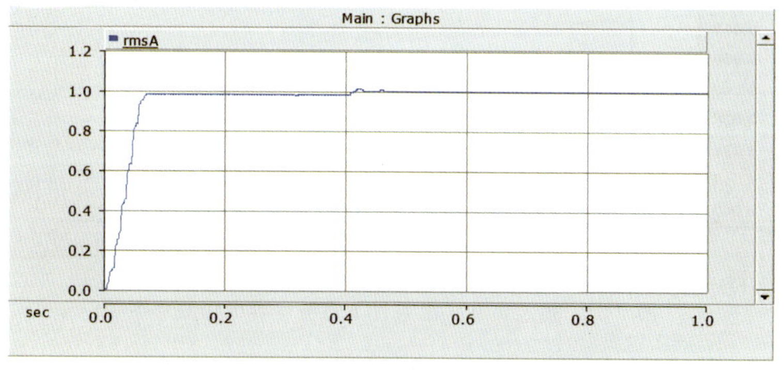

图 9-31　恒定负载工况条件下 *A* 点电压有效值波形图

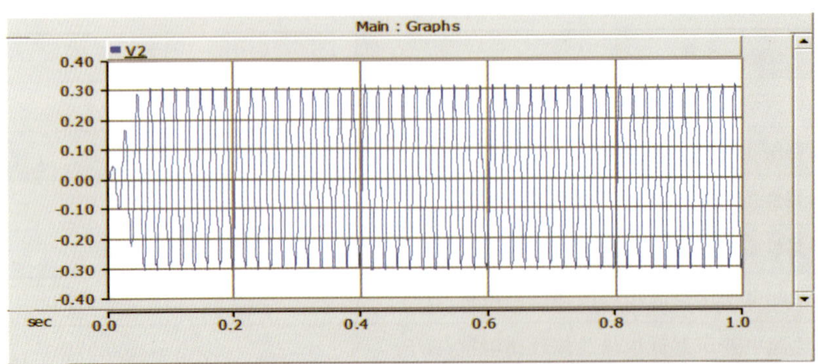

图 9-32　恒定负载工况条件下 *A* 点电压波形图(A 相)

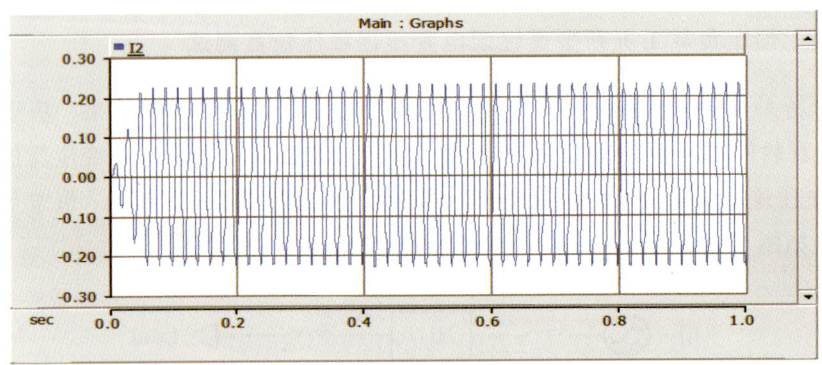

图 9-33　恒定负载工况条件下流经 *A* 点电压波形图(A 相)

由图 9-31 至图 9-33 可知，0.4s 时刻 FDT 控制电路投入运行后，经过 0.07s 将 *A* 点电压稳定在 1p.u.，达到预期效果。

图 9-34 至图 9-36 所示为恒定负载工况条件下新型柔性配电变压器的相应工作状态。

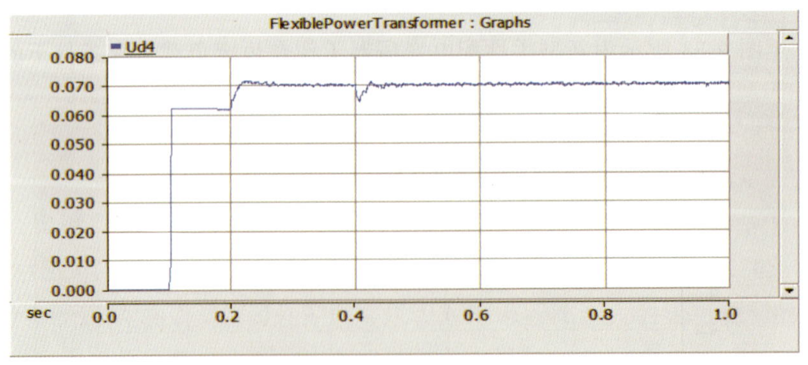

图 9-34　恒定负载工况条件下直流电容电压波形图

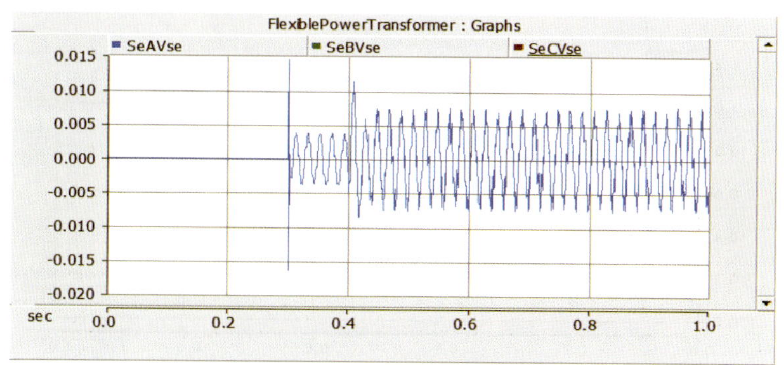

图 9-35 恒定负载工况条件下调控变流器 A 相输出电压波形图

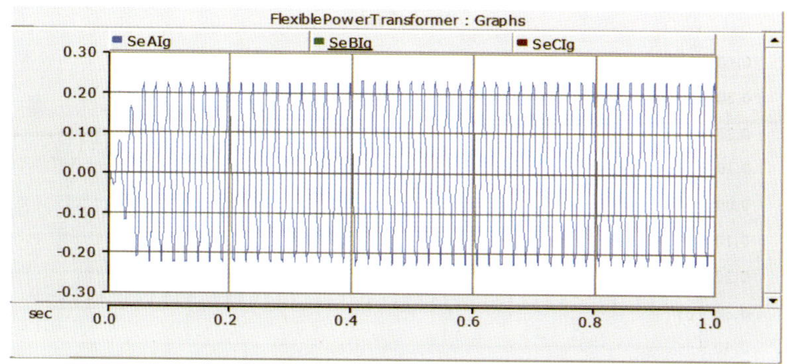

图 9-36 恒定负载工况条件下调控变流器 A 相输出电流波形图

由仿真测试结果可知，在新型柔性配电变压器稳定工作时，直流电容电压基本保持稳定，在需要对线路电压进行调节时，新型柔性配电变压器控制系统改变调控变流器的输出，从而达到相应的调节效果。

9.5.1.2 切除部分负载工况新型柔性配电变压器稳压测试

测试所设计新型柔性配电变压器在切除部分负载工况条件下对输电线路电压稳定效果，将仿真测试设置为 0.4s 时刻将 FDT 控制电路投入运行，0.6s 切除部分负载，使每相负载稳态有功功率为 0.02MW。切除部分负荷工况仿真测试模型图如图 9-37 所示。

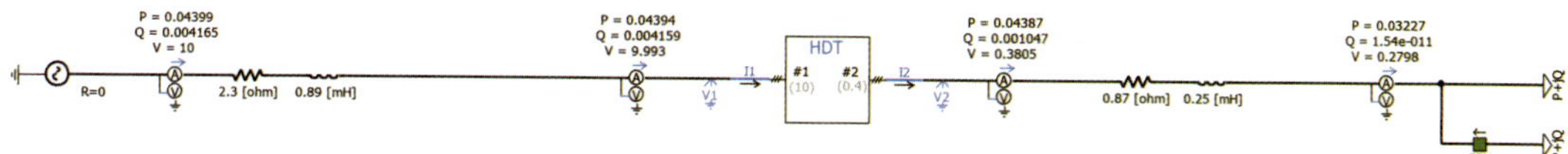

图 9-37 切除部分负荷工况仿真测试模型图

运行仿真测试，得到如图 9-38 至图 9-40 所示的波形图。

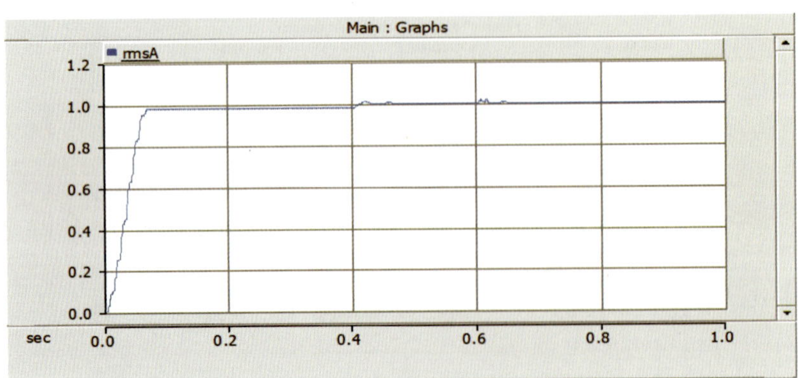

图 9-38　切除部分负荷工况条件下 A 点电压有效值波形图

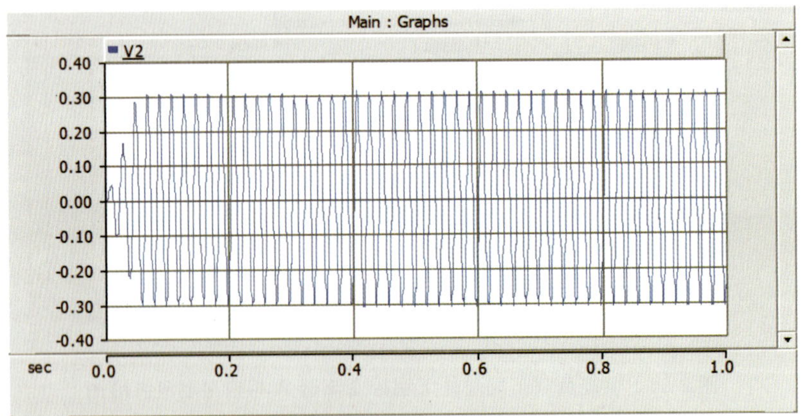

图 9-39　切除部分负荷工况条件下 A 点电压波形图(A 相)

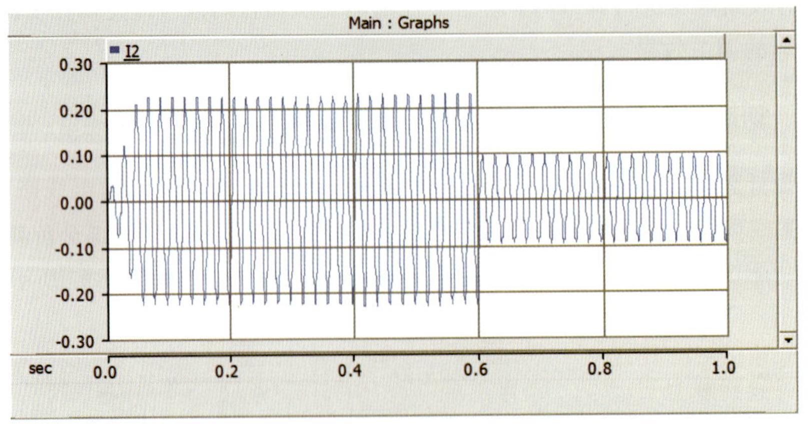

图 9-40　切除部分负荷工况条件下流经 A 点电流波形图(A 相)

由仿真测试结果可知，0.4s 时刻 FDT 控制电路投入运行后，经过 0.07s 将 A 点电压稳

定为 1p.u.，0.6s 时刻切除部分负荷，A 点电压出现波动，经过 0.04s，FDT 将 A 点电压控制为 1p.u.，达到预期效果。

图 9-41 至图 9-43 所示为切除部分负荷工况条件下新型柔性配电变压器的相应工作状态。

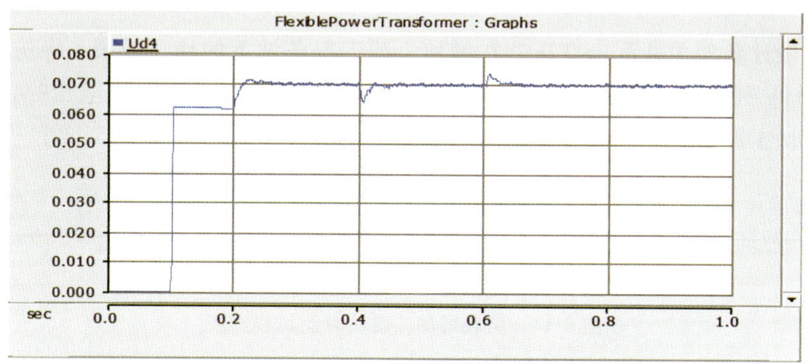

图 9-41 切除部分负荷工况条件下直流电容电压波形图

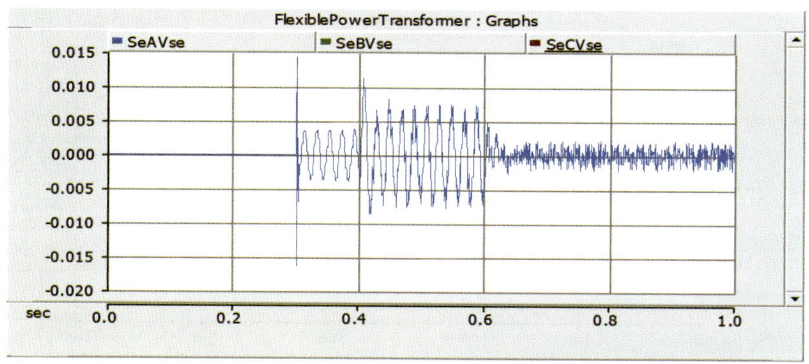

图 9-42 切除部分负荷工况条件下调控变流器输出电压波形图(A 相)

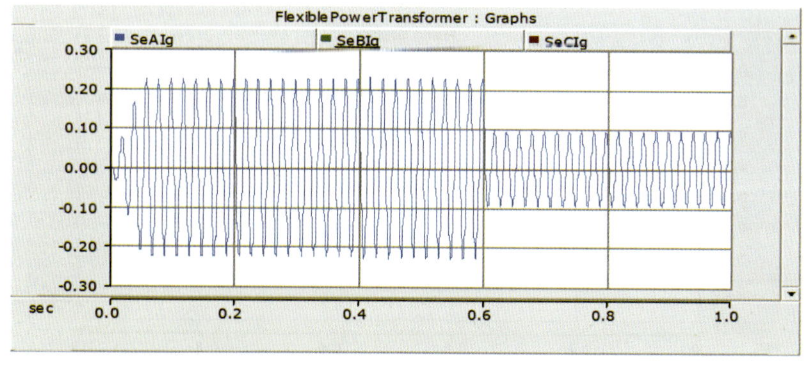

图 9-43 切除部分负荷工况条件下调控变流器输出电流波形图(A 相)

由仿真测试结果可知，在新型柔性配电变压器稳定工作时，直流电容电压基本保持稳定，在需要对线路电压进行调节时，新型柔性配电变压器控制系统改变调控变流器的输出，从而达到相应的调节效果。

9.5.1.3　负载增加工况新型柔性配电变压器稳压测试

测试所设计新型柔性配电变压器在增加负载工况条件下的稳压效果，将仿真测试设置为 0.4s 时刻将 FDT 控制电路投入运行，0.6s 将每相负载有功功率增加至 0.6MW。

负载增加工况仿真测试模型如图 9-44 所示。

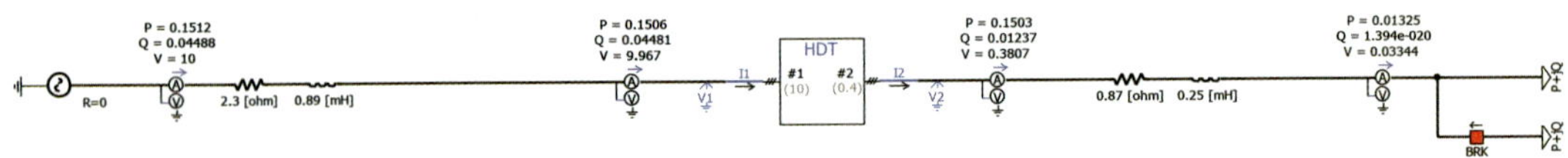

图 9-44　负载增加工况仿真测试模型图

运行仿真测试，得到如图 9-45 至图 9-47 所示的波形图。

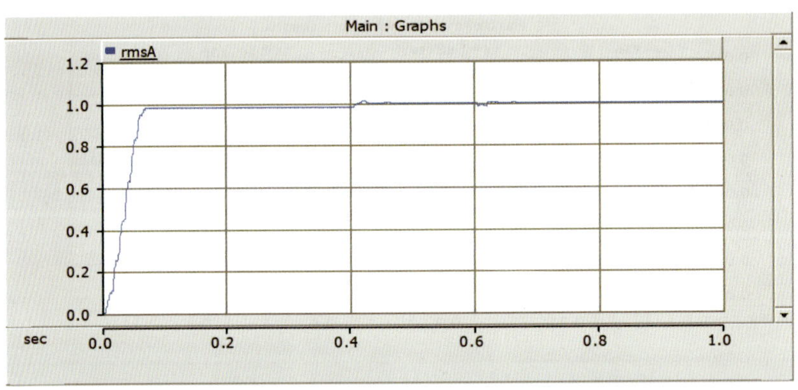

图 9-45　负载增加工况条件下 A 点电压有效值波形图

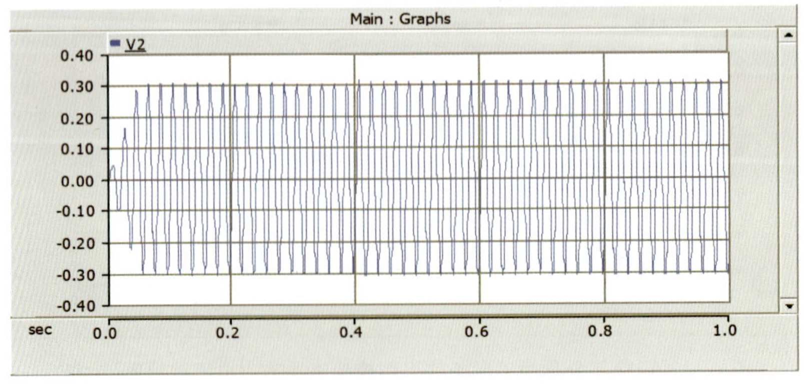

图 9-46　负载增加工况条件下 A 点电压波形图（A 相）

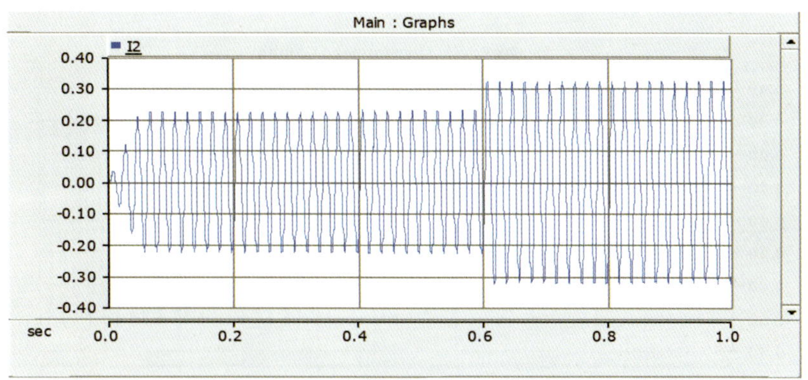

图 9-47 负载增加工况条件下流经 *A* 点电流波形图(A 相)

由仿真测试结果可知，0.4s 时刻 FDT 控制电路投入运行后，经过 0.07s 将 *A* 点电压稳定为 1p.u.，0.6s 时刻增加负载，*A* 点电压出现波动，经过 0.05s，FDT 将 *A* 点电压控制为 1p.u.，达到预期效果。

图 9-48 至图 9-50 为负载增加工况条件下新型柔性配电变压器的相应工作状态。

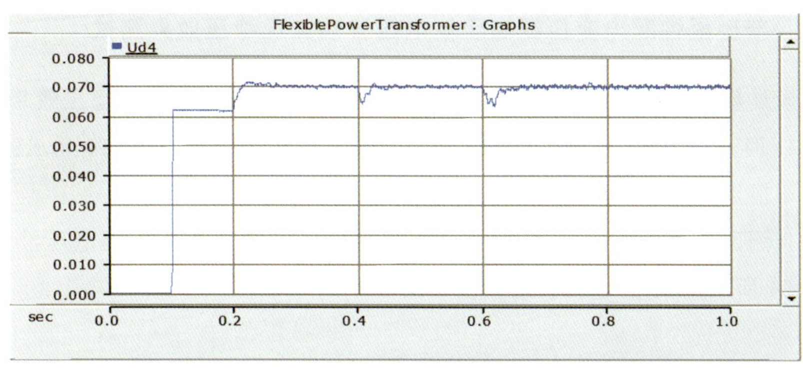

图 9-48 负载增加工况条件下直流电容电压波形图

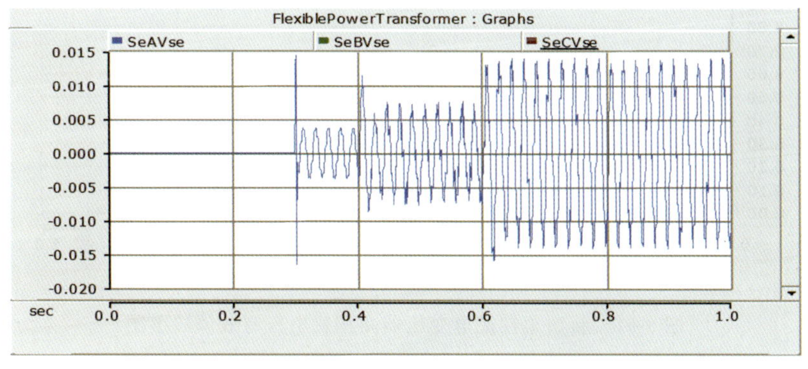

图 9-49 负载增加工况条件下调控变流器输出电压波形图(A 相)

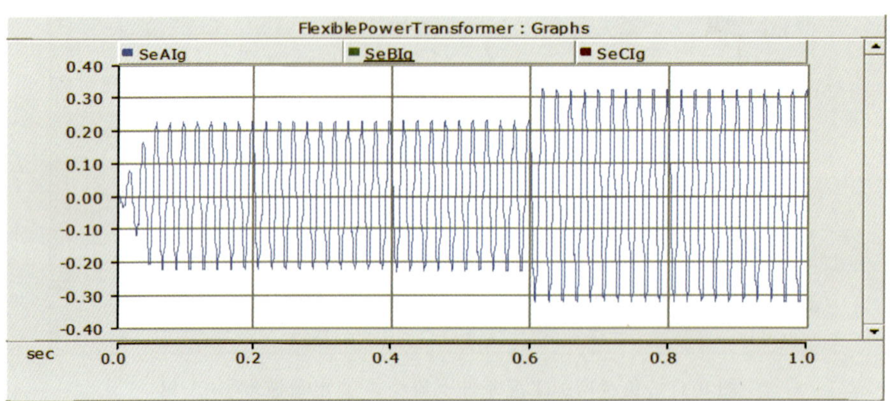

图 9-50　负载增加工况条件下调控变流器输出电流波形图(A 相)

由仿真测试结果可知，在新型柔性配电变压器稳定工作时，直流电容电压基本保持稳定，在需要对线路电压进行调节时，新型柔性配电变压器控制系统改变调控变流器的输出，从而达到相应的调节效果。

9.5.1.4　新型柔性配电变压器高压侧电压波动工况稳压效果测试

测试所设计新型柔性配电变压器在高压侧电压波动工况条件下的稳压效果，将仿真测试设置为 0.4s 时刻将 FDT 控制电路投入运行，0.6s 将高压侧电压 V1 降至 0.94p.u.，每相负载有功功率恒定为 0.1MW。

运行仿真测试，得到如图 9-51 所示的新型柔性配电变压器高压侧电压波形图和如图 9-52 至图 9-54 所示的 *A* 点电压有效值波形图。

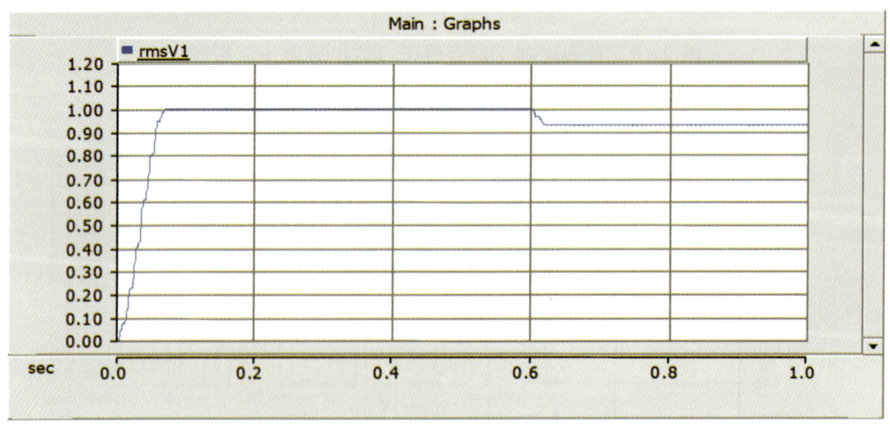

图 9-51　新型柔性配电变压器高压侧电压有效值波形图

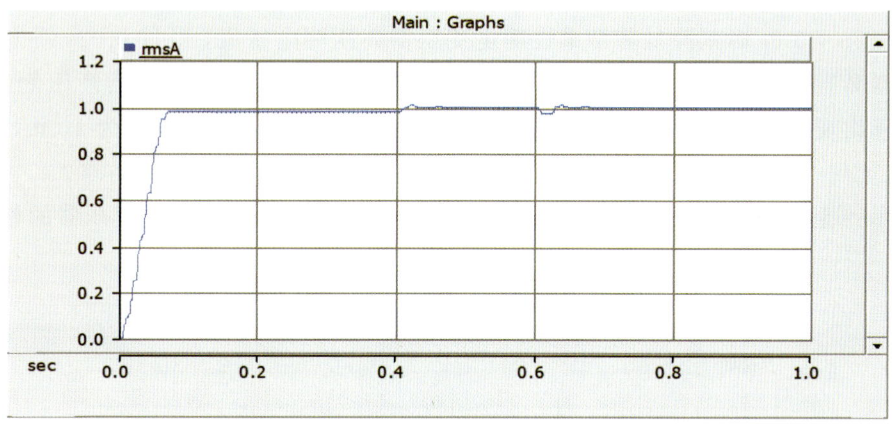

图 9-52　高压侧电压波动工况条件下 A 点电压有效值波形图

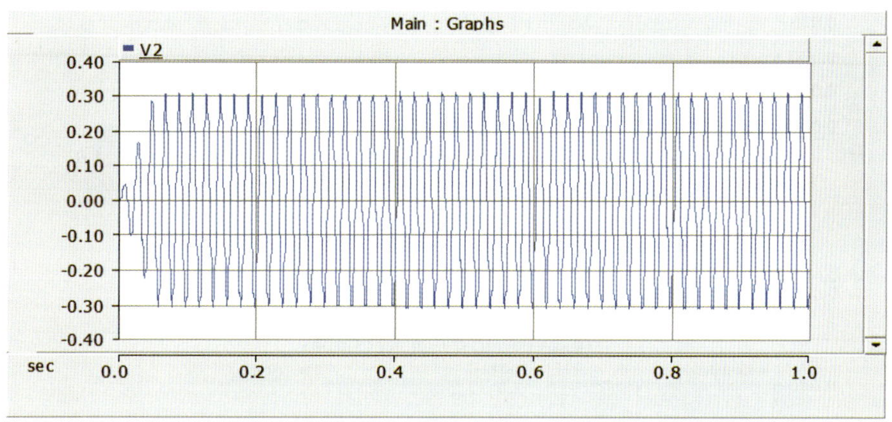

图 9-53　高压侧电压波动工况条件下 A 点电压波形图(A 相)

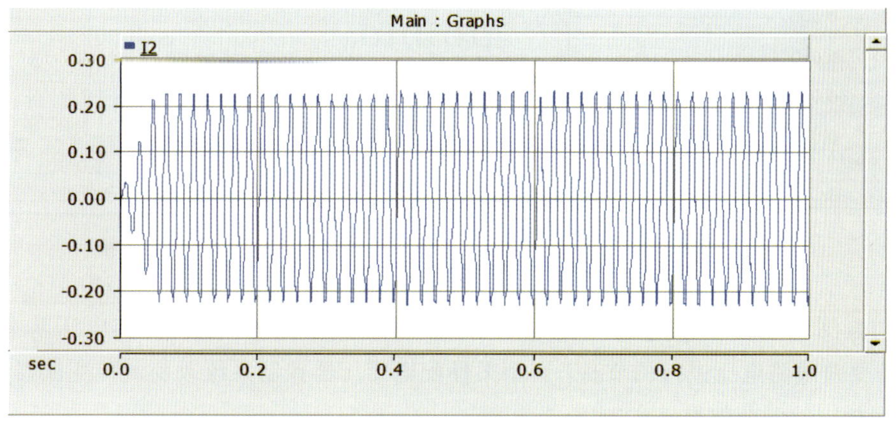

图 9-54　高压侧电压波动工况条件下流经 A 点电流波形图(A 相)

由仿真测试结果可知，0.4s 时刻 FDT 控制电路投入运行后，经过 0.07s 将 A 点电压稳定为 1p.u.，0.6s 时刻降低新型柔性配电变压器高压侧电压值，经过 0.02s 新型柔性配电变压器高压侧电压降至 0.94p.u.。0.6s 时刻降低新型柔性配电变压器高压侧电压值，A 点电压出现波动，经过 0.08s，新型柔性配电变压器将 A 点电压控制为 1p.u.，达到预期效果。

图 9-55 至图 9-57 所示为高压侧电压波动工况条件下新型柔性配电变压器的相应工作状态。

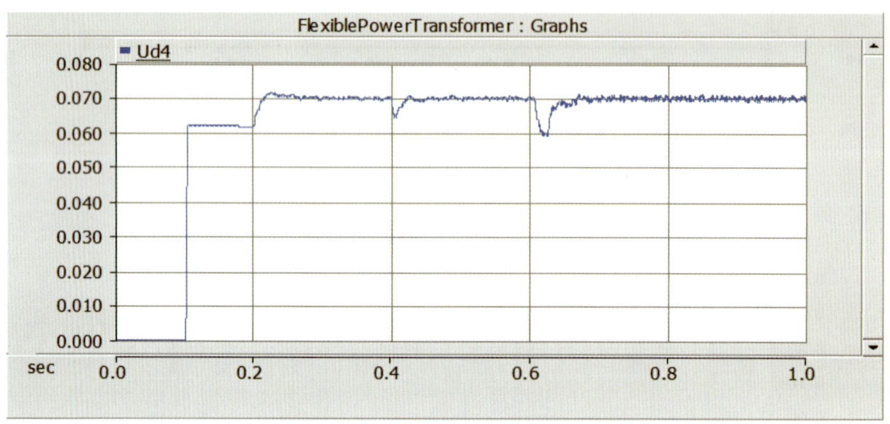

图 9-55　高压侧电压波动工况条件下直流电容电压波形图

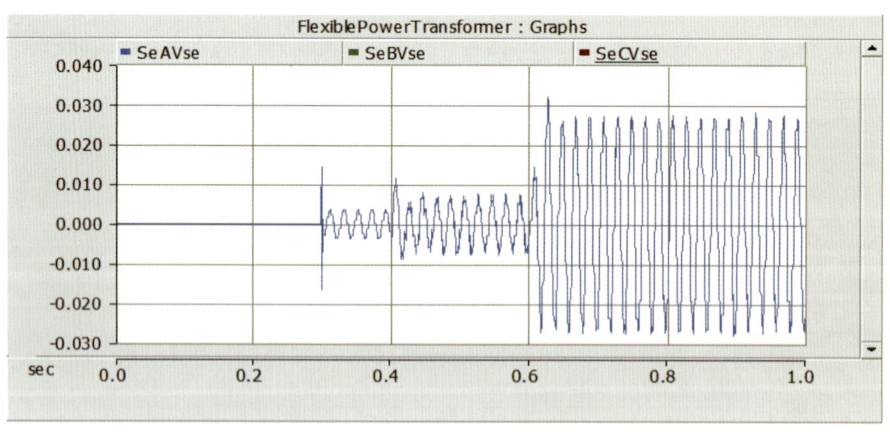

图 9-56　高压侧电压波动工况条件下调控变流器输出电压波形图(A 相)

由仿真测试结果可知，在新型柔性配电变压器稳定工作时，直流电容电压基本保持稳定，在需要对线路电压进行调节时，新型柔性配电变压器控制系统改变调控变流器的输出，从而达到相应的调节效果。

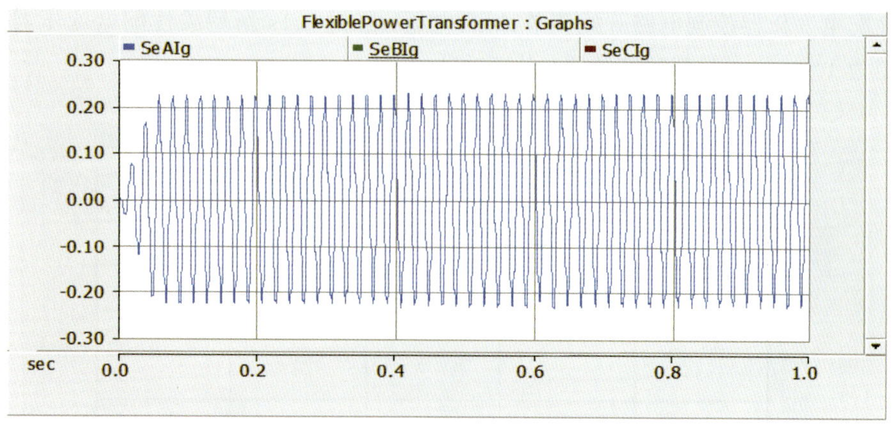

图 9-57 高压侧电压波动工况条件下调控变流器输出电流波形图(A 相)

9.5.2 新型柔性配电变压器系统调压效果仿真测试

为验证新型柔性配电变压器系统电磁暂态仿真模型的稳压效果，基于 PSCAD/EMTDC 仿真软件和表 9-3 的仿真参数设置，对所构建的新型柔性配电变压器仿真模型低压侧 *A* 点电压进行调压效果的仿真测试，仿真拓扑结构如图 9-58 所示。

图 9-58 新型柔性配电变压器系统调压特性仿真拓扑结构

9.5.2.1 新型柔性配电变压器电压指令值增大工况仿真测试

对仿真测试做出如下设置：新型柔性配电变压器低压侧 *A* 点电压指令初始值为 0.95p.u.，0.4s 时刻将新型柔性配电变压器控制电路投入运行，0.6s 时刻将电压指令值增大至 1.05p.u.。

指令值增大工况仿真测试模型如图 9-59 所示。

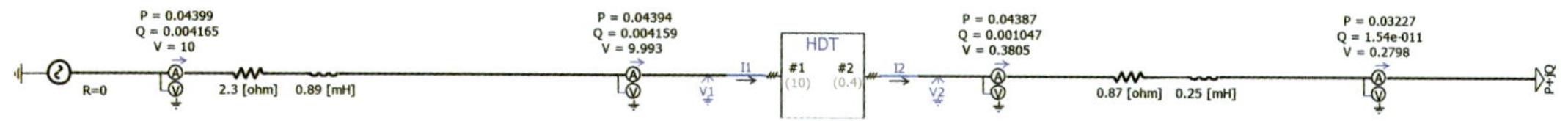

图 9-59 指令值增大工况仿真测试模型图

运行仿真测试，得出如图 9-60 至图 9-62 所示的波形图。

可知，0.4s 时刻新型柔性配电变压器控制电路投入运行，经过 0.05s，新型柔性配电变压器将 *A* 点电压控制为 0.95p.u.，在 0.6s 时刻，*A* 点电压指令值增大 0.1p.u.至 1.05p.u.，新型柔性配电变压器控制电路开始调节 A 点电压，经过 0.1s 新型柔性配电变压器将 A 点电压控制为 1.05p.u.，达到预期效果。

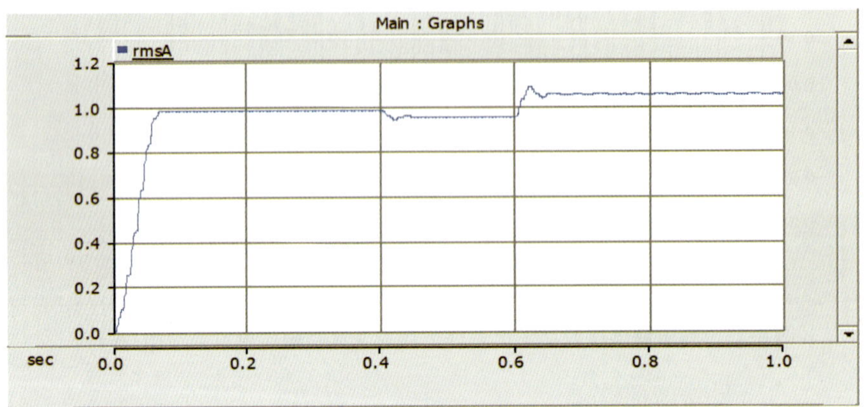

图 9-60　电压指令值增大工况条件下 A 点电压有效值波形图

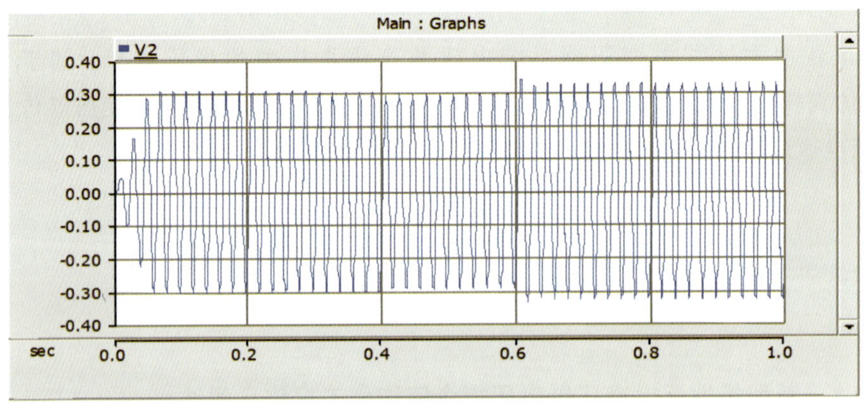

图 9-61　电压指令值增大工况条件下 A 点电压波形图(A 相)

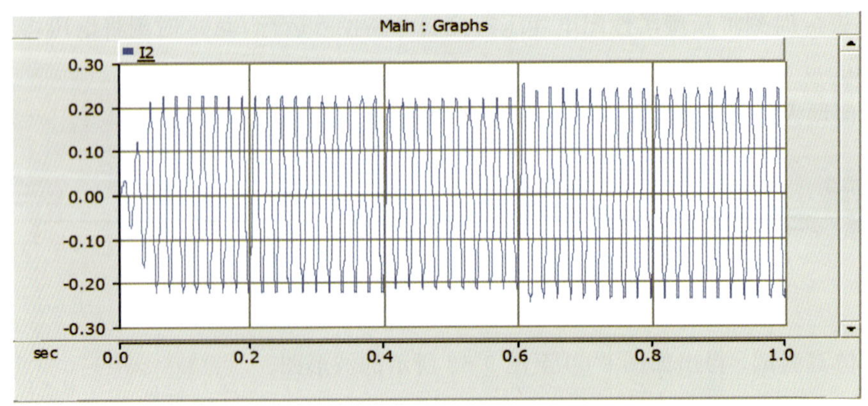

图 9-62　电压指令值增大工况条件下流经 A 点电流波形图(A 相)

图 9-63 至图 9-65 所示为电压指令值连续变动工况条件下新型柔性配电变压器的相应工作状态。

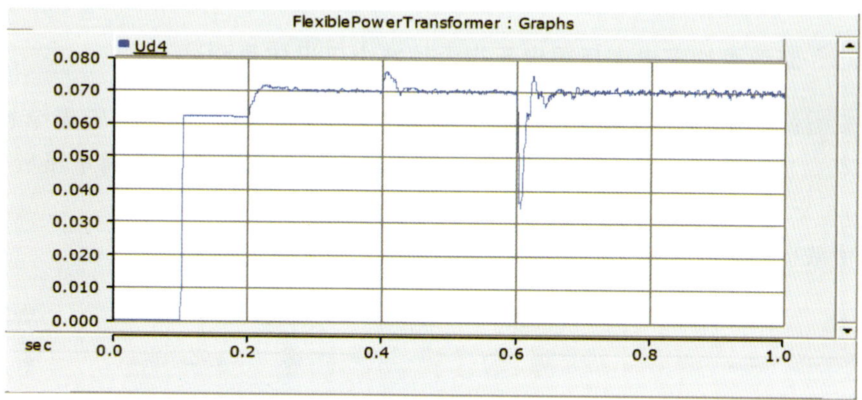

图 9-63　电压指令值增大工况条件下直流电容电压波形图

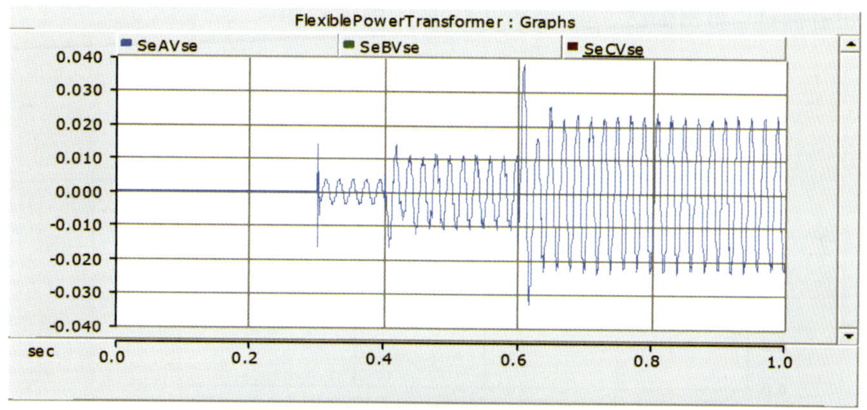

图 9-64　电压指令值增大工况条件下调控变流器 A 相输出电压波形图

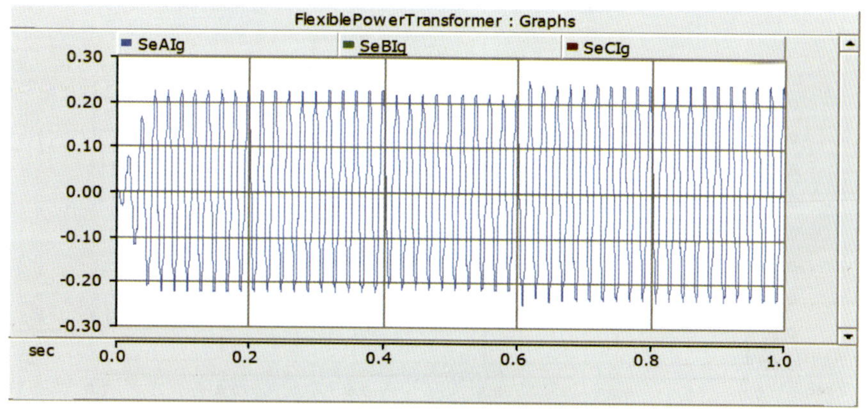

图 9-65　电压指令值增大工况条件下调控变流器 A 相输出电流波形图

由仿真测试结果可知，在新型柔性配电变压器稳定工作时，直流电容电压基本保持稳定，在需要对线路电压进行调节时，新型柔性配电变压器控制系统改变调控变流器的输出，从而达到相应的调节效果。

9.5.2.2　新型柔性配电变压器电压指令值减小工况仿真测试

对仿真测试做出如下设置：新型柔性配电变压器低压侧 A 点电压指令初始值为 1.03p.u.，0.4s 时刻将新型柔性配电变压器控制电路投入运行，0.6s 时刻将电压指令值减小至 0.93p.u.。

指令值减小工况仿真测试模型如图 9-66 所示。

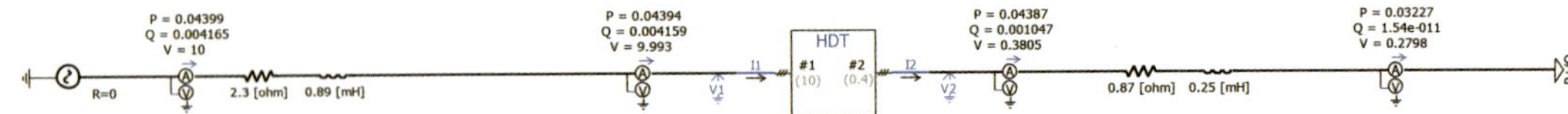

图 9-66　指令值减小工况仿真测试模型图

运行仿真测试，得出如图 9-67 至图 9-69 所示的波形图。

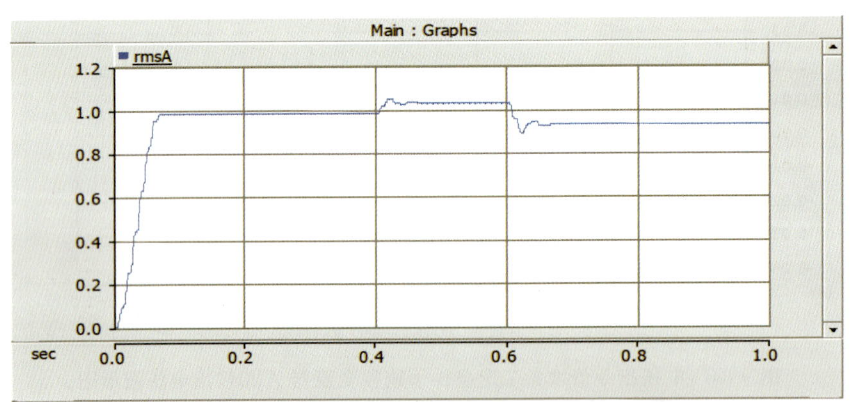

图 9-67　电压指令值减小工况条件下 A 点电压有效值波形图

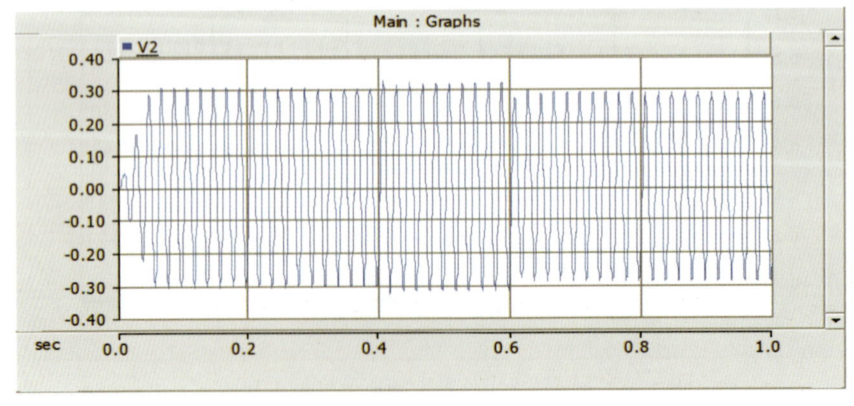

图 9-68　电压指令值减小工况条件下 A 点电压波形图（A 相）

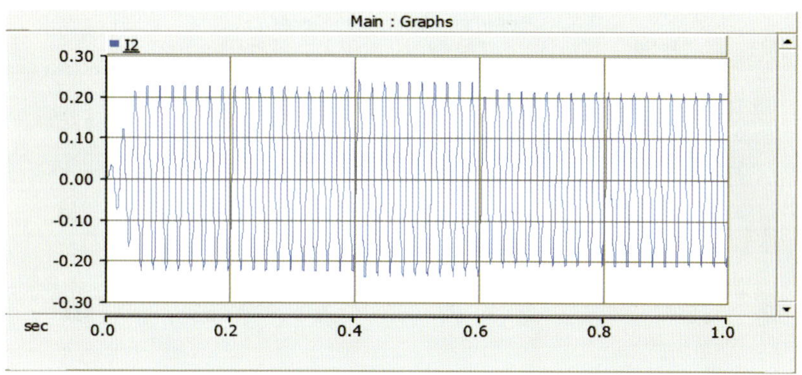

图 9-69 电压指令值减小工况条件下流经 A 点电流波形图(A 相)

由仿真测试结果可知，0.4s 时刻新型柔性配电变压器控制电路投入运行，经过 0.05s，新型柔性配电变压器将 A 点电压控制为 1.03p.u.，在 0.6s 时刻，A 点电压指令值减小 0.1p.u. 至 0.93p.u.，新型柔性配电变压器控制电路开始调节 A 点电压，经过 0.07s，新型柔性配电变压器将 A 点电压控制为 0.93p.u.，达到预期效果。

图 9-70 至图 9-72 所示为电压指令值连续变动工况条件下新型柔性配电变压器的相应工作状态。

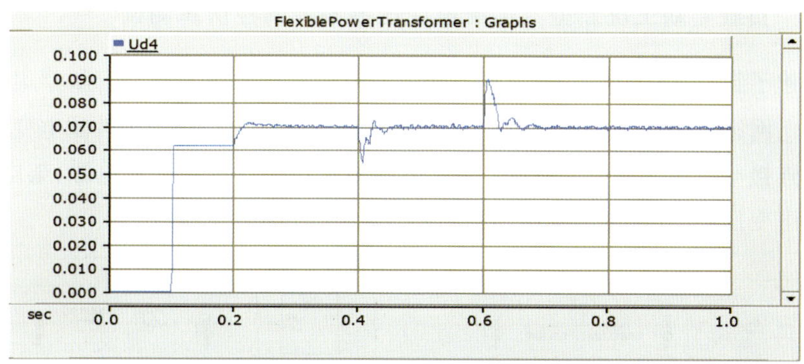

图 9-70 电压指令值减小工况条件下直流电容电压波形图

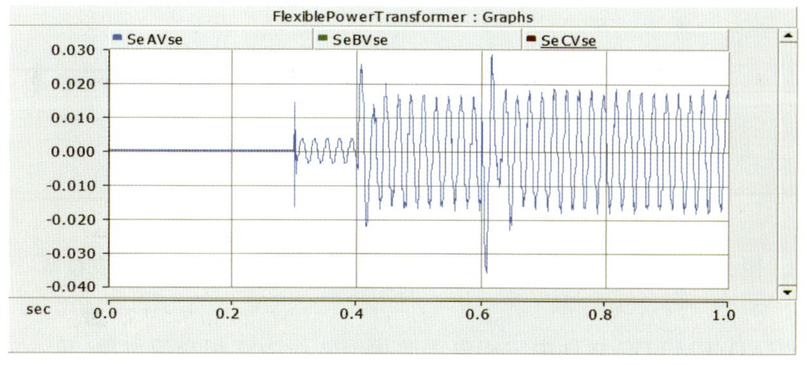

图 9-71 电压指令值减小工况条件下调控变流器 A 相输出电压波形图

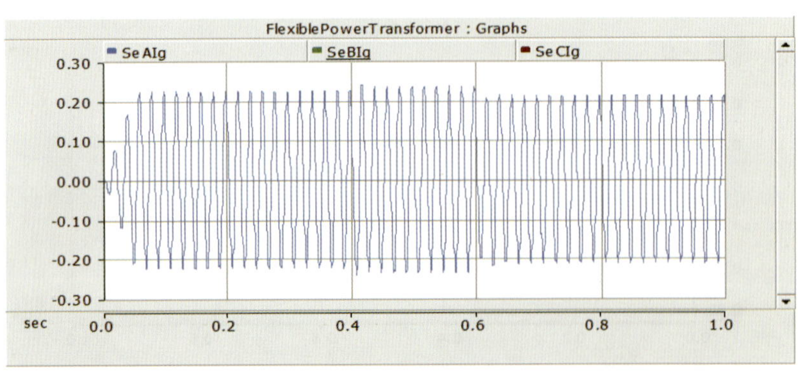

图 9-72　电压指令值减小工况条件下调控变流器 A 相输出电流波形图

由仿真测试结果可知，在新型柔性配电变压器稳定工作时，直流电容电压基本保持稳定，在需要对线路电压进行调节时，新型柔性配电变压器控制系统改变调控变流器的输出，从而达到相应的调节效果。

9.5.3　新型柔性配电变压器潮流调控仿真测试

9.5.3.1　负载变动工况新型柔性配电变压器潮流调控仿真测试

本节构建了新型柔性配电变压器投入交流配电网运行的仿真模型。新型柔性配电变压器投入交流电网进行潮流调控测试仿真模型如图 9-73 所示，在新型柔性配电变压器系统的换流母线处连接等值的交流电网系统，交流电网系统中包含三相交流电源、架空输电线路、新型柔性配电变压器、普通电力变压器和负荷。

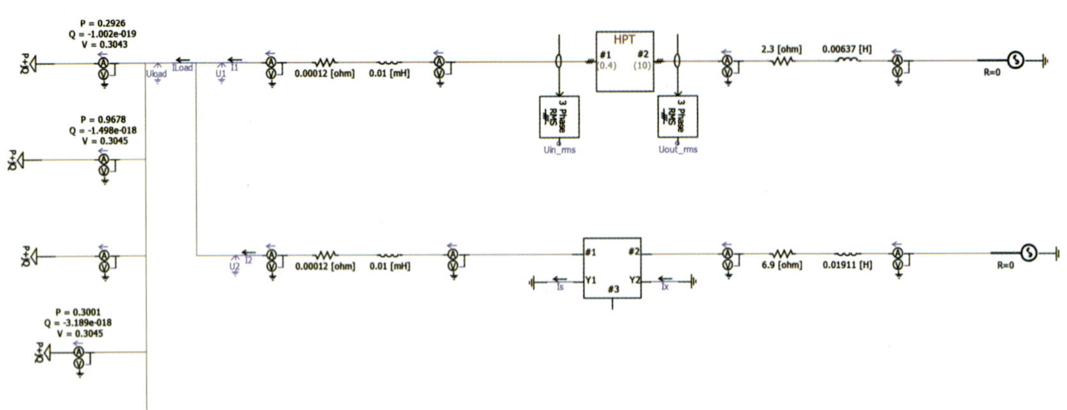

图 9-73　新型柔性配电变压器投入交流电网进行潮流调控测试仿真模型

采用 PSCAD/EMTDC 软件中三相电压源模型 2 作为三相交流电源、单一电路的 PI 线路段模拟架空线路和线对地固定负载模拟负荷。三相交流电源Ⅰ通过输电线路与新型柔性配电变压器高压侧相连，新型柔性配电变压器低压侧与输电线路相连后接入负载；三相交流电源Ⅱ通过输电线路与普通变压器高压侧相连，形成新型柔性配电变压器投入交流电网进行潮流调控测试仿真模型。交流电网仿真模型主要参数设置如表 9-5 所示。

表 9-5 交流电网仿真模型主要参数

参　数	取　值
三相交流系统电压/kV	10
新型柔性配电变压器取能绕组母线电压/kV	0.14
新型柔性配电变压器低压母线电压/kV	0.22
新型柔性配电变压器高压母线电压/kV	10
新型柔性配电变压器高压母线侧线路阻抗/Ω	$2.3+j2.0012$
新型柔性配电变压器低压母线侧线路阻抗/Ω	$0.00012+j0.00314$
普通电力变压器高压母线侧线路阻抗/Ω	$6.9+j6.0036$
普通电力变压器高压母线侧线路阻抗/Ω	$0.00012+j0.00314$

为验证新型柔性配电变压器系统电磁暂态仿真模型的稳压效果，基于 PSCAD/EMTDC 仿真软件及表 9-4 和表 9-5 的参数设置，对所构建的新型柔性配电变压器模型进行潮流调控仿真测试，仿真测试拓扑结构图如图 9-74 所示。

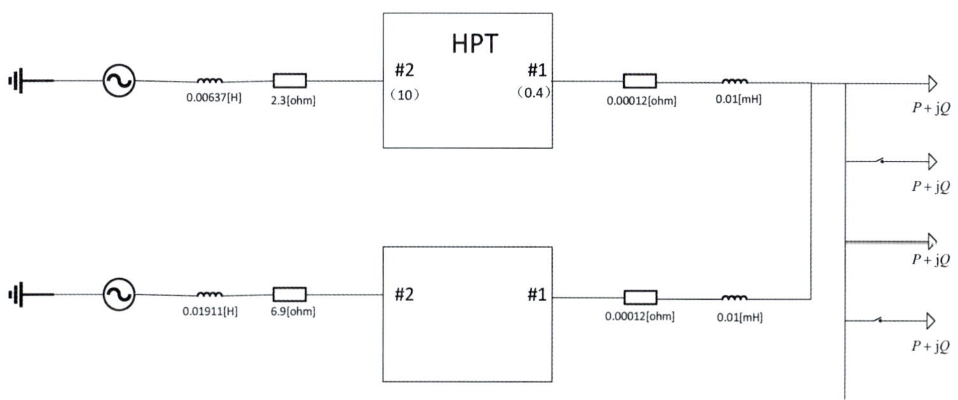

图 9-74　仿真测试拓扑结构图

在仿真测试图中，FDT 所在线路命名为线路Ⅰ，传统配电变压器所在线路命名为线路Ⅱ。负荷总功率为 4.35MW，其中中途接入负荷大小为 0.3MW；中途切除负荷大小为 1.2MW；FDT 恒功率潮流调控指令值为 $1.9+j0$ MVA。

仿真流程设置为测试系统在 0.1s 时刻前为初始化过程，新型柔性配电变压器在 0.2s 时刻投入，在0.6s时刻开始对直流电容进行充电，在1.0s时刻开始调节线路Ⅰ负荷端的有功功率和无功功率，有功功率指令值为1.9MW；无功功率指令为0MVar，负荷端在1.5s时刻突然接入0.3MW的负荷，在2s时刻切除1.2MW的负荷。

FDT进行恒功率潮流调控时线路Ⅰ和线路Ⅱ负荷侧有功功率与无功功率的波形如图9-75和图9-76所示。

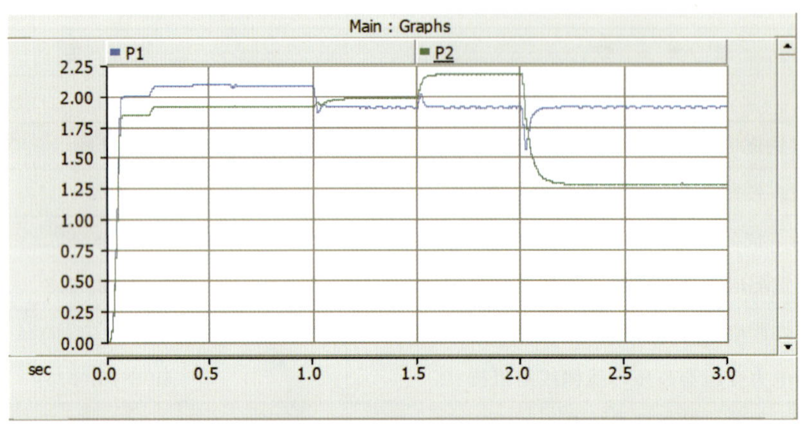

图9-75　负载波动工况线路Ⅰ与线路Ⅱ负荷侧的有功功率变化波形图

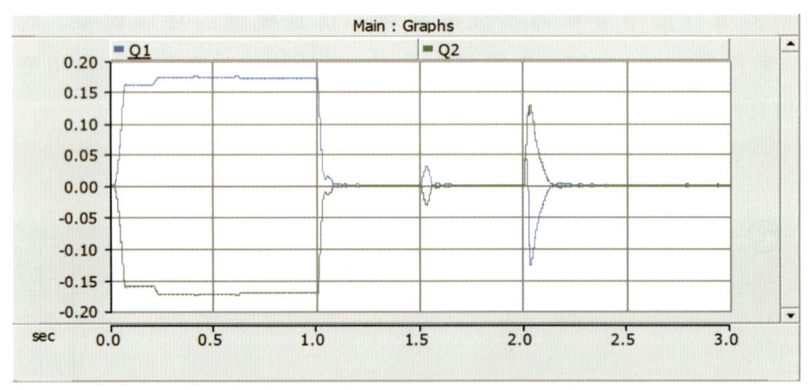

图9-76　负载波动工况线路Ⅰ与线路Ⅱ负荷侧的无功功率变化波形图

可以看出，在初始化结束后线路Ⅰ负荷端的功率稳定在1.99+j0.16 MVA；线路Ⅱ负荷端功率稳定在1.84−j0.16 MVA。在0.2s和0.6s附近出现功率波动是由直流电容的充电而引起的。在1.0s时刻后，FDT开始调节线路Ⅰ的功率，经过0.08s的时间后，包含FDT的线路Ⅰ上传输的功率稳定在1.9+j0 MVA，线路Ⅱ上传输的功率则经过0.2s的时间稳定在1.97+j0 MVA；在1.5s时刻，负荷侧突然增加0.3 MW的负荷扰动，各个功率均有波动；在0.16s后系统重新稳定，且包含FDT的线路Ⅰ上传输的功率稳定在1.9+j0 MVA，线路Ⅱ上传输的功率则稳定在2.17+j0 MVA；在2s时刻模拟某负荷突然切除，观察FDT的响应，线路Ⅰ在经过0.13s后将传输的功率稳定在1.9+j0 MVA，线路Ⅱ则经过

0.2s 将功率稳定在 1.28＋j0 MVA。

图 9-77 至图 9-79 所示为负载波动工况条件下，新型柔性配电变压器进行恒功率潮流调控的相应工作状态。

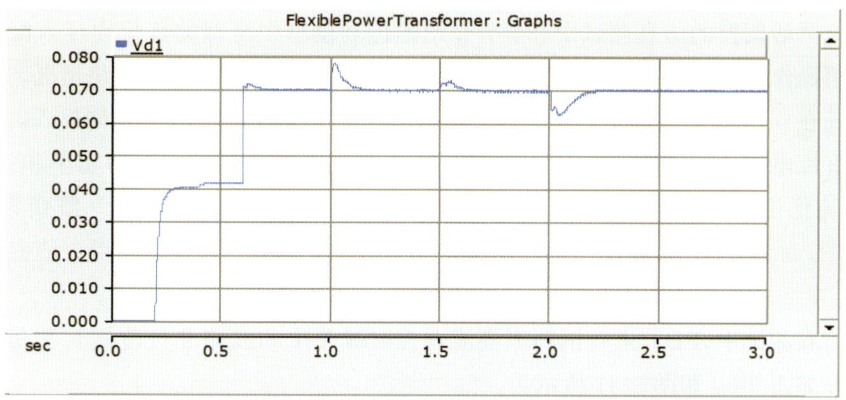

图 9-77　负载波动工况条件下直流电容电压波形图

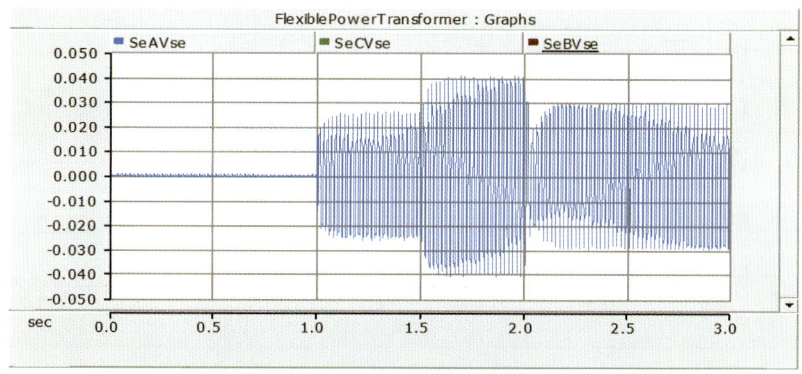

图 9-78　负载波动工况条件下调控变流器输出电压波形图(A 相)

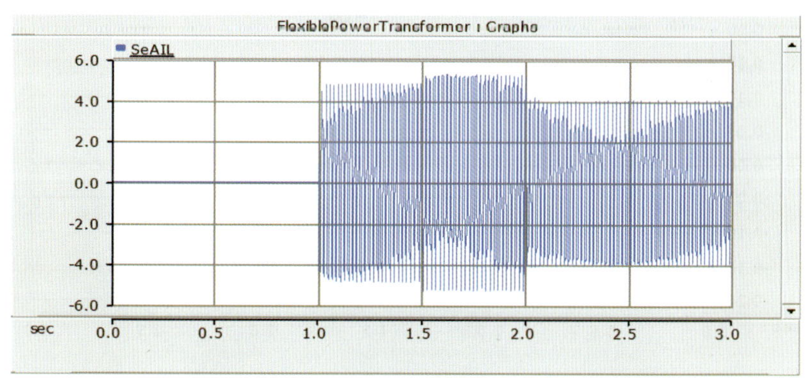

图 9-79　负载波动工况条件下调控变流器输出电流波形图(A 相)

综合上述仿真过程可知，新型柔性配电变压器能够通过调节调控变流器的输出电压来调节线路的功率，且在负荷出现波动时能快速、准确地将潮流稳定在指令值附近。

9.5.3.2　指令值变动工况新型柔性配电变压器潮流调控仿真测试

在潮流灵活调控的仿真测试中，本节介绍的仿真模型中全部的负荷均接入配电网中且不进行投切操作，仅改变 FDT 的潮流指令值，线路 Ⅰ 上传输的功率的变化情况。仿真过程为测试系统在 0.1s 时刻前为初始化过程，新型柔性配电变压器在 0.2s 时刻投入，在 0.6s 时刻开始对直流电容进行充电，在 1.0s 时刻开始调节线路 Ⅰ 负荷端的有功功率和无功功率，FDT 的潮流优化控制指令值为 $1.9+j0$ MVA；在 1.5s 时刻 FDT 的指令值变为 $2.0+j0$ MVA；在 2s 时刻 FDT 的潮流优化控制指令值中有功功率进一步上升，指令值变为 $2.15+j0$ MVA；在 2.5s 时刻 FDT 的潮流优化控制指令值变为 $1.45+j0$ MVA。

在此仿真测试中，FDT 进行恒功率潮流调控时线路 Ⅰ 和线路 Ⅱ 负荷侧有功功率与无功功率的波形如图 9-80 和图 9-81 所示。

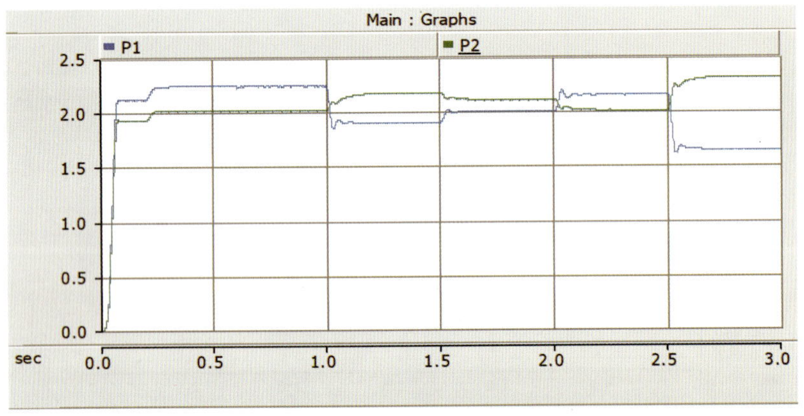

图 9-80　指令值变动工况线路 Ⅰ 与线路 Ⅱ 负荷侧的有功功率变化波形图

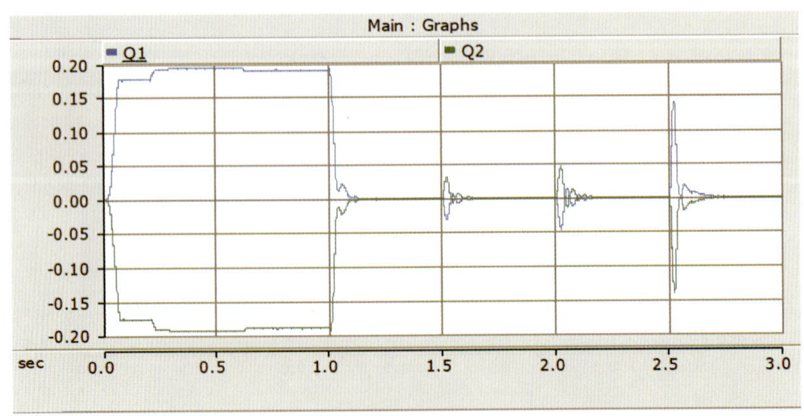

图 9-81　指令值变动工况线路 Ⅰ 与线路 Ⅱ 负荷侧的无功功率变化波形图

可知，在1s时刻FDT开始对线路Ⅰ的潮流进行控制，经过0.09s将线路Ⅰ的潮流稳定在$1.9+j0$ MVA；在1.5s时刻改变FDT潮流控制的指令值为$2.0+j0$MVA，FDT开始跟随指令值对潮流进行调节，经过0.08s将线路Ⅰ上传输的功率稳定在$2.0+j0$ MVA；在2s时刻改变FDT潮流控制的指令值为$2.15+j0$ MVA，经过0.2s线路Ⅰ上的功率潮流稳定在$2.15+j0$ MVA；在2.5s时刻将FDT的指令值变为$1.45+j0$ MVA，经过0.16sFDT将线路Ⅰ上的潮流稳定在$1.45+j0$ MVA。

图9-82至图9-84所示为指令值变动工况条件下，新型柔性配电变压器进行恒功率潮流调控的相应工作状态。

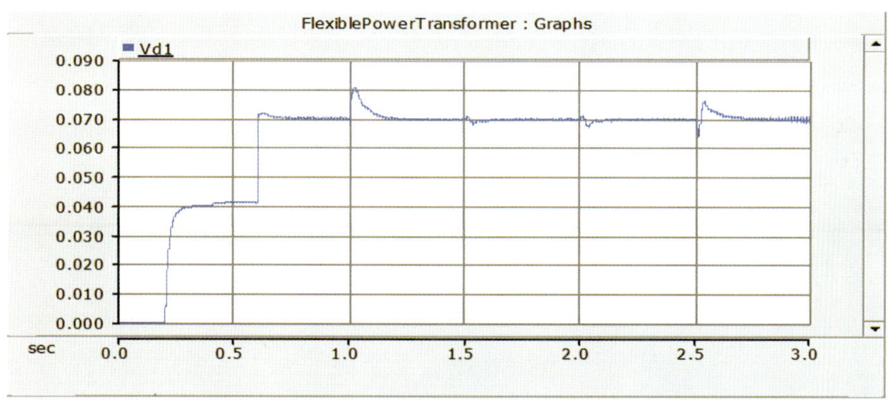

图9-82　指令值变动工况条件下直流电容电压波形图

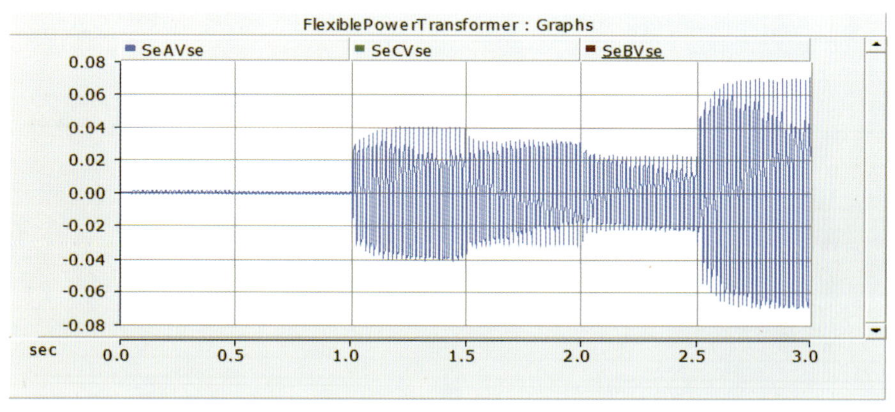

图9-83　指令值变动工况条件下调控变流器输出电压波形图(A相)

综合上述仿真过程可知，新型柔性配电变压器能够通过调整调控变流器的输出电压来调节线路的功率，且在指令值出现变化时能快速、准确地将潮流稳定在指令值附近。

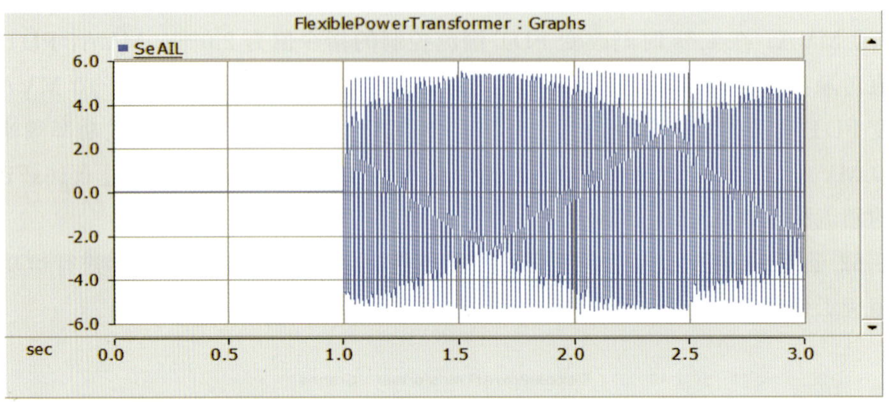

图 9-84　指令值变动工况条件下调控变流器输电流压波形图(A 相)

第 10 章
示范应用

10.1 多功能四象限可调阻抗装置的工程示范应用介绍

10.1.1 有源滤波器的保护问题

传统并联型有源滤波器和谐波源是并联连接的，当出现故障时可以将滤波装置从电网上直接切除，保护实现起来比较简单。对于串联型有源滤波器(包括本书提出的基于基波磁通补偿的串联混合型有源滤波器，以及第 2 章中介绍的并联无源＋串联有源滤波器相结合的滤波器方案等)，由于滤波系统是串联在电网中，保护的设计稍微复杂一些。图 10-1 和图 10-2 分别为基于基波磁通补偿的串联混合型有源滤波器的主电路图和电气控制图。基于基波磁通补偿的串联混合型有源滤波器中有一个串联变压器，当基于基波磁通补偿的串联混合型有源滤波器的主电路、控制电路出现故障或负载发生短路等情况时，可根据变压器的特点来设计保护电路，一般可以采用如下 3 种方法进行保护：将串联变压器的二次侧短路的方法；用氧化锌避雷器对过电压进行保护；采用变压器磁饱和原理对串联变压器进行特殊设计。

1.将串联变压器的二次侧短路的方法

根据变压器的特点，当串联变压器的二次侧被短路时，变压器的一次侧的阻抗就是短路阻抗(该阻抗很小)，因此有源滤波器系统可以采用将二次侧短路来实现对系统的保护，保护的原则就是在出现任何故障立即将变压器短路起来，系统相当于串入了一个很小的短路阻抗，这样负载谐波源就可以在只带无源滤波器的情况下正常工作，有源部分退出运行。一般情况下的故障主要包括逆变器过电流、过电压、系统的过电流和欠电流等。图 10-2 中和中间继电器 KA1 串联的 J11 接线柱就是接到控制电路板上用来检测上述故障的。当检测到系统的各种故障后采用两种方式对串联变压器的二次侧进行短路，一是触发变压器二次侧的双向可控硅使其短路，二是通过电气控制使接在变压器二次侧的接触器短路，两种方法进行双重可靠保护。具体的保护实现过程，本书将在后面关于有源部分和无源部分的投入切除过程中详述。

2.用氧化锌避雷器对过电压进行保护，过电压保护对安全使用开关器件非常重要

基于基波磁通补偿的串联混合型有源滤波器中，开关器件过电压来自直流母线电压。该直流母线电压一方面与整流桥相接，另一方面通过逆变器中的续流二极管构成的整流桥与变压器的二次侧相接，前者电压一般固定，后者在各种故障情况下都会有很大的波动。为了保护开关器件，可在变压器的二次侧并联一个限制过电压的氧化锌避雷器，在图 10-1 中没有画出。

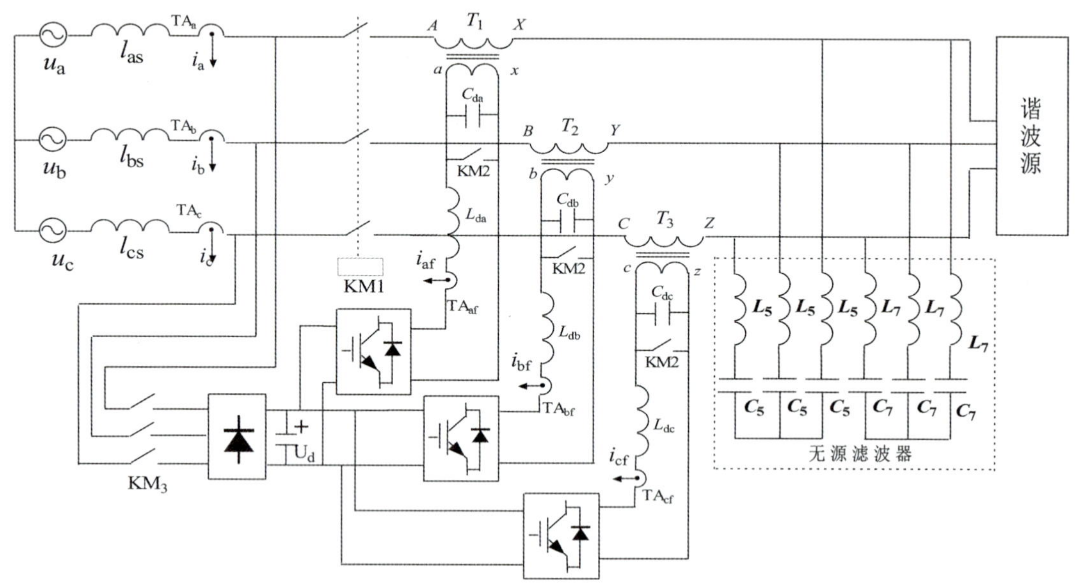

图 10-1　基于基波磁通补偿的串联混合型有源滤波器的主电路图

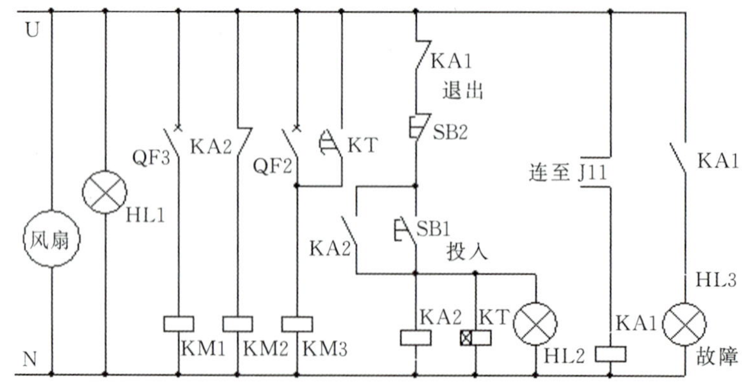

图 10-2　基于基波磁通补偿的串联混合型有源滤波器的电气控制图

3.采用变压器磁饱和原理对串联变压器进行特殊设计

基于基波磁通补偿的串联混合型有源滤波器中，串联变压器不同于普通的电力变压器

和电抗器。为了完成该串联变压器的设计，首先要确定串联变压器的容量，该串联变压器的容量以变压器一次侧的基波容量(基波电压电流之积)和谐波容量(谐波电压电流之积)之和计算。当选择合适的变压器的短路阻抗和开路阻抗后，经过基于基波磁通补偿的串联混合型有源滤波器后，变压器的一次侧电流包括基波电流和幅值很小的谐波电流，而一次侧的电压包含基波电压和一定幅值的谐波电压。研究表明，对于谐波，尽管串联变压器一次侧有一定的谐波电压成分，但是因为电流中的谐波幅值很小，因此谐波容量非常小，整个容量可以只考虑基波的容量。考虑到实际基波磁通补偿时会有一定的误差，即 $W_1\dot{I}_1+W_2\dot{I}_2\neq 0$。当还剩 1%～4%的基波磁通未被补偿掉，则串联变压器的一次侧的基波阻抗为

$$Z_{AX}=Z_1+(0.01\sim 0.04)Z_m \tag{10-1}$$

值得注意的是，此外还剩 1%～4%的基波磁通未被补偿掉，这与普通变压器只要额定电流的 1%左右的额定电流就可以励磁完全不同，普通变压器的励磁电流很小，而其额定电流中大部分由二次侧电流来抵消。而该串联变压器实际上没有起到传递功率的作用，工作在互感器状态，其额定电流即为普通变压器的励磁电流。基于此，磁通可控的可调电抗器就是对该励磁电流对应的主磁通进行控制。

在此情况下，串联变压器的容量为 $Z_{AX}I_N^2$。根据该容量就可以按照变压器或电抗器的经验公式选择串联变压器的铁心直径。鉴于串联变压器的原理更接近于电抗器的原理，采用电抗器的经验公式会更准确一些。

当选择完串联变压器的铁心直径后，可以根据所需的主电感的大小并考虑逆变器电压安全条件，选择串联变压器一次侧和二次侧的匝数。

以基于基波磁通补偿的三相有源滤波系统中带两个补偿绕组的串联变压器为例解释其设计过程。

该串联变压器用于低压 380V 系统的滤波，系统设计容量为 80kVA，系统电流为 120A。为了验证这种结构可用于大容量场合，串联变压器的二次侧补偿绕组只有两个，通过完整的系统仿真得出变压器的励磁阻抗为 15mH；一次侧漏阻抗为 0.10mH 时系统的滤波效果很好。下面就以上述数据为基础进行设计。

首先确定串联变压器的容量，设还剩 2%的基波磁通未被补偿掉，按照上述串联变压器的容量计算公式可知变压器容量为 $Z_{AX}I_N^2=0.4\times 10^{-3}\times 314\times 120^2=1.8(\text{kVA})$，取 2kVA。以该容量为基础，根据电抗器或变压器的经验公式可以选择出串联变压器的截面积为 44.3 cm²，为了保证基波阻抗和谐波阻抗接近线性，变压器一般设计了一定气隙。根据气隙和系统保护的需要来共同选择变压器的匝数，则可根据下面公式近似计算出变压器的匝数

$$L_m=\frac{W^2\mu_0 A_\delta}{n\delta} \tag{10-2}$$

式中，L_m 表示基波励磁电感；W 为匝数；n 为气隙的个数；δ 为气隙的长度。

当取四段气隙，且气隙长度为 1.5mm 时，由式(10-2)可以初步计算出变压器的匝数约

为 128。变压器的变比为 1∶1，变压器的二次侧也为 128 匝。

因为铁芯的 B H 曲线是一个饱和曲线，即当电流增大到一定值后，铁芯中的磁感应强度 B 将不再增加。根据国产的武钢冷轧硅钢片的性能数据，其最大可能达到的磁感应强度 B 为 2.5T，设计中按 3T 考虑，根据所选择的串联变压器参数为：铁芯截面为 44.3cm^2，匝数为 128 匝。因此变压器二次侧可能出现的最高电压峰值为

$$U_{2\max}=\sqrt{2}\times 4.44fWBS=534\text{V} \tag{10-3}$$

因此，选择额定电压 1200V，300A 的 IGBT 是安全的。

关于串联变压器的具体设计和计算过程略。

10.1.2 高压系统串联变压器的设计原则

在低压系统中，二次侧的电压不会很高，但是在高压系统中(这里指 10kV 和 35kV 电压等级)，励磁阻抗及二次侧的电压如何选择是其系统设计中应该首先考虑的问题。在低压系统中，系统的等效阻抗可以忽略不计，因此有源滤波系统最后的谐波阻抗近似等于串联变压器的励磁阻抗。在高压系统中，系统的等效阻抗较大，$Z_K^*=0.105$，但是该等效阻抗不够大，所以无源滤波器的效果不够好。在高压系统采用基于基波磁通补偿的串联混合型有源滤波器后，一般串联变压器的励磁阻抗越大滤波效果越好，但是太大则串联变压器的容量太大。本书以 $k_s=Z_m/Z_{\text{sn}}$来表示串联变压器的基波励磁阻抗与系统阻抗之比。若经过无源滤波器后流入系统的电流与不加无源滤波器时谐波电流之比为 k_1，故有

$$\frac{Z_{\text{fn}}}{Z_{\text{fn}}+Z_{\text{sn}}}=k_1 \quad 即 \quad Z_{\text{fn}}=\frac{k_1}{1-k_1}Z_{\text{sn}} \tag{10-4}$$

要使加入基于基波磁通补偿的串联混合型有源滤波器后 k_1降低，设降为 k_2 以下有

$$\frac{Z_{\text{fn}}}{Z_{\text{fn}}+Z_{\text{sn}}+nZ_m}\leqslant k_2 \tag{10-5}$$

由式(10-5)得

$$nZ_m\geqslant\frac{k_1-k_2}{(1-k_1)k_2}Z_{\text{sn}} \quad 即 \quad k_s\geqslant\frac{k_1-k_2}{n(1-k_1)k_2} \tag{10-6}$$

在电力系统中，若以最后一级星形接法的变压器短路阻抗来代替系统的短路阻抗，则有

$$X_{\text{sn}}=\frac{V_s\%}{100}\frac{V_N^2}{S_N}，且有：I_N^2X_{\text{sn}}=\frac{V_s\%}{100}\frac{S_N}{3} \tag{10-7}$$

即系统主变容量为

$$S_N=3I_N^2X_{\text{sn}}\frac{100}{V_s\%} \tag{10-8}$$

根据前面分析可知：设未被补偿掉基波磁通与原来的主磁通之比为 k_3，则 $Z_{AX}=Z_1+k_3Z_m$，串联变压器的容量为 $Z_{AX}I_N^2$。3 个同样的单相变压器的总容量即为 $3Z_{AX}I_N^2$。

则串联变压器的容量和系统主变的容量之比(定义为 k_m)为

$$k_m=\frac{3Z_{AX}I_N^2}{3I_N^2X_{sn}\dfrac{100}{V_s\%}}=\frac{V_s\%}{100}\frac{Z_{AX}}{X_{sn}} \tag{10-9}$$

式(10-9)要求 Z_m 小一些，而式(10-6)中为了保证滤波效果希望 Z_m 大一些为好。实际中的串联变压器的励磁阻抗可以根据式(10-9)和式(10-6)折中选择。

下面以一个例子简要说明励磁阻抗的选择。设加入无源滤波器后流入系统的谐波电流占总谐波电流的比例 k_1 为 20%，加入基于基波磁通补偿的串联混合型有源滤波器后降为1%，即 $k_2=1\%$，未被补偿掉基波磁通与原来的主磁通之比为 $k_3=2\%$，忽略掉 Z_{AX} 中的 Z_1。系统主变的短路电压百分数 $V_s\%$为 0.105。则由(10-6)得：$nZ_m\geqslant 23.75Z_{sn}$，

若为单相系统，n 的最小值一般取 3，$Z_m\geqslant 7.92Z_{sn}$，则串联变压器的容量和系统主变的容量之比 $k_m=\dfrac{10.5}{100}\times\dfrac{0.02Z_m}{X_{sn}}\geqslant 1.66\%$。

当 Z_m 取(8～15)Z_{sn}，滤波效果会更好，但是串联变压器的容量和系统主变的容量之比仅为 1.68%～3.15%，实际中的串联变压器的容量可以酌情留一定的余量。

若为三相系统，n 的最小值一般取 5，对于三相系统，则 $Z_m\geqslant 4.75Z_{sn}$，这时串联变压器的容量和系统主变的容量之比 $k_m=\dfrac{10.5}{100}\times\dfrac{0.02Z_m}{X_{sn}}\geqslant 0.99\%$。$Z_m$ 取 $5Z_{sn}$，这时串联变压器的容量和系统主变的容量之比仅为 1.05%。

二次侧的电压如何选择就与整个系统的保护等因素直接相关。

以 2000kVA、10kV 有源系统为例，采用变压器磁饱和原理分析串联变压器二次侧可能达到的最高电压。此处为了简单起见，先设串联变压器的变比为 1∶1，设主变容量也是2000kVA，系统主变的短路电压百分数 $V_s\%$为 0.105。采用三相系统时，系统等效阻抗为5.25Ω，额定工作电流为 115.5A。按上面的原则取串联变压器的励磁阻抗为 $5Z_{sn}=26.25\Omega$，即为 83.56mH，串联变压器的短路阻抗一般可以忽略不计。

在 MATLAB 中，饱和变压器的等效电路用图 10-3 表示。其中，R_1 和 L_1 表示串联变压器的一次侧的漏阻和漏感；R_2 和 L_2 表示串联变压器的二次侧的漏阻和漏感；R_m 代表铁耗所对应的电阻成分，L_{sat} 对应饱和励磁电感。不考虑剩磁时的铁心中磁链电流曲线如图10-4 所示，变压器的饱和特性由图 10-4 所示的分段线性化表示。当在串联变压器中采用磁链电流的关系代表其磁化曲线实际上就是分段线性化表示出电感的大小，这是因为当不考虑一次侧漏感时，$L_{sat}=\dfrac{d\Psi}{di}$。当饱和变压器规定一个额定值后，就可以通过令该饱和变压器在电流小于额定值时是不饱和的，而电流大于额定值后就是饱和的，饱和的特性由磁链电流分段线性化给出。

所有串联变压器的参数均用标么值表示，其中电阻、电感、电流和磁链的基值分别为

$$R_{base}=\frac{(V_N)^2}{P_N},\ L_{base}=\frac{R_{base}}{2\pi f_N},\ I_{base}=\frac{P_N}{V_1}\sqrt{2},\ \Psi_{base}=\frac{V_1}{2\pi f_N}\sqrt{2} \tag{10-10}$$

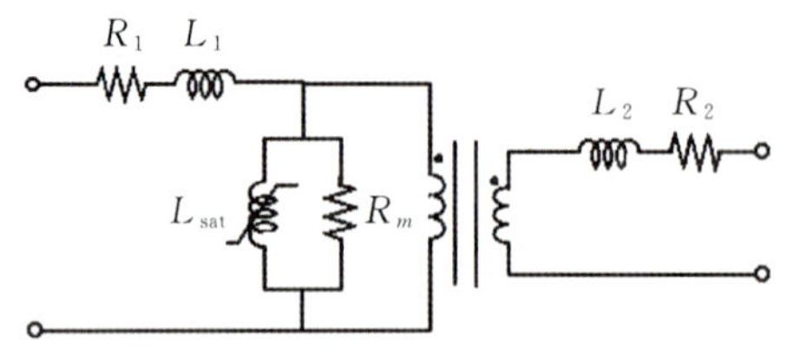

图 10-3 饱和变压器的等效电路

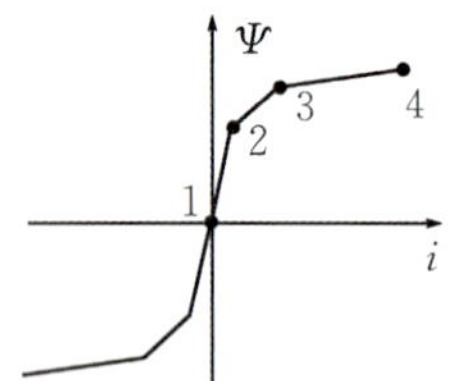

图 10-4 不考虑剩磁时的磁链电流曲线

设基于基波磁通补偿的串联混合型有源滤波系统的额定电流为 I_N 和主变额定电流相等，均为 115.5A，则负载的等效阻抗为 50Ω(设该阻抗为纯电阻)。当出现故障后又没来得及将串联变压器二次侧短路起来时，串联变压器完全不补偿，一次侧对基波等效为励磁阻抗，这时系统电流为 105.7A，当串联变压器出现端口短路时，系统的电流可达 262.4A。电流达到多大时串联变压器饱和对串联变压器二次侧的电压有决定性作用，本书先以串联变压器的电流达 40%的额定电流进入饱和进行仿真，则这时串联变压器的额定电压为 $U_{SN}=0.4\times115.5\times26.25=1213V$。额定电流 $I_{SN}=0.4\times115.5=46.2A$。额定为容量 $S_{SN}=U_{SN}\times I_{SN}=56kVA$。则式(10-10)的各参数的基值分别为

$$R_{base}=26.25\Omega,\ L_{base}=83.56mH,\ I_{base}=65.36A,\ \Psi_{base}=5.46Wb \tag{10-11}$$

注意式(10-11)是以磁链作为基值的，对于上面的串联变压器根据其容量可以得出其直径的大小，当根据经验可设计其直径为 $50\sqrt[4]{56}=136.8mm$。由此可以出其截面积为 1.5×10^{-2}。若饱和时磁密取 1.5T，这是主磁通 $\Phi=0.01Wb$，则串联变压器的匝数为 $\Psi/\Phi=416$ 匝。本书的分析均以磁链来代表磁通，实际上两者相差一个匝数的倍数关系。

根据上面的分析饱和变压器在电流小于额定值时是不饱和的，而电流大于额定值后就是饱和的，额定电流的标么值 $I_{pu}=I_{SN}/I_{base}=0.707$，$\Phi_{pu}=\Phi_{SN}/\Phi_{base}=1$。以额定时的电流和磁链的标么值为转折点，饱和变压器的磁化曲线的额定电流以下的部分可以等效为线性，而大于额定电流部分则可以用饱和曲线来表示。本书首先取如下一组电流磁链参数来代替近似描述变压器的饱和特性：

$$\begin{aligned}&[0,0;0.1768,0.25;0.3535,0.5;0.53,0.75;0.707,1;1.414,1.1;3.535,1.2;\\&\quad 7.07,1.3;35.35,1.4;70.7,1.5]\end{aligned} \tag{10-12}$$

值得注意的是，当基于基波磁通补偿的串联混合型有源滤波器正常工作时，串联变压器是具有非常小的基波励磁电流和磁通的。设最后补偿后的磁通只有额定磁通的 2%，有源滤波器在额定电流下正常工作时相当于工作在磁化曲线电流为 2.31A 的地方，这时串联变压器一定是工作在线性段，可以确定磁链的工作点为 0.273Wb。励磁电流和磁链用标么值表示分别为 0.035 和 0.05。

当逆变器出现故障没法进行磁通补偿时，系统电压、串联变压器的二次侧电压、串联变压器的磁链和励磁电流的波形图如图 10-5 所示。从图中可以看出，由于磁饱和的影响使串联变压器的二次侧的电压低于系统的电压，这样可以保护与串联变压器二次侧相接的逆变器主电路不会因为过电压而烧掉。

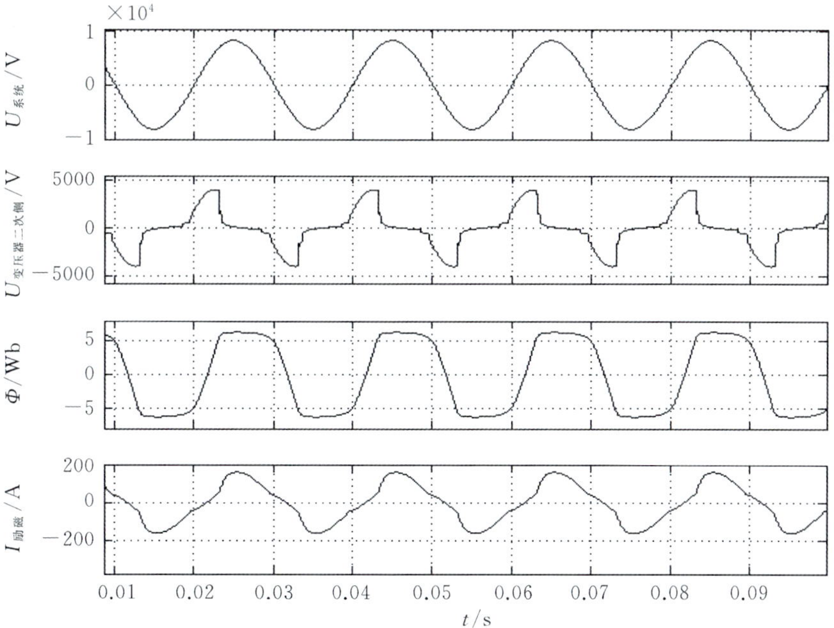

图 10-5 逆变器出现故障时系统电压、串联变压器的二次侧电压、串联变压器的磁链和励磁电流的波形图

有一种故障情况是负载输入端出现端口短路，这时系统电压、串联变压器的二次侧电压、串联变压器的磁链和励磁电流的波形图如图 10-6 所示。

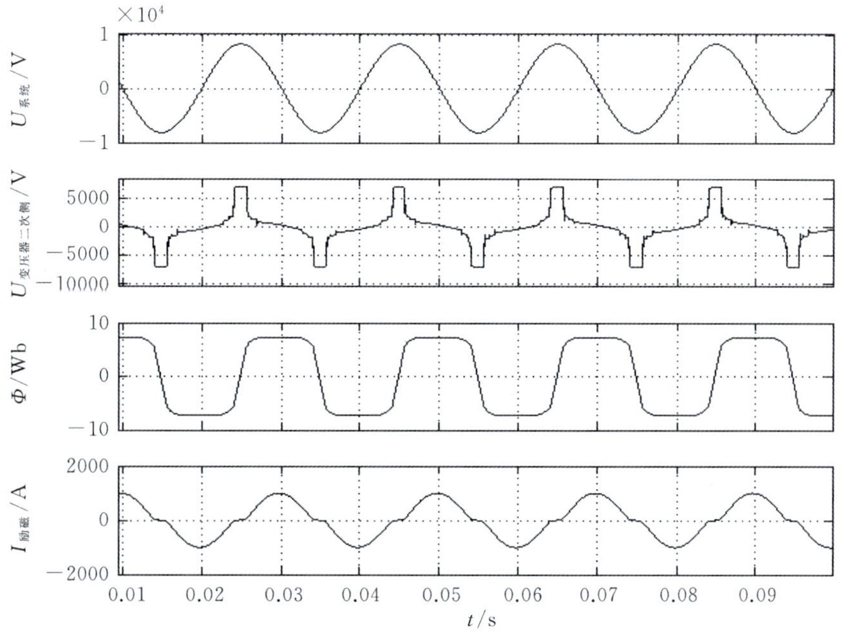

图 10-6 端口短路时系统电压、串联变压器的二次侧电压、串联变压器的磁链和励磁电流的波形图

从图 10-6 中可以看出串联变压器的二次侧电压会出现很高的瞬时电压，这是因为串联变压器的感生电动势与磁链相差 90°，在磁链的过零的那一段磁链是线性的。该磁链感生出的电动势是线性的，因此在串联变压器的二次侧感生出很高的电压。

上面是以串联变压器的电流达 40%的额定电流进入饱和进行仿真。下面以串联变压器的电流达 100%的额定电流进入饱和进行讨论。在这种情况下，串联变压器的额定电压为 $U_{SN}=115.5\times26.25=3032V$，额定电流为 $I_{SN}=115.5A$，额定容量为 $S_{SN}=U_{SN}\times I_{SN}=350kVA$，式(10-10)的各参数的基值分别为

$$R_{base}=26.25\Omega,\ L_{base}=83.56mH,\ I_{base}=163.34A,\ \Psi_{base}=13.66Wb$$

磁化曲线按式(10-12)选择，当逆变器出现故障没法进行磁通补偿时，系统电压、串联变压器的二次侧电压、串联变压器的磁链和励磁电流的波形图如图 10-7 所示。从图中可以看出，由于磁饱和的影响使串联变压器的二次侧的电压大大低于系统的电压，所以可以起到保护逆变器的主电路的作用，但是二次侧的电压峰值电压比图 10-5 中的要大一点。负载输入端出现端口短路后的系统电压、串联变压器的二次侧电压、串联变压器的磁链和励磁电流的波形图如图 10-8 所示，串联变压器的二次侧也感生出很高的电压，因此一定不要使负载出现端口短路。综合考虑容量和二次侧感生电动势，选择以串联变压器的电流达 40%的额定电流进入饱和具有更好的性价比，还可以考虑选小于 40%的额定电流进入饱和的情况进行分析。

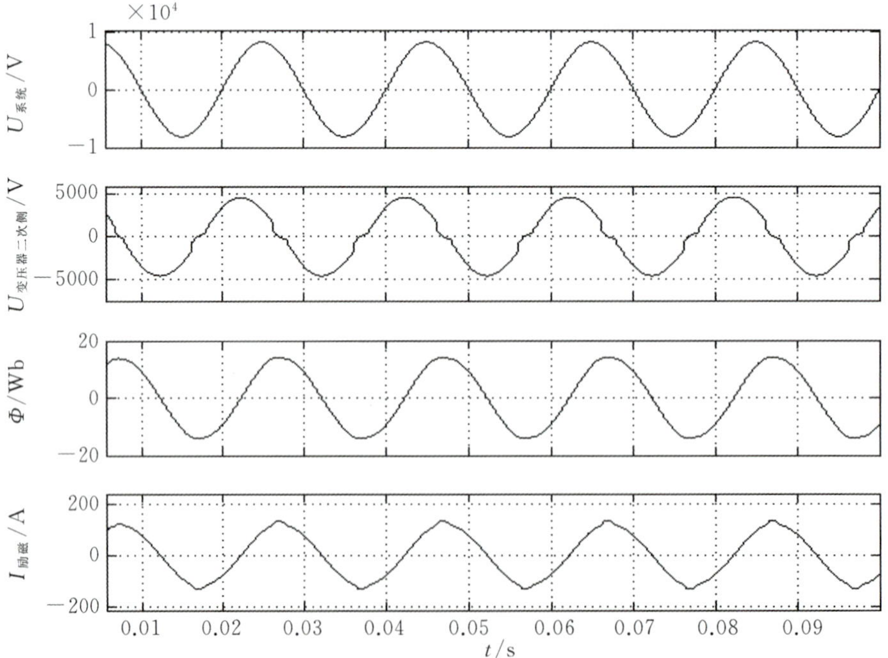

图 10-7　逆变器出现故障时系统电压、串联变压器的二次侧电压、串联变压器的磁链和励磁电流的波形图

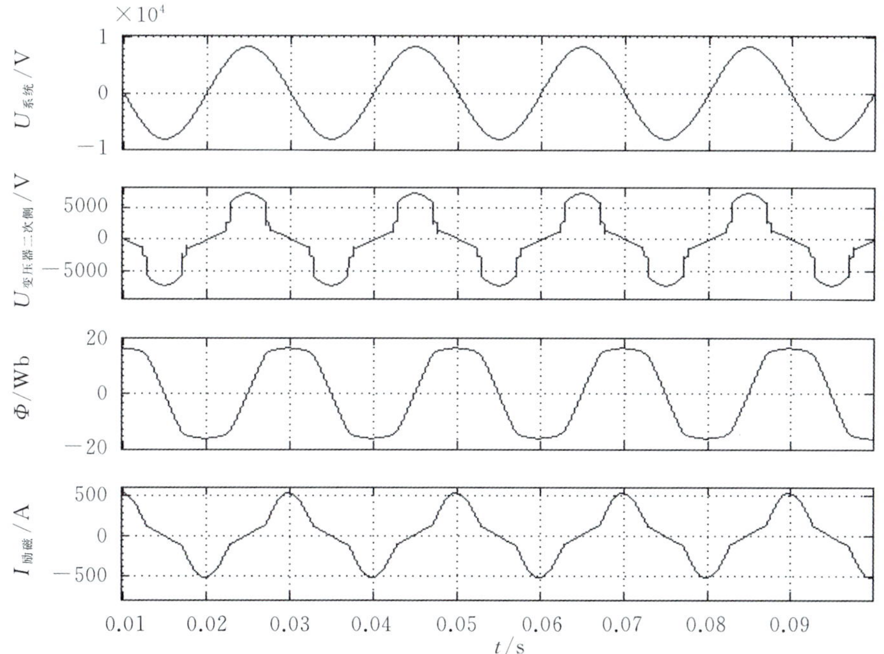

图 10-8 端口短路时系统电压、串联变压器的二次侧电压、串联变压器的磁链和励磁电流的波形图

10.1.3 有源滤波器中的无源部分、有源部分的投入切除问题

关于无源滤波器、有源滤波器的投入和将装置接入电网的顺序关系问题是有源滤波器实用化的另一个关键问题。下面本书根据图 10-1 和图 10-2 阐述有源部分、无源部分和系统的投入切除过程，图 10-2 中 KM1 是滤波器电路总开关，可以通过手动开关 QF3 来进行控制。KM2 用于对变压器二次侧进行短路和开路控制，KM3 用于给有源部分上电。

一般情况下，投入无源滤波器和将装置接入电网之前，都不先合上逆变器的直流电源 Ud，因为这时变压器一次侧和二次侧的两个电源系统同时工作，两个暂态过程的叠加，容易导致过电流和过电压从而导致系统保护。

对于基于基波磁通补偿的串联有源滤波系统一般可以采用以下几种投入顺序：

(1)KM2 开路，首先将无源滤波器并联在谐波源两端，然后将装置接入电网，待延时一段时间后，再合 KM3 投入有源逆变器的直流电源 Ud。

(2)KM2 开路，首先将装置接入电网，然后无源滤波器并联在谐波源两端，待延时一段时间后，再合 KM3 投入有源逆变器的直流电源 Ud。

(3)KM2 短路，首先将装置接入电网，然后投入无源，再断开二次侧短路用接触器，待延时一段时间后，再合 KM3 投入有源逆变器的直流电源 Ud。

(4)首先将 KM2 短路，然后将无源滤波器并联在谐波源两端，再将装置接入电网，之后断开 KM2，待延时一段时间后，再合 KM3 投入有源逆变器的直流电源 Ud。

方案(1)先将变压器二次侧短路用接触器断开，但仍然和逆变器接在一起，再投入无源滤波器和将装置接入电网。这种情况下突然加载瞬间时变压器二次侧不是开路，而是接近于短路，负载上的电压基本接近于系统电压，因为该滤波器的逆变器系统的输出为变压器的二次侧，而每个 IGBT 有一个反并联的续流二极管，从变压器二次侧往逆变器看进去，4 个续流二极管组成了一个整流全桥，且整流桥后面有一个电解电容器可用来滤波。在突然加载时，变压器二次侧会经过一个整流全桥和一个电解电容器短路。在后面的几个电源周期内，变压器二次侧会有很小的基波电压和一定的谐波电压，这个电压将对电解电容器充电。但是该能量不够提供逆变器用来进行基波补偿所消耗的能量，从而电解电容器上的电压基本充不上去，致使变压器对基波呈现一个远小于励磁阻抗的阻抗(但是比短路阻抗稍微大一些，因为没有实现完全的基波磁通补偿)，对谐波照样呈现励磁阻抗。这种现象我们初步定义为准基波磁通补偿式串联有源电力滤波器。实际上，这种情况也会有一定的滤波效果，其过渡过程也比较平稳。

方案(2)是不允许的，因为在准基波磁通补偿时，谐波被隔离起来，就得有通路，因此无源滤波器必须先加上去。

方案(3)、(4)基本差不多，只是方案(3)多了一个无源投入的过程，稍微复杂一些。在变压器短路时，将无源滤波器并在谐波源两端，将装置接入电网，突然断开短路用的接触器时，逆变器的电解电容器上没有电，也是呈现短路状态，然后进入方案(1)的准基波磁通补偿式的状态。经过一段时间延时后再投入直流电压 Ud，系统即可进入稳态工作。

综上所述，方案(1)、(3)和(4)原则上均可作为投入过程，考虑方案(1)突然加载时，逆变器会承受过渡过程的暂态电流电压变化，而逆变器的直流母线电压不可控，从而系统的控制不是很稳定；而方案(4)比方案(3)更简单一些。因此我们选择了该文所述方案(4)的启动顺序。

当无源和有源都投入工作后，负载在额定负载到 5%的额定负载之间变化时，该系统完全可以正常工作，可以做到基波磁通的实时补偿。但是当负载变为很轻时，由于控制参数不是自动调整的，滞环宽度相对给定信号太大，效果一般不是很理想。考虑到接近于空载时，系统的总谐波电流很小，本系统专门设计了一个欠电流保护将变压器的二次侧短路，这时对系统的谐波污染也很小，负载却可以正常工作。

下面根据图 10-2 的电气控制图解释一下其具体的工作过程。在主电路接触器 KM1 上电之前，控制系统先上电，HL1 电源指示灯亮，这时变压器的二次侧接触器 KM2 处于短路状态，用于给有源部分上电的 KM3 断开。J11 是控制电路中的各种故障信号(过电流、欠电流等)的共同作用后经双向可控硅传递给电气电路的接口，同时各种故障信号要送给用于将串联变压器短路的三个大功率的双向可控硅。

合上主电路的接触器 KM1 后，无源滤波器和谐波负载开始工作。

当按下投入键后，则中间继电器 KA2，时间继电器 KT 有电，同时变压器的二次侧接

触器 KM2 断开，等一段时间（大约 1s）后，用于给有源部分上电的 KM3 合上，有源滤波器正式工作。

当出现故障后（中间继电器 KA1 断开）或按下退出键后，KA2 失电，变压器的二次侧接触器 KM2 短路，同时用于给有源部分上电的 KM3 断开，有源滤波器正式退出工作。

10.1.4　多功能四象限可调阻抗装置的示范场景分析

在当今电力系统不断发展变革的背景下，多功能四象限可调阻抗装置凭借其独特的性能优势，在多个关键领域展现出巨大的应用潜力，为解决电力系统中的复杂问题提供了创新的解决方案。以下将深入分析其在几个典型示范场景中的应用情况。

1.多并网逆变器宽频振荡抑制

在新型电力系统中，多并网逆变器等效阻抗的负阻尼特性、稳定的谐波干扰以及多并网逆变器阻抗特征根交互，是引发宽频谐振的常见根源。多功能四象限可调阻抗器在这一场景中发挥着关键作用。一方面，它可等效成正阻抗、电抗器，有效抑制因负阻尼和阻抗特征根交互引发的振荡。通过合理配置和控制，将其接入多并网逆变器系统，能够改善系统的阻抗特性，增强系统的稳定性，使系统在面对复杂的运行工况时，依然能够保持稳定运行，避免因振荡而导致的电力系统故障。另一方面，通过巧妙的控制方式，该装置可实现对谐波呈现变压器一次侧励磁阻抗，而对基波基本无影响，从而双向隔离并网逆变器和大电网的谐波。这一特性使得整体装置能够取代传统的 LCL 滤波装置，在简化系统结构的同时，实现系统的高可靠性接入，大大提高了电力系统的电能质量和运行效率。

2.多功能电能质量控制与自适应接入

新型电力系统中多种电能质量问题相互耦合，如谐波问题、电压问题、功率因数问题等。多功能四象限可调电抗器的多种工作状态为解决这些复杂问题提供了可能。通过将变压器一次侧串联在电力系统中，实时检测特定的谐波和基波信号，并利用逆变器进行精准补偿。对于基波，它能够调节电力系统潮流、稳定电压波动、限制过电流，确保电力系统的稳定运行。对于谐波，可实现抑制和补偿，有效降低谐波对电力系统的污染，提高电能质量。

传统高压输电线和低压配电系统具有不同的阻抗特征，而多功能四象限可调电抗器利用其多种阻抗特性，实现了灵活的并网逆变器潮流控制和下垂控制，限制了逆变器的环流。这使得在并网过程中，能够借鉴传统电网的成熟控制策略，确保新能源发电可靠接入电网，为电力系统的稳定运行提供了有力保障。

3.高低压补偿与背景谐波隔离

新能源的随机性和波动性给电力系统带来了诸多挑战，其中高电压、低电压问题以及并网逆变器产生的背景谐波问题尤为突出。基于四象限可调阻抗的高低压补偿和背景谐波隔离装置应运而生。该装置将一个变压器串联在新能源电源公共连接点和负载之间，通过检测一次侧的谐波电流和负载电压与标准电压的差值，利用逆变器产生一个电压源施加到变压器二次侧。这一巧妙的设计实现了高效的高低电压补偿和谐波隔离作用，有效提升了新能源接入电力系统的稳定性和电能质量，减少了因电压波动和谐波干扰对负载设备的影响，保障了电力系统和用电设备的安全可靠运行。

4.新型配网系统中性点柔性接地与单相故障电弧抑制

新型电力系统中配电网接地方式需要兼具小电阻和消弧线圈功能，以满足不同的运行需求。多功能柔性接地装置通过两种工作模式实现了这一目标：在宽范围可调电抗器模式下，接地方式等效为消弧线圈接地，能够有效补偿接地电容电流，减少故障电流，避免弧光过电压的产生；在可调电阻器模式时，等效为小电阻接地模式，可快速切除故障，保障电力系统的安全运行。

该装置通过实时检测配网系统母线电压、电流，根据检测值动态调整中性点接地阻抗值，进而调整补偿容量，抑制谐振和三相不平衡过电压。在接地故障时，调节可调阻抗在中性点呈现负阻抗的形式，强迫故障点电压小于电弧重燃电压，实现电弧主动熄灭，并将故障电流抑制为零。该技术满足了大规模新能源接入下配网系统的中性点柔性接地与单相故障电弧抑制的需求，大大提高了配电网的供电可靠性和安全性。

综上所述，多功能四象限可调阻抗装置在多个电力系统示范场景中都展现出了卓越的性能和显著的优势，为解决新型电力系统中的复杂问题提供了切实可行的方案，具有广阔的应用前景和推广价值，有望在未来的电力系统发展中发挥更为重要的作用，推动电力行业朝着更加高效、稳定、可靠的方向发展。

10.1.5　多功能四象限可调阻抗装置的示范效果

根据多功能四象限可调阻抗器的 4 种基本控制策略、参考信号属性、检测信号的补偿属性、变压器二次侧组合方式和接入方式，变压器一次侧呈现多种灵活丰富的可调阻抗特征。这种多功能四象限可调阻抗器在满足局部稳定和全局稳定条件下将有非常广泛的工程应用前景。图 10-9 所示为电网友好型多功能四象限可调阻抗装置应用技术实例。本书举其中 4 个实例简述四象限可调阻抗装置的实际工程应用(实际应用将超过这些)。

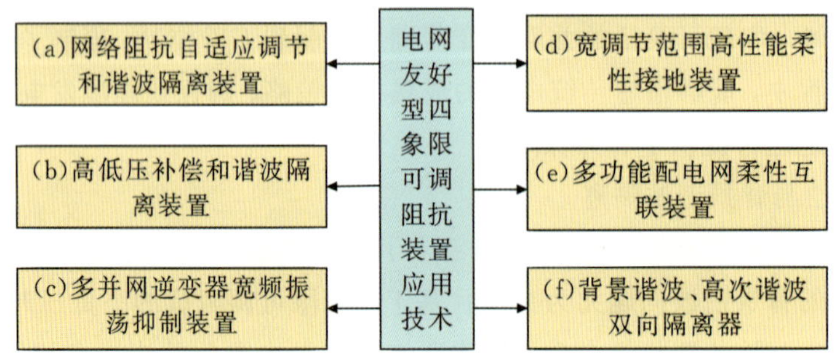

图 10-9　电网友好型多功能四象限可调阻抗装置应用技术实例

(1)在新型电力系统中，多并网逆变器等效阻抗的负阻尼特性，稳定的谐波干扰和多并网逆变器阻抗特征根交互是3种常见的宽频谐振根源。为了抑制这3种原因引发的振荡问题，本书提出一种基于多功能四象限可调阻抗器的多并网逆变器宽频振荡抑制装置，如图10-10所示 。一方面多功能四象限可调阻抗器可以等效成正阻抗、电抗器，用于抑制由于负阻尼和阻抗特征根交互引发的振荡；另一方面通过合理的控制方式实现对谐波呈现变压器一次侧励磁阻抗，对基波基本没有影响，双向隔离并网逆变器和大电网的谐波，整体装置取代LCL滤波装置，同时对系统进行优化设计，实现系统高可靠性接入。

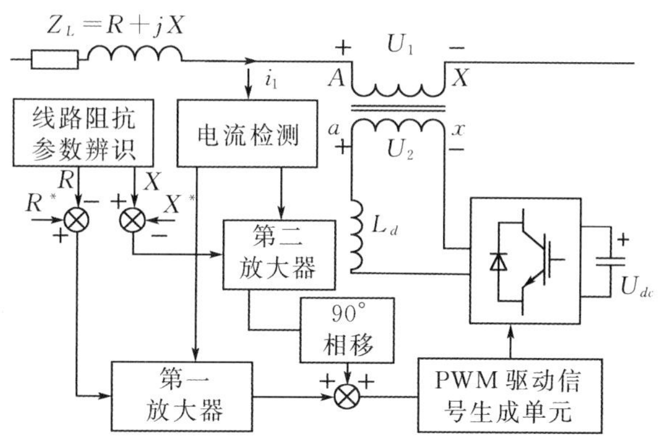

图10-10　多并网逆变器宽频振荡抑制装置

(2)新型电力系统多种电能质量并存，谐波问题、高电压问题、低电压问题、功率因数问题、潮流问题，过电流问题相互耦合，这些电能质量问题可以采用上面的多功能四象限可调电抗器的多种工作状态来解决。本书提出一种多功能电能质量控制器和基于配电网柔性阻抗的自适应接入方法。将变压器一次侧串联在电力系统中，通过检测特定的谐波和基波信号，采用逆变器进行补偿，对基波实现调节电力系统潮流、稳定电压波动和限制过电流，对谐波实现抑制和补偿等作用。传统高压输电线表现出“高电抗、低电阻”的特征，低压配电系统一般表现出“高电阻、低电抗”的特征。为了与传统电网等效，本书利用多功能四象限可调电抗器的多种阻抗特性实现灵活的并网逆变器潮流控制和下垂控制，限制逆变器的环流，从而借鉴传统电网的控制策略实现并网。

(3)由于新能源的随机性和波动性，接入系统后极易出现高电压或者低电压问题，同时并网逆变器产生的背景谐波目前没有有效的抑制方法。针对高电压、低电压问题和背景谐波问题，本书提出一种基于四象限可调阻抗的高低压补偿和背景谐波隔离装置，其原理图如图10-11所示。其基本原理为：将一个变压器串联在新能源电源公共连接点和负载之间，检测信号为一次侧的谐波电流和负载电压与标准电压的差值，通过逆变器产生一个电压源施加到变压器二次侧，这样就可以实现很好的高低电压补偿和谐波隔离作用。

(4)针对新型电力系统中配电网接地方式需要兼具小电阻和消弧线圈功能的特点，本书提出了一种新型配网系统中性点柔性接地与单相故障电弧抑制技术，如图10-12所示。该多功能柔性接地装置有两种工作模式：宽范围可调电抗器和可调电阻器模式，当工作在可调电抗器模式下，接地方式等效为消弧线圈接地；工作在可调电阻器模式时等效为小电阻接地模式。通过装置不同的控制方式可以分别实现中性点经消弧线圈接地、中性点经小

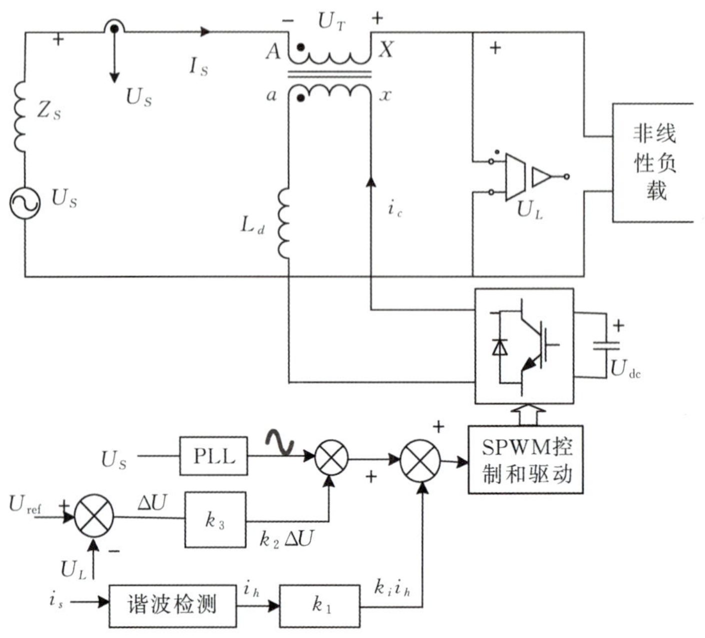

图 10-11 基于四象限可调阻抗的高低压补偿和背景谐波隔离装置原理图

电阻接地方式两种功能，因此不需要调整装置结构即可满足配电网不同的规划运行需求。该多功能柔性接地装置通过实时检测配网系统母线电压、电流，根据检测值来调整中性点接地阻抗值，进而调整补偿容量，抑制谐振和三相不平衡过电压；在接地故障时，调节可调阻抗在中性点呈现负阻抗的形式，强迫故障点电压小于电弧重燃电压，实现电弧主动熄灭，并将故障电流抑制为零，从而满足大规模新能源接入下配网系统中性点柔性接地与单相故障电弧抑制。

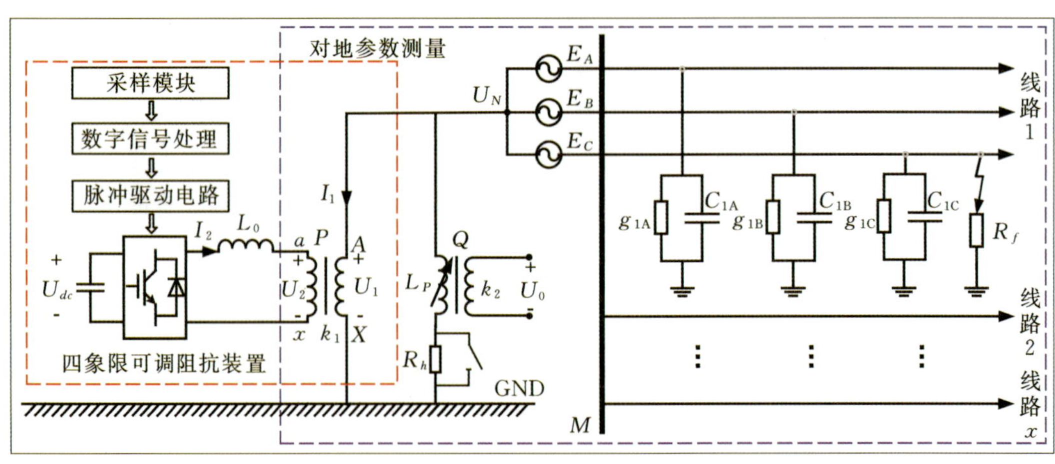

图 10-12 新型配网中性点柔性接地与单相故障电弧抑制技术

此外，通过对多功能四象限可调电抗器的检测信号进行多种组合，可以构成兼具无功补偿和谐波短路的多功能高性价比并联型电能质量控制器；若通过晶闸管开关并与逆变器进行组合，则可以构成“正向工作制”无功动态补偿装置。

为了验证本书提出的多功能四象限可调阻抗装置的合理性，本书进行了初步的仿真分析。对于本书提出的多功能四象限可调电抗器，检测信号组合较多，注入和施加到变压器二次侧的方式也有多种选择，本书进行四象限可调阻抗器的仿真验证。图 10-13 所示为四象限可调电抗器仿真电路，表 10-1 列出仿真电路参数，l_d 和 r_d 为负载电阻，逆变器直流侧电压 U_d 设为 100V，该直流电源来自二极管全桥整流带大电容滤波电路。

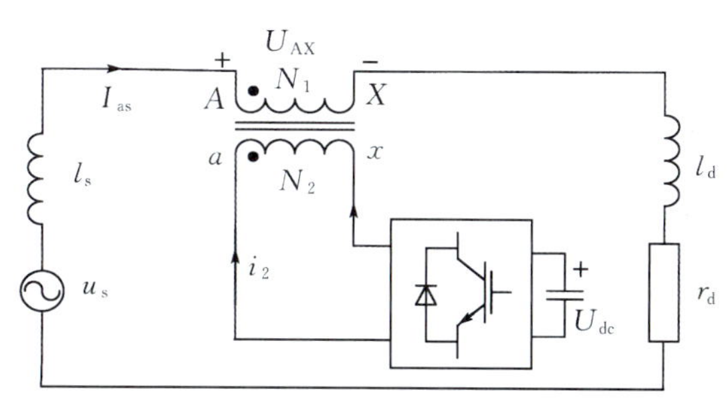

图 10-13　四象限可调阻抗器仿真电路

表 10-1　仿真电路参数

电网等效电抗	0.128Ω
系统交流电压	100V
串联变压器变化	1∶1
串联变压器基波短路阻抗	0.251Ω
变压器基波励磁阻抗	12.56Ω
负载电感 l_d	20.12mH
负载电阻 r_d	15.6Ω
逆变器直流电源	100V

根据理论分析，忽略变压器一次侧漏抗和铁耗，变压器一次侧等效阻抗为 $Z_{AX}=(1+\alpha-j\beta)j\omega L_m$，分别对 α 和 β 两个被控参数取值进行仿真。图 10-12 中，连续调节变压器二次侧的注入的电流，一次侧的等效阻抗特性将会发生变化。为了验证四象限可调阻抗器等效阻抗的特性，本实验记录了变压器的原边电流 I_{as}和电压 U_{AX}(两个信号在图 10-12 中表示出)。$\beta=0$ 时，$Z_{AX}=(1+\alpha)j\omega L_m$，调整 α 的大小，变压器一次侧等效阻抗便发生变化，当 $\alpha>-1$，等效阻抗为感性，当 $\alpha<-1$，等效阻抗为容性。当 $\alpha=-1$ 时，变压器一次侧等效阻抗 $\beta\omega L_m$，可以等效为正电阻和负电阻。图 10-13 记录了当 α 或 β 取某些特殊值时的原边绕组的电压和电流波形，图 10-14(a)、图 10-14(b)和图 10-14(c)的电压和电流波形单位分别为 5V/div，5A/div，图 10-14(d)的电压和电流波形单位分别为 10V/div，10A/div，所有波形的时间单位为 10ms/div。图 10-14(a)为 $\alpha=-0.9$，$\beta=0$ 时变压器一次侧电压和电流波形，图 10-14(b)为 $\alpha=-1.1$，$\beta=0$ 时变压器一次侧电压和电流波形，图 10-14(c)为 $\alpha=-1$，$\beta=0.2$ 时变压器一次侧电压和电流波形，图 10-14(d)为 $\alpha=-1$，$\beta=-0.2$ 时变压器一次侧电压和电流波形。图 10-14 的仿真实验结果验证了四象限可变阻抗的有效性。

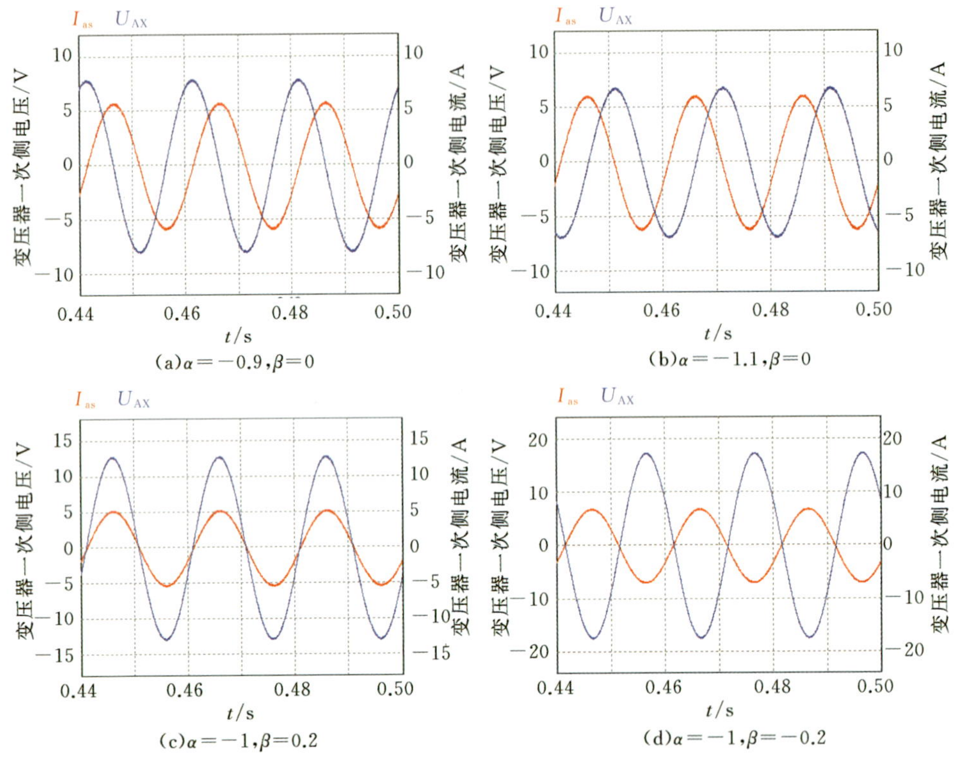

图 10-14　四象限可调阻抗器电压和电流波形

10.2　新型分布式潮流控制器的工程示范应用

目前，分布式潮流控制器已在全球多个国家和地区得到实际应用。例如，美国 Smart Wire Grid 公司投入了 2 项 DPFC 相关工程，分别为美国南方电力公司田纳西州的 161kV 工程(2012 年)与美国南方电网公司 Powerline Guardian 工程(2013 年)。其中，美国南方电力公司在田纳西州的 161kV 线路成功装设了 99 个工作于电感模式的 DSSC 单元(实质为感性工作模式的 DPFC 单元)；美国南方电网公司的 Powerline Guardian 工程装设了 66 个可工作在容性模式的 Power Router 单元(实质为容性工作模式的 DPFC 单元)。在国内，南瑞集团中电普瑞科技有限公司研制了国内首套 DSR 控制单元，成功研制了原理样机(类似于只能工作于感性模式的 DPFC 单元)，电压等级达到 220kV、等效电感值达 50μH；之后，该公司又研制了国内首套通过串联耦合变压器接入的 DPFC 单元，电压等级达到 220kV、电流 500A，实现了 ±20kVar 串联补偿输出；浙江省在 2020 年先后投运了两项 DPFC 工程，其中，杭州地区安装的 DPFC 额定容量达 23MVar，可使该地区电网输电能力提升约 147MW，湖州地区安装的 DPFC 额定容量达 51.8MVar，可使该地区电网输电能力提升约 100MW 以上。

下面简要介绍我国湖州地区安装的 DPFC 工程应用。湖州 DPFC 工程现场如图 10-15 所示。浙江 220kV 电网湖州妙西供区存在严重的潮流不均问题，限制了电网的输电能力。为解决潮流不均问题，祥福-甘泉 N-1 运行情况下单回线功率 590MW，超过稳定运行极限。

(a)湖州 DPFC 现场图片

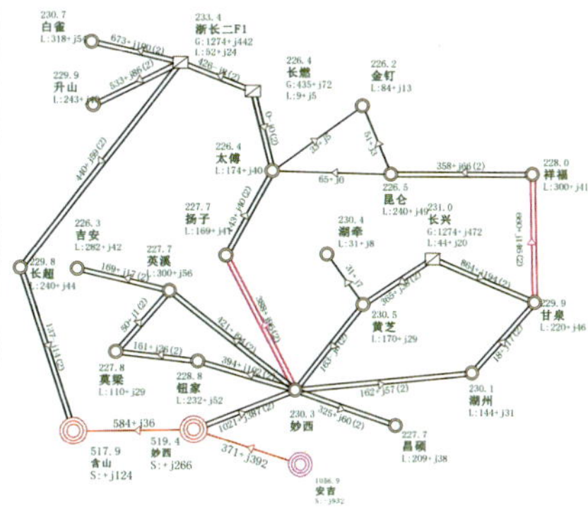

(b)湖州妙西供区潮流越限问题严重

图 10-15 湖州地区 DPFC 工程

在湖州甘泉-祥福双线试点安装 DPFC，布置方式采用多级 DPFC 模组在站内(或站围墙外)集中布置的方案，其一次接线图如图 10-16 所示。

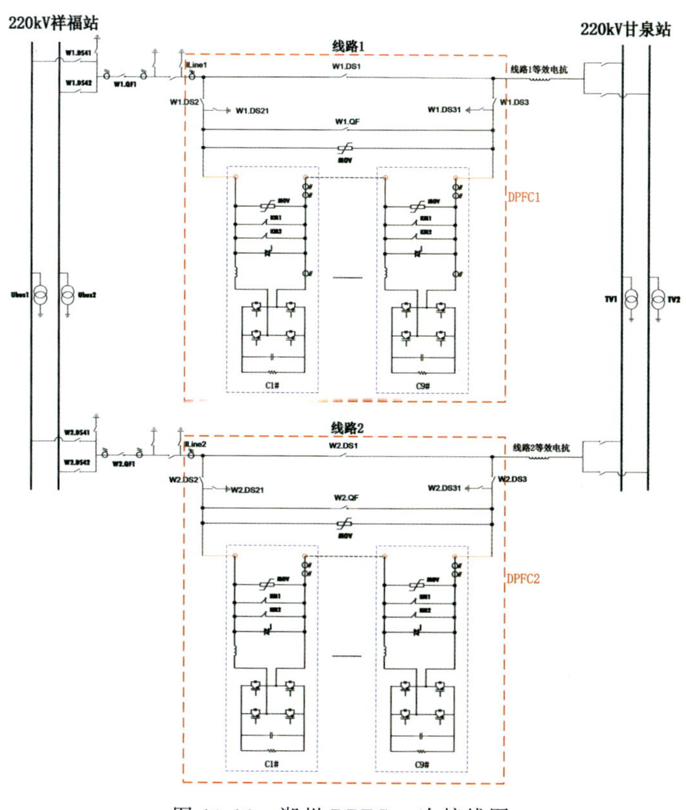

图 10-16 湖州 DPFC 一次接线图

双回线路独立配置将多个可独立运行的子模块集中串联后再接入线路，每相线路独立串入 DPFC 设备；同时，为了设备运行维护和检修方案增加了 3 个隔离刀闸和一个旁路断路器，可实现 DPFC 设备的带电检修功能。当任意子模块发生故障时，不影响其他子模块正常运行，仅部分降低 DPFC 设备的潮流调控能力。

湖州 DPFC 工程设计有两种运行方式，各运行方式的基本结构如下：

双回线运行方式：两回线均与母线连接，级联 DPFC 模组串联接入 220kV 线路，实现双回线并联运行，确保潮流均衡分布在两回线上。

单回线运行方式：一回线连接母线，级联模组均串联接入 220kV 线路运行，同时另一回线与母线断开，使潮流分布在单回线上。

湖州 DPFC 工程运行人员操作系统 WS 配置有顺序控制操作和监控功能。通过顺控流程操作界面，可对湖州工程双线 DPFC 装置进行运行方式设定、控制模式的选择和切换、启停顺控操作、控制指令的设置等；同时，该界面可以监视当前线路的有功功率、无功功率、线路电压、线路电流和 DPFC 设备出力百分比，断面功率指令及实际值、注入电压指令值及实际值、等效注入电抗指令及实际值、限额控制指令值等，其中等效注入线路的电抗实际值会上送至远方调度系统。

DPFC 集控系统会实时检测各相就地单元模组的状态，并对各模组进行协调控制。当其中某相某个单元模组出现故障时，该单元模组主动旁路、退出运行，在运行人员控制系统的阀组状态监视界面会出现该模组为故障状态(红色)。集控系统在收到模块的故障状态信息后，将从该故障模组所接入线路的另外两相 DPFC 模组及另一回线路的三相 DPFC 模组中，选择其中一个单元模组转入“热备用”状态(运行、但注入“零电压”)，从而保持三相线路以及双回线路投入运行的单元模组数量一致，保证双回线路及三相 DPFC 注入线路的电压的平衡。集控系统会实时将可用的 DPFC 单元模组(非故障和非“热备用”的模组)数量上送至远方调度系统。

此外，当某相某个单元模组出现故障且该相已有部分单元模组处于“热备用”状态，则其中一个“热备用”状态的模组将顶替故障的单元模组运行。该机制可避免其余相的 DPFC 模组中增加一个“热备用”状态的模组，从而提高 DPFC 整体设备的可靠性。

10.3 新型柔性配电变压器示范应用

10.3.1 新型柔性配电变压器系统原理

如图 10-17 所示，新型柔性配电变压器系统的结构主要由串联侧模块、隔离串联变压器和并联侧模块等组成。

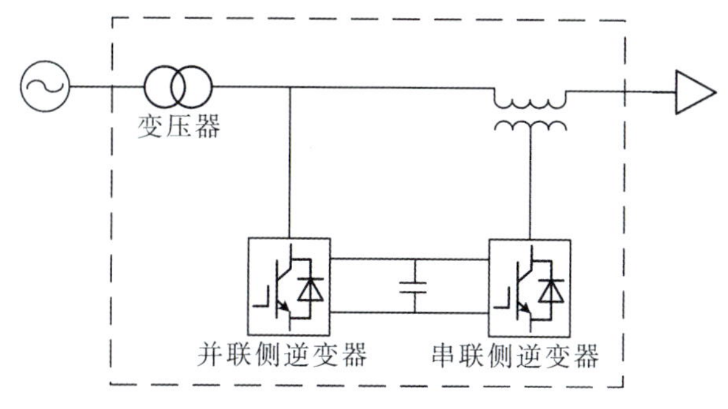

图 10-17 新型柔性配电变压器系统框图

并联侧模块用于解决无功补偿、不平衡电流以及谐波电流等问题，并且在电网波动的情况下维持直流母线电压的稳定。并联侧滤波器接在电网和并联侧模块之间，用于吸收谐波高频分量。

串联侧模块连接在隔离变压器原边上，配电变压器叠加隔离变副边电压，实现电压调节，并解决不平衡电压、电压波动等问题。

10.3.2 设备组成及功能

新型柔性配电变压器的功能可以归纳为以下几项：

(1)稳压功能：主路工作时可将电压稳定在 370V～420V，稳压精度可达到 1%；

(2)无功电流补偿功能：系统总的无功补偿容量不低于 30%系统容量；

(3)三相不平衡电压和电流治理功能：系统总的三相不平衡补偿能力不低于额定电流的 30%。

(4)保护功能：装置具备输入过欠压、输入过欠频、输出过压、输出欠压保护，以及浪涌保护器故障保护；

(5)旁路功能：设备可以实现模块故障自动旁路、输入电压超范围自动旁路及手动人为旁路(远程或者液晶显示屏可设置)；

(6)通信功能：装置配备远程无线通信接口，支持数据上传到云服务器，可以对数据进行存储，保证数据的可追溯性。

10.3.3 设备技术指标

(1)输入可允许波动范围：290～460V；

(2)系统容量:100kVA；

(3)接线方式：三相五线式；

(4)电压补偿能力：

输入 290～370V：升压，输出电压可设定范围为 U_{in}～(U_{in}+50V)；

输入 370～420V：输出电压可设定范围为 370V～420V；

输入 420～460V：降压，输出电压可设定范围为(U_{in}－50V)～U_{in}。

(5)电网侧三相电压不平衡补偿能力：电网负序电压不平衡度≤5%时，系统输出电压不平衡≤2%额定电压。；

(6)负载侧电压控制精度：≤1%；

(7)三相不平衡电流补偿能力：30%额定电流；

(8)负载侧功率无功补偿容量：30%系统容量；

(9)负载侧输出电压谐波含量：电网侧谐波不超过 8%时，系统输出谐波≤3%；

(10)故障旁路切换时间：<1ms(需保证主路与旁路切换后级负载无断电影响)；

(11)无功补偿全响应时间：<15ms；

(12)系统效率：>99%；

(13)噪声：≤65dB(A)(主机工作)；≤60dB(A)(旁路工作)。

10.3.4　典型应用场景

(1)分布式新能源大量接入的场合：存在电压波动和闪变、谐波、无功波动较大等问题；

(2)农村及郊区季节性/间歇性负荷较多的台区：存在电压波动和闪变、无功波动较大等问题；

(3)城市配电台区电动车充电桩负荷接入场合：存在冲击性负荷问题及谐波问题；

(4)远端大负荷和供电线路长的台区：存在供电电压过低等问题；

(5)三相负荷不平衡的台区：存在三相电流不平衡单一的问题；

(6)供电要求较低的台区：存在功率因数低的问题；

(7)高可靠性供电台区：存在谐波、电压波动、电压暂降/暂升等问题。

10.3.5　新型柔性配电变压器关键器件

新型柔性配电变压器主要硬件汇总如表 10-2 所示。

表 10-2　新型柔性配电变压器主要硬件汇总表

序号	名称	型号及参数	数量	单位
1	网关集中器	HX-eRouter-03A	1	个
2	可控硅模块	MTC160Y18(160A1800V)	3	块
3	工业以太网交换机	TL-SF1005	1	个

续表

序号	名称	型号及参数	数量	单位
4	交流接触器	NDC1(Z)-4008(线圈电压 DC24V)	1	个
5	50kW 功率模块(并联)	HX-01-50kW-DB(V1.1)	1	台
6	50kW 功率模块(串联侧)	HX-01-50kW-DL(V1.1)	1	台
7	小型断路器	NDB1-63 C32/4P	1	个
8	小型断路器	NDB1-63 C6/2P	1	个
9	小型断路器	NDB1-63 C6/1P	1	个
10	小型断路器	NDB1-125 C100 3P	1	个
11	小型断路器	NDB1-63 C16/3P	1	个
12	隔离开关	NDG1-125/32/3P	2	个
13	浪涌保护器	PE 385-40M2-31R	1	个
14	三相变压器	HX-12.5kVA 230V-29V Cu	1	个

1. 50kW 功率模块

变流器部分总容量为 100kVA，其中并联侧变流器容量为 50kVA，串联侧变流器容量为 50kVA。并联侧 50kW 功率模块型号及参数为 01-50kW-DB(V1.1)，串联侧 50kW 功率模块型号及参数为 01-50kW-DL(V1.1)，变流器如图 10-18 所示。

2.网关集中器

网关又称网间连接器或协议转换器。网关在网络层以上实现网络互连，是复杂的网络互连设备，仅用于两个高层协议不同的网络互连。网关既可以用于广域网互连，也可以用于局域网互连。网关是一种充当转换重任的计算机系统或设备。使用在不同的通信协议、数据格式或语言，甚至体系结构完全不同的两种系统之间，网关是一个翻译器。与网桥只是简单地传达信息不同，网关对收到的信息要重新打包，以适应目的系统的需求。新型柔性配电变压器网关集中器型号及参数为 HX-eRouter-03A，如图 10-19 所示。

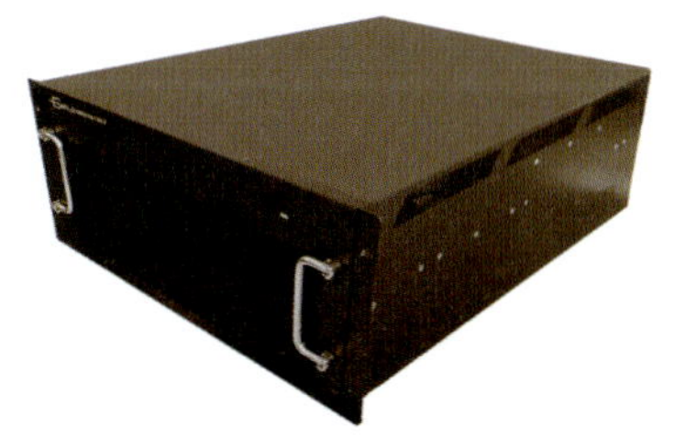

图 10-18 50kW 功率模块

图 10-19 网关集中器

3.可控硅模块

可控硅(silicon controlled rectifier，SCR)，是一种大功率电器元件，也称晶闸管。它具有体积小、效率高、寿命长等优点。在自动控制系统中，可作为大功率驱动器件，实现用小功率控件控制大功率设备。它在交直流电机调速系统、调功系统及随动系统中得到了广泛的应用。

可控硅分为单向可控硅和双向可控硅两种类型。双向可控硅也叫三端双向可控硅，简称 TRIAC，在结构上相当于两个单向可控硅反向连接，这种可控硅具有双向导通功能。其通断状态由控制极 G 决定：在控制极 G 上加正脉冲(或负脉冲)可使其正向(或反向)导通。这种装置的优点是控制电路简单，没有反向耐压问题，因此特别适合做交流无触点开关使用。

新型柔性配电变压器可控硅模块型号及参数为 MTC160Y18(160A1800V)，如图 10-20 所示。

4.工业以太网交换机

工业以太网交换机是应用于工业控制领域的以太网交换机设备。由于采用的网络标准，其开放性好、应用广泛、价格低廉以及标准化的 TCP/IP 协议，以太网已经成为工业控制领域的主要通信标准。

工业交换机具有电信级性能特征，可耐受严苛的工作环境。产品系列丰富，端口配置灵活，可满足各种工业领域的使用需求。产品采用宽温设计，防护等级不低于 IP30，支持标准和私有的环网冗余协议。新型柔性配电变压器工业以太网交换机型号及参数为 TL-SF1005，如图 10-21 所示。

图 10-20 可控硅模块

图 10-21 工业以太网交换机

10.3.6 新型柔性配电变压器的试验

1.基准电压试验

调压软件界面如图 10-22 所示，该新型柔性配电变压器为低压侧取能，低压侧调压，即在负载侧进行电压调节。通过改变“负载电压给定”值来进行指定数值的电压调节，相电压、线电压与负载电压给定的数学公式为

$$U_{线电压}=\frac{负载电压给定}{2.5} \tag{10-1}$$

$$U_{相电压}=\frac{负载电压给定}{2.5\times\sqrt{3}} \tag{10-2}$$

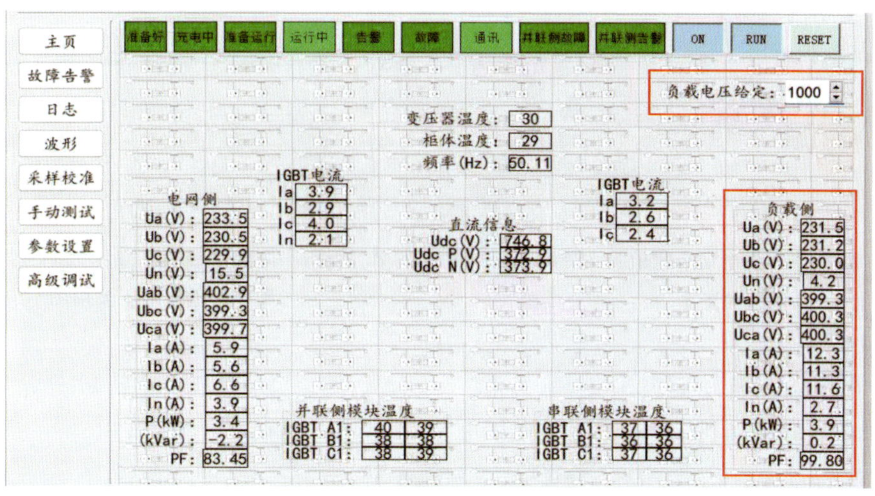

图 10-22　电压调试软件界面图

以负载侧相电压 220V、线电压 380V 为基准电压值进行±7%的电压调节。由式(10-1)及式(10-2)可得，使负载侧相电压为 220V、线电压为 380V 时的负载电压给定值为 950。负载电压给定值为 950 时，电压调试软件界面图如图 10-23 所示。负载电压给定值为 950 时，负载侧线电压如图 10-24 所示，波形正常无较大波动，三相电压平衡。直流电压及直流正极电压如图 10-25 所示，直流电压及直流正极电压无较大波动，正常为串联侧变流器供能。变压器温度正常，变流器串联侧及并联侧温度正常，IGBT 电流正常。

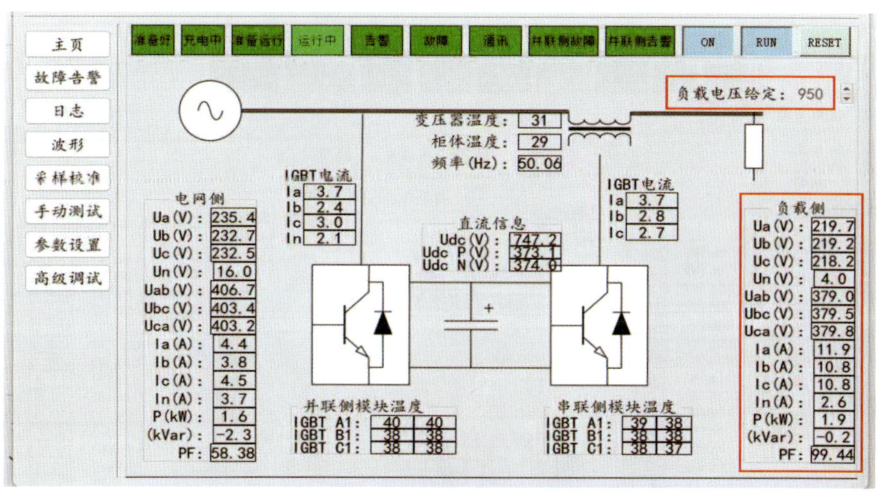

图 10-23　负载电压给定值为 950 时电压调试软件界面图

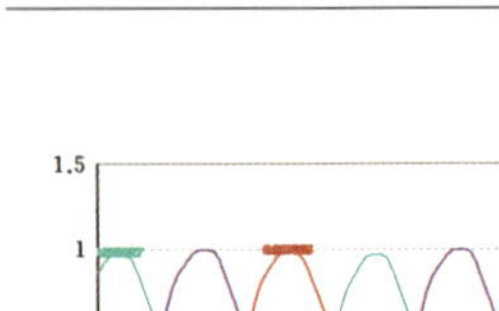

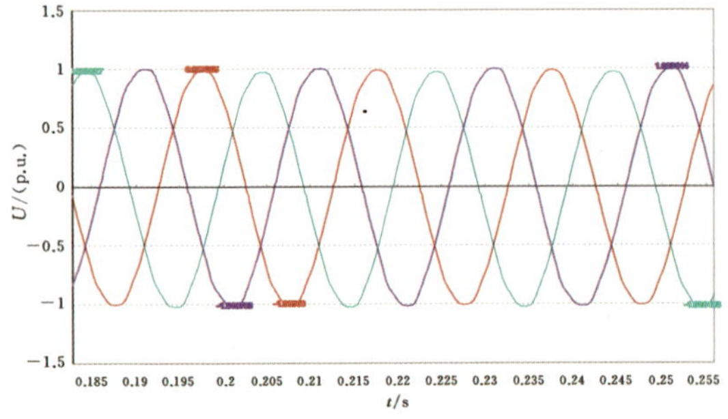

图 10-24　负载电压给定值为 950 时线电压波形图

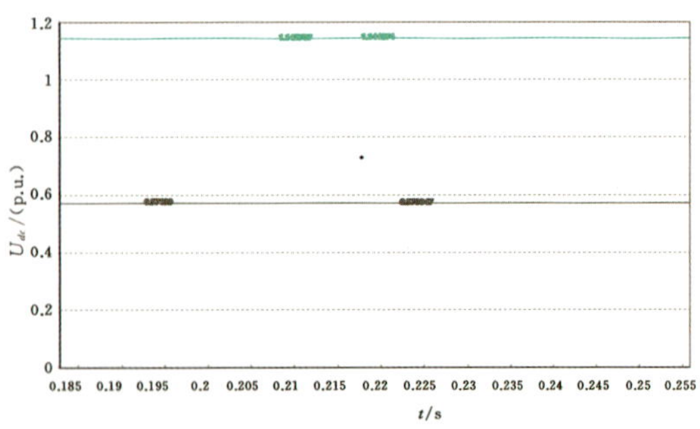

图 10-25　负载电压给定值为 950 时直流电压及直流正极电压波形图

2.升高电压试验

将基准相电压 220V、线电压 380V 升高 7%，电压值如表 10-3 所示。

表 10-3　升高电压试验值

	相电压(V)	线电压(V)
基准值	220	380
升高 7%	235.4	406.6

由式(10-1)及式(10-2)可得，使负载侧相电压为 235.4V、线电压为 406.6V 时的负载电压给定值为 1019。负载电压给定值为 1019 时，电压调试软件界面图如图 10-26 所示。负载电压给定值为 1019 时，负载侧线电压如图 10-27 所示，其电压波形正常无较大波动，且三相

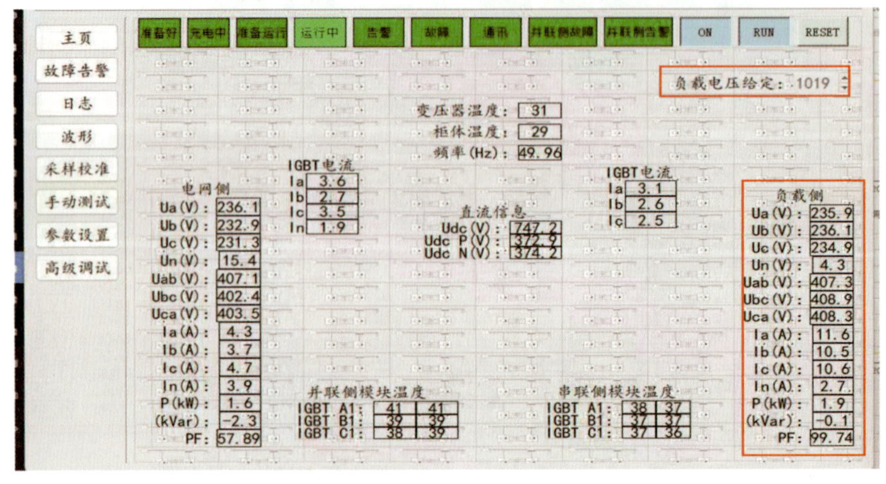

图 10-26　负载电压给定值为 1019 时电压调试软件界面图

电压保持良好平衡。直流电压及直流正极电压如图 10-28 所示，直流电压及直流正极电压无较大波动，正常为串联侧变流器供能。变压器温度正常，变流器串联侧及并联侧温度正常，I_{GBT}电流正常。

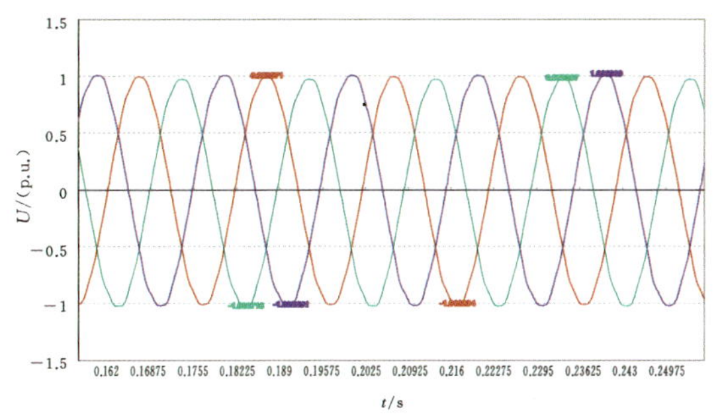

图 10-27　负载电压给定值为 1019 时线电压波形图

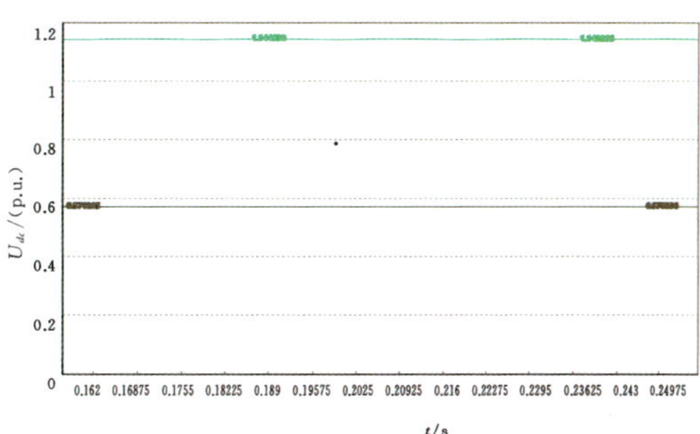

图 10-28　负载电压给定值为 1019 时直流电压及直流正极电压波形图

3.降低电压试验

将基准相电压 220V、线电压 380V 降低 7%，电压值如表 10-4 所示。

表 10-4　降低电压试验值

	相电压(V)	线电压(V)
基准值	220	380
降低 7%	204.6	353.4

由式(10-1)及式(10-2)可得，使负载侧相电压为 204.6V、线电压为 353.4V 时的负载电压给定值为 886。负载电压给定值为 886 时，电压调试软件界面图如图 10-29 所示。负载电

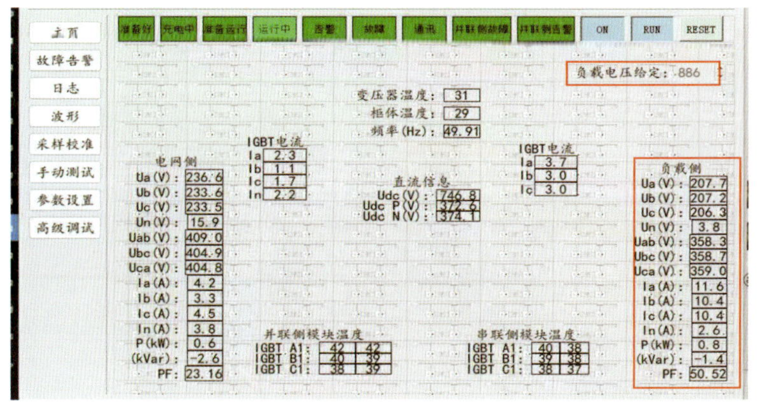

图 10-29　载电压给定值为 886 时电压调试软件界面图

压给定值为 886 时，负载侧线电压如图 10-30 所示，波形正常无较大波动，三相电压平衡。直流电压及直流正极电压如图 10-31 所示，直流电压及直流正极电压无较大波动，正常为串联侧变流器供能。变压器温度正常，变流器串联侧及并联侧温度正常，I_{GBT} 电流正常。

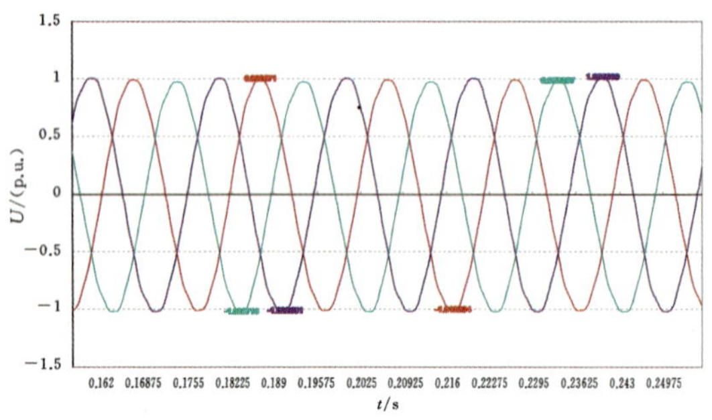

图 10-30 负载电压给定值为 886 时线电压波形图

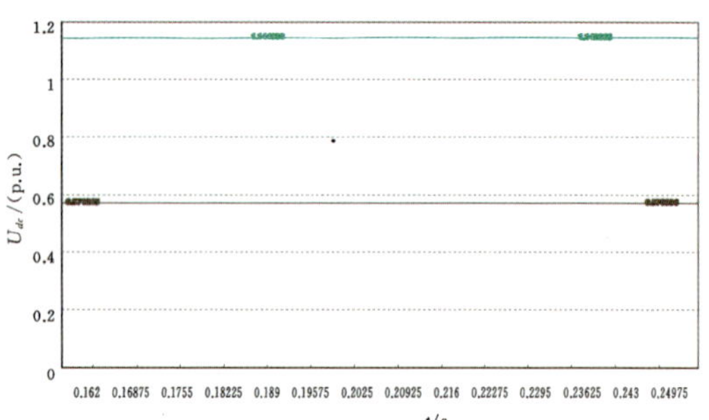

图 10-31 负载电压给定值为 886 时直流电压及直流正极电压波形图

参考文献

[1]韩平平，林子豪，夏雨，等.大型光伏电站等值建模综述[J].电力系统及其自动化学报，2019，31(4)：39-47.

[2] 崔晓丹，李威，李兆伟，等.适用于机电暂态仿真的大型光伏电站在线动态等值方法[J].电力系统自动化，2015，39(12):21-26.

[3] 李春来，王晶，杨立滨.典型并网光伏电站的等值建模研究及应用[J].电力建设，2015，36(08) ：114-121.

[4] Han P，Lin Z，Wang L，et al. A survey on equivalence modeling for large-scale photovoltaic power plants[J].Energies，2018，11(6):1463.

[5] Li P，Gu W，Wang L，et al.Dynamic equivalent modeling of two-staged photovoltaic power station clusters based on dynamic affinity propagation clustering algorithm[J]. International Journal of Electrical Power & Energy Systems，2018，95：463-475.

[6] 刘众前.光伏集群等值及并网逆变器控制参数辨识研究[D].合肥:合肥工业大学，2018.

[7] 徐新宇.分布式光伏电源集群建模仿真与分析[D].南京:东南大学，2017.

[8] 盛万兴，季宇，吴鸣，等.基于改进模糊 C 均值聚类算法的区域集中式光伏发电系统动态分群建模[J].电网技术，2017，41(10) ：328-329.

[9] 宋新立，汤涌，刘文焯，等.电力系统全过程动态仿真的组合数值积分算法研究[J].中国电机工程学报，2009，29(28) ：23-29.

[10] Yang D，Member S，Ajjarapu V，et al.A decoupled time-domain simulation method via invariant subspace partition for power system analysis[J].IEEE Transactions on Power Systems，2006，21(1):11-18.

[11] Yang D，Ajjarapu V. A decoupled time-domain simulation method via invariant subspace partition for power system analysis[J]. IEEE Transactions on Power Systems，2006，21(1)：11-18.

[12] Chen J，Crow M L. A variable partitioning strategy for the multirate method in power systems[J]. IEEE Transactions on Power Systems，2008，23(2)：259-266.

[13] 王成山，彭克，李琰，等.一种适用于分布式发电系统的显式-隐式混合积分算法[J].电力系统自动化，2011，35(19):28-32.

[14] Chen J, Crow M L. A variable partitioning strategy for the multirate method in power systems[J]. IEEE Transactions on Power Systems, 2008, 23(2): 259-266.

[15] Pekarek S D, Wasynczuk O, Walters E A, et al. An efficient multirate simulation technique for power-electronic-based systems [J]. IEEE Transactions on Power Systems, 2004, 19(1): 399-409.

[16] Duan N, Sun K. Power system simulation using the multistage adomian decomposition method[J]. IEEE Transactions on Power Systems, 2016, 32(1): 430-441.

[17] Newman M E J. Modularity and community structure in networks[J]. Proceedings of the National Academy of Sciences of the United States of America, 2006, 103(23): 8577-8582.

[18] Cotilla-Sanchez E, Hines P D H, Barrows C, et al. Multi-attribute partitioning of power networks based on electrical distance [J]. IEEE Transactions on Power Systems, 2013, 28(4): 4979-4987.

[19] Gurrala G, Dinesha D L, Dimitrovski A, et al. Large multi-machine power system simulations using multi-stage adomian decomposition [J]. IEEE Transactions on Power Systems, 2017, 32(5):3594-3606.

[20] 陈树勇，王聪，申洪，等.基于聚类算法的风电场动态等值[J].中国电机工程学报，2012，32(4):9.

[21] 刘众前.光伏集群等值及并网逆变器控制参数辨识研究[D].合肥:合肥工业大学，2018.

[22] 蔡晓妍，戴冠中，杨黎斌.谱聚类算法综述[J].计算机科学，2008，35(7):14-18.

[23] Davies D L, Bouldin D W. A cluster separation measure[J]. IEEE Transactions on Pattern Analysis and Machine Intelligence, 2009 (2): 224-227.

[24] 刘纯，屈姬贤，石文辉. 基于随机生产模拟的新能源消纳能力评估方法[J]. 中国电机工程学报，2020，40(10)：3134-3144.

[25] 关佳欣，边竞，李国庆，等. 计及风功率波动的交直流系统区间最优潮流计算及直流潮流控制器的配置[J]. 现代电力，2020，37(6)：613-623.

[26] 汪其锐，孙丰霞. 电网电能质量受新能源发电并网的影响分析[J]. 电力设备管理，2021，1：132-133.

[27] 陈国平，李明节，许涛，等. 关于新能源发展的技术瓶颈研究[J]. 中国电机工程学报，2017，37(1)：20-27.

[28] 鹿建成，李啸骢，黄维，等. 基于 SSSC 和励磁协调抑制次同步振荡的线性最优控制器设计[J]. 电力系统保护与控制，2015，43(1)：21-27.

[29] 周俊宇. 静止同步串联补偿器在电力系统中的应用综述[J]. 电气应用，2006，25(4)：51-54.

[30] 胡益，王晓茹，李鹏，等. 静止同步串联补偿器(SSSC)的非线性鲁棒 H∞控制策略研究[J]. 电力系统保护与控制，2015，43(7)：30-36.

[31] Jadhav A K，Kulkarni V A. Improvement in power system stability using sssc based damping controller[C]//2018 International Conference on Smart Electric Drives and Power System (ICSEDPS). IEEE，2018：162-166.

[32] Fan R，Sun L，Tan Z. Linear quadratic control of SSSC to increase power oscillations damping of HVDC-AC power system[C]//2015 IEEE Power & Energy Society General Meeting. IEEE，2015：1-5.

[33] 祁万春，杨林，宋鹏程，等. 南京西环网 UPFC 示范工程系统级控制策略研究[J]. 电网技术，2016，40(1)：92-96.

[34] Yang X，Wang W，Cai H，et al. Installation，system-level control strategy and commissioning of the Nanjing UPFC project[C]//2017 IEEE Power & Energy Society General Meeting. IEEE，2017：1-5.

[35] 任必兴，杜文娟，王海风，等. UPFC 与同步机轴系的强动态相互作用机理及影响评估[J]. 中国电机工程学报，2020，40(4)：1117-1129，1404.

[36] Sivakumar T A，Linda M M. Improving the dynamic performance of grid connected wind farms using modern UPFC[J]. Microprocessors and Microsystems，2020，74：103015.

[37] 徐雨田，刘涤尘，黄涌，等. 用于提高输电均衡性的 DPFC 优化配置方法[J]. 电力系统保护与控制，2018，46(9)：94-102.

[38] 邵云露. 分布式潮流控制器非线性控制研究[D]. 武汉：武汉理工大学，2019.

[39] 周路遥，邵先军，郭锋，等. 分布式潮流控制器的工程应用综述[J]. 浙江电力，2020，39(09)：8-13.

[40] Divan D，Johal H. Distributed FACTS-A new concept for realizing grid power flow control[C]//2005 IEEE 36th Power Electronics Specialists Conference. IEEE，2005：8-14.

[41] Chaturvedi S，Božanić M，Sinha S. Effect of lossy substrates on series impedance parameters of interconnects[C]//2016 International Semiconductor Conference (CAS). IEEE，2016：55-58.

[42] Nazir M N，Omran S，Broadwater R. Feasibility of DSR applications in transmission grid operation—control of power flow and imbalanced voltage[J]. Electric Power Systems Research，2016，131：187-194.

[43] Yuan Z，de Haan S W H，Ferreira B. A new FACTS component—distributed power flow controller (DPFC)[C]//2007 European Conference on Power Electronics and Applications. IEEE，2007：1-4.

[44] Tang A, Shao Y, Huang Y, et al. A new topology of the distributed power flow controller and its electromagnetic transient characteristics[J]. Electric Power Systems Research, 2018, 163: 280-287.

[45] 唐爱红，高梦露，黄涌，等.协调分布式潮流控制器串并联变流器能量交换的等效模型[J]. 电力系统自动化，2018，42(7)：30-36.

[46] Tang A, Shao Y, Xu Q, et al. Study on control method of a distributed power flow controller[J]. IEEJ Transactions on Electrical and Electronic Engineering, 2019, 14(11): 1617-1623.

[47] Tang A, Lu Z, Yang H, et al. Digital/analog simulation platform for distributed power flow controller based on ADPSS and dSPACE[J]. CSEE Journal of Power and Energy Systems, 2020, 7(1): 181-189.

[48] 唐爱红，石诚成，郑旭，等.基于半定规划法的含分布式潮流控制器最优潮流[J]. 电力系统自动化，2020，44(4)：119-127.

[49] 唐爱红，卢俊，宣俭，等. 分布式潮流控制器对系统功率控制的研究[J]. 电力系统保护与控制，2012，40(16)：15-20，26.

[50] 马嘉. 分布式潮流控制器运行特性研究及装置方案设计[D]. 武汉：华中科技大学，2018.

[51] 李顺，唐飞，廖清芬，等. 基于多指标效能分析的分布式潮流控制器选址定容优化策略[J]. 电力系统自动化，2017，41(17)：60-65.

[52] 王颖博，宁改娣，王跃. 分布式静止同步串联补偿器抑制次同步谐振机理研究[J]. 西安交通大学学报，2011，45(8)：102-107.

[53] 王颖博，宁改娣，李晓东，等. 分布式静止同步串联补偿器时、频域特性研究[J]. 电力电子技术，2011，45(11)：1-3.

[54] Tang A, Shao Y, Xu Q, et al. Multi-objective coordination control of distributed power flow controller[J]. CSEE Journal of Power and Energy Systems, 2019, 5(3): 348-354.

[55] 王倩，施荣，李宁. 分布式柔性交流输电系统的高效集群控制研究[J]. 电气传动，2018，48(09)：51-55.

[56] 杨斌，赵剑锋，季振东，等. 混合变压器技术研究综述[J]. 电力自动化设备，2020，40(2).

[57] Aeloiza E C, Enjeti P N, Moran L A, et al. Next generation distribution transformer: to address power quality for critical loads[C]//IEEE 34th Annual Conference on Power Electronics Specialist, 2003. PESC'03. IEEE, 2003, 3: 1266-1271.

[58] Szcześniak P, Kaniewski J. Hybrid transformer with matrix converter[J]. IEEE

Transactions on Power Delivery，2015，31(3)：1388-1396.

[59] Burkard J，Biela J. Hybrid transformers for power quality enhancements in distribution grids-comparison to alternative concepts[C]//NEIS 2018；Conference on Sustainable Energy Supply and Energy Storage Systems. VDE，2018：1-6.

[60] Burkard J，Biela J. Protection of hybrid transformers in the distribution grid[C]// 2016 18th European Conference on Power Electronics and Applications（EPE'16 ECCE Europe）. IEEE，2016：1-10.

[61] Burkard J，Biela J. Evaluation of topologies and optimal design of a hybrid distribution transformer[C]//2015 17th European Conference on Power Electronics and Applications（EPE'15 ECCE-Europe）. IEEE，2015：1-10.

[62] 陈沛龙，刘君，曾华荣，等. 一种新型混合式电力电子变压器仿真研究[J]. 变压器，2017，54(11)：35-39.

[63] 刘君，曾华荣，陈沛龙，等. 基于模块化多电平变换器的混合变压器控制策略研究[J]. 变压器，2017，54(10)：28-32.

[64] 杨涛，刘君，曾华荣，等. 一种适用于10kV配电网的混合式电力电子变压器仿真研究[J]. 电器与能效管理技术，2017（22）：22-29.

[65] 唐莹莹，陈广巍. 混合式电力电子变压器的研究[J]. 陕西电力，2017，45(3)：39-43.

[66] 周孝信. 能源转型中我国新一代电力系统技术发展趋势[J]. 电气时代，2018，1：32-35.

[67] 陈国平，董昱，梁志峰. 能源转型中的中国特色新能源高质量发展分析与思考[J]. 中国电机工程学报，2020，40(17)：5493-5506.

[68] 舒印彪，张丽英，张运洲，等. 我国电力碳达峰，碳中和路径研究[J]. 中国工程科学，2021，23(6)：1-14.

[69] 罗梅健.大型风电光伏基地开发政策形势分析及有关建议[J].水力发电，2023，49(5)：1-3.

[70] 袁小明，程时杰，胡家兵. 电力电子化电力系统多尺度电压功角动态稳定问题[J]. 中国电机工程学报，2016，36(19)：5145-5154.

[71] [1]马覃峰，安甦，刘明顺，等.光储系统电网侧故障下VSC变流器的跟网-构网型控制方法[J].广东电力，2023，36(12):47-56.

[72] 陈露洁，徐式蕴，孙华东，等. 高比例电力电子电力系统宽频带振荡研究综述[J]. 中国电机工程学报，2021，41(7)：2297-2310.

[73] 谢小荣，贺静波，毛航银，等."双高"电力系统稳定性的新问题及分类探讨[J]. 中国电机工程学报，2020，41(2)：461-474.

[74] 刘磊.多换流器并联的直流配电系统稳定性分析与控制[D].淄博：山东理工大学，2021.

[75] 王渝红，王馨瑶，廖建权. 交直流电网宽频振荡产生，辨识及抑制研究综述[J]. 高电压技术，2023，49(8)：3148-3162.

[76] 方晨辰. 基于光伏火电组网发电系统的宽频振荡研究[D]. 扬州：扬州大学，2022.

[77] Prasertwong K，Mithulananthan N，Thakur D. Understanding low-frequency oscillation in power systems[J]. International Journal of Electrical Engineering Education，2010，47(3)：248-262.

[78] Ballance J W，Goldberg S. Subsynchronous resonance in series compensated transmission lines[J]. IEEE Transactions on Power Apparatus and Systems，1973(5)：1649-1658.

[79] Song Y，Wang X，Blaabjerg F. High-frequency resonance damping of DFIG-based wind power system under weak network[J]. IEEE Transactions on Power Electronics，2016，32(3)：1927-1940.

[80] Shair J，Xie X，Wang L，et al. Overview of emerging subsynchronous oscillations in practical wind power systems[J]. Renewable and Sustainable Energy Reviews，2019，99：159-168.

[81] Song Y，Blaabjerg F. Overview of DFIG-based wind power system resonances under weak networks[J]. IEEE Transactions on Power Electronics，2016，32(6)：4370-4394.

[82] Adams J，Carter C，Huang S H. ERCOT experience with sub-synchronous control interaction and proposed remediation[C]//PES T&D 2012. IEEE，2012：1-5.

[83] 尹聪琦，谢小荣，刘辉，等. 柔性直流输电系统振荡现象分析与控制方法综述[J]. 电网技术，2018，42(4)：1117-1123.

[84] Saad H，Fillion Y，Deschanvres S，et al. On resonances and harmonics in HVDC-MMC station connected to AC grid[J]. IEEE Transactions on Power Delivery，2017，32(3)：1565-1573.

[85] 吕敬，董鹏，施刚，等. 大型双馈风电场经 MMC-HVDC 并网的次同步振荡及其抑制[J]. 中国电机工程学报，2015，35(19)：4852-4860.

[86] 吕敬，蔡旭，张占奎，等. 海上风电场经 MMC-HVDC 并网的阻抗建模及稳定性分析[J]. 中国电机工程学报，2016，36(14)：3771-3781.

[87] Shu D，Xie X，Rao H，et al. Sub-and super-synchronous interactions between STATCOMs and weak AC/DC transmissions with series compensations[J]. IEEE Transactions on Power Electronics，2017，33(9)：7424-7437.

[88] Li C. Unstable operation of photovoltaic inverter from field experiences[J]. IEEE Transactions on Power Delivery，2017，33(2)：1013-1015.

[89] Walker D N，Bowler C E J，Jackson R L，et al. Results of subsynchronous resonance

test at Mohave[J]. IEEE Transactions on Power Apparatus and Systems, 2006, 94 (5): 1878-1889.

[90] Bahrman M, Larsen E V, Piwko R J, et al. Experience with HVDC-turbine-generator torsional interaction at Square Butte[J]. IEEE Transactions on Power Apparatus and systems, 2007 (3): 966-975.

[91] 谢小荣，刘华坤，贺静波，等. 直驱风机风电场与交流电网相互作用引发次同步振荡的机理与特性分析[J]. 中国电机工程学报，2016，36(9)：2366-2372.

[92] 王伟胜，张冲，何国庆，等.大规模风电场并网系统次同步振荡研究综述[J].电网技术，2017，41(4)：11.

[93] 王红星，郭敬梅，谢志文，等.海上风电次/超同步振荡的网侧附加阻尼抑制方法[J].南方电网技术，2021，15(11)：49-55.

[94] Zhang Z, Wu W, Shuai Z, et al. Principle and robust impedance-based design of grid-tied inverter with LLCL-filter under wide variation of grid-reactance[J]. IEEE Transactions on Power Electronics, 2018, 34(5): 4362-4374.

[95] Vieto I , Li G , Sun J . Behavior, modeling and damping of a new type of resonance involving type-III wind turbines[J]. 2018 IEEE 19th Workshop on Control and Modeling for Power Electronics (COMPEL), 2018:1-8.

[96] Song Y , Wang X , Blaabjerg F. Doubly fed induction generator system resonance active damping through stator virtual impedance[J].IEEE Transactions on Industrial Electronics, 2016:125-137.

[97] Hu B, Nian H, Yang J, et al. High-frequency resonance analysis and reshaping control strategy of DFIG system based on DPC[J]. IEEE Transactions on Power Electronics, 2020, 36(7): 7810-7819.

[98] 年珩，童豪，胡彬，等. 无锁相环直接功率控制下双馈风电与 VSC-HVDC 互联系统高频振荡抑制技术[J]. 电网技术，2021，46(7)：2492-2499.

[99] Song Y, Blaabjerg F, Wang X. Analysis and active damping of multiple high frequency resonances in DFIG system[J]. IEEE Transactions on Energy Conversion, 2016, 32(1): 369-381.

[100] Varma R K, Auddy S, Semsedini Y. Mitigation of subsynchronous resonance in a series-compensated wind farm using FACTS controllers[J]. IEEE Transactions on Power Delivery, 2008, 23(3): 1645-1654.

[101] 边晓燕，施磊，周歧斌，等. 基于概率法的并网双馈风电场次同步相互作用及其抑制措施[J]. 高电压技术，2016，42(9)：2740-2747.

[102] 朱鑫要，金梦，李建生，等. 统一潮流控制器附加阻尼抑制次同步谐振的理论与仿真[J]. 电力系统自动化，2016，40(16)：44-48，97.

［103］ Wang L, Xie X, Jiang Q, et al. Mitigation of multimodal subsynchronous resonance via controlled injection of supersynchronous and subsynchronous currents[J]. IEEE Transactions on Power Systems, 2013, 29(3): 1335-1344.

［104］ Baros J, Bilik P, Jaros R, et al. Instrumentation for verification of shunt active power filter algorithms[J]. Sensors, 2023, 23(20): 8494.

［105］ Li D, Wang T, Pan W, et al. A comprehensive review of improving power quality using active power filters[J]. Electric Power Systems Research, 2021, 199: 107389.

［106］ Das S R, Ray P K, Sahoo A K, et al. A comprehensive survey on different control strategies and applications of active power filters for power quality improvement[J]. Energies, 2021, 14(15): 4589.

［107］ Bird B M, Marsh J F, McLellan P R. Harmonic reduction in multiplex convertors by triple-frequency current injection[C]//Proceedings of the institution of Electrical Engineers. IEE, 1969, 116(10): 1730-1734.

［108］ 邓佳，李泽文.有源电力滤波器研究现状综述[J].电工材料，2023(5):35-39.

［109］ lhamrouni I, Hanafi F N, Salem M, et al. Design of shunt hybrid active power filter for compensating harmonic currents and reactive power [J]. TELKOMNIKA (Telecommunication Computing Electronics and Control), 2020, 18(4): 2148-2157.

［110］ 罗运松，胡晶，宋萌，等. 串联混合型有源电力滤波器的无源滤波器简化设计[J]. 电网技术，2018，42(4)：1149-1156.

［111］ 范瑞祥. 并联混合型有源电力滤波器的理论与应用研究[D]. 长沙：湖南大学，2007.

［112］ Ma Y J, Min P, Zhou X S. A improved structure for injection hybrid active power filter[J]. Advanced Materials Research, 2013, 811: 661-665.

［113］ Akagi H, Fujita H, Wada K. A shunt active filter based on voltage detection for harmonic termination of a radial power distribution line[J]. IEEE Transactions on Industry Applications, 1999, 35(3): 638-645.

［114］ 孙孝峰，王伟强，沈虹，杨理莉. 基于双阻性有源滤波器的背景谐波抑制策略[J].电工技术学报，2016，31(16)：145-153.

［115］ Peng F Z, Akagi H, Nabae A. A new approach to harmonic compensation in power systems-a combined system of shunt passive and series active filters[J]. IEEE Transactions on Industry Applications, 1990, 26(6): 983-990.

［116］ Liu T, Liu J, Liu Z, et al. A study of virtual resistor-based active damping alternatives for LCL resonance in grid-connected voltage source inverters[J]. IEEE Transactions on Power Electronics, 2019, 35(1): 247-262.

［117］ Funato H, Kawamura A, Kamiyama K. Realization of negative inductance using variable active-passive reactance (VAPAR)[J]. IEEE Transactions on Power

Electronics，1997，12(4)：589-596.

[118] Chen R，Liu Y，Peng F Z. A solid state variable capacitor with minimum capacitor [J]. IEEE Transactions on Power Electronics，2016，32(7)：5035-5044.

[119] 田社平，孙盾，张峰. 负电阻及其应用[J]. 电气电子教学学报，2016，38(1)：75-76.

[120] 朱静，李华峰，菅磊. 利用负电阻提高电能无线传输功率[J]. 微特电机，2019，47(9)：18-23.

[121] 曾祥君，王媛媛，李健，等. 基于配电网柔性接地控制的故障消弧与馈线保护新原理[J]. 中国电机工程学报，2012，32(16)：137-143.

[122] Kaura V，Blasko V. Operation of a phase locked loop system under distorted utility conditions[J]. IEEE Transactions on Industry Applications，1997，33(1)：58-63.

[123] 刘水，张胜强，唐伟华，等.柔性有载调压变压器电压无功协调控制策略[J].电力工程技术，2024，43(6).

[124] 唐爱红，尚宇菲，童泽军，等.基于多控制模式的混合式电力变压器潮流计算模型[J].中国电机工程学报，2025，45(15)：5902-5915.

[125] 方健，方敏，欧国东，等. 混合式配电变压器有载调压开关的结构与参数设计[J]. 南方电网技术，2019，13(11)：61-68.

[126] 柳轶彬，栗世超，梁得亮，等.混合式配电变压器功角优化控制[J].西安交通大学学报，2024，58(7)：116-128.

[127] 张立石，梁得亮，刘桦，等. 基于小波变换与逻辑斯蒂回归的混合式配电变压器故障辨识[J]. 电工技术学报，2021，36(s2)：467-476.

[128] 王艺博，蔡国伟，刘闯，等. 基于直接式 AC/AC 变换的单相混合式配电变压器及其松弛二端口网络建模[J]. 电网技术，2020，44(8)：3029-3038.

[129] 孙庆豪.支撑新能源友好并网的柔性电力变压器控制策略研究[D].北京：华北电力大学(北京)，2023.

[130] 刘逸菲.含混合式变压器的风电并网系统调压控制策略研究[D].北京：华北电力大学(北京)，2024.